The
Economist

The Economist

ANÁLISIS ESTRATÉGICO DE COMPAÑÍAS

BOB VAUSE

Copyright © 2008 The Economist
Copyright © 2008 de la edición en español,
Cuatro Media Inc.
www.cuatro-media.com
Reservados todos los derechos

Título original: *Guide to Analysing Companies*
Published by Profile Books

ISBN: 978-987-1456-26-0 (Obra completa)
ISBN: 978-987-1456-21-5

Primera edición en español, 2008
Impreso en los talleres de la Empresa Editora El
Comercio S.A., Juan del Mar y Bernedo 1318
Chacrarios Sur, Lima 1

Hecho el depósito legal en la Biblioteca
Nacional del Perú: 2008-03428.

Las opiniones expresadas en cada volumen
corresponden a sus respectivos autores y no
coinciden necesariamente con la de los editores.

Prohibida la reproducción total o parcial de esta
obra, en cualquier forma y por cualquier medio,
sin la expresa autorización de los editores.

Se ha puesto el máximo cuidado para compilar
esta obra. Cualquier error es completamente
involuntario.

Vause, Bob
　　Análisis estratégico de companías - 1a ed. - Buenos
Aires : Cuatro Media, 2008.
　　312 p. ; 20x14 cm. (Finanzas; 11)

ISBN 978-987-1456-21-5

1. Finanzas. I. Título
CDD 332

Impreso en Perú.

Índice

	Introducción	7
	Parte 1: **La comprensión de los fundamentos**	11
1	La memoria anual – y lo que subyace	13
2	El balance	37
3	El estado de resultados	65
4	El estado de flujo de caja	89
5	Otros estados	109
	Parte 2: **Evaluación de los hechos**	113
6	Lineamientos para el análisis financiero	115
7	La medición de la rentabilidad	125
8	La medición de la eficiencia	149
9	Capital de trabajo y liquidez	167
10	Capital y valuación	189
11	Estrategia, éxito y fracaso	215
	Parte 3: **Puntos de referencia útiles**	243
12	Ejemplos prácticos de análisis de coeficiente	245
	Glosario de términos clave	269
	Índice temático	271

Introducción

El objetivo de este libro es facilitar los elementos para entender el modo de analizar y evaluar los resultados de una compañía a partir de la información que se proporciona sobre ella.

El análisis contable es tanto un arte como una ciencia. Si se combinan dos cifras cualesquiera de un balance se obtendrá un coeficiente, la verdadera habilidad es decidir qué cifras utilizar, dónde encontrarlas y cómo juzgar el resultado. Antes de intentar llevar a cabo el análisis de la compañía, se requiere una sólida comprensión de la terminología y de la presentación de los estados contables. Por lo tanto, la Parte 1 de este libro explica el contenido y el objetivo de los principales estados contables que aparecen en la memoria anual y en el balance de una compañía: el estado de resultados y el estado de flujo de caja.

Todos los países y las compañías comparten un marco contable básico que se utiliza en la preparación de los estados contables; sin embargo, la presentación de los mismos no es estándar. Probablemente se deban realizar ajustes, pero la reseña que se proporciona en la Parte 1 se aplica a cualquier compañía y en cualquier país. También se explican las diferencias entre las prácticas de presentación de los informes contables entre los Estados Unidos de Norteamérica, la Unión Europea y el Reino Unido; las traducciones de algunos de los términos que se utilizan en los informes contables en Europa aparecen en un glosario, en la Parte 3.

En la medida de lo posible, los ejemplos que se ofrecen son simples, y sólo con el propósito de enfatizar o reforzar un tema; una vez que la teoría y la práctica fundamentales se hayan captado no debería haber problemas en continuar con un análisis más detallado y sofisticado. Por lo general, los ejemplos contenidos en este libro se centran en compañías minoristas, de servicios y manufactureras en lugar de bancos u otras instituciones financieras, las que están sujetas a diferentes requisitos legales y de presentación de la información.

La Parte 2 de este libro trata sobre los métodos para el análisis de los distintos aspectos de los resultados corporativos. Sin embargo, existen tres reglas fundamentales que se aplican para cada uno de estos métodos:

1. Nunca juzgar a una compañía sólo sobre la base de un balance anual. Siempre tener los balances de tres o, idealmente, cuatro años.
2. Nunca juzgar una compañía en forma aislada. Siempre comparar sus resultados con otras compañías de tamaño similar y/o del mismo sector y/o el mismo país.
3. Cuando se comparen compañías, siempre asegurarse, en la medida de lo posible, de comparar similares; dicho de otro modo, que la base de la información analizada sea consistente.

En la actualidad, las utilidades y la financiación son dos extensos hilos que se entrecruzan en la administración global de las organizaciones comerciales exitosas. Ellos también proporcionan la base para el análisis de una compañía. Cada hilo es igualmente importante y ambos deben tenerse en cuenta. El análisis de la rentabilidad de una compañía sin ninguna referencia a su posición financiera es de poco valor. Del mismo modo, tiene poco sentido realizar un análisis detallado de la estructura financiera de una compañía sin hacer referencia a sus resultados. Las utilidades por sí solas no son suficientes, una compañía debe tener los recursos que le permitan continuar con el negocio y prosperar.

El logro de un aceptable nivel de utilidades necesario para satisfacer los requerimientos de los accionistas —agregar valor— es un objetivo corporativo común. Sin utilidades no puede existir un incremento en los dividendos o en el valor de la acción, o en la reinversión para el futuro crecimiento y desarrollo. Una parte sustancial de este libro se centra en las diversas formas de identificar y de medir la rentabilidad. El valor del accionista es más que la utilidad anual, y no todo es plausible de una cuantificación. Al determinar el precio de la acción, las expectativas futuras de los resultados de una compañía exceden sus antecedentes; un factor que probablemente ofrezca un indicador tan bueno como cualquier otro y que satisfaga a los accionistas. En el Capítulo 6 se presentan algunos lineamientos generales para realizar el análisis práctico.

Una vez que se haya completado el análisis práctico, las tablas de la Parte 3 ofrecen algunos puntos de referencia contra los que se pueden testear o comparar los coeficientes que se explican en la Parte 2. Esto refuerza la última lección del análisis contable: la comparación. Producir una serie de coeficientes para una compañía puede resultar de utilidad para indicar las tendencias en sus resultados, pero no puede suministrar un indicador de si es buena, mala o indiferente. Eso sólo puede determinarse cuando se aplican las tres reglas mencionadas anteriormente.

Una lección importante de la década de los años 90 es invertir en una compañía sólo cuando se está absolutamente seguro de que se comprende el negocio y el sector dentro del cual ésta opera. Si no es posible ver de dónde provienen las utilidades, no se debe invertir. Muy probablemente no sea un fracaso de la capacidad analítica, sino de alguien que practica la prestidigitación corporativa.

En el futuro, el cambio principal será la adopción de los estándares internacionales de contabilidad (*International Accounting Standards*, IAS) para preparar el informe corporativo. Ya ha habido avances. En la actualidad, todas las compañías de la Unión Europea que cotizan en una bolsa de valores aplican los IAS en sus balances.

Internet, una aliada, continuará incrementando la capacidad del inversor privado para acceder y analizar el resultado detallado y actualizado, así como los números de las posiciones de las compañías.

En la medida de lo posible, este libro está escrito en forma coloquial. Las compañías obtienen su impulso a partir de las personas, considerando que el análisis contable de sus actividades es un arte. Un arte combinado con personas debe ser divertido, si no lo es, entonces se lo debe dejar para aquellas personas que sí lo disfrutan.

1
LA COMPRENSIÓN DE LOS FUNDAMENTOS

1. La memoria anual – y lo que subyace

Las memorias anuales son complejas y difíciles de descifrar. El volumen creciente y detallado de la legislación junto con las normas, reglas, estándares contables y códigos de prácticas contribuyen a que así sea. Cada vez que hay un fraude o una mala administración que, como resultado, hacen que los problemas de una compañía importante se hagan públicos, existe una presión ya sea para un cambio en los roles, deberes y responsabilidades de los auditores o directores o para la divulgación de información adicional o más detallada.

Para leer o interpretar una memoria anual en forma efectiva se necesita una cierta comprensión de la teoría y del marco más amplio de la contabilidad financiera. Sin embargo, no es necesario dominar los mecanismos de la contabilidad de doble entrada a la perfección, ya que es extremadamente inusual que una compañía que cotiza en una Bolsa de Valores tenga problemas con el debe y el haber. El proceso de contabilidad que se requiere para llegar a un balance equilibrado puede darse por hecho.

La contabilidad de doble entrada
Italia afirma que ha sido el primer país de Europa en adoptar la contabilidad de doble entrada. Por lo general, la distinción de haber sido el primero en publicar sobre el tema se le otorga a Luca Pacioli. En 1494, escribió *De Computis et Scripturis*, que incluía detalles de los mecanismos de la contabilidad de doble entrada (débitos o entradas del lado izquierdo en los libros de contabilidad y los créditos o las entradas del lado derecho).

Según este sistema, cada transacción tiene dos entradas en los libros de contabilidad. Por cada suma que se ingresa en el lado derecho (crédito) de una cuenta, la misma cantidad se ingresará en el lado izquierdo (débito) de otra cuenta. Esto garantiza que al final del ejercicio fiscal sea posible generar un estado de resultados (llamado la "cuenta de ganancias y pérdidas" en el Reino Unido), divulgar la ganancia o pérdida del ejercicio y preparar un balance con activos (columna del debe) que compensa con los pasivos (columna del haber).

¿QUIÉNES PUBLICAN LOS ESTADOS CONTABLES?

Cada empresa comercial debe preparar un conjunto de estados contables a fin de que se correspondan con su obligación impositiva. Aun cuando la organización sea benéfica o se encuentre de algún modo exenta, de todos modos se deben preparar los estados contables para brindar a todos aquellos interesados la información adecuada y la posibilidad para evaluar la adecuación de los directivos con respecto a las operaciones y a los activos de la organización. Se espera que todas las empresas públicas o nacionalizadas generen y publiquen sus estados contables con el fin de informar no sólo al Estado, sino también al público.

Toda compañía en la cual el público ha sido invitado a participar debe publicar una memoria anual que contenga un conjunto de estados contables. Todas las demás compañías de responsabilidad limitada presentan estados contables ante las autoridades impositivas cada año; dichos estados contables son puestos a disposición del público para su examen.

Responsabilidad limitada

La mayor parte de las compañías comerciales son de responsabilidad limitada. Los accionistas que aportan capital a estas compañías, a través de la compra de participaciones y acciones, no pueden ser forzados a contribuir con sumas adicionales de dinero para la compañía. Habiendo pagado £1 o $1 por una acción o unidad de stock, ellos no deben pagar más. En el caso de que la compañía fracase, los accionistas no pueden perder más de lo que hayan invertido, su responsabilidad está limitada a esta cantidad.

Compañías privadas y públicas

Una compañía que cotiza en una Bolsa de Valores o se encuentra listada es una compañía cuyas acciones pueden ser compradas y vendidas en el mercado de valores. Una compañía privada no puede ofrecer sus acciones para la venta al público, por lo tanto se aplican diferentes salvaguardas y requerimientos para la preparación de los informes, en comparación con los de las compañías públicas o las que cotizan en mercados de valores.

Propiedad y administración

Los accionistas de una compañía privada están por lo general involucrados en su administración, con los miembros de la familia que actúan como directores. Los accionistas de una compañía pública probablemente participen en forma menos directa. La administración de una compañía pública, sus directores y gerentes, por lo general está claramente separada de los propietarios de la compañía, que son sus accionistas. Por lo tanto, deben existir claros requisitos para la presentación de la información de compañías públicas. Los directores actúan como administradores de las inversiones de los accionistas y cada año deben informar los resultados de su gestión. En la Asamblea Anual* los directores presentan la memoria anual y los estados contables a los accionistas.

En el Reino Unido, una sociedad de responsabilidad limitada pública (PLC**) debe difundir más información que otras compañías privadas de responsabilidad limitada. Esta distinción también se refleja en el resto de Europa. El término público en una PLC se refiere al tamaño del capital social de la compañía, por lo tanto, una PLC no cotiza necesariamente sus acciones en la Bolsa de Valores. Las compañías públicas normalmente preparan un bosquejo preliminar de la declaración sobre el desempeño contable del ejercicio dentro de los tres meses de la finalización del ejercicio contable de la compañía, la publicación de la memoria anual se realiza inmediatamente después. Para las compañías privadas normalmente existe una demora mayor a 12 meses después del final del ejercicio antes de que el conjunto de estados contables esté disponible. En el Reino Unido, las compañías privadas tienen hasta 18 meses después de la finalización del ejercicio contable en el cual deben presentar sus estados contables. También allí, las compañías que cotizan en una Bolsa de Valores publican los estados contables provisionales a mitad del ejercicio, mientras que en los Estados Unidos de Norteamérica se realiza en forma trimestral. Existe una presión permanente sobre las compañías para que proporcionen un acceso rápido a sus números. En la actualidad, la Comisión Nacional del Mercado de Valores de los Estados Unidos de Norteamérica (*US Securities and Exchange Commission,* SEC) aspira a que las cifras trimestrales se presenten dentro de los 35 días y las memorias anuales dentro de los 60 días desde la finalización del período contable.

Estados contables consolidados

Cuando una compañía (la controlante) posee el control accionario en otras compañías (sus subsidiarias), es necesario preparar estados contables consolidados o agrupados. Estos incorporan todas las actividades de todas las compañías involucradas para proporcionar un estado de resultados, un balance y un estado de flujo de caja.

Desde principios de la década de los años 90, se les exigió a las compañías de los EE.UU. y del Reino Unido que publicaran sus estados contables agrupados. La Directiva Séptima para la armonización europea trata sobre los estados agrupados, y desde 1990 su utilización ha sido obligatoria para todas las compañías de la Unión Europea. La intención es garantizar que los accionistas y otras partes interesadas en un grupo de compañías tengan la información adecuada con para poder evaluar sus operaciones y su posición contable.

Además del balance consolidado, las compañías del Reino Unido deben suministrar un balance de la compañía controlante. A esto se denomina normalmente el balance de la compañía, y no es requerido en los EE.UU.

Intereses minoritarios

Cuando una subsidiaria no es totalmente propiedad de la compañía controlante, el interés minoritario o externo —la proporción de la subsidiaria que pertenece a otros accionistas distintos de la compañía controlante— se muestra en forma separada dentro de los estados contables. Inevitablemente, surgen algunos inconvenientes en la identificación de la propiedad y del control cuando existen estructuras piramidales en las participaciones accionarias.

Todas las operaciones entre las compañías del grupo son eliminadas para evitar la doble contabilidad de las utilidades y, por lo tanto, sólo se exhiben los ingresos provenientes de las operaciones con los clientes externos del grupo de compañías en el estado de resultados. Sin embargo, los intereses minoritarios deben acreditarse de acuerdo con la proporción de cualquier utilidad que provenga de las operaciones entre las compañías del grupo.

Información específica de las subsidiarias

En el caso de un grupo de compañías, la memoria anual debe contener información específica de todas las subsidiarias. Debe constar el nombre, el sector del negocio, la ubicación geográfica y la proporción de votos y otras acciones que pertenezcan a la compañía controlante.

Si una subsidiaria ha sido vendida o traspasada de algún otro modo, los detalles deben ser informados como parte de las notas a los estados contables sobre las operaciones discontinuadas, con el ingreso y la utilidad exhibidos en forma separada y las ganancias o pérdidas por ventas, consideradas como un rubro excepcional en el estado de resultados.

Los objetivos de la memoria anual

La memoria anual está diseñada en primer término para satisfacer las necesidades de los accionistas actuales y futuros y para que éstos cuenten con información sobre la compañía. Para lograr este objetivo debe ser entendible y comparable, confiable y relevante. Los estados contables son provistos con el fin de facilitar y respaldar la toma de decisiones de los accionistas y para constituir la base de una declaración sobre la gestión de los directores con relación a los fondos que los accionistas han invertido en la compañía. No son sólo una reseña histórica: también tienen como objetivo ayudar a los usuarios a predecir la oportunidad, naturaleza y riesgos de los futuros flujos de caja.

La memoria anual es un documento importante que contiene no sólo los estados contables reglamentarios, las tablas, notas e informes sobre la gestión, sino también todo lo que la compañía desea divulgar. Es el informe formal realizado por los directores a sus accionistas, en el cual consta el resultado de un ejercicio y la posición financiera de la compañía al final del ejercicio contable. Tiene también un importante rol en las relaciones públicas.

Una compañía que cotiza en una bolsa de valores puede tener muchos miles de accionistas, y aun cuando sólo unos pocos cientos pueden presentarse en la Asamblea Anual, donde se exponen formalmente los estados contables, todos recibirán una copia de la memoria anual, al igual que todo aquel interesado en la compañía y que haya solicitado un ejemplar. Producir una memoria anual tiene por lo tanto un costo significativo; una compañía que cotiza en una Bolsa de Valores normalmente gasta entre $500.000 y $1 millón en su publicación.

¿QUIÉNES UTILIZAN LA MEMORIA ANUAL?

Los accionistas y sus asesores
Los accionistas abarcan un rango desde individuos que poseen unas pocas acciones hasta instituciones que poseen una gran cantidad de las mismas, y es un error asumir que los requerimientos de estos dos grupos sobre la compañía serán los mismos. Cumplir con los requisitos de los asesores contables y los analistas de títulos en una única publicación anual probablemente sea más difícil.

Los accionistas son dueños de la compañía y utilizan la memoria anual para descubrir de qué modo sus inversiones han sido administradas por los directores durante el ejercicio anterior. Las inversiones generalmente se realizan y se mantienen para futuros ingresos o ganancias de capital. La memoria anual brinda una base para la evaluación de las tendencias pasadas, sin embargo, los accionistas estarán más preocupados por el nivel de los dividendos y el incremento de capital que probablemente verán en el futuro. En dicha evaluación, ellos se centrarán en una serie de varas de medición que se tratan en la Parte 2, incluyendo el beneficio por acción y la tasa de retorno y los coeficientes de endeudamiento.

Las personas que asesoran a los accionistas, aquellas que viven de la fortaleza de sus análisis y pronósticos sobre el resultado de una compañía, mirarán el rango más amplio de medidas y se centrarán más detenidamente en los indicadores de los riesgos potenciales de inversión de la compañía.

Los accionistas y el poder
La mayor parte de los accionistas de una compañía típica que cotiza en una Bolsa de Valores puede conformar hasta el 60-70% del número total de accionistas, pero poseer menos del 10% del total de las acciones emitidas. El mayor volumen de las acciones —y por lo tanto el control efectivo de la compañía— se encuentra casi siempre en manos de un grupo de accionistas institucionales, generalmente unos pocos cientos, incluyendo las compañías de seguros, los fideicomisos y los fondos de pensiones, bancos y otras instituciones financieras. Cuando un grupo de accionistas institucionales se une para hacerse cargo de una compañía, ejerce un gran poder que no puede ser ignorado ni siquiera por los directores más autocráticos. Éstos son los accionistas a los que los directores escuchan y tratan de satisfacer. Debido a esto, y porque ellos

están bien informados y son altamente competentes en lo que respecta al análisis financiero, se encuentran usualmente en una mejor situación que los accionistas menores para conocer la situación de la compañía.

Acreedores

Los acreedores —proveedores del financiamiento de una compañía a largo y a corto plazo— incluyen no sólo a los bancos, otras instituciones e individuos, sino también a los proveedores que ofrecen a la compañía bienes y servicios a crédito. Ellos poseen un gran incentivo para llevar a cabo la evaluación de los resultados de la compañía. Necesitan confiar en que ésta podrá cumplir con los pagos de los intereses vencidos sobre los fondos prestados y que los préstamos que ellos le han otorgado serán reintegrados en tiempo y forma. Por lo tanto, es muy probable que se enfoquen en las utilidades y en el flujo de caja que generan capacidad y en las medidas de liquidez, la solvencia y el apalancamiento (véase los Capítulos 9 y 10). En dicha evaluación, ellos —los proveedores en particular— generalmente confían en las agencias profesionales de calificación del riesgo, que vetarán y monitorearán a sus clientes.

Management

Como otros grupos interesados, la gerencia o *management* se ocupa principalmente de los resultados futuros y de la viabilidad financiera de la compañía en lugar de su desempeño anterior. Los roles clave de la dirección son el planeamiento y la toma de decisiones. Se preparan los presupuestos y se compara el resultado real con aquéllos. Para operar una compañía, los gerentes necesitan información en tiempo y precisa. La memoria anual no es de ayuda en este caso. Sin embargo, se espera que los gerentes tengan un gran interés en ella, especialmente si tienen derecho a un bono que esté vinculado con el ingreso o la utilidad del ejercicio contable. Este tipo de arreglos para el cobro de bonos abre la puerta a un conflicto de intereses entre los directores y los accionistas, ya que las políticas contables de la compañía son fijadas por los directores, quienes están interesados en la dimensión del bono que reciben. Para contrarrestar este potencial conflicto, existen cambios en la reglamentación y en la práctica que van cerrando gradualmente esta brecha particular entre el sentido común y la práctica comercial.

Empleados y sindicatos

Los empleados y sus asesores o representantes recurren a la memoria anual para poder evaluar la capacidad de la compañía para seguir ofreciendo empleo así como los salarios que puede pagar.

Los empleados no buscan en primera instancia las páginas en donde se detallan las remuneraciones de los directores; normalmente demuestran mayor interés en una parte en particular del negocio — la división, fábrica, sección o departamento— en la cual trabajan. La evidencia sugiere que ellos tienen un interés menos directo en (o simpatía por) la compañía en su totalidad. Generalmente, los empleados están menos capacitados para leer una memoria anual, lo que puede generar dificultades. Por lo tanto, las compañías brindan con cada vez más frecuencia un informe por separado o una reunión informativa para brindarles un resumen claro de los temas importantes.

Gobierno e impuestos

Las memorias anuales —y la información presentada en ellas— pueden ser utilizadas por el gobierno para un análisis estadístico. Los impuestos corporativos y los personales generalmente están vinculados con el estado de la utilidad contable que aparece en las memorias anuales. Sin embargo, en la mayoría de los países, la deuda impositiva de una compañía no se fija sobre la base de la memoria anual publicada, sino sobre la base de un conjunto separado de estados contables y cálculos preparados a los efectos impositivos y de acuerdo con la autoridad fiscal. Una excepción es Alemania, donde la deuda impositiva de una compañía se fija sobre la base de los estados contables publicados en la memoria anual (*Massgeblichkeitsprinzip*). Como resultado de esto, las compañías alemanas generalmente le restan importancia al rubro utilidades del estado de resultados y subvaloran los activos y sobrevaloran los pasivos en sus estados contables.

Otros usuarios

Los clientes de una compañía utilizarán su memoria anual para tener la certeza de que seguirá en funcionamiento el tiempo suficiente para cumplir con su parte en todos los contratos que la compañía haya celebrado con ellos. Esto es particularmente importante en los casos de, por ejemplo, un proyecto importante de construcción que abarca varios años, o el suministro de un producto o servicio donde la futura continuidad de las entregas y la calidad es esencial. El fracaso del proveedor puede tener serias consecuencias en los costos para el cliente.

LOS CONCEPTOS CONTABLES FUNDAMENTALES

Antes de leer un conjunto de estados contables, es sensato tener cierta apreciación de la base sobre la que estos estados han sido preparados. La contabilidad y los informes contables están regidos por una serie de conceptos, principios, convenciones, elementos, presunciones y normas. Éstos han evolucionado a través de muchos años. Han sido moldeados por la experiencia y vinculados para brindar el marco para la construcción de un conjunto de estados contables, y se aplican a todas las compañías.

Los contadores especializados en temas financieros, en especial los auditores, se capacitan para ser:

- Cuidadosos.
- Cautelosos.
- Conservadores.
- Consistentes.
- Correctos.
- Meticulosos.

Estas seis premisas deben ser evidentes en todo el proceso de la preparación y presentación de una memoria anual.

La personalidad jurídica corporativa

Una compañía es una entidad jurídica separada de sus gerentes y propietarios. Puede celebrar contratos, entablar demandas y ser demandada como un individuo. A los fines legales y contables, posee activos y pasivos. Su activo neto es la cantidad que debe a sus accionistas. El último acto de una compañía en liquidación —antes de dejar de existir— es reintegrar a sus accionistas el activo neto, si lo hubiera.

Cuantificación del dinero
Si fuera imposible determinar el valor monetario de una transacción o de un evento, dicha operación o evento no puede registrarse en los libros de contabilidad. Una regla general para la contabilidad es: "si no se puede medir, hay que ignorarlo". Ésta es una de las razones por las que los contadores tienen tantas dificultades con los aspectos intangibles o cualitativos de un negocio. Por ejemplo, el costo de una junta directiva puede cuantificarse con dos lugares decimales y aparecer en el estado de resultados de todos los ejercicios. Sin embargo, la pregunta de cuánto valen los directores para una compañía es, al menos para los contadores, imposible de responder y por lo tanto ellos nunca aparecen en el balance, ya sea como un activo o un pasivo.

Los contadores pueden ser cautelosos en el tratamiento de los intangibles o al cuantificar los aspectos "difíciles" de los costos y gastos del negocio. Sin embargo, si es esencial establecer una vara de medición para todo, los contadores resultarán ser los más apropiados para esta tarea. Por ejemplo, los empleados de una compañía pueden cuantificarse a los fines de incluirlos en el balance, utilizando la contabilidad del activo humano; también existen formas de cuantificar los aspectos ambientales de un negocio.

Ingreso del euro
En enero de 1999 la moneda europea única (el euro) comenzó a utilizarse en once países miembros (el Reino Unido, Suecia y Dinamarca optaron por no utilizarlo por el momento). No es usual que la unidad monetaria cambie por sí misma. Ésta fue la situación que las compañías europeas enfrentaron cuando en 2002 fueron obligadas a utilizar el euro en sus informes financieros.

El impacto de la inflación
Un problema importante de la cuantificación monetaria se presenta cuando la unidad de medida, por ejemplo la libra o el dólar estadounidense, cambia de valor a través del tiempo. Si, como ocurre con la inflación, la unidad de medición utilizada en los estados contables vale más en el comienzo del período que al final del mismo, los sistemas de contabilidad y de la presentación de informes se encuentran con dificultades. En condiciones de inflación alta permanente, los métodos de contabilidad tradicional y los informes no resultan muy útiles.

Por ejemplo, ¿qué valor debería aparecer en el balance cuando una compañía adquiere un activo al comienzo de un ejercicio contable por £500 y otro activo idéntico al final del ejercicio que, debido a la inflación, cuesta £1.000? Se ignora la amortización, pero ¿resulta práctico o útil sumar las dos cifras juntas y presentar los activos "valuados" en £1.500? La respuesta debe ser no, y además, es necesario hacer algún ajuste para proporcionar una idea más significativa sobre el valor del negocio de los activos empleados al final del ejercicio.

Los contadores han diseñado varias soluciones posibles para superar los problemas que causa la inflación en los informes de la compañía. La contabilidad basada en el poder adquisitivo corriente (*current purchasing power,* CPP) ajusta todos los rubros que aparecen en los estados contables por un índice de inflación o de precios adecuado. La contabilidad de costos corrientes (*current cost accounting,* CCA) calcula el valor de los activos teniendo en cuenta su valor actual para el negocio, ya sea a la fecha del balance o en el momento de la operación, y utiliza una selección de índices de precios. Por lo tanto, la amortización se imputará sobre los valores del activo ajustados por inflación, obteniendo un monto más realista que aparece en el estado de resultados para el uso de los activos durante el ejercicio.

Valuación del costo

Por lo general, los activos se muestran en el balance con un valor que se basa en su costo original o histórico. La razón principal es que el costo original de un activo, en la mayoría de los casos, es indiscutible y fácil de descubrir y verificar. Existe una factura del proveedor o una entrada en la cuenta bancaria. Tratar de poner cualquier otro valor sobre un activo es inevitablemente más subjetivo, y se requiere de un criterio o de un estimado. El costo de un activo es innegable. Su valor, en cambio, está abierto a discusión. Cualquier valuación que no esté basada en su costo histórico se modificará también a lo largo del tiempo, ya que estará sujeta a las fuerzas de mercado.

Los activos fijos se muestran generalmente con sus costos históricos menos la amortización y se designan con su valor neto en libros o su valor de balance sobre la base de la presunción de que continuarán en uso en el futuro para respaldar el negocio de la compañía. No se muestran con su valor residual o de reventa.

Empresa en funcionamiento

Los estados contables se preparan al final del ejercicio sobre el supuesto de que serán parte de un flujo permanente de dichos estados en el futuro. Se presume que la compañía se mantendrá en el negocio durante un futuro previsible. En otras palabras, la compañía es una empresa rentable. Las compañías del Reino Unido que cotizan en una Bolsa de Valores deben presentar una declaración de los directores donde conste que ellos consideran que su compañía es una empresa rentable.

No existe en el balance un intento por establecer el valor actual de mercado o el valor de venta de los activos. El cálculo del valor de los activos se realiza sobre la base del supuesto de que es una empresa en funcionamiento. El balance simplemente muestra los activos del presente ejercicio, los que pueden compararse con los del ejercicio anterior y, en un período de 12 meses, con los del próximo ejercicio.

Generalmente, el valor de los activos que se establece sobre la base de una empresa en marcha es mayor que en los casos en que la compañía estuviera por cerrar y fueran a utilizarse los valores remanentes o de realización inmediata. Siempre que sea razonable hacer una presunción de empresa en marcha, pueden utilizarse en forma correcta los valores netos en libros en el balance.

Quiebra

Cuando los auditores tengan alguna razón para dudar de que la compañía sea una empresa en funcionamiento deben hacérselos saber a los accionistas a través de su informe. Los directores de las compañías que cotizan en el Reino Unido deben cumplir con los requisitos del Código Combinado (véase más abajo) y de las Normas para Cotizar en una Bolsa de Valores, y establecer en la memoria anual que ellos consideran su compañía como una empresa en funcionamiento. Una declaración típica sería: "Los directores tienen la expectativa razonable de que la compañía posee recursos adecuados para continuar en operaciones en un futuro previsible". Esto puede ser interpretado como: "No esperamos fallar dentro de los próximos 12 meses".

Análisis estratégico de compañías

Gobierno corporativo (*Corporate Governance*)
En la década de los años 90, después de una serie de ejemplos de una mala administración evidente (si no fraude) de las compañías públicas, el gobierno corporativo se convirtió en un tema importante tanto en el Reino Unido como en los Estados Unidos de Norteamérica. Con el propósito de que los accionistas y otras partes interesadas en una compañía ganaran confianza con respecto a su gestión y en su probable viabilidad futura, se exigió la divulgación de información adicional.

En 1998 la Comisión Hampel llegó a la conclusión de que un directorio debería actuar siempre a favor del bien de sus accionistas y, para lograrlo, debería adoptar los más altos estándares de gobierno corporativo: "el sistema por el cual las compañías son dirigidas y controladas". Hampel reforzó y expandió las recomendaciones del Comité sobre los Aspectos Contables del Gobierno Corporativo ("Código Cadbury", 1992) y un grupo presidido por Sir Richard Greenbury ("Código Greenbury", 1996). En particular, se analizó el rol de los directores no ejecutivos, con la recomendación de que ellos deberían constituir al menos una tercera parte del directorio y que todos los directores deberían estar sujetos a una reelección por lo menos cada tres años.

En 1998 se publicó el Código Combinado que comprende los códigos Cadbury, Greenbury y Hampel y se incluyó en las normas para ser listadas en una Bolsa de Valores, las cuales deben cumplir todas las compañías que cotizan en una Bolsa de Valores. Comprendía dos secciones: la primera trataba sobre los principios del buen gobierno y la segunda incluía las mejores prácticas (véase también el Capítulo 11). En 2003 el Informe Higgs, sobre el rol y la efectividad de los directores no ejecutivos, contribuyó al desarrollo de un nuevo Código Combinado sobre Gobierno Corporativo. Algunos de los requisitos son:

- Presentación de un informe sobre el negocio en carácter de empresa en funcionamiento.
- Creación de una comisión de remuneraciones independiente y presentación de la declaración de la remuneración total de los directores, de las opciones de compra de acciones y de la facultad para recibir pensiones.
- Presentación de una declaración de las responsabilidades de los directores para la preparación de los estados contables.
- Creación de una comisión de auditoría y presentación de una declaración de los auditores sobre sus obligaciones para realizar el informe, y una revisión del cumplimiento del Código de Mejores Prácticas.
- Presentación de una evaluación equilibrada y entendible de la posición de la compañía.

Debe existir un directorio competente con responsabilidad colectiva para la implementación exitosa de la estrategia corporativa y para mantener e incrementar la inversión de los accionistas. En este punto se deberá evaluar el desempeño en conjunto y en forma individual de los directores, a quienes se les exigirá que mantengan un sistema lógico de control interno que se revisará en forma regular. Es importante que exista confianza en la capacidad de la compañía para cumplir con la ley y con la normativa en tanto que realiza operaciones eficaces y un control financiero. Los directores no ejecutivos deberán constituir al menos la mitad del directorio, y deberá existir una clara división entre el rol del presidente y del director ejecutivo. Cuando una compañía no cumpla con alguno de los requisitos del Código

Combinado deberá dar una explicación detallada.

Prudencia y una valuación por separado

La memoria anual tiene un rango amplio de usuarios con intereses diversos. Puede utilizarse como una base para la compra o la venta de las acciones de la compañía y hasta de la compañía misma, o para otorgar un crédito a, comprar un producto de, conseguir un trabajo en, o prestar dinero a la compañía. Debido a que resulta imposible que un único conjunto de estados contables pueda cumplir con los requerimientos de todos los usuarios, es mejor que el contador que prepara los estados contables sea cuidadoso con las cifras. Es preferible la subvaluación que la sobrevaluación de un activo. El inversor que luego descubre que un activo de respaldo es sustancialmente menos valioso de lo que se muestra en el balance de la compañía estará más molesto que en el caso inverso.

Para evitar las definiciones de utilidades por demás optimistas en el estado de resultados o en la valuación de los activos en el balance, los contadores deben desarrollar una norma prudente o conservadora, según la cual las ganancias o el valor de los activos nunca deben estar deliberadamente sobrevaluados. A los fines de la contabilidad financiera y de los informes, esto debe condensarse en:

- Siempre que exista la duda, considerar el valor más bajo entre dos valores.
- Siempre que exista la duda, mandarlo a pérdida.

Esta norma simple tiene una influencia significativa en la preparación y presentación de los estados contables. Por ejemplo:

- El cálculo del valor del inventario al costo menor o a valor de mercado.
- La inmediata contabilización como pérdida de potenciales deudas incobrables, y no en el momento en que todas las esperanzas de cobrar el dinero se hayan evaporado.
- Si existieran dudas sobre los ingresos, reconocer sólo aquel que haya sido cobrado en efectivo.
- En el estado de resultados se incluyen sólo las utilidades que hayan sido realizadas durante el ejercicio; no es prudente anticipar eventos.
- Tener cuidado en dejar lugar para todos los pasivos conocidos o anticipados y las pérdidas a la fecha, aunque no en la medida de generar reservas ocultas.
- El reconocimiento de futuras pérdidas tan pronto como sean conocidas, no cuando efectivamente sucedan.

Un principio contable importante es aquel de la valuación por separado. Como regla general, todos los activos y pasivos deben ser valuados por separado. No es aceptable presentar el valor neto total de un grupo de activos en el balance (compensar la pérdida en valor de un activo contra el incremento del valor de otro).

Realización

Hasta que un evento o transacción no se haya llevado a cabo en forma fehaciente no debería tomarse en cuenta para el cálculo de la utilidad o pérdida del ejercicio. Un cliente importante puede, al final del ejercicio contable de una compañía, prometer una orden importante para el próximo mes. Esto es sin duda una buena noticia para la compañía. Se registrará en la información de la gerencia y en los sistemas de control, y se harán planes para ajustar el registro de pedidos y la programación de la producción. Sin embargo, hasta que no se haya celebrado y ejecutado un acuerdo formal y legalmente vinculante, nada ha ocurrido con respecto al sistema contable financiero. No se podrá asentar ningún ingreso en los estados del ejercicio actual. La transacción no ha tenido lugar, por lo tanto, será debidamente ignorada en los estados contables. La utilidad se hará o se realizará sólo cuando se haya completado la transacción, con la propiedad de los bienes transferida al cliente. Sólo cuando la utilidad se realice puede estar disponible para la distribución a los accionistas a través de dividendos.

El valor de los activos se incrementa como resultado de la inflación o de los cambios en el mercado. Esto es beneficioso para la compañía, pero no puede reclamarse como una utilidad. Hasta que un activo se venda, cualquier incremento en su valor deberá retenerse en el balance. Sólo puede contabilizarse en el estado de resultados como una utilidad cuando ésta se haya realizado, es decir, cuando un activo se haya vendido.

Devengamiento y compensación

El estado de resultados muestra el ingreso generado durante el ejercicio, el cual se compensa con los costos y los gastos incurridos para su producción. Los ingresos y egresos deben ser incluidos en el estado de resultados en el momento de producirse la transacción o el evento. Por lo general, sucede cuando se confecciona la factura, no cuando se recibe o se paga el efectivo relacionado con la transacción. Todos los ingresos y egresos del ejercicio contable se vuelcan en los estados contables sin referencia cuando la transacción o el evento tengan un impacto en efectivo. La diferencia entre el momento de la transacción y su concreción en efectivo se muestra como un devengamiento (el dinero a pagarse en un futuro) o un pago por anticipado (el dinero pagado por anticipado).

Consistencia y equivalencia

Los problemas contables raramente tienen una única solución; por lo general, existen varias alternativas perfectamente aceptables. Esto es un dilema para los contadores. También es el origen de una historia apócrifa de un director ejecutivo que se decía que había puesto un aviso para buscar un contador con sólo un brazo ya que estaba cansado de escuchar "por un lado... pero por el otro lado...".***

Una compañía puede maquillar las utilidades del ejercicio simplemente al cambiar su política contable: por ejemplo, al ajustar la valuación del inventario o el método de amortización. Lo que parece ser para el bien de la compañía en un ejercicio puede no serlo en el próximo. Si cada año las compañías pudieran cambiar los métodos de valuación de sus activos e imputar la amortización o el tratamiento de los costos y los gastos, sería imposible poder realizar la comparación de los estados contables de ejercicios anteriores con los del ejercicio actual. Tampoco sería posible utilizar los estados contables para comparar los resultados y la posición financiera de una compañía a través de un número de ejercicios y con aquéllos de otras compañías.

A menos que exista una declaración en contrario, se puede asumir que las políticas contables subyacentes para la preparación de los estados contables del presente ejercicio serán las mismas que las del anterior. En la medida de lo posible, debería existir consistencia en el uso de la terminología y en la presentación de todos los rubros incluidos en los estados contables de un ejercicio al siguiente.

Las compañías tienen el derecho de optar por cambiar las políticas contables. Cuando esto ocurre, las notas a los estados contables deben claramente establecer la naturaleza del cambio y las razones para ello. Una compañía que habitualmente cambia sus políticas contables deberá ser estudiada con mayor detenimiento que una que no lo hace.

Materialidad y relevancia

La memoria anual debería proporcionar a sus usuarios toda la información útil y relevante. Todo lo que sea importante o esencial debe ser informado. La prueba es si la insuficiencia de detalles afectará la toma de decisiones de los usuarios. De ser éste el caso, los detalles eran esenciales.

Es imposible tener normas precisas sobre cuándo un evento o una transacción se vuelve esencial. Por lo general, si es lo suficientemente grande como para tener un impacto sobre las cifras o suficientemente importante para ejercer influencia sobre las decisiones que probablemente tengan que tomar aquellos que usan la memoria anual, se considera esencial y debería divulgarse en forma separada y clara. En los Estados Unidos de Norteamérica, la SEC requiere que el director ejecutivo atestigüe que los estados contables son "materialmente veraces y completos".

Como regla general, una cosa es esencial para un contador si representa el 5-10% o más del total de lo que sea que se esté considerando. Por ejemplo, para una compañía con una facturación de $5 millones cualquier transacción de alrededor de $250.000-$500.000 será sustancial. Para una con una facturación de $50 millones, un evento importante será en el orden de $2,5 millones-5 millones.

Confiabilidad y comprensibilidad

Para poder utilizarlos en forma práctica, los estados contables deberán ser confiables. La información que ellos contengan deberá ser oportuna, libre de errores, imparcial, completa y claramente reflejar la sustancia más que la forma de los eventos. Los directores tienen el deber de hacer que los estados contables sean entendibles. Sin embargo, no sería razonable exigir que una memoria anual sea completamente comprensible para cualquier persona que la lea. Se presume cierta habilidad y pericia básicas de parte del usuario.

Esencia sobre forma

Para lograr un punto de vista verdadero y justo es necesario separar la sustancia de la forma en cualquier transacción o evento: "no es lo que se dice, sino lo que esto significa". Si se considera sólo la forma legal, no se obtendrá una explicación cabal de las implicancias comerciales que pueden ocasionar dicho evento o transacción. Es más importante comprender los fundamentos de una transacción o evento. Los estados contables de una compañía deberían reflejar con claridad la realidad económica de cualquier operación o evento importante que haya tenido lugar durante el ejercicio.

NORMAS CONTABLES

La profesión de contador ha desarrollado normas y lineamientos para las mejores prácticas, pero no fue hasta los años treinta que dichas normas comenzaron a escribirse y a ser codificadas. Al tiempo que las compañías crecían en volumen y poder y el comercio internacional se tornaba más complejo, se ejercía una presión para formalizar más profundamente el proceso de modo que se pudieran implementar tales mejores prácticas. En otras palabras, se exigieron normas contables.

En el Reino Unido, el Consejo para la Presentación de los Estados Contables (*Financial Reporting Council*, FRC) se estableció en 1990 con financiación del gobierno, el distrito financiero y los profesionales de la contabilidad, para promover buenos informes contables. Tiene dos ramas. En 2001 la Junta Reguladora Británica de los Estándares de Contabilidad (*Accounting Standards Board*, ASB) reemplazó a la Comisión de los Estándares de Contabilidad (*Accounting Standards Committee*, ASC), que había supervisado la presentación de las 22 Declaraciones sobre las Normas de Práctica Contable (*Statements of Standard Accounting Practice*, SSAP). El Panel de Revisión de la Presentación de los Estados Contables (*Financial Reporting Review Panel*, FRRP) se ocupa de la política de la preparación y de la presentación de los estados contables.

Junta Reguladora Británica de los Estándares de Contabilidad
El cumplimiento por parte de la compañía de las normas contables del país en el cual cotiza en una Bolsa de Valores es obligatorio. En la actualidad, esto significa que existen diferencias entre los requisitos para la presentación de los estados contables de una compañía que cotiza en Nueva York y una que cotiza en Londres, Milán o París. Se espera que en un futuro cercano la aceptación de las normas internacionales supere esta dificultad.

La *ASB* es un organismo independiente, vinculado no sólo con la profesión contable. En un principio, se centró en el estado de resultados e introdujo dos nuevos estados contables: el de flujo de caja y uno de utilidades y pérdidas totales reconocidas. El cumplimiento de todas las normas contables es obligatorio para todas las compañías.

El objetivo más amplio de la ASB es similar al de aquellas normas contables de organizaciones en otros países. El equivalente norteamericano es la Junta de Estándares de Contabilidad Financieros (*Financial Accounting Standards Board*, FASB), formada en 1973. Estas organizaciones están para:

- ❖ Definir los conceptos contables.
- ❖ Codificar las mejores prácticas contables generalmente aceptadas.
- ❖ Reducir las diferencias en la contabilidad financiera y en la presentación de los informes.
- ❖ Proporcionar nuevas normas contables cuando sea necesario.
- ❖ Evaluar en forma permanente si las normas existentes deben mejorarse.

El primer paso de la ASB cuando aborda una nueva área es emitir el Informe Financiero Preliminar del Riesgo (*Financial Reporting Exposure Draft*, FRED). Entonces, luego de consultas y estudios, emite un Modelo de la Presentación de la Información Contable (*Financial Reporting Standard*, FRS).

Las Declaraciones sobre las Prácticas Recomendadas (*Statements of Recommended Practice*, SORP) se desarrollan para los grupos de negocios o sectores que tengan necesidades específicas sobre temas contables. Por ejemplo, estas declaraciones pueden, dentro de los lineamientos de la ASB, ser emitidas por el Grupo Contable para la Investigación de Pensiones (*Pensions Research Accounting Group*), la Comisión de Beneficencia (*Charity Commission*), la Asociación de Aseguradoras Británicas (*Association of British Insurers*) o la Comisión Contable de la Industria

Petrolera (*Oil Industry Accounting Committee*). Las SORP se aplican sólo a las organizaciones para las que han sido diseñadas.

La ASB cuenta con una Equipo de Tareas para Temas Urgentes (*Urgent Issues Task Force*, UITF) para responder rápidamente a los problemas relacionados con la presentación de los estados contables y su divulgación. La UITF publica resúmenes sobre los temas que ha tratado y se espera que éstos, aunque no son obligatorios para las compañías, sean incorporados en futuras declaraciones de la ASB.

Las compañías deben adoptar las normas contables

Desde 1985 las compañías del Reino Unido han tenido que declarar que los estados contables fueron preparados de acuerdo con normas contables apropiadas. Si una compañía no aplica estrictamente una norma, debe agregar una nota que explique la razón por la cual no se ha hecho. Se debe tener una especial consideración con estas notas, en particular si ellas se encuentran en el informe del auditor, aunque usualmente la información específica es compleja y probablemente ha sido escrita con claridad en la lista de objetivos.

Estándares Internacionales de Contabilidad

La Comisión de Estándares Internacionales de Contabilidad (*International Accounting Standards Committee*, IASC), creada en 1973, trabaja para conseguir la armonización a nivel mundial del contenido y de la presentación de los estados contables a través de la publicación de los Estándares Internacionales de Contabilidad (*Internacional Accounting Standards*, IAS). Después de la reestructuración de la IASC en 2001, éstos ahora se denominan Estándares Internacionales para la Presentación de los Estados Contables (*Financial Reporting Standards*, IFRS) y son preparados por la Junta de los Estándares Internacionales de Contabilidad (*International Accounting Standards Board*, IASB), que en la actualidad tiene su base en Londres. Estos estándares se detallan al final de este capítulo.

La IASC trabaja estrechamente con la Organización Internacional de Bolsas de Valores (*International Organisation of Securities Commissions*, IOSCO), que respalda los IAS, para garantizar la correspondencia de los estándares nacionales e internacionales de contabilidad. La Junta de los Estándares para la Presentación de los Estados Contables (*Reporting Standards Board*, FRSB), con miembros que representan a Australia, Canadá, Francia, Alemania, Japón, el Reino Unido y los Estados Unidos de Norteamérica, está trabajando para "la convergencia y armonización internacionales" del informe corporativo. Como parte del avance hacia la adopción de las normas contables internacionales, la totalidad de las 8.000 compañías que cotizan en la Unión Europea (UE) deben ahora aplicar los IAS en sus informes contables.

Declaración de las políticas contables

La memoria anual contiene la declaración de las políticas de contabilidad que una compañía ha aplicado en la preparación de sus estados contables. Las políticas de contabilidad deben ser revisadas y actualizadas en forma regular y ser las apropiadas para la presentación de los resultados y de la posición de la compañía. Una declaración típica de las políticas de contabilidad que siguen el IAS 1 y el FRS 18 (publicados en el año 2000) incluye:

- ❖ Las normas de contabilidad aplicadas.
- ❖ El método para consolidar los grupos de compañías y sus asociadas.

Análisis estratégico de compañías

- ❖ El tratamiento de las adquisiciones y de la llave del negocio, los arrendamientos por *leasing* y la moneda extranjera.
- ❖ Si el costo histórico u otra base se ha utilizado para calcular el valor de los activos.
- ❖ El tratamiento de R&D (Investigación y Desarrollo) y de los fondos de pensión y los costos.
- ❖ El método de valuación del inventario.

Siempre vale la pena estudiar las razones que se declaran para justificar un cambio en la política de contabilidad. En la mayoría de los casos, el cambio será traer al orden a la compañía con respecto a los Principios de Contabilidad Generalmente Aceptados (GAAP), pero algunas veces el objetivo puede ser menos directo. Un cambio en la política de amortización o de los métodos de valuación del inventario, por ejemplo, afectará no sólo la valuación de los activos en el balance, sino también la utilidad declarada del ejercicio.

Cuando una compañía ha cambiado sus políticas de contabilidad, se deberá leer el informe de los auditores para ver si le otorgan a la compañía una patente de sanidad. Si los auditores consideran que algún aspecto de los estados contables no cumple con la legislación, los estándares de contabilidad o los GAAP, tendrán la obligación de señalar este hecho con claridad en el informe a los accionistas.

Principios de contabilidad generalmente aceptados
Cada país posee ciertos principios de contabilidad generalmente aceptados. Éstos consisten en una combinación de legislación, normas del mercado de valores, estándares, convenciones, conceptos y prácticas de contabilidad. El objetivo de los GAAP es garantizar la preparación de un conjunto de estados contables en conformidad con las mejores prácticas vigentes de contabilidad. Las palabras importantes son "generalmente aceptados" y "principios". Los GAAP no son un conjunto de normas escritas; ellos proporcionan la estructura sobre la cual los estados deben ser preparados. Cuando las circunstancias, la teoría y la práctica cambian, también se modifican los GAAP. En la actualidad, un tema clave es si los Estándares Internacionales de Contabilidad (IAS) o los GAAP de los EE.UU. tendrán un rol predominante en la definición de los requisitos para la presentación de los estados contables de una compañía.

Directivas europeas
En el Reino Unido y los EE.UU. es la profesión contable la que supervisa el desarrollo y la implementación de las normas contables. En la mayor parte de Europa continental este rol es ejercido por el gobierno. El Tratado de Roma de 1957 estableció los objetivos que luego se convirtieron en la Unión Europea. Existe una presión con respecto a lograr la armonización (convergencia) en la presentación de los informes contables y corporativos. A fin de lograr este objetivo, se han publicado directivas y se espera que todos los países miembros las incorporen en su propia legislación.

La Cuarta Directiva, adoptada en 1978, trata sobre los principios de contabilidad, los estados contables y la información asociada con los formatos estándares impuestos para el estado de resultados y el balance. También contiene el requisito del punto de vista justo y verdadero en la preparación de los estados contables. La Séptima Directiva, adoptada en 1983, trata sobre las compañías públicas que cotizan en una Bolsa de Valores y en la presentación de los estados contables consolidados o agrupados, incluido el tratamiento de la llave del negocio. Esta directiva fue adoptada en la Ley de Sociedades del Reino Unido en 1989.

Actualmente, se espera que todas las compañías que cotizan en una bolsa de valores cumplan totalmente con los IAS (IFRS). Esto todavía deja a unas 4 millones de compañías exentas. La Directiva del Valor Justo (2001) y la Directiva de Modernización (2003) avanzaron hacia la concreción del objetivo de un único marco para la presentación de los estados contables para todas las compañías.

Requisitos para cotizar en una bolsa de valores
En los EE.UU. la SEC (Comisión Nacional de Valores) exige requisitos para la preparación de los informes y la divulgación de la información a todas las compañías que cotizan allí (compañías listadas). En el año 2000, en el Reino Unido, esta responsabilidad pasó del Mercado de Valores de Londres a la Autoridad de Servicios Contables (*Financial Services Authority*, FSA). La publicación de los informes provisionales y de los anuncios preliminares y la división de los préstamos en bandas según su período de repago son todos los requisitos para cotizar en una Bolsa de Valores.

La Bolsa de Valores en el Reino Unido y la SEC en los EE.UU. exigen requisitos para la preparación de los estados contables y la divulgación de la información para todas las compañías que cotizan en una bolsa de valores o están listadas. La publicación de los informes provisionales en el Reino Unido y la división de los préstamos en bandas según su período de repago son requisitos de las Bolsas de Valores.

La Bolsa de Valores también exige la aplicación de los estándares de contabilidad al demandar a las compañías que suministren una declaración de cumplimiento y una explicación de cualquier desviación importante. El objetivo global es garantizar que los inversores posean la información apropiada para poder tomar sus decisiones de comprar-mantener-vender.

Cada compañía que cotiza en una bolsa de valores debe cumplir con los requisitos para poder cotizar. Esto puede requerir la revisión de la presentación y del contenido de los estados contables. A las compañías extranjeras que cotizan en la SEC se les exige por lo general que divulguen información adicional además de la que se les solicita en su país de origen. En 1993, Daimler-Benz cumplió con los GAAP de los EE.UU. cuando se convirtió en la primera compañía alemana en cotizar en la Bolsa de Valores de Nueva York (NYSE). Más recientemente, en 2001, Siemens adoptó los GAAP de los EE.UU. en su totalidad con el fin de poder comenzar a cotizar en la NYSE.

Auditores
Toda compañía pública debe emplear un auditor. Esta profesión se desarrolló en el siglo XIX para proteger los intereses de los accionistas. Los auditores son contadores profesionales que verifican los registros contables y todas las otras fuentes relevantes de los datos y de la información, e informan si los estados contables ofrecen un punto de vista justo y verdadero.

Los auditores son independientes de la administración de la compañía. Ellos son empleados de los accionistas, no de los directores. Ellos reportan directamente a los accionistas con sus informes y asisten a la AAG.

Análisis estratégico de compañías

Organismos profesionales

En el Reino Unido, el principal organismo profesional de los auditores y los contadores es el Instituto de Contadores Públicos de Inglaterra y Gales (*Institute of Certified Accountants of England and Wales*, ICAEW). El equivalente en los EE.UU. es el Instituto Norteamericano de Contadores Públicos Certificados (*American Institute of Certified Public Accountants*, AICPA). En Francia, los auditores están gobernados por la Compañía Nacional de Comisarios de Cuentas (*Compagnie Nationale des Commissaires aux Comptes*, CNCC), y los contadores por la Orden de Expertos Contables (*L'Ordre des Experts Compatables*, OEC). Desde 1947, los estados contables franceses se han basado en un formato estandarizado: El Plan Contable General (*Le Plan Compatable General*, PCG). Éste fue actualizado en 1999 para lograr que las compañías que cotizan en una Bolsa de Valores cumplan con los IAS. Alemania tardó más que otros países en fundar organizaciones contables profesionales. La Wirtschaftspruferkammer es una organización que reúne tanto a los auditores como a los contadores. En 1998, la Junta Alemana de Estándares de Contabilidad (*German Accounting Standards Board*, GASB) fue reconocida y comenzó a publicar estándares contables, conformando así las bases para los GAAP en Alemania. En Italia, existen el Consejo Nacional de los Contadores y los Peritos Comerciales (*Consiglio Nazionale dei Ragionieri e Periti Commerciali*), para contadores y peritos evaluadores comerciales, y el Consejo Nacional de los Doctores Comerciales (*Consiglio Nazionale dei Dottori Commercialisti*) para los doctores en Economía y Comercio.

Todos los países tienen muchas firmas de auditores que se ocupan de pequeñas y medianas empresas, pero para las compañías que cotizan en una Bolsa de Valores, particularmente si son multinacionales, hay sólo unas pocas firmas de auditores apropiadas. Éstas son capaces de ofrecer servicios de auditoría profesional completos en cualquier parte del mundo; son firmas multinacionales como cualquier compañía con la que tengan que tratar y sus nombres son muy reconocidos, y operan con los más altos y exactos estándares profesionales.

El tamaño es importante

Es inusual que las compañías que cotizan en una Bolsa de Valores sean auditadas por pequeñas firmas de auditoría. Contar con la firma de una de las más importantes compañías de auditores en el informe del auditor se considera un signo reconfortante para los accionistas y las otras partes interesadas. Una ventaja de utilizar sus servicios es que se puede asumir que estas firmas son objetivas e independientes. Si existe una visión u opinión diferente, de ser necesario, ellas podrán enfrentarse con la administración de una compañía. Por ejemplo, en el año 2000, Price Waterhouse Coopers (PWC) tenía unos 10.000 socios y un ingreso por honorarios de $21,5 miles de millones. Una firma de auditores pequeña, amenazada con perder el negocio de una compañía grande, podría preparar un informe que fuera más aceptable para la administración. Al igual que le sucedería a una firma pequeña, una firma importante no querría perder una cuenta, pero no perdería ingresos en el mismo grado. Las Cuatros Grandes firmas contables son Deloitte Touche-Tohmatsu, Ernst & Young, KMPG International y PWC. Es improbable que se vea la firma de alguna otra firma de auditores en el informe de una compañía internacional importante.

Sin embargo, la experiencia de los contratiempos corporativos en los años 90 lanzó alguna duda sobre la efectividad de las firmas importantes como salvaguarda de los accionistas. Un problema en particular era que, como regla general, por cada $1 imputado por honorarios de auditoría, las firmas profesionales parecían generar más de $1 por ingresos distintos a los de auditoría. ¿Se puede garantizar una completa independencia si una firma de auditores depende de los honorarios por consultoría o de otros honorarios profesionales para la misma compañía? En un año, Arthur Andersen, como auditor de Enron, recibió $25 millones; en el mismo año, recibió $27 millones por trabajos de consultoría.

ESTÁNDARES DE AUDITORÍA

La mayoría de los países cuentan con una serie de estándares de auditoría. Estos son la base para el trabajo de los auditores y son obligatorios para los miembros de la profesión. Se incorporan en los Estándares de Auditoría Generalmente Aceptados (GAAS) y en los Estándares Internacionales de Auditoría (IAS) que son producidos por la Comisión de Prácticas Internacionales de Auditoría (*International Auditing Practices Committee*, IAPC).

Informe del auditor
El informe del auditor establece que:

- ❖ Los estados contables son preparados de acuerdo con la ley y con las GAAP.
- ❖ La auditoría ha sido realizada de acuerdo con los GAAS.
- ❖ Los estados contables muestran una visión justa y verdadera.
- ❖ Se han mantenido los registros contables apropiados.
- ❖ Se han facilitado todos los datos y los registros requeridos.
- ❖ Todas las explicaciones solicitadas han sido satisfactorias.

Los requisitos de la Bolsa de Valores en el Reino Unido exigen una declaración del cumplimiento con respecto al código de prácticas relacionado con el gobierno corporativo. Así, habrá un informe de los auditores para los estados contables y uno relacionado con el gobierno corporativo.

Los auditores deben revisar todo lo que aparece en la memoria anual. Ellos no tienen el deber formal de auditar la declaración del presidente o del director ejecutivo o la Reseña Operativa o Contable (OFR) pero deberían garantizar que estas declaraciones no contengan nada que sea engañoso o inconsistente con la información contenida en los estados contables.

Punto de vista justo y verdadero
La memoria anual debería proporcionar un punto de vista justo y verdadero sobre los resultados y la posición contable. Este requisito apareció en la Ley de Sociedades del Reino Unido en 1947 y fue adoptado por la Cuarta Directiva de la UE, donde se lo considera como el primer objetivo de un informe contable anual. En los Estados Unidos de Norteamérica, la finalidad de los estados contables de una compañía es "…presentar en forma justa (…) y (…) de acuerdo con los GAAP".

En el Reino Unido y en los EE.UU., el sistema legal se erige sobre la base de la jurisprudencia, mientras que la mayoría del resto de Europa se basa en el derecho romano que exige reglas más precisas, detalladas y formales por escrito. No existe una definición de verdadero y justo en la legislación del Reino Unido o en la Cuarta Directiva. Es un término difícil de definir, pero la mayoría de las personas sabe qué significa. Al igual que los GAAP, que pueden evolucionar y modificarse a través del tiempo, así puede cambiar lo que representa un punto de vista justo y verdadero. Es un concepto dinámico y no estático.

En 1999, la ASB estableció que:

> Los estados contables no serán justos o verdaderos a menos que la información que ellos contengan sea suficiente en cantidad y en calidad como para satisfacer las expectativas razonables de los lectores a quienes estos estados están dirigidos.

Informe calificado

El informe de los auditores es extremadamente importante. Cuando los auditores piensan que es necesario publicar sus inquietudes, esto puede influenciar cualquier punto de vista que se tenga de la compañía y de su administración.

Los auditores deben estar satisfechos por que se hayan mantenido los registros adecuados y por que los estados contables concuerden con ellos. Si los auditores no han visitado las unidades operativas de la compañía, sus informes deben aclarar que toda la información específica de dichas unidades ha sido suministrada. Si los auditores no están satisfechos con cualquier aspecto de la preparación y presentación de los estados contables, deberán alertar a los accionistas a través de la calificación de su informe.

Para toda compañía importante un informe de auditoría calificado es perjudicial. Sin embargo, la calificación relacionada con la aplicación de una norma contable que refleja un desacuerdo básico sobre un principio entre el auditor y la administración probablemente le cause menos problemas a una compañía que uno donde los auditores opinan que los estados contables podrían ser engañosos.

Auditores y fraude

Pensar que el rol de los auditores es buscar el fraude resulta una interpretación equivocada. Un caso legal en el Reino Unido que data de 1896 proporcionó una definición útil del auditor como "un perro guardián, no un sabueso". Que una compañía tenga un informe de auditoría limpio no garantiza que no haya habido fraude o, por cierto, que la compañía no fallará el día después de que los estados contables sean publicados. Los auditores deberán estar satisfechos cuando los sistemas de control internos de la compañía sean los adecuados. Se espera que los directores realicen una declaración relacionada con este hecho como parte de su informe sobre el gobierno corporativo. Fue una combinación de auditoría menos que efectiva y de un control muy escaso sobre la administración lo que ocasionó la muerte dramática de Barings Bank.

Directores

La memoria anual contiene la nómina de todos los miembros del directorio. También allí se notifican las nuevas designaciones y los retiros. En la AAG los directores son sometidos a la rotación para la reelección del directorio con el voto formal de los accionistas para su designación en la asamblea.

Vale la pena leer toda la información personal de los directores que se suministra. En la actualidad, la mayoría de las compañías divulgan al menos su edad. Algunas también proporcionan semblanzas de la experiencia y carreras profesionales. Dada la importancia de los directores para una compañía, es sorprendente la poca información que se brinda de ellos en la memoria anual.

La relación con los accionistas
Los directores son responsables ante los accionistas. Ellos tienen la responsabilidad total de la administración de todos los activos y del capital de la compañía, y también de suministrar a los accionistas la información apropiada sobre los principales aspectos de la compañía. Como mínimo, los directores proporcionan detalles sobre las operaciones de la compañía durante el ejercicio (estado de resultados), su posición contable al final del ejercicio (balance) y los orígenes y usos de los recursos contables (estado de flujo de caja).

En la AAG, los directores presentan la memoria anual a los accionistas, quienes entonces tienen la oportunidad de hacer las preguntas que quieran. Éstas no están limitadas al contenido de la memoria anual, sino que pueden versar sobre cualquier tema. Una de las tareas importantes del presidente de la compañía es gestionar la AAG.

EL INFORME DE LOS DIRECTORES

Cada año, los directores deben suministrar a los accionistas un informe por escrito. Este identifica la actividad comercial principal de la compañía y debe brindar a los accionistas una clara descripción de los resultados de la compañía y de su posición contable al final del ejercicio. Si los directores consideran que existe la posibilidad de que los acontecimientos futuros puedan afectar a la compañía, tienen la obligación de alertar a los accionistas.

Tenencia accionaria de los directores
La memoria anual brinda detalles sobre la cantidad de acciones que posee cada director de la compañía. Todas las opciones de compra de acciones u otros programas que les otorgan a los directores la oportunidad de adquirir acciones deberán también declararse, ya que pueden enturbiar los programas de opción de compra de acciones, según los cuales los directores pueden recibir beneficios que están calculados en relación con las variaciones del precio de las acciones.

Reseña operativa y contable
En el Reino Unido, la Junta Británica de los Estándares de Contabilidad (ASB) ha continuado con el proceso de mejorar los estándares contables y la calidad de la información que se divulga en la memoria anual sobre los resultados y las actividades comerciales de una compañía. En 1993 recomendó que todas las empresas que cotizaban en una bolsa de valores incluyeran en su memoria anual una reseña operativa y contable (*Operating & Financial Review*, OFR), similar a la declaración del Estudio y Análisis de Gestión (*Management Discussion & Analysis*, MD&A) que se exige a las compañías que cotizan en una bolsa de valores en los EE.UU.

La OFR fue actualizada en 2003, y exige información adicional sobre las operaciones de la compañía para respaldar y enriquecer los estados contables. Esta información adicional no es sólo otra serie de números; deberá contener un estudio y comentarios sobre las actividades operativas. No se pretende tan sólo ofrecer una perspectiva histórica sino "colaborar con la evaluación del usuario sobre el futuro resultado de la entidad informante, por medio del análisis del negocio realizado por los directores". La intención es proporcionar una perspectiva de los resultados actuales y probablemente en el corto plazo. Idealmente, debería tener tres secciones que suministren una descripción del negocio, de los objetivos y de la estrategia general de la compañía y sus resultados actuales y la posición contable. Debería también:

- Ser clara, sucinta y de rápida comprensión para el lector normal.
- Contener sólo los temas más importantes para los inversores.
- Ser equilibrada y objetiva, y tratar con imparcialidad tanto los aspectos negativos como los positivos.
- Contar con referencias a declaraciones previas.
- Discutir las tendencias y los factores subyacentes del negocio.
- Identificar eventos, tendencias e incertidumbres que se espera que tengan un impacto sobre el negocio en el futuro.
- Brindar los detalles de todos los eventos significativos que afecten el negocio y que ocurrieron una vez finalizado el ejercicio contable.

Por lo general, una OFR contiene muchas cifras, gráficos y coeficientes que respaldan la visión general que se ha presentado. Una compañía deberá aclarar cómo estos datos se relacionan con los estados contables que se muestran en la memoria anual y garantizar que todos los coeficientes utilizados están explicados en forma adecuada. Un importante principio es que toda la información que se presenta deberá ser capaz de ser comparada con aquella que se proporcionó en ejercicios anteriores y con la de otras compañías similares. El impacto de todos los cambios en las políticas contables sobre el resultado informado o sobre la posición contable deberá estar explicado con claridad. Una regla crítica del análisis contable es: "cuando exista la duda, hágalo usted mismo". Nunca se deben utilizar tablas o coeficientes preparados con anterioridad como base del análisis a menos que se esté seguro de la fuente y de su veracidad.

Cifras pro forma

Cuando se está frente a una incertidumbre, un mal desempeño o la necesidad de esconder la incompetencia o el fraude, los directores pueden sentirse atraídos en presentar cifras "pro forma" en sus informes a los inversores. Aquéllos desarrollan sus propias mediciones de los resultados, que no necesariamente se correlacionan con los estados contables publicados o respaldan el análisis objetivo. Si aparecen los términos "ajustado", "normalizado" o "subyacente" en la reseña de los resultados de una compañía, hay que estar alerta. Un ejemplo de esta medida se puede encontrar en el uso de las utilidades antes de intereses, impuestos, depreciación y amortización (EBITDA, véase el Capítulo 7). Una compañía que muestra una pérdida en el estado de resultados publicado puede producir una EBITDA positiva en la presentación de los directores. Cuando éstos, en su estudio de los resultados, elijan utilizar una medición distinta de la que tiene como base firme los números contables informados y los GAAP, deberán proporcionar una explicación.

Estrategia corporativa para la persona lega

La OFR (o la MD&A) es un buen punto de partida para comenzar a estudiar una compañía. Ésta debe ser leída y entendida por todos y, por lo tanto, no tiene que contener terminología ni jergas especiales. Si se incluyen cifras o coeficientes, como los relacionados con el endeudamiento-capital propio o los beneficios por acción, éstos deberán estar vinculados con aquellos que están contenidos en los estados contables publicados.

Cada año, la OFR fija los resultados y la actividad históricos de la compañía junto con alguna indicación de futuros acontecimientos. Toda desviación importante de estos datos deberá ser explicada en el ejercicio siguiente. No sólo deberá centrarse en las buenas noticias y en los éxitos, como las declaraciones del presidente o del director ejecutivo generalmente lo hacen en la memoria anual.

La OFR también debe estar vinculada con la declaración de las políticas contables a través del análisis de los cambios, en la forma en que los estados contables han sido preparados o presentados. Una compañía no publicará su plan corporativo en la OFR, pero sí deberá analizar las tendencias comerciales y los futuros eventos que tendrán un impacto en los resultados de la compañía.

El factor retrospectivo
Existe sólo un atributo necesario para garantizar un perfecto análisis contable y una retrospección de la inversión. Unos pocos días o semanas después de un evento importante, todos pueden articular con precisión lo que ha ocurrido y el impacto que ha tenido sobre la compañía y sobre el precio de su acción.

Es fácil criticar la memoria anual como un documento poco efectivo. Existen numerosos ejemplos de compañías que quebraron dentro de los pocos meses de haber publicado resultados de fin del ejercicio aparentemente saludables. Con la retrospección puede existir una clara evidencia de la incompetencia de los directores, o de inexactitud o fraude, aunque son por lo general los auditores quienes llevan la peor parte de la crítica sobre su aparente incapacidad para descubrir y llamar la atención sobre la verdadera situación antes de que los accionistas pierdan su inversión.

ESTÁNDARES INTERNACIONALES DE CONTABILIDAD

IAS
1 Presentación de los estados contables.
2 Valuación y presentación de los inventarios.
7 Estados de flujo de caja.
8 Políticas contables.
10 Eventos posteriores al balance.
11 Contratos de construcción.
12 Impuesto a las ganancias.
14 Informes segmentados.
15 *Leasing* operativo.
16 Propiedades, plantas y equipos.
17 *Leasing*.
18 Ingresos.
19 Beneficios de los empleados.
20 Contabilidad de las subvenciones del gobierno.
21 Efectos de las variaciones en el tipo de cambio.
22 Combinaciones comerciales.
23 Costos de la toma de préstamos.
24 Divulgación de partes relacionadas.
27 Estados consolidados y separados.
28 Informe financiero de las participaciones en *joint ventures*.
29 Informe financiero en las economías hiperinflacionarias.
32 Instrumentos financieros.

33 Ganancias por acción.
35 Operaciones discontinuadas.
36 Deterioro de los activos.
37 Previsiones y pasivos contingentes.
38 Activos intangibles.
39 Instrumentos financieros.
40 Propiedad para inversión.
41 Agricultura.

---

* N. del E.: *annual general meeting* (AGM).
** N. del E.: *public limited company*.
*** N. del E.: la expresión inglesa es "*on one hand... but on the other...*", es decir, "en una mano... pero en la otra...".

2. El balance

La base del análisis contable es la capacidad para leer los estados contables. Esta es una habilidad necesaria para cualquier gerente y esencial para aquellos que ambicionan un lugar en el directorio. El balance es una de las declaraciones contables clave que suministra una compañía en su memoria anual. Para aquellos con poco o ningún conocimiento contable, parece generalmente un rompecabezas, y uno que es mejor dejar de lado. Para otros es como la culminación del arte nigromántico de un contador, con algunos efectos espectaculares, pero sin una sustancia real.

El balance proporciona muchos de los datos y la información necesarios para respaldar el análisis de los resultados y la posición de una compañía. Es el punto de inicio para la evaluación de la liquidez y la solvencia de una compañía (Capítulo 9), del endeudamiento (Capítulo 10) y el cálculo de las tasas de retorno de los activos, del capital o de las inversiones (Capítulo 7).

PRESENTACIÓN DEL BALANCE

Prueba de los registros contables

Originalmente, un balance era preparado al final de un ejercicio contable para dar una prueba de la veracidad del sistema de contabilidad de doble entrada. Detallaba los saldos en los libros de los estados contables al final del ejercicio. Si ambos lados de los estados contables se equilibran con el débito (saldos del lado izquierdo) equivalente al crédito (saldos del lado derecho), se puede asumir que se han mantenido los registros adecuados a través de todo el ejercicio.

El balance puede considerarse como un conjunto de balanzas de la cocina tradicional. En un lado hay un recipiente que contiene los activos (elementos de valor que son propiedad de la compañía o que tiene el derecho de recibir en el futuro) y en el otro lado, un recipiente que contiene los pasivos (sumas que la compañía debe a sus accionistas o a otros que le proporcionan financiación y crédito). Para cualquier negocio, un lado de la balanza representa lo que ha conseguido, y el otro, de dónde ha conseguido el dinero. Ambos lados deben equilibrarse. No es posible para un negocio tener más activos que fuentes de financiación, ni utilizar más dinero del disponible, ni tener más financiación disponible que la utilizada.

Representa la declaración final del proceso de contabilidad y nunca intenta mostrar el valor real de una compañía. Es uno de los eslabones de una cadena continua de estados al final del ejercicio. En la actualidad, el balance continúa cumpliendo con su rol como prueba final de los libros de contabilidad.

La posición al final del ejercicio

El balance proporciona una foto instantánea del estado contable de una compañía al final del ejercicio, fijando su posición contable en el último día del ejercicio contable. La ecuación básica del balance es:

Activos = Pasivos

Según las normas de la contabilidad de doble entrada, los activos aparecen en el lado izquierdo del balance y los pasivos en el derecho. El Reino Unido es una excepción a esta regla: este comportamiento idiosincrásico se remonta a 1860, cuando se cometió un error en el modelo de presentación de un balance que fue incorporado a la Ley de Sociedades. Los activos se mostraban a la derecha del balance en lugar de a la izquierda, y los contadores del Reino Unido han cumplido con la letra de la ley por más de 100 años.

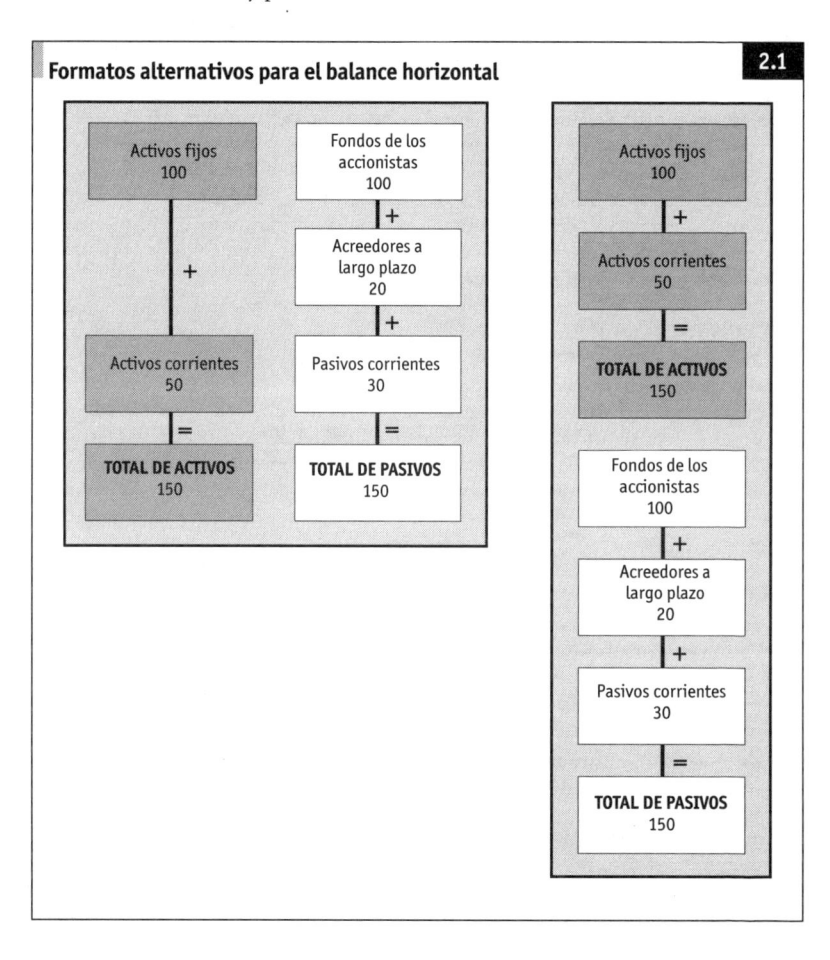

Formatos alternativos para el balance horizontal — 2.1

Formato 1:
- Activos fijos 100 + Activos corrientes 50 = TOTAL DE ACTIVOS 150
- Fondos de los accionistas 100 + Acreedores a largo plazo 20 + Pasivos corrientes 30 = TOTAL DE PASIVOS 150

Formato 2:
- Activos fijos 100 + Activos corrientes 50 = TOTAL DE ACTIVOS 150
- Fondos de los accionistas 100 + Acreedores a largo plazo 20 + Pasivos corrientes 30 = TOTAL DE PASIVOS 150

¿Qué se muestra?

No es necesario preparar un estado de resultados para descubrir el cambio en la participación de los accionistas para el ejercicio (utilidad o pérdida). Si al final del ejercicio, todos los activos de la compañía están asentados en uno de los lados de la página y todos los pasivos en el otro, ambos lados no se equilibrarán. La diferencia representa la ganancia o la pérdida del ejercicio. Si los activos netos se han incrementado, se ha alcanzado una utilidad; si ellos han disminuido, ha existido una pérdida. Cuando se prepara un estado de resultados, la cifra final (utilidad retenida) proporcionará la cifra equilibrante 'probatoria' para el balance.

Un tema importante es qué valor poner sobre los activos y los pasivos en el balance: su valor "de costo", "justo" o "de mercado". El costo de un activo puede definirse con cierta exactitud, su valor verdadero es incierto hasta que ocurra su venta efectiva. No importa el método de valuación que se adopte, todos los cambios en el valor de los activos y de los pasivos que ocurran durante el ejercicio tendrán un impacto sobre la participación de los accionistas en la compañía. En la actualidad, las cifras que aparecen en cualquier balance son una mezcla de costos y algún estimado del valor de mercado. En los años siguientes los contadores se enfrentan con la tarea de propiciar algún orden y coherencia sobre este aspecto del balance.

Bloques para construir el balance

Por lo general, un balance consiste en cinco bloques básicos. Éstos aparecen en el balance de cualquier compañía, sin distinción de la naturaleza del negocio o del país o países en que opera. El modo en que los cinco bloques están dispuestos puede depender en parte de la práctica común o de lo legalmente requerido dentro del sector del negocio en particular o del país. Para la mayoría de las compañías y países el formato de un balance es el siguiente:

Activos fijos	Fondos de los accionistas
Activos corrientes	Préstamos a largo plazo y acreedores
	Pasivos corrientes
Total activos	**Total pasivos**

Esta presentación horizontal de los dos lados del balance con el total de activos en un lado y el total de los pasivos en el otro es estándar para la mayoría de los países. Ciertamente, en Bélgica, Francia, Alemania, Italia, Portugal y España éste es un requisito legal. El balance horizontal podrá disponerse en cualquiera de los formatos exhibidos en el Cuadro 2.1.

En un lado del balance, los activos fijos se suman a los activos corrientes y dan como resultado el total de activos empleados al final del ejercicio. Existen sólo tres fuentes posibles que podrán aplicarse a los activos contables totales. Éstos se disponen en el otro lado del balance.

Capital y reservas o fondos de los accionistas	
(fondos suministrados por los accionistas)	100
Acreedores a largo plazo	
(acreedores a largo plazo y toma de préstamos)	20
Pasivos corrientes	
(acreedores a corto plazo y toma de préstamos pagaderos en un año)	<u>30</u>
Total pasivos	**150**

A fin de comprender la estructura financiera —el endeudamiento o apalancamiento— de una compañía, es fundamental el modo en que estas tres fuentes se combinan para financiar a los activos totales empleados. Al evaluar la adecuación o la seguridad del balance de una compañía, la proporción de financiación proporcionada por los accionistas se compara con aquella derivada de otras fuentes, financiación con acreedores fuera de la empresa, préstamos o emisión de deuda.

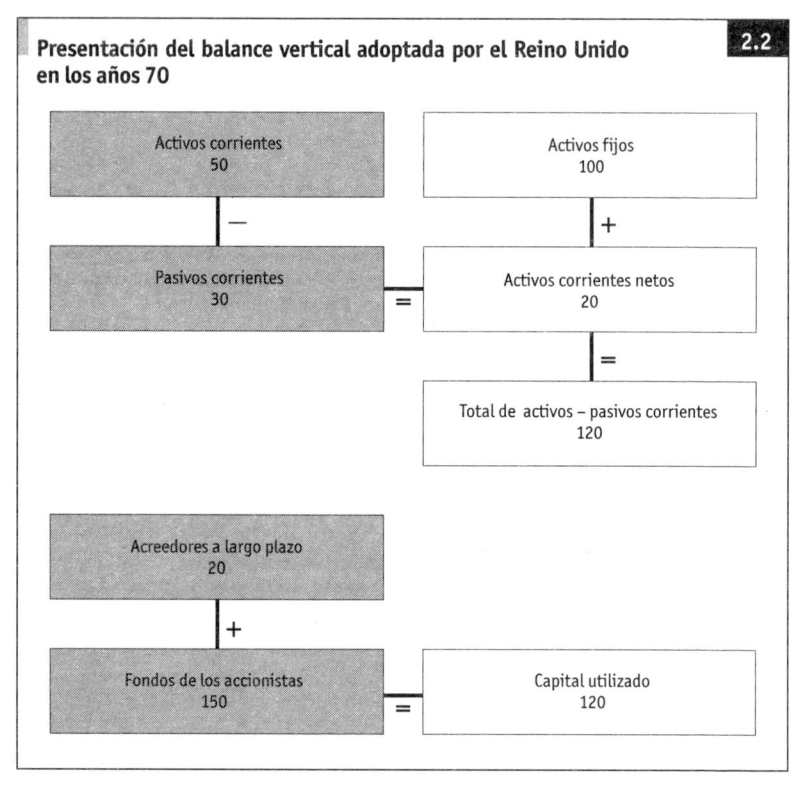

Presentación del balance vertical adoptada por el Reino Unido en los años 70 — 2.2

```
  Activos corrientes                    Activos fijos
         50                                  100
          
          −                                    +
          
  Pasivos corrientes           =       Activos corrientes netos
         30                                    20
          
                                                =
          
                                    Total de activos − pasivos corrientes
                                                  120


  Acreedores a largo plazo
            20
            
            +
            
  Fondos de los accionistas    =         Capital utilizado
           150                                  120
```

Una presentación estilo años 70 en el Reino Unido
Al probar la obstinación sobre la cuestión de en qué lado del balance poner los activos, los contadores del Reino Unido permanecieron en desacuerdo con los de otros países. La tradicional presentación horizontal del balance fue reemplazada por una vertical que vinculaba a los activos corrientes con los pasivos corrientes para resaltar los activos corrientes netos y los activos netos empleados (véase el Cuadro 2.2). Los activos corrientes netos se definen como activos corrientes menos pasivos corrientes. Este balance muestra los activos netos:

Análisis estratégico de compañías

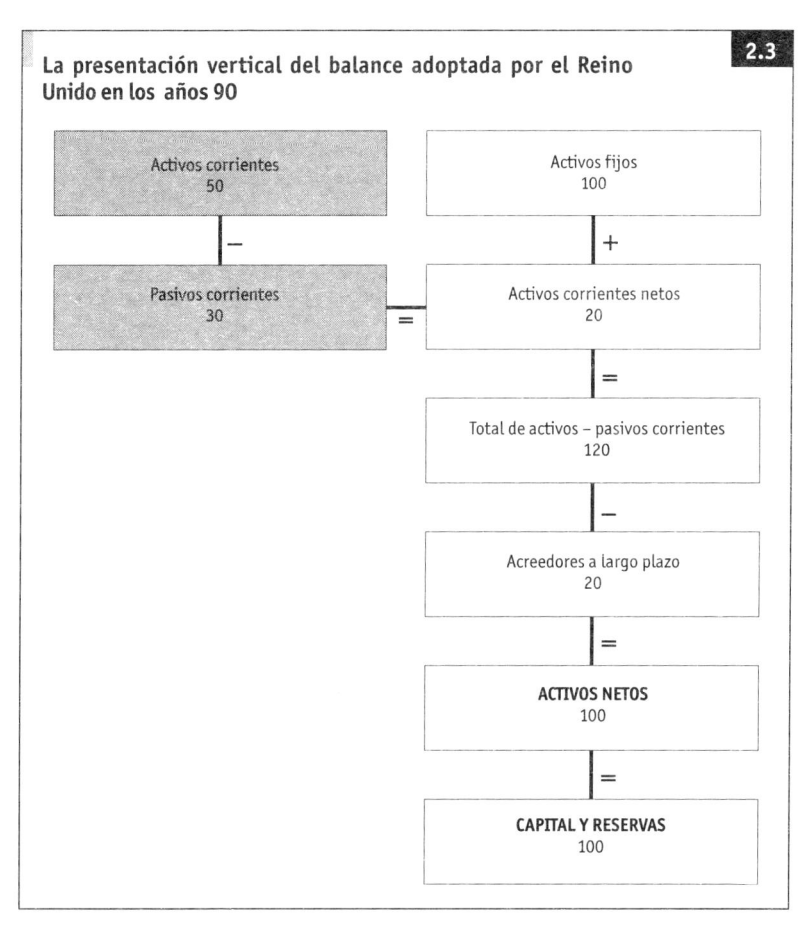

2.3 La presentación vertical del balance adoptada por el Reino Unido en los años 90

```
Activos corrientes        Activos fijos
       50                      100
        |                       |
        −                       +
        |                       |
Pasivos corrientes   =    Activos corrientes netos
       30                       20
                                |
                                =
                                |
                        Total de activos − pasivos corrientes
                                120
                                |
                                −
                                |
                        Acreedores a largo plazo
                                20
                                |
                                =
                                |
                           ACTIVOS NETOS
                                100
                                |
                                =
                                |
                        CAPITAL Y RESERVAS
                                100
```

Activos netos = activos fijos + activos corrientes netos, o
Total activos − pasivos corrientes, o
Fondos de los accionistas + acreedores a largo plazo

El razonamiento que respalda este cambio fue que era útil para conocer hasta qué grado una compañía, de ser necesario, podría pagar a sus acreedores a corto plazo empleando sus activos a corto plazo. Los activos corrientes, si no están aún en la forma de saldos en efectivo, se presumen capaces de convertirse en efectivo dentro de los 12 meses. Los pasivos corrientes son acreedores con vencimientos a pagar dentro de los 12 meses.

Activos corrientes netos

Si una compañía debe pagar a sus acreedores dentro de los próximos meses, ¿dónde podría encontrar el efectivo necesario? No se pretende que venda un activo fijo o que tome fondos en préstamo a largo plazo para obtener dinero en efectivo para pagar a los acreedores a corto plazo. Para la mayoría de las compañías sería razonable esperar a que este efectivo se genere a partir del bloque del activo corriente.

Al pagar a sus acreedores, una compañía utilizará primero los saldos de caja disponibles, luego cobrará el dinero en efectivo que le deban sus clientes, y por último convertirá sus existencias en efectivo. Un excedente de activos corrientes sobre los pasivos corrientes —los activos corrientes netos— en el balance indica que una compañía posee más activos a corto plazo de los que puede convertir en caja en forma razonable y más rápidamente que los pasivos a corto plazo que requieren de un pago en dinero en efectivo en el futuro cercano.

Una presentación estilo años 90 en el Reino Unido
El último cambio en la presentación del balance en el Reino Unido fue puramente estético. El formato horizontal parecía de alguna forma asimétrico. La solución fue exhibir el balance en una columna o tabla en lugar de en dos lados: la presentación vertical. Los activos netos se definieron en la mayoría de los balances del Reino Unido de la siguiente forma:

Activos netos = capital y reservas, o
= (total activos – pasivos corrientes) – acreedores a largo plazo

En la actualidad, la mayoría de las compañías en el Reino Unido utilizan la forma vertical para la presentación del balance y ponen el énfasis sobre los activos corrientes netos, pero centrando la atención sobre los fondos de los accionistas (capital y reservas, —véase el Cuadro 2.3—). Otros países europeos mantienen el formato horizontal más tradicional, con los activos a la izquierda y los pasivos a la derecha. Las compañías de los EE.UU. por lo general presentan el balance con el total de activos y el total de pasivos, con uno de los grupos sobre el otro, lo que proporciona un formato vertical. La forma de presentación en el Reino Unido, donde se utilizan los cinco bloques, resulta en un balance como el que se exhibe en el Cuadro 2.3.

PASIVOS

Fondos de los accionistas

Uno de los bloques del balance indica la cantidad de financiación que los accionistas (tenedores de acciones) han aportado a la compañía. Este rubro puede tener una variedad de títulos: capital y reservas, capital, fondos o participaciones de los accionistas, activo neto.

El término activo neto es una buena base para entender lo que este bloque representa. Si la compañía —con el modelo de balance que se muestra en el Cuadro 2.3— fuera a cerrar y a convertir sus activos en dinero en efectivo (un proceso conocido como liquidación), habría $150 en el banco, el valor total de los activos. Luego, se pagan las sumas adeudadas a los acreedores a largo plazo y a corto plazo equivalentes a $50, y en el banco quedan $100. Este monto representa el activo neto de la compañía. Después de pagar todos los préstamos y a los acreedores, el remanente, es decir, el activo neto de la compañía, pertenece a los accionistas. El último paso, antes de que ésta deje de existir, sería reintegrar a los accionistas estos $100, que representan su inversión o su participación en la empresa.

La sección en el balance de una compañía donde se brinda la información específica de los fondos de los accionistas generalmente contiene tres títulos principales:

- ❖ Capital social exigido o acciones ordinarias.
- ❖ Prima de emisión de acciones.
- ❖ Pérdidas o ganancias o utilidades no distribuidas.

Los accionistas han adquirido las acciones emitidas o el paquete accionario de la compañía y son los dueños. La participación de los accionistas representa una fuente de financiación a largo plazo (capital) para la compañía. En la mayoría de los balances, la participación de los accionistas se llama "capital y reservas". Los dos rubros clave son el capital social —las acciones emitidas para los accionistas— y la renta acumulada o las utilidades no distribuidas, que representan las utilidades retenidas (reinvertidas) a lo largo de la vigencia de la compañía.

Las utilidades no distribuidas son un pasivo
En condiciones comerciales normales, una compañía retiene algo de sus utilidades en cada ejercicio para colaborar en el crecimiento e invertir en su desarrollo futuro y su éxito. Al permitir que una compañía retenga parte de sus utilidades generadas en un ejercicio en lugar de asignar su totalidad al pago de dividendos, los accionistas le prestan este dinero a la compañía. Por lo tanto, para una compañía, las utilidades retenidas son un pasivo y se muestran como tal en el balance. (Véase también utilidades no distribuidas, en página 45).

Capital social
Sólo las acciones o la participación accionaria que ha sido emitida y pagada por los accionistas se exhiben en el balance. Esto se conoce como el capital social exigido o emitido de la compañía. Una compañía podrá tener la capacidad para emitir más acciones que el capital social autorizado. La mayoría de las compañías en los EE.UU. divulgan esta información en el balance. En otros países, los detalles relacionados con el capital social autorizado y emitido por lo general se muestran en las notas a los estados contables.

Es posible para una compañía comprar ("recomprar") y poseer sus propias acciones (hasta un máximo del 10% del capital social en el Reino Unido). Estos datos se mostrarán por separado como acciones o participación accionaria de Tesorería y como una deducción de los fondos de los accionistas en el balance.

Precio de la acción y el balance
Las acciones siempre se muestran en el balance con su valor nominal, por ejemplo: 25 peniques, 10 centavos, 50 euros. El precio de mercado al que estas acciones cambian de mano es irrelevante, en el balance no existe la intención de reflejar el valor de las acciones en la bolsa de valores.

Si una compañía se termina o se liquida, vende sus activos y los convierte en dinero en efectivo. Esto se utiliza para pagar a los acreedores a largo y a corto plazo, y lo que resta se devuelve a los accionistas, quienes pueden recibir más o menos del valor nominal de sus acciones.

Acciones ordinarias

Los tenedores de acciones ordinarias son los tomadores de riesgo de una compañía. Ellos pueden perder su inversión completamente si aquélla tiene éxito y el dinero disponible no es suficiente para pagar a sus acreedores. Son los últimos en recibir el dinero de la compañía. Sin embargo, los tenedores de las acciones ordinarias sólo pueden perder el valor nominal de las acciones que posean, aunque ellos hayan pagado normalmente más que dicho valor nominal por las acciones en la bolsa de valores. No se podrá recurrir a ellos para que contribuyan con más fondos para la compañía. Los tenedores de acciones ordinarias, por lo tanto, tienen una responsabilidad limitada.

El grueso del capital social de la mayoría de las compañías lo proporcionan las acciones ordinarias (llamadas acciones comunes en los EE.UU.). Al adquirir acciones, un accionista obtiene una participación o una parte del capital de la compañía. Legalmente, el propietario de las acciones ordinarias tiene el derecho de participar en las utilidades y en los activos de la compañía y también tiene acceso a ciertos derechos y obligaciones vinculados con la gestión.

Una compañía puede tener varios tipos o clases de acciones ordinarias. Las acciones pueden poseer diferentes derechos a voto (algunas acciones poseen más o menos de un voto por acción). También pueden existir diferencias en su derecho de participación en las utilidades, siendo preferidas o diferidas.

Acciones preferidas

Las acciones preferidas se lanzaron en el mercado en el siglo XIX para permitir a los inversores participar con menor riesgo en las compañías. Los accionistas que poseen acciones preferidas por lo general reciben sus dividendos antes que los tenedores de acciones ordinarias y, si la compañía se liquida, también reciben antes su capital. En otras palabras, ellos tienen un orden de preferencia para el pago de los dividendos y del capital. Como contraprestación de estos beneficios, las acciones preferidas por lo general tienen una tasa fija en los dividendos y algunas pocas, si hubiera, derechos relacionados con la gestión de la compañía. La emisión de acciones preferidas le permite a una compañía recaudar capital a largo plazo con un costo conocido: el dividendo a ser pagado. Sin embargo, el dividendo pagado sobre las acciones preferidas no es desgravable fiscalmente, como sería el interés pagado sobre un préstamo a largo plazo.

Una compañía puede emitir acciones preferidas acumulativas. Si en un ejercicio no hay suficientes utilidades para pagar a los accionistas preferidos sus dividendos, la compañía tendrá que traspasar la obligación al ejercicio siguiente, que es cuando se pagará el importe atrasado de los dividendos (una vez más, antes de que los accionistas que poseen acciones ordinarias reciban algún pago). Las acciones preferidas pueden tener el derecho a un porcentaje (para participar) en las utilidades más allá de su dividendo fijo. Estas acciones se denominan "acciones preferidas participativas".

Normalmente, estas acciones preferidas no son rescatables. Son parte del capital permanente de la compañía y no se espera que sean reintegradas. Algunas veces las compañías emiten acciones preferidas rescatables. Éstas pueden tener una fecha fija en la que serán rescatadas, o la compañía podrá tener el derecho de hacerlo en cualquier momento.

En circunstancias excepcionales, una compañía puede emitir algunas acciones preferidas rescatables y participativas.

Análisis estratégico de compañías

Acciones convertibles
El término convertible puede estar unido tanto a las acciones como a los bonos. Las acciones convertibles se emiten para otorgarle al propietario el derecho, en algún momento en el futuro, de convertirlas en acciones ordinarias.

Una compañía puede acudir a un banco para solicitar un préstamo. La compañía quiere pagar el menor interés posible, y el banco quiere la garantía tanto por el interés como por el capital. Se puede persuadir al banco para que cobre una tasa de interés menor que la usual sobre el préstamo a cambio del derecho para convertir el préstamo en acciones ordinarias con una fórmula de precio pactado a una fecha futura. El banco tiene la garantía, ya que el dinero que se otorga no es parte del capital social de la compañía, sino un préstamo. Del mismo modo, si una compañía prospera y el precio de su acción aumenta, el banco puede lograr una utilidad al convertir el préstamo en acciones.

Se puede también emitir las acciones preferidas rescatables convertibles, aunque éstas son consideradas inusuales.

Cuenta de prima de emisión de acciones

Cuando una compañía emite acciones para accionistas nuevos o existentes, las ofrece al valor nominal normal. La compañía obtendrá una total ventaja, ya que sus acciones se negociarán en la bolsa de valores a un precio más alto que su valor nominal. De este modo, una compañía con acciones de un valor nominal equivalente a $1 —teniendo en cuenta el actual precio de cotización de la acción— decide ofrecer nuevas acciones al precio de $4 y la emisión sube. Al tiempo que cada acción es emitida y pagada, el balance de la compañía se ajusta.

Dinero en efectivo + $4 = fondos de los accionistas + $4

Por cada acción emitida la compañía eleva su capital social en $1. Los $3 restantes es el monto extra sobre el valor nominal, o la prima, que los accionistas están dispuesto a pagar por la acción. La prima de emisión debe mostrarse en un estado contable por separado como parte de los fondos de los accionistas y se considera la reserva de capital. Una reserva de capital no puede ser utilizada para cubrir el pago de dividendos a los accionistas, pero puede emplearse para cubrir los gastos de emisión de acciones. El balance de la compañía mostrará:

Dinero en efectivo + $4 = capital social + $1 y prima de emisión + $3

Utilidades no distribuidas

Como una compañía genera y retiene utilidades, la participación accionaria se incrementa en forma proporcional. La cifra en el balance para la renta o los resultados acumulados, o el estado de resultados en el Reino Unido, muestra la suma total retenida por la compañía a través de su vida.

Las utilidades no distribuidas son una reserva de ingresos. Se pueden utilizar para pagar dividendos a los accionistas y para casi cualquier otro propósito que desee la compañía.

Reserva de revaluación

Una compañía en el Reino Unido puede revaluar los activos fijos que aparecen en el balance, pero no en los EE.UU. o en Alemania, o en los últimos años en Francia e Italia. Por lo general, en el Reino Unido la revaluación se hace sobre la base del costo de reemplazo de los activos afectados.

Si un activo fijo importante aumenta su valor, quizás como resultado de la inflación, este cambio puede reflejarse en el balance. Sin embargo, el incremento del valor de un activo fijo no necesariamente representa una utilidad inmediata para la compañía. Una utilidad se obtiene o se realiza sólo cuando el activo es vendido y la utilidad resultante se toma a través del estado de resultados. Hasta que este evento ocurra, la regla de la prudencia exige que el incremento en el valor del activo se retenga en el balance. Los accionistas tienen derecho a cualquier utilidad sobre la venta de los activos de la compañía, así la participación accionaria de los accionistas en la compañía aumenta en la misma proporción que el incremento en la valuación del activo. Por lo que el balance aun así se compensa:

Activos fijos + $x = fondos de los accionistas (reserva de revaluación) + $x

Pasivos corrientes

Para un contador, el término corriente significa a corto plazo, y este corto plazo se toma como menos de un año. Un pasivo corriente —un acreedor con vencimiento de pago— es por lo tanto una obligación que la compañía tendrá que cumplir dentro de los 12 meses siguientes a la fecha del balance.

El bloque de los pasivos corrientes en el balance por lo general tiene dos títulos:

- ❖ Acreedores comerciales o cuentas a pagar.
- ❖ Préstamos a corto plazo, sobregiro u obligaciones negociables.

La cifra para los acreedores comerciales comprende el dinero que la compañía debe a sus proveedores por los bienes y servicios entregados durante el ejercicio. En la mayoría de los negocios, se les paga a los proveedores dentro de los 30-60 días y la compañía que toma créditos de ellos lo hace por 1-2 meses. Todos los acreedores cuyos pagos no se venzan dentro de los 12 meses que se necesitan para estar incluidos en los pasivos corrientes se muestran en otro lugar en el balance.

Hasta que pague a sus acreedores, una compañía tiene el uso del dinero en efectivo que les debe. Así, los acreedores actúan como una fuente de financiación. Se puede considerar que las compañías que exceden los niveles aceptables en el uso de los acreedores a corto plazo para financiar su negocio emplean una estrategia de financiación agresiva o que están operando por encima de su capital (*overtrading*, véase la página 60).

Todos los préstamos con vencimiento para su amortización dentro de los 12 meses posteriores a la fecha del balance aparecen dentro de los pasivos corrientes. En el Reino Unido, un sobregiro —una forma de préstamo flexible a corto plazo— es técnicamente amortizado a la vista y se muestra como un pasivo corriente, aun cuando exista un acuerdo de sobregiro con el banco como fuente permanente de financiación.

Los dividendos también aparecen en esta sección del balance. Al final del ejercicio los directores deciden qué pago de dividendos recomendar a sus accionistas en la asamblea anual general (AAG). El dividendo propuesto se imputa como un gasto en el estado de resultados, pero debido a que no puede pagarse hasta que no sea aceptado por los accionistas en la AAG, se mantiene en el balance como un pasivo corriente.

La cifra para impuestos que se muestra en los pasivos corrientes puede tomarse como una suma que debe la compañía dentro del próximo ejercicio contable.

Préstamos y acreedores a largo plazo
Los fondos de los accionistas representan una fuente permanente de financiación y los pasivos corrientes (acreedores con vencimiento de pago en un año) son una fuente de financiación a corto plazo para la compañía. Entre estos dos extremos se encuentra el tercer bloque sobre el lado del balance correspondiente a los pasivos: la deuda o acreedores a largo plazo y las previsiones. Éstas son fuentes de financiación que no tienen que ser amortizadas en el próximo ejercicio. Para la mayoría de las compañías, la deuda consiste en una combinación de acreedores a largo plazo y préstamos de mediano a largo plazo. Las notas que respaldan el balance deberán suministrar los detalles de las fechas de amortización de los préstamos y la tasa de interés utilizada sobre éstos. Por lo general un *debenture* aparece como parte de la financiación a largo plazo de una compañía. Un *debenture* es un préstamo garantizado por los activos de la compañía, usualmente con una tasa de interés pactada y una fecha fija de amortización. Es posible para una compañía emitir un debenture convertible que ofrezca derechos equivalentes a aquellos delineados para las acciones preferidas.

Un factor importante al evaluar la futura viabilidad de una compañía es el momento de vencimiento de los principales préstamos, ya que el dinero en efectivo necesario deberá estar disponible en la fecha de dicha amortización.

Otra manera de obtener fondos es a través de *loan stocks* o préstamos con garantía de participaciones. Los *loan stocks* no son parte de la participación ordinaria de los accionistas y pueden o no tener el derecho de la reconversión en acciones. Por lo general, se emiten con garantías que le permiten al tenedor comprar una cantidad fija de acciones ordinarias a un precio y una fecha pactados a futuro. La ventaja para la compañía es que el *loan stock* es reintegrable únicamente en la fecha de rescate fijada, pero se puede recaudar nuevo capital a través de las garantías.

Previsiones
Una previsión es asignar una parte de los fondos para la prevención de un evento futuro que probablemente ocurra, pero la cantidad exacta de dinero involucrado o el momento en que el evento tendrá lugar son inciertos.

El FRS 12 define una previsión como:

> *Toda suma retenida razonablemente necesaria a los fines de prever cualquier pasivo o pérdida que probablemente ocurra o en el que con certeza se incurrirá, pero sin saber con precisión la suma de dinero o la fecha en la cual tendrá lugar.*

La suma de cualquiera de estas previsiones, que por lo general cubren los impuestos o los costos de las pensiones, aparece en la sección del balance de los acreedores a largo plazo con una nota que aporta información específica.

Previsiones "Big Bath"

Las notas relacionadas con las previsiones se deberán estudiar con detenimiento y se tendrá que poner atención sobre cualquier cambio que se observe con relación al ejercicio anterior. Han existido ejemplos de compañías que realizan una previsión por pérdidas anticipadas al cerrar un negocio o por los costos de una reestructuración importante que sigue a una adquisición, y así asignan sumas significativas de las utilidades de un ejercicio para luego descubrir que han previsto en exceso para dicho evento y retraen la previsión para aumentar la utilidad del futuro ejercicio. Esto en ocasiones ha probado ser una táctica simple pero efectiva para el ejecutivo que es contratado con el fin de dar vuelta una compañía. Los inversores esperan sufrir durante el primer año, y les encanta cuando una "utilidad" vuelve a aparecer en el segundo ejercicio.

Estas previsiones se conocieron como las "previsiones Big Bath" y fueron efectivamente anuladas por el FRS 12 y el IAS 37, lo que permitió que las previsiones se hicieran sólo cuando estuviera involucrada una clara transferencia de "beneficios económicos" después de ocurrido un evento. Una regla simple es aplicar la "prueba de final del ejercicio": si una compañía deja de operar en la fecha del balance, ¿tendría que pagar de todos modos la suma involucrada? Si no, no existirá ninguna previsión ya que se relaciona con la actividad comercial futura, no con la que ya ha pasado.

ACTIVOS

Activos fijos tangibles

Dos bloques aparecen en el balance en el lado de los activos: los fijos o a largo plazo y los corrientes o a corto plazo. Los activos fijos son principalmente tangibles, tales como los activos físicos utilizados para emprender el negocio de la compañía. Ellos incluyen los terrenos y los edificios, las plantas y las máquinas, vehículos e instalaciones fijas y equipos.

El FRS 15 define los activos fijos tangibles como:

> *Los activos que tienen una sustancia física y se utilizan en la producción o suministro de bienes y servicios (...) en forma permanente en el informe de las actividades de la entidad.*

Los activos fijos tangibles tienen una vida laboral útil limitada. La inversión en estos activos bloquea los recursos financieros disponibles de la compañía por una cierta cantidad de años. Los activos fijos son por lo general depreciados, amortizados o cancelados durante su vida útil.

Normalmente, en el balance, aparece una cifra única para los activos fijos tangibles. Éste es el valor de balance, el valor neto en libros (NBV) o el valor amortizado (WDV) que representa el costo del activo menos la amortización acumulada que se imputa a lo largo de su vida a la fecha del balance. Al igual que con casi todas las cifras que aparecen en el balance, es necesario referirse a las notas a los estados contables para encontrar toda la información específica útil. Como mínimo debería haber, por cada clase de activos fijos, detalles sobre:

- El costo o la valuación de los activos en el comienzo del ejercicio.
- La amortización acumulada imputada en el comienzo del ejercicio.
- La suma de la amortización imputada durante el ejercicio.
- Las sumas de las altas y las bajas realizadas durante el ejercicio.
- El valor de balance al final del ejercicio.
- Los inmuebles propios y los arrendados de la compañía.

Amortización

La amortización puede ser considerada como la representación de la asignación de un ingreso como previsión para el futuro reemplazo de los activos fijos. Como los activos se usan, su valor disminuye. Ellos se desgastan, se agotan o se vuelven obsoletos y necesitan ser reemplazados a fin de mantener o mejorar la eficiencia productiva del negocio. La amortización se imputa en el estado de resultados, y así se reduce la utilidad declarada del ejercicio. También se deberá deducir del valor de los activos fijos presentados en el balance, lo que reduce el valor de los activos de la compañía.

El FRS 15 define la amortización como:

> *La medición del costo o de la suma revaluada de los beneficios económicos del activo fijo tangible que ha sido consumido durante el período.*

Tener prevista la amortización

La amortización es una previsión, es la asignación de una parte de la utilidad actual para cumplir con eventualidades futuras, así que puede mostrarse en el balance como parte de los fondos de los accionistas, del mismo modo que la utilidad retenida.

Fondos de los accionistas	$		$
Previsión por amortización	100	Activos fijos al costo	200

Sin embargo, la política tradicional ha sido deducirla del valor del activo fijo.

	$	$
Activos fijos al costo	200	
Menos amortización	100	100

Inflación y activos fijos

La inflación puede complicar la valuación de los activos, porque $1 al comienzo del ejercicio podrá comprar más que $1 al final del mismo. Cuando la inflación es baja, es razonable utilizar el costo histórico —el costo del activo cuando fue adquirido— como una base para la valuación de los activos de la compañía y para la amortización.

Una compañía que no hubiera revaluado una compra realizada en 1960 enfrentará dos problemas en relación con su balance. Primero, la propiedad estará subvaluada porque para reemplazarla necesitará un costo significativamente mayor que la cifra pagada en 1960. La subvaluación de los activos puede incrementar la utilidad declarada de la compañía, como resultado de un cargo por amortización más bajo que realista que se hizo contra los ingresos, pero puede ser peligroso, ya que la compañía parece un objetivo más atractivo para una toma de control. Si los valores del balance fueron utilizados para fijar el precio de la adquisición, éste será mucho menor que el valor de mercado actual. Segundo, si la propiedad necesita ser reemplazada o exige una inversión importante para su mantenimiento, es posible que la compañía no haya apartado las utilidades suficientes, a través del cargo por amortización, para hacer frente a este gasto.

La ilustración del problema
Por ejemplo, un empresario comienza una compañía en el año 2000 con una inversión de $5.000, que se utiliza para comprar un activo. El balance en este punto es:

	$		$
Activos fijos	5.000	Capital	5.000
Dinero en efectivo	0		

El activo tiene una vida laboral útil de cinco años y se amortiza o se cancela en el estado de resultados a una tasa de $1.000 por año. La compañía tiene una utilidad de $1.000 (después de la amortización). En 2005, el balance de la compañía aparecerá de la siguiente forma:

($)	Costo	Amortización	Neto		
Activos fijos	5.000	5.000	0	Capital	5.000
				Utilidad	5.000
Dinero en efectivo			10.000		10.000

El saldo de $10.000 es el resultado de la utilidad retenida y el cargo por amortización de cinco ejercicios ($1.000 por ejercicio en ambos casos). El negocio se ha duplicado en tamaño entre los años 2000 y 2005.

El empresario decide reemplazar el activo y continuar con el negocio. Sin embargo, al final de 2005, un activo idéntico al adquirido en el año 2000 cuesta $10.000; el precio se ha duplicado debido a la inflación. La inversión se realiza y en el balance se muestra:

	$		$
Activos fijos	10.000	Capital y reservas	10.000
Dinero en efectivo	0		

La compañía se encuentra ahora en la misma posición en que estaba hace cinco años. Posee un nuevo activo, pero no tiene el dinero en efectivo. La compañía, ¿realmente ha obtenido una utilidad de $5.000 como se muestra en el balance?. Ciertamente, si hubiera pagado impuestos por el 50%, habría sido necesario pedir dinero prestado para reemplazar el activo al final de 2005. Este ejemplo ilustra los problemas de la presentación de los estados contables en circunstancias inflacionarias.

La prudencia como norma
La regla primordial de la prudencia, respaldada por la del mantenimiento del capital (véase la página 126), requiere que una compañía tenga en cuenta el impacto de la inflación en el proceso de la presentación de los estados contables. Existen muchas maneras de contabilizar o de reflejar esto en los informes corporativos. El método más simple es utilizar el costo de reemplazo como la base para la valuación de los activos e imputar las tasas adecuadas de amortización. Un enfoque alternativo es tomar un índice de inflación correcto, tal como el índice de precios minoristas, y

Análisis estratégico de compañías

aplicar esto a los activos y pasivos de una compañía a fin de actualizarlos a los valores vigentes: la contabilidad del poder adquisitivo corriente (CPP).

Divisas

Si una compañía opera o realiza inversiones en otro país, por lo general tiene que negociar en moneda extranjera. Si el tipo de cambio permanece constante, los contadores tendrán muy pocos problemas. Desafortunadamente, tanto para los contadores como para las compañías, el tipo de cambio fluctúa, no sólo de año en año, sino de minuto en minuto.

La ilustración del problema

Al comienzo del ejercicio, una compañía del Reino Unido invierte £1 millón en la construcción de una fábrica en Zanado. La intención de la compañía es desarrollar sus operaciones comerciales allí como parte de su estrategia a largo plazo. En el momento de la inversión el tipo de cambio era de £1 = Z10. El balance de la compañía se ajustó para reflejar este hecho.

Dinero en efectivo   - £1 millón
Fábrica en Zanado   + £1 millón (Z10 millones)

Al final del ejercicio, el tipo de cambio era de £1 = Z5. ¿Qué debería mostrar el balance de la compañía?

Fábrica en Zanado £2m (Z10m), o
Fábrica en Zanado £0,5m (Z 5m)

Se podría argumentar que la compañía ha tenido una pérdida £500.000 o una utilidad de £1 millón vinculada con la inversión. Como la compañía tiene la intención de mantener su base operativa en Zanado, la implementación de estos ajustes al final del ejercicio no reflejará la realidad. La compañía no ha finalizado su inversión y no incurrió (realizó) en una pérdida o en una utilidad. Llevar al estado de resultados la utilidad o la pérdida relacionada con el tipo de cambio sería quebrar la regla de la prudencia. Todos los cambios en el valor de la fábrica que son ocasionados por las fluctuaciones del tipo de cambio deberán figurar en el balance. La compañía ha invertido Z10 millones en una fábrica en Zanado y este activo se encuentra retenido a la fecha del balance.

¿Qué tipo de cambio elegir?

Si la inversión en Zanado representa una compañía subsidiaria, se deberán preparar los estados consolidados al final del ejercicio contable. Para consolidar la subsidiaria, se exigen algunas normas de procedimiento. Existen varias opciones disponibles para elegir el tipo de cambio que mejor refleje tanto la operación durante el ejercicio (para el estado de resultados) como la posición al final del mismo (para el balance). Las opciones son:

- ❖ Tipo de cambio promedio para el ejercicio.
- ❖ Tipo de cambio aplicable en el momento de la transacción.
- ❖ Tipo de cambio aplicable al final del ejercicio contable.

Es razonable y práctico utilizar el tipo de cambio aplicable al final del ejercicio (la fecha del balance) para la consolidación de los activos y pasivos en el extranjero. Es más común que el activo neto de una subsidiaria extranjera sea tomado en los estados contables al tipo de cambio aplicable a la fecha del balance. Para las operaciones con utilidades o pérdidas, normalmente se utiliza tanto el tipo de cambio a la fecha de la transacción como el tipo de cambio promedio para el ejercicio.

En el Reino Unido o en los EE.UU., las compañías por lo general muestran en el balance las ganancias o pérdidas de las operaciones en el estado de resultados y las ganancias o pérdidas sobre los activos o pasivos en las reservas.

Generalmente, se acepta que una compañía prudente trate de reducir o minimizar su exposición al riesgo a través de las fluctuaciones del tipo de cambio al cubrir los riesgos potenciales. Por ejemplo, una compañía podría pedir prestado en moneda extranjera por una suma equivalente a la cantidad de la inversión que se va a hacer en la subsidiaria extranjera. Este enfoque, que también se conoce como una operación de protección cambiaria o *hedging*, significa que cualquier modificación en el tipo de cambio se ajusta en el balance automáticamente tanto para el activo como para el pasivo.

Activos intangibles

La mayor parte de los activos que aparecen en el balance como activos fijos son tangibles, pero pueden existir otros activos a largo plazo que se describan como intangibles. Por regla general, a los contadores y auditores no les gustan los activos intangibles porque están cargados con un peligro potencial. Como su nombre lo indica, no son elementos físicos capaces de ser identificados o verificados normalmente como un terreno, edificios o una máquina.

Existen por lo menos cuatro formas en las que los activos intangibles pueden aparecer en un balance:

- ❖ Los gastos son capitalizados y no imputados en el balance contra las utilidades en el estado de resultados.
- ❖ Se adjudica un valor a los 'nuevos' activos de la compañía.
- ❖ Se adquiere otra compañía (véase la página 57).
- ❖ Se compra un activo intangible (por ejemplo, una marca).

Capitalizando los gastos

Una compañía puede tomar la decisión de no imputar un gasto en el estado de resultados y mostrarlo en el balance como un activo. Esto es conocido como "capitalizar un gasto". Se incrementa la utilidad declarada al reducir la suma de los gastos que se imputan en el estado de resultados.

Marcas

Hasta hace poco tiempo, no era considerado prudente para las compañías incluir intangibles—por ejemplo, una marca— como un activo en el balance. Aun así, es razonable considerar que las marcas son activos importantes para muchas compañías. Nombres como Coca-Cola, Rolls-Royce, BMW y Perrier tienen valor propio.

A fines de los años 80, en el Reino Unido, algunas compañías, principalmente en la industria de los alimentos y las bebidas, comenzaron a incluir las marcas como un activo en el balance. El argumento era que éstas eran un activo comercial con valor y que excluir ese valor del balance ocasionaría una peligrosa subvaluación potencial de la compañía.

No existe una práctica generalmente aceptada con respecto a esta área. Marks & Spencer no muestra su marca St. Michael en el balance, pero en 2000, Diageo valuó sus marcas —que incluyen Johnnie Walker, Smirnoff, Pillsbury, Al Paso y Burger King— en £4.875 millones en su balance, lo que representa casi un tercio del total de los activos de la compañía. Se informó que el director ejecutivo de la división United Distillers & Vintners de Diageo había declarado que nueve de sus "fuertes marcas globales" producían el 70% de la utilidad operativa de la compañía. Claramente, en el intento de calcular el valor de algunas compañías, no es prudente ignorar el valor de las marcas. Cuando una compañía ha creado un activo intangible como una marca, ésta se debe mostrar en el balance sólo cuando tiene un valor de mercado cuantificable ("valor justo"). Esto normalmente prohíbe la capitalización de las marcas, patentes, listas de clientes y títulos en los medios desarrollados internamente.

Adjudicarle un valor a una marca

Las marcas pueden dividirse en dos clases: aquellas que se desarrollan internamente en la compañía y aquellas que se adquieren como un activo a través de la compra de otra compañía. El único momento en que se puede adjudicar un valor indiscutible a una marca es aquél de su venta. En cualquier otro momento, la valuación de una marca es más un arte que una ciencia. Se podría obtener un "valor" tomando el "costo" anual de la compañía para respaldar y desarrollar el nombre de la marca y multiplicarlo por la vida anticipada de la misma. Alternativamente, la "utilidad" anual generada por la marca podría ser utilizada como una base para su valuación.

Las compañías del Reino Unido pueden decidir en cualquier momento si incluyen el valor de una marca en el balance. No están limitadas al momento en que se adquirió la marca o aquél en que un activo se vuelve claramente identificado, a través de la inversión y del desarrollo interno. Como generalmente están en juego grandes sumas de dinero, esto puede tener un impacto importante sobre el balance. Los activos aumentan su valor, y con un movimiento equilibrador en los fondos de los accionistas, el aparente endeudamiento también se modifica en el balance.

Tratamiento de intangibles

En 1998 (el FRS 10, "Llave del negocio y activos intangibles"), la ASB definió los activos intangibles como:

> *Activos fijos no financieros que no poseen una esencia física, pero que son identificables y controlados por la entidad a través de los derechos de custodia o legales.*

Es importante estudiar las notas sobre los activos intangibles que figuran en la memoria anual de una compañía, en particular si éstas aparecen por primera vez. Las notas del balance deberán suministrar los detalles sobre la base que se utilizó para su valuación.

Al valuar una compañía o al evaluar su posición contable, el tratamiento de los activos intangibles puede resultar crítico. Se puede argumentar que los activos intangibles son, por su naturaleza, de un valor debatible y que se tiene que pasar por alto el hecho de asignar un valor sobre los activos empleados en una compañía. Su inclusión, el argumento continúa, hace muy difícil obtener la estimación de los activos que pudieran servir de garantía para los acreedores y proveedores de los fondos para la compañía. Alternativamente, si una compañía es valuada como una empresa en funcionamiento con operaciones permanentes, los activos intangibles formarán con mayor frecuencia una parte integral y, por lo tanto, no deberían ser ignorados. Los derechos intelectuales (IPRS) aportan un ejemplo de activos intangibles en el siglo XXI. Estos incluyen patentes, derechos de autor, derechos sobre las bases de datos, marcas registradas, tecnología y listas confidenciales de clientes. Aunque son difíciles de valuar, casi siempre son esenciales para asignarle un valor a la compañía. La prudencia y la cautela pueden sugerir que los intangibles sean removidos, pero la realidad comercial puede opinar lo contrario.

Llave del negocio
Un activo intangible que ha presentado muchos problemas para los contadores es la llave del negocio, o "llave del negocio adquirida", que se define como la suma pagada por una compañía por sobre lo que valen sus activos. Por lo tanto, las marcas generalmente son parte de la llave del negocio y en el Reino Unido, según el FRS 10 y el IAS 38, éstas reciben el mismo tratamiento contable.

La llave del negocio es un activo intangible importante y controversial y sólo puede surgir cuando se trata con un grupo de compañías. Se produce cuando una compañía adquiere otra. El cálculo de la llave del negocio es simple. Es su tratamiento en el balance lo que resulta complejo y está sujeto a diferencias de opinión significativas.

Por ejemplo, la compañía A ofrece comprar la compañía B por $2.000 en efectivo. Sus balances serán:

($)	A	B		A	B
Activos	5.000	2.000	Capital social	2.000	1.000
			Reservas	2.000	500
			Acreedores	1.000	500
	5.000	2.000		5.000	2.000

Análisis estratégico de compañías

La compañía B tiene un capital social y reservas o activos netos equivalentes a $1.500. ¿Por qué la compañía A estaría dispuesta a pagar $500 más del valor de balance por la compañía B? Existen muchas razones. La compañía B podría tener activos intangibles tales como las marcas, patentes y R&D que, aunque poseen un valor, no aparecen en el balance. La compañía A puede querer obtener el beneficio de tener el equipo de la gerencia de la compañía B con su olfato para los negocios, su experiencia y profesionalismo. (La gerencia no aparece en el balance de ninguna de las dos compañías). O puede sentirse atraída por las corrientes potenciales de utilidades que podría generar B.

La llave del negocio puede surgir sólo en el momento de la adquisición, y no se recalcula en cada ejercicio. Puede resultar de importancia cuando esté relacionada con negocios de servicios u orientados al público. Si se adquiere una agencia de publicidad o una agencia de seguros, es razonable asumir que el activo principal sean los empleados de la compañía, en lugar de los activos fijos. Los activos netos (o el valor de balance) de dicha compañía pueden ser mínimos y la llave del negocio resultante puede ser alta.

Por la razón que fuera, la compañía A decide que $2.000 es un precio aceptable para pagar por B. Los accionistas de la compañía B lo ratifican y B pasa a ser subsidiaria de la compañía A, seguidamente se preparan los estados contables consolidados. Todos son felices, excepto el contador de la compañía A. Existe un desfasaje básico en la transacción. La compañía A paga $2.000 por los activos de B que están valuados en $1.500, por lo que los estados no se compensan.

Dinero en efectivo desembolsado $2.000   Activos adquiridos $1.500

Hay $2.000 en efectivo que salen y sólo $1.500 en activos que ingresan. Para resolver este dilema, el contador simplemente agrega la llave del negocio valuada en $500 a los activos adquiridos en la compañía B. Los libros ahora se compensan.

Dinero en efectivo desembolsado $2.000
Activos adquiridos $1.500 + llave del negocio $500

No importa cuán grande o complejo sea el balance de la compañía que se adquirió y no importa cuán amarga y cruel sea la batalla por la toma de control, el cálculo de la llave del negocio es siempre el mismo:

precio pagado - valor de los activos adquiridos = llave del negocio

Contabilidad de la llave del negocio

El gran conflicto y la discusión generados por la llave del negocio surgen no tanto de su cálculo, sino del tratamiento en los estados contables de la compañía adquirente.

La llave del negocio podría tratarse en el balance como un activo de la compañía A ($500) y cancelarse (amortizarse) a lo largo de un número de años razonable en el estado de resultados o deducirla de los fondos de los accionistas.

Hasta 1998, las compañías del Reino Unido no cancelaban la llave del negocio en el estado de resultados, sino que lo imputaban directamente contra las reservas en el balance. Así era posible que la eliminación de la llave del negocio no tuviera un impacto en la utilidad declarada que aparece en el estado de resultados. Con la publicación del FRS 10, el Reino Unido se alineó con la práctica adoptada por la mayoría de los otros países. La llave del negocio se muestra como un activo en el balance y se amortiza a lo largo de su vida económica estimada útil —por lo general, no más de 20 años— utilizando el método de las cuotas constantes o método directo de amortización. En los EE.UU., cada año se revisa el deterioro de la llave del negocio pero no necesariamente se imputa como un gasto en el estado de resultados (FAS 142). El tratamiento de la llave del negocio puede contribuir a una diferencia en la utilidad declarada de una compañía del Reino Unido y de los EE.UU.

Llave del negocio negativa
Es posible que se pueda realizar una adquisición por menos del valor de balance de los activos netos. El adquirente ha efectuado una muy buena compra o la adquisición es a pérdida y se considera que posee una mala perspectiva futura. El resultado contable es la "llave del negocio negativa", que en los EE.UU. no está permitida aunque en el resto de los países se muestra por lo general como una deducción de toda llave del negocio existente.

Deterioro del valor de los activos
Para evaluar los resultados de una compañía o su posición contable, es esencial contar con una cifra realista del valor de los activos utilizados. Si el valor de los activos de una compañía decae y su recuperación es improbable —una permanente disminución— el balance debería reflejar este hecho y el estado de resultados tomar la pérdida. Los activos nunca deberían estar sobrevaluados adrede: un activo no se debería mostrar en el balance con un valor mayor al de su venta. En 1998 la ASB publicó el FRS 11 "Deterioro de los activos fijos y la llave del negocio" (similar en alcance al FAS 142 y al IAS 36, "Deterioro de los activos"), para brindar una guía sobre este tema.

Las compañías deberán revisar en forma regular todos los activos fijos principales —tangibles e intangibles— para garantizar que el balance ofrezca una valuación razonable. El valor de un activo puede caer debido a muchos eventos o condiciones adversas, tales como la caída en desuso o los daños, las iniciativas de los competidores o los cambios significativos y permanentes en el mercado. Éstos se conocen como "factores de deterioro". En el Reino Unido, donde la llave del negocio o cualquier otro activo fijo se amortizan a lo largo de más de 20 años, ésta debe ser revisada cada año en relación con su deterioro. Al final del primer año posterior a la adquisición, las compañías deben evaluar el deterioro de la llave del negocio asociada.

Cuando existen activos que se amortizan antes de los 20 años y la compañía reconoce cualquier factor de deterioro significativo, ésta deberá realizar una revisión objetiva del valor de todos los activos tangibles e intangibles. Esto se conoce como una revisión del deterioro y consiste en la comparación de los valores de balance ("valores netos contables") de los activos con la suma recuperable. La suma recuperable de un activo es el valor neto de realización por el cual un activo puede ser vendido o el valor neto vigente de los futuros flujos de caja que es de esperar que se genere a lo largo de su vida útil estimada ("valor de uso"). Cuando los activos se consideran deteriorados, se amortizan los valores en el balance y la pérdida de dichos valores se muestra en forma separada en el estado de resultados.

Aunque parezca que esto puede facilitar la resolución de muchos de los problemas que con anterioridad la compañía tenía para la realizar la valuación de los activos, se debe recordar que los únicos "hechos" que se consideran están basados en estimados y pronósticos realizados por la compañía informante. Al menos la llave del negocio nunca podrá ser revaluada hacia arriba por encima de su costo original.

Adquisiciones y fusiones

Cuando una compañía adquiere a otra, la compañía compradora puede elegir la manera en que tratará dicha adquisición en sus estados contables. La elección es entre una contabilidad de adquisiciones y una contabilidad de fusiones.

Según la contabilidad de adquisiciones, los activos y pasivos se toman en el balance de la compañía adquirente a su valor justo a la fecha de la adquisición, y las utilidades de la compañía adquirida se ingresan en los estados contables consolidados sólo desde la fecha de adquisición. Cuando las acciones forman parte del precio de adquisición se tomarán a valor de mercado al momento de calcular el monto de la llave del negocio.

La contabilidad de fusiones trata las compañías involucradas como si hubieran sido siempre una sola entidad. La adquisición, en lugar de verse como una toma de control, se considera como una combinación o fusión de intereses donde una compañía no predomina sobre la otra.

En la contabilidad de fusiones las acciones utilizadas para la adquisición se valúan a la par (su valor nominal) y para los activos se emplea el valor de balance. Los dos balances se suman juntos para formar la nueva compañía. No existe una diferencia entre el precio pagado y el valor adquirido, por lo que no se genera ninguna llave del negocio. No existen requisitos, como en la contabilidad de adquisiciones, para cancelar cualquiera de las sumas ya sea en el estado de resultados o contra las reservas del balance.

Continuando con el ejemplo utilizado anteriormente, el balance de la compañía A refleja la transacción en dinero en efectivo reducido en $2.000 y el reemplazo por una inversión en las acciones de la compañía B valuada en $2.000.

($)	A	B		A	B
Activos	3.000	2.000	Capital	2.000	1.000
Participación en B	2.000		Reservas	2.000	500
			Acreedores	1.000	500
	5.000	2.000		5.000	2.000

Después de la adquisición, se prepara el balance del grupo o consolidado.

Grupo AB ($)

Activos	5.000	Capital social	2.000
Llave del negocio	500	Reservas	2.000
		Acreedores	1.500
	5.500		5.500

Intereses minoritarios

Como regla general, cuando más del 50% de las acciones de una compañía son adquiridas por otra, es necesario consolidar la subsidiaria con los estados contables del grupo de la compañía controlante.

En la práctica, generalmente se adquiere menos del 100% de las acciones de una compañía. Si la compañía A compra sólo el 80% de las acciones de la compañía B por $2.000, la compañía A tiene el control de B. Posee la mayor parte de sus acciones y por lo tanto ganó una compañía subsidiaria que será consolidada en sus estados contables. Pero el 20%, una minoría, de las acciones de la compañía B son propiedad de accionistas externos, que no pertenecen a la compañía A. La compañía B no es una subsidiaria íntegramente propiedad de la compañía A. En esta situación, el balance consolidado aparecerá de la siguiente manera:

Grupo AB ($)

Activos	5.000	Capital social	2.000
Llave del negocio	800	Reservas	2.000
		Acreedores	1.500
		Participación minoritaria	300
	5.800		5.800

La participación minoritaria, algunas veces llamada participación externa o accionistas externos, representa a los accionistas de la compañía B aparte de la compañía A. El balance consolidado refleja que el 20% de los $1.500 en el activo neto o capital y reservas de B ($300) es propiedad de accionistas externos al grupo. La cifra de la llave del negocio deriva del hecho de que se pagaron $2.000 por los $1.200 de activos netos de B. En otras palabras, se pagaron $2.000 por $1.200 (80%) del capital y reservas o los activos netos de B.

La presentación de la participación minoritaria varía, pero la mayoría de las compañías muestran la participación de los accionistas externos en la sección del balance que se refiere al capital y reservas.

Acciones en lugar de dinero en efectivo

La compañía A puede considerar la emisión de acciones para adquirir la compañía B en lugar de utilizar el dinero en efectivo. Si las acciones de A de valor nominal $1 cotizan en el mercado de valores a $2, puede emitir 1.000 acciones ($2.000) a cambio de todas las 1.000 acciones de B. Si los accionistas de B aceptan, la adquisición puede llevarse a cabo sin que haya dinero en efectivo involucrado. La compañía B es ahora una subsidiaria que pertenece totalmente a A y el balance del grupo es:

Grupo AB ($)

Activos	7.000	Capital social	3.000
Llave del negocio	500	Prima de emisión	1.000
		Reservas	2.000
		Acreedores	1.500
	7.500		7.500

La prima de emisión surge de la emisión de 1.000 acciones de $1 a $2. Este método de contabilidad de adquisiciones se conoce como la base de la adquisición. En la presentación del balance consolidado en el Reino Unido, la llave del negocio será cancelada contra las reservas de los accionistas.

Grupo AB ($)

Activos	7.000	Capital social	3.000
		Prima de emisión	1.000
		Reservas	1.500
		Acreedores	1.500
	7.000		7.000

Las compañías que han adquirido otra compañía pueden encontrarse en la posición de optar por la utilización de la contabilidad de fusiones en lugar de la de adquisiciones. De acuerdo con la contabilidad de fusiones, se adopta un enfoque diferente del explicado anteriormente.

- ❖ La utilidad retenida de la compañía B se incluye en los estados contables del grupo.
- ❖ No se genera ninguna llave del negocio.
- ❖ No existe una cuenta de prima de emisión. Se presume que existió un
- ❖ simple intercambio de acciones de las dos compañías con los activos tomados a valor libros, es decir que se toma el valor justo.

El requisito clave para la adopción de la contabilidad de fusiones es que la mayor parte de la adquisición se complete a través de la emisión de las acciones, es decir, al menos 90% del monto de la adquisición ha sido concretado con acciones. Esto se conoce como fusión de intereses en los EE.UU. Si la contabilidad de fusiones se aplica, el balance del grupo será, a saber:

Grupo AB ($)

Activos	7.000	Capital social	3.000
		Reservas	2.500
		Acreedores	1.500
	7.000		7.000

Un aspecto atractivo de la contabilidad de fusiones es que aun en el caso de que una adquisición se lleve a cabo hacia el final del ejercicio contable, la totalidad de las utilidades de la compañía B ingresan en el estado de resultados de la compañía A, y el total de la utilidad retenida se muestra en las reservas, tal como se exhibe más arriba. Éste no sería el caso en una contabilidad de adquisiciones, donde sólo las utilidades posteriores a la adquisición son las que se muestran en los estados contables del grupo. Si A no obtiene buenos resultados, la adición de la utilidad total del ejercicio de la compañía B puede transformar la posición aparente y hacer posible un pago de dividendos. La contabilidad de fusiones puede ofrecer una solución inmediata a la rentabilidad de una compañía. Más aún, no existe una llave del negocio posiblemente engorrosa que cancelar. Todos los activos de B se ingresarán en los estados contables consolidados a sus valores de balance.

En 1998, DaimlerChrysler AG, que adoptó los GAAP de EE.UU., utilizó el tratamiento de la fusión de intereses —los estados contables de las dos compañías se combinaron sin que los estados contables de una compañía predominaran sobre los de la otra— y no se mostró ninguna llave del negocio. En 2001, la FASB prohibió el tratamiento de las adquisiciones y fusiones por medio de la fusión de intereses. En la actualidad, sólo es posible cancelar la llave del negocio cuando sea debido al deterioro.

Valor justo y previsiones

La base para la valuación de los activos y pasivos de una compañía que se está comprando es su valor justo en la fecha de adquisición. Esto se puede interpretar como lo que se espera recibir a cambio de los activos en cuestión (una transacción en igualdad de condiciones o a un precio razonable en el mercado abierto). Si el precio justo de los activos de la compañía B era de $2.200, la llave del negocio generada según el método contable de adquisiciones se reduciría a $300, y el valor de los activos en el balance consolidado se incrementaría hasta $7.200.

En el cálculo de casi cualquier cifra —en un conjunto de estados contables— existe un ámbito para la iniciativa y la discrecionalidad. Es casi siempre difícil contestar a la pregunta "¿cuál es su valor?". Existen varias valuaciones alternativas razonables que se pueden realizar. Por lo general la compañía compradora puede, de manera prudente, hacer previsiones para la futura reducción del valor de los activos que se van a adquirir.

La compañía A puede considerar que el total de los activos de la compañía B debería valuarse en $1.500 en lugar de $2.000 debido al entorno comercial actual. El valor justo de los activos netos a ser adquiridos se convierte en $1.000 (activos $1.500 − acreedores $500). Se ha efectuado una previsión de $500 contra el valor original de la compañía B, probablemente en relación con el inventario de los bienes que se obtienen al final del ejercicio. El precio de compra acordado no ha cambiado y la llave del negocio se convierte en $1.000 (precio de compra $2.000 − activos netos $1.000)

El tratamiento de la adquisición en el balance consolidado es ahora el siguiente:

Grupo AB ($)

Activos	6.500	Capital		3.000
		Prima de emisión		1.000
		Reservas	2.000	
		Menos llave del negocio	1.000	1.000
		Acreedores		1.500
Total	6.500			6.500

La compañía A ha realizado una previsión prudente por la posible disminución en el valor de los activos que ha adquirido. Pero ¿qué sucedería si en el próximo ejercicio esos activos alcanzan un valor de $2.500 y el inventario de los bienes se vendiera por $1.500? En el estado de resultados consolidado existe una utilidad extra de $1.000, que, si no fue distribuida, se tomará en las reservas del balance. Esto significa un impulso inesperado aunque bienvenido para la rentabilidad del grupo y un incremento en las reservas. De este modo será posible maquillar la rentabilidad del grupo.

Compañías asociadas y *joint ventures*

Por lo general, cuando una compañía es dueña o controla más del 50% de las acciones otra, esta última se considera una subsidiaria y sus estados contables se consolidan con aquéllos de la compañía controlante.

Si la compañía A posee menos del 50% de las acciones de la compañía B, entonces es un accionista minoritario: A mostrará en su balance la inversión, por lo general como parte de sus activos fijos, y la participación en las utilidades de B se tomará en el estado de resultados de A.

El modo en que se define esta inversión dependerá de la proporción de acciones de la compañía B que se posean. Una pauta simple es que si una compañía posee menos del 20% de las acciones, la inversión será considerada como una inversión. Si tuviera más del 20% de las acciones, pero menos del 50%, en el Reino Unido esto se califica como un "interés preferencial", y si existe también la capacidad para influir en forma significativa en las actividades operativas y financieras de la compañía, se mostrará como una "inversión en una compañía asociada".

En los años 90 se llevaron a cabo un número creciente de alianzas estratégicas, asociaciones de inversión y *joint ventures* entre compañías. El FRS 9 define a una *joint venture* como:

> Una entidad en la cual la entidad informante posee una participación a largo plazo y tiene el control en conjunto entre la entidad informante y uno o más negocios.

Enron reclamaba utilidades y escondía una deuda enorme ante los inversores a través del uso creativo de una compleja red de instrumentos de *joint venture* (alrededor de 3.000 en el momento de su colapso). Se debe recordar siempre la regla de oro: ser cautelosos cuando no se pueda entender lo que la compañía hace o de donde provienen sus utilidades.

Método del capital accionario y capital accionario bruto

El FRS 9 requiere que se presente información más específica sobre las empresas asociadas y las *joint ventures* en el estado de resultados, en el estado de flujo de caja y en el balance. Las empresas asociadas y *joint ventures* se muestran en los estados contables de los inversores sobre la base del método contable patrimonial. Según éste, el balance inicialmente muestra la inversión al costo y la ajusta en cada ejercicio por la participación en los resultados del inversor —que se toman en el estado de resultados— y a causa de los cambios en los activos netos.

La participación de la compañía inversora en el volumen del negocio, utilidades, intereses e impuestos de una *joint venture* deberá informarse por separado en el estado de resultados y el balance deberá mostrar su participación en activos y pasivos brutos.

Activos corrientes

Cualquier rubro que aparezca como parte de los activos corrientes puede tomarse ya sea como dinero en efectivo o capaz de ser convertido en efectivo dentro de los 12 meses de la fecha del balance. Los tres títulos más importantes encontrados en esta sección del balance son el inventario, los deudores y el dinero en efectivo.

Inventario

El inventario al final del ejercicio que se muestra en el balance de la compañía por lo general consiste en una combinación de materias primas, tareas en curso y productos terminados. En el Reino Unido, esto se conoce como existencias. Para las compañías de ventas minoristas, el inventario de final del ejercicio consiste casi por completo en productos terminados que se encuentran en las tiendas o en los depósitos.

La regla básica para la valuación del inventario es que éste debe mostrarse en el balance, de acuerdo con la norma de la prudencia, al menor costo o al valor neto de realización, es decir, lo que cuesta hacerlo o lo que alguien estaría razonablemente dispuesto a pagar por el producto si ya no vale lo que cuesta hacerlo.

Deudores

Los deudores o las cuentas a cobrar representan la suma que los clientes le deben a la compañía por los bienes o servicios que ésta ha suministrado y que al final del ejercicio no hayan sido pagados en dinero en efectivo. La suma debida se imputa a deudores comerciales al final del ejercicio.

Si una compañía ha experimentado deudas incobrables durante el ejercicio, éstas se deberán contabilizar en el estado de resultados. Es una práctica estándar para las compañías hacer una previsión regular cada año para deudas incobrables o de cobro dudoso; un porcentaje de los ingresos por ventas se presume como no recuperable. El monto para deudores que aparece en el balance puede tomarse como deudas cobrables que la compañía de un modo realista espera cobrar en las próximas semanas según los términos y condiciones comerciales normales.

La mayor parte de las ventas son pagadas por los clientes dentro de los dos o tres meses. Se debe ser cauteloso cuando los términos deudores o ingresos "a cobrar en el largo plazo" o "diferidos" aparecen. Esto indica que la compañía ha realizado una venta pero está desviando algo o todo el ingreso a ejercicios futuros, posiblemente con el fin de atenuar las utilidades volátiles o inciertas. Alternativamente, la compañía puede estar sufriendo una merma en las ventas y ofreciendo a los clientes plazos crediticios extremadamente generosos o extendidos.

Descuento de las deudas y securitización

Las compañías algunas veces celebran convenios de descuento, por medio de los cuales "venden" sus deudas a otra compañía y logran tener dinero en efectivo disponible en forma inmediata para utilizarlo en el negocio. Los detalles de los acuerdos principales de descuento deben constar en las notas a los estados contables. El término "securitización" puede estar vinculado con los deudores comerciales o con otros activos. Se refiere al paquete de activos para la venta para generar un flujo de dinero en efectivo inmediato, y fue desarrollado en primer término por los bancos norteamericanos en los años 70 para recaudar financiación proveniente de préstamos hipotecarios.

Dinero en efectivo e inversiones

El dinero en efectivo se define como el efectivo que tiene la compañía a la fecha del balance, e incluye todos los depósitos que son pagaderos a la vista. Éstos se conocen también como equivalentes de caja o recursos líquidos. Las inversiones que poseía la compañía al final del ejercicio se incluyen en los activos corrientes sólo si éstos son a corto plazo. Toda inversión que se muestra en esta sección del balance puede tomarse como líquida, es decir, capaz de convertirse en dinero en efectivo dentro de un tiempo razonablemente corto.

3. El estado de resultados

El estado de resultados (denominado "estado de ganancias y pérdidas" en el Reino Unido) trata con las actividades operativas de una compañía e intenta suministrar un informe de sus resultados durante el ejercicio. La declaración brinda detalles de los ingresos y los egresos de una compañía para el ejercicio. Cuando los ingresos por ventas son mayores a los costos se genera una utilidad; si ocurre lo contrario, se produce una pérdida; por lo tanto, es el estado de las ganancias y de las pérdidas.

CONSIDERACIONES DE LA UTILIDAD

Diferentes utilidades para distintos propósitos

Puede tomar un tiempo considerable discutir las diferentes definiciones de utilidad. Un punto de inicio para un contador podría ser que "una utilidad se genera cuando el ingreso es mayor que los costos"; para un economista podrá ser "lo que uno puede gastar durante una semana y aún encontrarse en tan buena posición al final de dicha semana como al comienzo". La definición del contador necesita de la aplicación práctica de los principios de la venta y del devengamiento. La definición del economista probablemente incluya el mantenimiento del capital como una de las reglas o principios básicos contables.

La utilidad se puede definir como la diferencia del capital de una compañía entre el comienzo y el final de un período. La utilidad puede surgir sólo cuando los activos netos se han incrementado. Por ejemplo, una compañía comienza su actividad comercial con un capital de $1.000 y utiliza esta suma para comprar un activo que más tarde es vendido en $1.500. La inflación es del 10% anual, y el costo de reemplazo del activo al final del período es de $1.300. ¿Qué utilidad ha logrado la compañía?

La respuesta simple, por supuesto, es $500. La contabilidad tradicional del costo histórico muestra el capital inicial de $1.000, capital al cierre de $1.500 y, si se ignora la inflación, una utilidad para el período de $500.

Ingreso por ventas	–	costo de las ventas	=	utilidad
$1.500	–	$1.000	=	$500

Para mantener el poder adquisitivo de la compañía, se debe tener en cuenta el impacto de la inflación. La conservación del capital financiero exige que $100 (10% del capital inicial) sea apartado, lo que da como resultado una utilidad de $400.

Ingreso por ventas	–	costo de las ventas	=	utilidad
$1.500	–	$1.100	=	$400

Si la intención es mantener la capacidad operativa física de la compañía, tiene que existir capital suficiente para reemplazar el activo y poder continuar con el negocio. Mantener el capital operativo exige apartar $300 para el reemplazo de los activos y la utilidad será de $200.

Ingreso por ventas	–	costo de las ventas	=	utilidad
$1.500	–	$1.300	=	$200

Una de las dificultades al leer el estado de resultados es decidir qué debe tomarse como la utilidad del ejercicio. Esto depende de qué se busca y por qué razón. Existen diferentes utilidades para diferentes fines. Es imposible tener una única utilidad para una compañía, menos aún una única utilidad para todas las compañías.

Compensación y devengamiento
El estado de resultados abarca el ejercicio contable de una compañía, que normalmente, aunque no siempre, consiste en 12 meses o 52 semanas. Si el objetivo principal del estado de resultados es mostrar la utilidad del ejercicio, es importante que el ingreso y el egreso se compensen para relacionarse con el ejercicio en cuestión. Puede existir una diferencia entre el momento en que ocurre una transacción (dinero en efectivo se paga o se recibe) y cuando debe aparecer, o reconocerse, en el estado de resultados. Por ejemplo, ¿qué sucede cuando los materiales se utilizan para producir productos que son vendidos este año, pero que no tienen vencimiento de pago hasta por lo menos el próximo ejercicio contable?, ¿o cuando se han recibido y pagado los materiales para este ejercicio pero no han sido utilizados aún para la producción? En el estado de resultados, el ingreso producido durante el período contable se compensa con los costos asociados con dicho ingreso: el ingreso y el egreso se compensan.

La utilidad no es dinero en efectivo
No se debe asumir que la utilidad que se muestra en el estado de resultados está representada por el dinero en efectivo al final del ejercicio. Una compañía puede mostrar una utilidad para el ejercicio, pero eso no significa que tenga dinero en efectivo disponible. Aun cuando una compañía no realice inversiones de capital en proyectos para sustentar el negocio en el futuro, una utilidad en el estado de resultados no es garantía de que el dinero en efectivo o los activos líquidos adecuados aparezcan en el balance al final del ejercicio.

Al preparar un estado de resultados, un contador incluye el ingreso total por ventas generado durante el ejercicio. Esta cifra incluye tanto las ventas en efectivo como las ventas a crédito. Una compañía que ofrece a sus clientes crédito, en efecto, les está prestando su dinero hasta que el pago se haga efectivo. Una venta puede haberse realizado y por lo tanto se incluye en el estado de resultados para el ejercicio, pero no se ha recibido ningún dinero en efectivo.

El dinero que deben los clientes se conoce como "deudores" o "cuentas a cobrar". Las ventas a crédito se incluyen en la cifra del ingreso por ventas en el estado de resultados y aparece en el balance como un rubro dentro de los activos corrientes. Cuando los clientes pagan la suma debida, la cifra para deudores o cuentas a cobrar se reduce y el saldo en dinero en efectivo se incrementa por la misma suma en el balance.

Una compañía que saca ventaja de las condiciones crediticias que le ofrecen sus proveedores recibe los materiales y los servicios para trabajar durante el año, pero no necesariamente paga por éstos antes del final del ejercicio. Hasta que se les paga a los proveedores, el dinero que a ellos se les debe se muestra en el balance como parte de los pasivos corrientes a largo plazo. Cuando se les paga a los proveedores, los pasivos corrientes y el saldo en efectivo son reducidos en la misma suma.

La diferencia de períodos entre el reconocimiento de una transacción o evento y el movimiento en dinero en efectivo asociado puede tener importantes implicancias para una compañía.

Overtrading
¿Qué sucede cuando el crédito otorgado excede el crédito tomado? Una compañía puede alcanzar un margen saludable de utilidades sobre las ventas pero, al mismo tiempo, ofrecer a sus clientes condiciones de crédito mucho mejores, con más plazo del que puede obtener de sus proveedores. Las condiciones del crédito otorgado y tomado no tienen un impacto sobre la utilidad declarada en el estado de resultados, pero pueden afectar en forma significativa la posición de caja o de liquidez de la compañía.

Por ejemplo, una compañía comienza el ejercicio con una caja de $200. Sin créditos otorgados o tomados, el ingreso por ventas es de $1.000, y los costos de $800. Una utilidad de $200 se muestra en el estado de resultados para el ejercicio y un saldo en caja de $400, en el balance al final del ejercicio.

Caja $200 + (ingreso por ventas $1.000 − costos $800) = caja $400

Si se otorgan o se toman créditos, al final del ejercicio, a la compañía le adeudan $500 de los $1.000 del ingreso por ventas y, sacando ventajas de las condiciones crediticias que ofrecen los proveedores, debe $100. La posición de caja entonces varía.

Caja $200 + (ingreso por ventas $500 − costos $700) = caja $0

En ambos ejemplos, los activos corrientes netos han pasado de $200 al comienzo del ejercicio a $400 al final. Sin embargo, con la política crediticia adoptada en el segundo ejemplo, la posición de caja se ha deteriorado desde $200 al inicio del ejercicio hasta cero al final del mismo. Aunque la compañía puede operar en forma rentable con una utilidad de $200, está agotando sus recursos líquidos hasta niveles probablemente peligrosos. Esto se conoce habitualmente como *overtrading*; la utilidad se genera a expensas de la liquidez.

Si la compañía extendió aún más los plazos de los créditos o un cliente importante se convierte en un deudor incobrable, se verá forzada a pedir dinero prestado para poder continuar con sus operaciones. Antes de que ocurra tal evento, se le podría avisar a la compañía que busque formas alternativas de financiación para sus futuras operaciones y su crecimiento.

Debido a que los peligros del *overtrading* son tan claros, ¿por qué las compañías alcanzan tales posiciones? El *overtrading* está generalmente asociado con el crecimiento. Una manera tradicional de incrementar el ingreso por ventas es ofrecer buenas condiciones de crédito a los clientes. Si las implicancias financieras de la política de ventas no se tienen en cuenta, una compañía puede mostrar un rápido crecimiento en los ingresos y en las utilidades pero quedarse sin caja y no ser capaz de continuar con sus operaciones.

Otra razón para adoptar una política de crédito puede ser el hecho de que todos los demás así lo hacen. Si un negocio tiene condiciones tradicionales para negociar con sus clientes o si todas las compañías del sector deciden cambiar sus condiciones crediticias, es difícil para una compañía, en particular una pequeña con deseos de ganar participación de mercado, actuar de modo diferente.

¿Cuán largo es un ejercicio?
El período estándar para presentar la información para todos los países y todas las compañías es de 12 meses, y los estados contables se presentan cada año. Aunque esto

sea lógico y útil, el año calendario no es necesariamente la mejor escala de tiempo para presentar los informes de una compañía. Las memorias anuales pueden estar a disposición como base para la evaluación de los resultados y la posición de las compañías minoristas pero no para aquellas compañías relacionadas con la prospección de oro, petróleo o gas o la plantación de nogales.

Con respecto al estado de resultados de una compañía, es importante saber que en ocasiones el ejercicio puede consistir en más o menos 52 semanas o 12 meses. Si este fuera el caso, debe tenerse en cuenta antes de analizar las cifras o sacar conclusiones que surjan de la comparación de una compañía con otra.

Es bastante común para las compañías tener un final del ejercicio contable el último viernes de un mes en el año u operar con informes internos que abarquen 13 períodos o 4 semanas al año. Como resultado, algunos años pueden tener 53 semanas en lugar de 52. En la práctica, esto no tiene un impacto importante sobre el análisis de la compañía en cuestión.

Más significativo es cuando existe un cambio sustancial en la memoria anual al final del ejercicio. Una compañía puede querer cambiar la fecha de presentación de su informe de fines del ejercicio para estar en línea con otras compañías similares, o se ha convertido en parte de un grupo de compañías que tienen una fecha de fin del ejercicio distinta. Esto puede causar problemas para el análisis financiero, en particular si la estacionalidad está involucrada, como con una compañía minorista que cambia su final del ejercicio de fines de diciembre a fines de marzo.

Negocios en funcionamiento y discontinuados

El estado de resultados por lo general muestra el ingreso y la utilidad divididos según lo producido por los negocios en funcionamiento, los negocios discontinuados y las adquisiciones realizadas durante el ejercicio. Esto hace más fácil el análisis de la compañía, con los detalles de las operaciones permanentes suministrando la mejor base sobre la cual pronosticar el probable desempeño futuro.

Todos los eventos o elementos importantes deben ser informados, por importante se puede tomar más del 5-10% de cualquier evento o elemento involucrados. Si una compañía adquiere otra durante el ejercicio y el ingreso o la utilidad adicional resultante es más del 10% de los totales del grupo, sería razonable asumir que esta información será comunicada por separado, ya sea en el estado de resultados o en las notas.

Si una compañía vende o de otro modo se deshace de algún negocio, esto se llama "negocio discontinuado". Cuando esto ocurre, las cifras comparativas se reexpresan para resaltar el ingreso y la utilidad o pérdida de un negocio. En el Reino Unido, cuando una compañía ha adquirido o vendido un negocio durante el ejercicio, los detalles de estas adquisiciones y las operaciones discontinuadas deberán mostrarse en el estado de resultados. La división entre los negocios en funcionamiento y los discontinuados se exhibe de una manera similar a la utilidad operativa. Esto facilita la evaluación de las tendencias del ingreso y la utilidad y por lo tanto lo que la compañía probablemente alcance en el ejercicio entrante de sus negocios en funcionamiento.

Compañías asociadas y *joint ventures*

El FRS 9 se sumó a la información que aparece en el estado de resultados de una compañía en el Reino Unido. La compañía inversora debe identificar por separado su participación en el volumen de los negocios, la utilidad operativa, los rubros principales excepcionales, intereses e impuestos de cualquier *joint venture*. Es de práctica común para las compañías también mostrar los datos equivalentes de las compañías asociadas.

Volumen del negocio	£
Operaciones permanentes	1.000
Adquisiciones	100
	1.100
Operaciones discontinuadas	50
	1.150
Participación en el volumen del negocio de:	
Joint ventures	250
Compañías asociadas	100
	1.500

Informe segmentado

Es interesante conocer el ingreso total por ventas de una compañía en un año, pero es mucho más útil poder ver en qué negocios y en qué lugar del mundo ese ingreso fue generado. Una de las notas más útiles a los estados contables de una compañía y que resulta de suma utilidad para comprender qué, dónde y cuán bien le está yendo en sus negocios es lo que se conoce como información segmentada o informes segmentados o información desagregada. El informe segmentado analiza el volumen del negocio, las utilidades o activos netos de una compañía, y de este modo posibilita el estudio de los negocios individuales dentro de un grupo o conglomerado y utiliza los datos para compararlos con otras compañías, o quizá con un negocio único.

Se puede definir un segmento por medio de la norma de materialidad del 10%. Si un negocio representa más del 10% del volumen de los negocios, las utilidades o los activos netos de una compañía, es de esperar que se presente por separado en el informe de análisis segmentado.

El informe segmentado está regulado por una combinación de leyes, estándares de contabilidad (que incluyen el SSAP 25, el FAS 131 y el IAS 14) y los requisitos para cotizar en una bolsa de valores.

Por lo general, las tres áreas más importantes de interés son las de ingresos, utilidades y activos empleados. Para el informe segmentado, la definición más común de utilidades es la utilidad operativa, y la de los activos, activos operativos netos. Las compañías pueden optar por suministrar más del mínimo requerido. Algunas brindan información segmentada del flujo de caja y detalles de la inversión de capital. En forma creciente, se incorporan las estadísticas de los empleados, que muestran no sólo la cantidad de empleados, sino también dónde están localizados.

Existen con frecuencia problemas prácticos en la asignación de los costos y de los gastos. Por ejemplo, ¿cómo se puede asignar el costo total del directorio principal del grupo, por producto o por mercado? Tales costos se definen como comunes, y cuando no están diversificados en los segmentos aparecen como un único rubro en el informe segmentado. Los negocios entre segmentos pueden generar algunos problemas técnicos para los contadores y los directores y se pueden mostrar por separado en la memoria.

La división en segmentos o sectores se basa por lo general en productos o servicios y en mercados y canales de distribución en que la compañía opera, pero la forma en que una compañía está organizada o estructurada puede tener influencia sobre la presentación. Los detalles segmentados del volumen de negocios, las utilidades y los activos se muestran por lugar, y es factible brindar detalles adicionales para el ingreso por ventas por destino.

La decisión final sobre qué clase de negocios y qué áreas geográficas se suministran en el informe segmentado la realiza el directorio de la compañía. El criterio que deben considerar es si la información segmentada que ellos planean brindar será útil para aquellos que lean la memoria anual.

FORMATO DE LA PRESENTACIÓN

La mayoría de los países exigen que el estado de resultados incluya cifras comparativas y consistentes con el ejercicio anterior. La SEC exige que las compañías públicas proporcionen cifras comparativas entre el ejercicio en curso con los dos ejercicios previos. Las cifras de los ejercicios anteriores se incluyen en la tabla de resultados históricos de cinco o diez años de la compañía que se encuentra en la memoria anual.

Aunque existe alguna evidencia de progreso hacia la estandarización del contenido y la presentación del estado de resultados, hay aún grandes diferencias entre ambos países y por ende, entre las compañías. Por ejemplo, en el Reino Unido las compañías pueden elegir entre cuatro formatos diferentes.

Dos de los formatos más comunes de presentación de un estado de resultados comienzan con el ingreso por ventas del ejercicio. Los costos y los gastos se subdividen entonces por su función —costo de las ventas, distribución, administración (la función o el formato de costo de ventas)— o se muestran de acuerdo con su naturaleza o tipo —materiales, salarios (formato de producción)—. La mayoría de los países puede elegir libremente el formato más apropiado a sus necesidades, pero en algunos se exige un formato único. Por ejemplo, en Bélgica, Francia, Italia y España los costos sólo pueden presentarse por su naturaleza; en los EE.UU. únicamente el formato de costo de ventas o de la función es el permitido. En consecuencia, puede resultar imposible conseguir datos estrictamente comparables de las compañías. Éste es un sólido argumento para los estándares internacionales relacionados con la contabilidad e informes contables.

Un formato típico de estado de resultados y de la presentación es el siguiente:

      Ingresos por ventas
      menos Costo de las ventas
      Utilidades brutas
      menos Otros gastos operativos
      Utilidad operativa
      más Otros ingresos
      Utilidad proveniente de las operaciones habituales antes de intereses
      menos Intereses (neto)
      Utilidad proveniente de las actividades habituales antes de impuestos
      menos Impuestos
      Utilidad proveniente de las actividades habituales después de impuestos
      menos Intereses minoritarios
      Utilidad atribuible a los accionistas
      menos Dividendos
      Utilidades no distribuidas

Para las compañías del Reino Unido, los detalles de la participación del volumen de

Análisis estratégico de compañías

los negocios, las utilidades, los intereses y los impuestos de cualquier *joint venture* y las compañías asociadas también serán informados. Esto se llevará a cabo ya sea en el estado de resultados o en las notas de cada rubro.

Algunas compañías brindan información detallada de los materiales utilizados, la distribución, administración y otros costos operativos y gastos del ejercicio.

Costos de distribución	Costos administrativos
Publicidad	Costos administrativos generales
Ventas y marketing	Costo del edificio de administración
Costos del depósito	Honorarios profesionales
Costo de transporte	*R&D* (Investigación y desarrollo)

INFORMACIÓN PRÁCTICA

Ingreso por ventas

La primera cifra que aparece en un estado de resultados es normalmente la del ingreso por ventas o las utilidades del ejercicio. En la mayor parte de los casos estos rubros se muestran netos de todos los impuestos sobre las ventas. Sin embargo, algunas compañías muestran el ingreso bruto del ejercicio. Se debe tener cuidado con este tema cuando se comparen las compañías de un mismo sector por tamaño, crecimiento o rentabilidad, ya que muchos coeficientes que se discuten en este libro estarán distorsionados si se utilizan los ingresos brutos como base para el cálculo, en lugar de los netos.

El estado de resultados debe brindar una única cifra para los ingresos por ventas. Sin embargo, no se debe asumir que existe sólo una cifra correcta, una venta no es siempre fácil de definir. ¿El ingreso por ventas se debe reconocer cuando se hace la orden, cuando se recibe el dinero en efectivo del cliente o cuando los productos se envían? ¿De qué modo se deben imputar los ingresos que surgen de un contrato de mantenimiento de cinco años o de un contrato de arrendamiento o de un proyecto de construcción de tres años?

La decisión sobre qué cifra utilizar para los ingresos por ventas no resulta tan simple como parece. En julio de 2001, la ASB publicó un documento, Revenue Recognition (Reconocimiento de los Ingresos), de más de 150 páginas. Los negocios enfrentan una variedad de problemas al decidir en qué momento la venta debe mostrarse en el estado de resultados. Se puede asumir que cuando el derecho sobre o la propiedad de los productos o servicios que se ofrecen han pasado al cliente, éste es el punto en que una venta es reconocida y tomada en el estado de resultados.

Las compañías de Internet o de *software* han causado problemas para los contadores, ya que se inventan normas para definir el ingreso por ventas. Por ejemplo, ¿cómo se asientan el derecho de los clientes de devolver la mercadería? Se deben enfrentar los temas de consistencia, equivalencia, prudencia, devengamiento, realización y esencia sobre la forma. Una simple prueba es si, después de una transacción, un activo ha sido generado, y ahora existe un deudor. Si éste es el caso, el ingreso debe ser reconocido en el estado de resultados.

Creando ventas

Los años 90 brindaron numerosos ejemplos de creatividad que habilitaron a las compañías para mostrar un crecimiento sustancial y consistente en los ingresos, en ese momento visto en forma equivocada como un indicador clave de los resultados y del éxito. Los ejemplos incluyen:

- Productos de oferta o para la devolución a los clientes considerados como ventas.
- "Acuerdos paralelos" secretos con clientes que les otorgan el derecho de cancelar la venta, pero aun así se incluyen en las utilidades por ventas del ejercicio.
- Toda la utilidad potencial que proviene de los contratos a largo plazo que se imputan de inmediato en lugar de distribuirlas a lo largo de la vigencia del acuerdo.
- La imputación de una venta en los ingresos antes de que el cliente firme un acuerdo legal.
- No hacer la adecuada previsión para deudores incobrables.
- Tomar el 100% de una venta como utilidad aun cuando el cliente haya pagado sólo un depósito del 10%.
- El envío de los productos al cliente antes de lo esperado e incluirlos como ingreso por ventas para el ejercicio actual. Un ejemplo extremo era cuando los clientes no aceptaban la entrega, alquilar un depósito, enviar los productos a dicho depósito y registrar los ingresos por ventas de buena fe.
- Inflar (*grossing up*) las ventas, como cuando un agente de viajes vende un pasaje por $1.000 sobre el que gana una comisión del 10%, pero toma el total de los $1.000 como ingreso por ventas.
- La consideración de la utilidad proveniente de las inversiones como ingreso por ventas.
- El préstamo de dinero a los clientes para financiar sus compras: el préstamo ingresa en el balance, y la "venta" en el estado de resultados.
- Mostrar la utilidad proveniente de la venta de activos como un ingreso operativo.

Esta creatividad no es fácil de detectar. Sin embargo, algo del análisis que se discutirá más adelante puede ser de ayuda para resaltar las inconsistencias o los puntos de luz en los estados contables y al menos disparar una señal de precaución. La aplicación de los estándares contables (FRS 5, IAS 18) y el desarrollo de los GAAP en los EE.UU. son las armas para mejorar la confianza del inversor en la memoria anual como una fuente de información confiable.

Costo de las ventas

El costo de las ventas puede ser considerado como el costo de los materiales y de los empleados y los otros costos directos e indirectos involucrados en la generación de los ingresos por ventas, incluyendo:

- Materiales directos.
- Trabajo directo.
- Todos los gastos fijos directos de producción, incluyendo la amortización.
- Cambios en el inventario.
- Alquiler de activos fijos.
- Gastos por desarrollo de productos.

Las compañías normalmente no proporcionan un análisis más profundo del costo de las ventas, aunque se puede encontrar información adicional en las notas que siguen al estado de resultados en, por ejemplo, los números relacionados con los empleados, la amortización de los activos fijos y el arrendamiento por *leasing* y R&D.

Cambios en el inventario

El costo de las ventas incluye el cambio en el inventario entre el inicio y el final del ejercicio. Esto es parte del proceso de compensación. El ingreso por ventas del ejercicio se deberá cargar sólo con el costo de los bienes utilizados en la producción de dicho ingreso. Los elementos que permanecen en el depósito al final del ejercicio no deben imputarse contra el ingreso del ejercicio.

El valor que se le asigna al inventario inicial y al final del ejercicio puede ser un factor importante que ejerza una influencia sobre la utilidad declarada de una compañía. La rutina contable básica que se aplica para llegar al costo de las ventas y que se imputa en el estado de resultados es:

$$\text{Inventario inicial} + \text{compras} = \text{productos disponibles para la venta}$$
$$-\text{inventario final} = \text{costo de ventas}$$

El inventario es con frecuencia atractivo no sólo para los empleados (la disminución y el desgaste son eufemismos para el robo), sino también para aquéllos que preparan los estados contables de una compañía porque les brinda la oportunidad de ser creativos. Por ejemplo, si una compañía, sea por la razón que fuera, incrementa el valor del inventario final del ejercicio en $1.000, se producirá un incremento automático en las utilidades declaradas de $1.000 para el período en donde este incremento tenga lugar debido a una reducción en el costo de las ventas.

($)	Valor de inventario bajo		Valor de inventario alto	
Ingreso por ventas		10.000		10.000
Existencias al comienzo	1.000		1.000	
Compras	8.500		8.500	
	9.500		9.500	
Existencias al final	3.500	6.000	4.500	5.000
Utilidad		4.000		5.000

El valor del activo en el balance para el inventario se incrementa y la utilidad del ejercicio aumenta. Nada físico ha ocurrido en el inventario, sólo ha cambiado su valor. Por cada $1 que se agrega al valor del inventario al cierre del ejercicio hay $1 extra en la última línea del estado de resultados.

Aunque las compañías se nieguen a admitir que el inventario vale menos de lo que cuesta hacerlo, el requisito de prudencia en la preparación de los estados contables debe garantizar que las compañías sigan la simple norma de mostrar el inventario a su menor costo o al valor de venta neto. La cifra más baja del inventario demuestra cautela tanto en la valuación del balance como al definir la utilidad del ejercicio.

Dos de los métodos más comunes para calcular el valor del inventario se llaman "primero en entrar, primero en salir" (PEPS o FIFO) y "último en entrar, primero en salir" (UEPS o LIFO). El FIFO asume que los elementos más antiguos de las existencias serán utilizados primero. Como el inventario es usado o vendido, se imputa a la producción o a las ventas a su precio de costo inicial. En el Reino Unido, este es el método más común para el cálculo del valor del inventario. El LIFO es el método utilizado con mayor frecuencia por las compañías norteamericanas. Se presume que los elementos más nuevos del inventario se utilizarán primero; lo contrario que en el método FIFO.

Compras	$	FIFO		$	LIFO		$
1.000 X $5	5.000	1.000	X $5	5.000	1.000	X $7	7.000
1.000 X $7	7.000	500	X $7	3.500	500	X $5	2.500
2.000	12.000	1.500	costo de las ventas	8.500	1.500	costo de las ventas	9.500
		500	inventario X $7	3.500	500	inventario X $5	2.500

Si los precios están subiendo, se asume que el método FIFO calculará el valor del inventario en el balance más cercano a su valor de reemplazo ($3.500), pero el cargo por costo de las ventas en el estado de resultados ($8.500) será comparativamente bajo. En condiciones inflacionarias, el método LIFO calculará el valor del inventario por debajo del costo de reemplazo en el balance ($2.500), pero el cargo por el costo de las ventas en el estado de resultados ($9.500) puede ser más realista.

Un tercer método, menos popular, el del cálculo del costo de las ventas y la valuación del inventario, es utilizar el costo promedio. En el ejemplo anterior, el costo promedio es de $12.000 ÷ 2.000 o $6 por unidad. El método del costo promedio brindaría un inventario al cierre de $3.000 y un cargo por costo de las ventas de $9.000. El uso del costo promedio ponderado es común en Japón.

Existen formas tradicionales para calcular un valor del inventario al final del ejercicio. El valor de balance del inventario de una compañía minorista se calcula con frecuencia tomando el precio de venta de los productos disponibles para la venta al final del ejercicio y deduciendo los márgenes de utilidad normales aplicados.

Una importante influencia sobre el método de la valuación del inventario adoptado puede ser admisible a los fines impositivos. Si la compañía A utiliza el método FIFO, produce una utilidad imponible de $1.500; si la compañía B adopta el método LIFO, produce una utilidad imponible de $500.

($)	A	B
Ingreso por ventas	10.000	10.000
Costo de las ventas	8.500	9.500
Utilidad	1.500	500

En Francia, Alemania y EE.UU., se acepta el método LIFO a los efectos impositivos, por lo tanto es un método comúnmente utilizado para calcular el valor del inventario. En el Reino Unido, sólo el método FIFO es aceptado a los efectos impositivos. Italia es más flexible, permite ambos métodos y la valuación del precio promedio.

Utilidad bruta

Algunas compañías proporcionan una cifra para la utilidad bruta. Ésta se genera al deducir el costo de las ventas del ingreso por ventas del ejercicio. Otros costos y gastos operativos se deducen de las utilidades brutas para proporcionar la utilidad operativa del ejercicio.

Honorarios de los auditores
Parte de los costos administrativos incluidos en el estado de resultados son los honorarios pagados a los auditores. La cifra que se muestra debe distinguir claramente entre los honorarios por auditoría y aquéllos pagados a la misma firma por otros trabajos tales como las tareas de consultoría o las investigaciones especiales.

Información específica de los empleados
Como parte del proceso de la preparación de la información anual, las compañías informan cuántos empleados de tiempo completo y cuántos de medio tiempo están empleados en la compañía, ya sea al final del ejercicio contable o, más comúnmente, el promedio durante el ejercicio. También se muestra el total de los pagos efectuados a los empleados. El rubro costo de los empleados o del *staff* abarca todos los salarios, los costos de las cargas sociales, pensiones y otros pagos relacionados con el empleo.

Toda persona legalmente contratada para trabajar para una compañía es un empleado, inclusive los trabajadores de medio tiempo y los directores. Cuando una compañía tiene un contrato con una persona que es un trabajador autónomo, que por definición no es un empleado de la compañía, el dinero vinculado se imputa por lo general al rubro "otros costos y cargos". Los directores que poseen un contrato de servicios con la compañía se clasifican como empleados. Por lo tanto, el total del costo de los directores se incluye en la cifra de los costos por empleados y personal, aunque deberá existir una nota en los estados contables detallando esta suma por separado.

Remuneración de los directores
Los actos y actividades de los directores de una compañía conforman una parte importante de la información corporativa. En la mayoría de los países ha existido un flujo de legislación, reglamentación y requisitos de los mercados de valores que abarcan la divulgación de los detalles de las negociaciones financieras de la compañía con los directores.

El Informe Cadbury establece que:

> *El principio fundamental con respecto a la remuneración del directorio es aquél de apertura. Los accionistas están facultados a una declaración completa y clara de los beneficios actuales y futuros de los directores, y de cómo éstos se han determinado.*

El Código Combinado exige que tres o más directores no ejecutivos conformen un comité de remuneración. Este comité desarrollará y supervisará la política de remuneraciones de la compañía y las recompensas individuales para cada director ejecutivo y para el presidente, incluyendo los beneficios en especie, los bonos, las opciones de compra de acciones y los programas de incentivos a largo plazo. El sitio en Internet de la compañía deberá proporcionar detalles completos del comité de remuneración.

Generar una pérdida, tomar una utilidad
Han existido muchos ejemplos de directores que reciben importantes sumas de dinero a cambio de ceder su período de incompetencia en la gestión de compañías a

pérdida. Todo pago en compensación por la pérdida del cargo y todo pago realizado a los directores —incluyendo a los ex directores— deben informarse totalmente en la memoria anual.

Las mejores prácticas exigen que las recompensas que se otorguen a los directores estén firmemente basadas en las mediciones adecuadas que se relacionan con el resultado por objetivos. Los directores pueden ser recompensados por sobre su salario básico en relación con resultados por objetivos internos, tales como los ingresos por ventas o las utilidades, o con referencia al precio de la acción de la compañía. Un aumento en la capitalización del mercado de la compañía podría ser efectivo como base para los planes de recompensas de los ejecutivos. Cualquiera que sea el enfoque que la compañía adopte, deberá estar claramente establecido para los accionistas en la memoria anual.

Greenbury y Hampel recomiendan que los directores tengan contratos de servicios de no más de un año de vigencia. El Código Combinado garantiza que se brinde la información suficiente a los accionistas sobre cada director para decidir sobre su reelección al menos cada tres años.

Como regla general, los directores deben informar todos sus negocios financieros con una compañía. Los directores son empleados de los accionistas y están por lo tanto a su servicio.

La nota en los estados contables que brinda información específica sobre la remuneración total y las compensaciones adicionales de los directores deberá claramente indicar la suma total pagada a los directores por los servicios relacionados con la gestión de la compañía controlante o de cualquier subsidiaria. Las pensiones pagadas a los directores anteriores y a los actuales también deberán constar en esta nota. La amplitud de la información divulgada deberá posibilitar conocer todos los pagos efectuados. Por ejemplo, si se le permite a un director retirado seguir utilizando un auto de la compañía, el valor estimado de dicho beneficio deberá indicarse por separado como parte de las pensiones.

Opción de compra de acciones

Muchas compañías operan con planes de incentivos a través de la compra de acciones (SIP, *Stock Incentive Plan*). Éstos les brindan a todos los empleados la oportunidad de poseer acciones en la compañía donde trabajan.

Otras compañías ofrecen a empleados selectos, como una recompensa por el desempeño pasado o un incentivo por un futuro desempeño, el derecho de comprar acciones a un precio favorable. Las opciones de compra de acciones pueden ser un medio más efectivo para brindar a los empleados un ingreso neto en lugar de una remuneración imponible simple. En los años 90, muchas compañías de Internet ofrecían opciones de compra de acciones. El costo para la compañía aparecía como insignificante y no había dinero en efectivo involucrado. La recompensa potencial para un individuo podía ser significativa, y era lo que se pretendía con el fin de garantizar la lealtad y un desempeño excelente. En 2000, cuando muchas de estas compañías ingresaron en el "Club del 99%" —el precio de sus acciones cayó hasta 1% de su punto máximo previo— se reveló el verdadero valor de las opciones de compra de acciones.

Un tema importante es la oportunidad: ¿cuándo tiene lugar el beneficio de una opción de compra de acciones? ¿Es al otorgar la opción a compra o cuando la opción a compra se ejercita? Tema de un arduo debate entre los empresarios (en contra) y los contadores (a favor) es si es apropiado imputar el costo de las opciones de compra de acciones al estado de resultados. A la fecha, los empresarios parecen estar ganando la batalla. Las opciones de compra de acciones sirven para reducir la inversión de los accionistas: cuando se emiten las acciones, su tenencia vale menos. Hay una transferencia de los accionistas a la gerencia.

Una interpretación estrictamente legal es que el beneficio surge en el momento de otorgar la opción de compra: sería la diferencia entre el precio de la opción de compra y el de mercado en ese momento. Sin embargo, tanto el precio de la acción de la compañía y su futuro resultado son inciertos, y se puede argumentar que es imposible calcular el valor de una opción de compra en este punto. Las compañías deben brindar a los accionistas una completa información sobre cualquier plan de opción de compra de acciones para los directores, incluyendo las utilidades que se obtienen por ejercitar cualquier opción de compra. Se deberá incluir la información básica de cada director, a saber:

- ❖ El número de acciones sujetas a opción de compra al comienzo y al final del ejercicio.
- ❖ El número de opciones de compra otorgadas, ejercitadas o que se vencen durante el ejercicio.
- ❖ Las fechas de las opciones de compra y el precio de ejercicio y precio de mercado de las acciones cuando éstas se ejerciten.

Estos requisitos tienen por resultado varias notas importantes en la memoria anual. No se debe postergar su lectura, ya que su análisis bien puede recompensar el esfuerzo.

Pensiones
Por lo general, los empleados y la compañía realizan contribuciones a un fondo de pensiones. El dinero se invierte en activos adecuados y las pensiones se pagan cuando los empleados se retiran. Esto tiene como resultado una significativa suma de dinero que se mantiene en el fondo de pensiones de la compañía. Dichos *pools* de dinero han sido lugares atractivos para que se metan los directores inescrupulosos, como demostró el fallecido Robert Maxwell, lo que derivó en protecciones más severas para los fondos de pensión en el Reino Unido. En la actualidad, los fondos de un plan de pensiones de una compañía se encuentran bajo el control de la gestión de administradores fiduciarios independientes.

La administración y presentación de la información de los fondos de pensión son complejas y difíciles. El FRS 17, "Beneficios de retiros", que abarca todos los beneficios posteriores al empleo a los que la compañía se compromete, se hizo obligatorio en 2005. La memoria anual deberá brindar detalles sobre:

- ❖ La naturaleza del plan.
- ❖ El costo para el período.
- ❖ Cualquier excedente del déficit al final del ejercicio.
- ❖ Activos y pasivos valuados a la fecha del balance.

El costo de los intereses de las pensiones para el ejercicio se muestra en el estado de resultados y cualquier ganancia o pérdida actuarial en el plan se toma en el estado de las ganancias y pérdidas reconocidas (STRGL). El balance muestra un activo y un pasivo que representan el valor neto de los activos y pasivos para el plan, normalmente llamado "activos/pasivos netos posteriores al empleo".

Ganancia operativa
Un indicador importante de los resultados de una compañía es la utilidad resultante del manejo del negocio, es decir, la utilidad generada por sus operaciones. Si las utilidades brutas no se muestran, la utilidad operativa (de las operaciones) es la primera que se declara en el estado de resultados y se calcula al deducir el costo de las ventas más otros costos operativos derivados del volumen de los negocios. Cualquiera que sea la forma de presentación que se adopte en el estado de resultados, la utilidad operativa se muestra bajo un título por separado. Es razonable asumir que la utilidad operativa de las diferentes compañías puede compararse a partir de una base común.

La utilidad o pérdida sobre la venta de un activo
Si una compañía vende un activo (como una máquina, un vehículo o una compañía) durante el ejercicio, el valor del balance se deduce del ingreso de la venta del activo a fin de obtener una utilidad o una pérdida, que se mostrará bajo un título separado en el estado de resultados. Si el activo que se vende es una compañía subsidiaria, puede existir una dificultad potencial en el tratamiento de la llave del negocio. Si, como era anteriormente el caso en el Reino Unido, la llave del negocio se cancela contra las reservas en el momento en que la subsidiaria es adquirida, se deberá reintegrar y sumar a los activos netos para presentar el valor contra el que se evalúa la utilidad o la pérdida de una venta. En la venta de una subsidiaria la llave del negocio se reintegra, por lo tanto, no aparecerá en el estado de resultados. Sin embargo, se debe hacer referencia a ésta en las notas que lo acompañan. (La llave del negocio se trata con más detenimiento en el Capítulo 2).

Otras ganancias
Además del ingreso por la venta de servicios y productos, una compañía puede realizar inversiones que obtengan utilidades en otras compañías. El modo en que estos ingresos son tratados depende del grado de control que la compañía tiene sobre aquéllas en las que ha invertido. Como una simple guía, si se posee más del 50% de las acciones con derecho a voto de una compañía, se la trata como una subsidiaria y sus estados contables se consolidan con aquéllos de la compañía que posee las acciones. Si posee menos del 50% de las acciones, no se exigen los estados contables consolidados.

Como regla general, que se aplica en el Reino Unido, los Estados Unidos de Norteamérica, Bélgica, Francia y Alemania, se asume que una tenencia del 20% o más de las acciones con derecho a voto de una compañía brinda un grado significativo de control y que esta inversión se define como un emprendimiento asociado. El ingreso que provenga de esta inversión y cualquier *joint venture* se muestra por separado en los estados contables.

DEPRECIACIÓN Y UTILIDAD

El mantenimiento del capital es un aspecto importante del informe corporativo. A fin de continuar con el negocio en el futuro, una compañía debe al menos mantener el nivel actual de inversiones en activos operativos y reemplazar los activos a medida que se desgastan o se tornan obsoletos. El capital empleado se encuentra en uno de los lados del balance y los activos en el otro. Si estos últimos se mantienen, del mismo modo debe mantenerse el capital. Un modo de lograrlo es a través de la depreciación: la asignación del ingreso actual para futuras reinversiones en el negocio.

Es posible considerar la depreciación de tres maneras, por lo menos:

1. En el balance de una compañía se debe suministrar una representación razonable del valor de los activos. En circunstancias normales, un auto nuevo vale más que uno usado. Al tiempo que un activo se hace viejo y su valor decrece, es razonable esperar que este cambio en el valor se vea reflejado en el balance.
2. Mientras la compañía lleva a cabo su negocio, utiliza recursos, incurre en costos y gastos, utiliza mano de obra y materiales y consume algo del valor de los activos fijos, las máquinas y los vehículos empleados en el negocio. Para producir la utilidad que se muestra en el estado de resultados, todos los costos y los gastos se deducen de los ingresos. Los costos directos se imputan y se realiza una asignación para el costo que surge de utilizar los activos fijos durante el ejercicio. A fin de reflejar este deterioro causado por el uso de los activos fijos, se imputa una suma en el estado de resultados. Así, la amortización puede considerarse como el costo de los distintos activos fijos que se utilizan durante el ejercicio.
3. Si una compañía seguirá operando, en algún punto tendrá que reemplazar sus activos fijos, ya que estos se gastan o se vuelven obsoletos. Para prever este reemplazo eventual, la compañía, en forma prudente, aparta fondos. La depreciación se imputa en el estado de resultados, pero no es pagada en realidad a ningún tercero; se retiene en la compañía.

Una compañía que no imputa la depreciación no sólo no cumple con el requisito de prudencia en el informe financiero, tampoco lo hace con el requisito fundamental del mantenimiento del capital.

Existen muchos modos de calcular el cargo por amortización en un estado de resultados. Por ejemplo, una compañía compra un activo con una vida activa de cuatro años por $1.000. Produce una utilidad, antes de la amortización, de $300 por año; el 50% se distribuye como dividendo a los accionistas. Al final del cuarto año el costo de reemplazo del activo es de $1.000.

Si no se hubiera imputado ninguna amortización, la compañía retendría una utilidad de $600 (50% de $300 para los cuatro años). Al final de la vida del activo no habría suficientes fondos disponibles en el balance para su reemplazo. Si la compañía hubiera imputado $250 por año para la depreciación (amortizando el activo a lo largo de los cuatro años de vida activa), la utilidad distribuible hubiera sido de sólo $50 por año. Si 50% de este monto se hubiera pagado a los accionistas como dividendo, la utilidad retenida habría sido de $1.100 al final del cuarto ejercicio.

Amortización directa

El enfoque más simple y más común para el cálculo de la amortización es el método directo. El costo o valor del activo se divide por su vida activa útil anticipada para generar el cargo anual por amortización.

Costo del activo	$1.000
Vida activa útil estimada	4 años
Amortización imputada en el estado de resultados para el ejercicio	$250

Amortización por saldo decreciente

Un segundo enfoque es el método por saldo decreciente, que se aplica por lo general en las compañías de los Estados Unidos de Norteamérica y también a los fines impositivos en el Reino Unido. Un porcentaje constante del valor decreciente del activo se imputa cada año.

Costo del activo	$1.000
Tasa de amortización por año	50%

En el primer año se imputa una amortización de $500 en el estado de resultados. Esto reduce el valor del activo en $500, y así en el segundo año el cargo por amortización será de $250.

Amortización acelerada

Un tercer enfoque es el método de la suma de los dígitos. La vida activa útil anticipada del activo es de diez años. Todos los dígitos —1, 2, 3, 4, 5, 6, 7, 8, 9, 10— se suman, produciendo un total de 55. En el primer año el cargo por amortización será de 10/55 partes del valor del activo, en el segundo año será de 9/55, y así sucesivamente, hasta que en el último año 1/55 partes se imputa al activo para depreciarlo completamente.

Los métodos de la suma de los dígitos y del saldo decreciente son ejemplos de amortización acelerada, ya que los cargos por amortización más grandes se hacen en los primeros años de la vida del activo. Esto, por ejemplo, es realista para un auto, ya que el solo hecho de sacarlo de la agencia de autos resulta en una caída drástica en su valor.

Si un activo que cuesta $20.000 tiene una expectativa de vida útil de cuatro años, los distintos métodos de amortización mostrarán lo siguiente.

Año	Lineal $	Saldo decreciente $	Suma de los dígitos $
1	5.000	10.000	8.000
2	5.000	5.000	6.000
3	5.000	2.500	4.000
4	5.000	1.250	2.000
Total	20.000	18.750	20.000

Con el método del saldo decreciente el activo nunca se reduce por completo. Existirá siempre algo, aunque insignificante, del valor remanente. En el ejemplo, quedan $1.250 como valor en el balance al final de los cuatro años.

Los tres métodos para calcular la amortización ocasionarán, a cada ejercicio, diferentes cargos para el activo en el estado de resultados y en el valor de balance. La política de depreciación es importante cuando se evalúa el desempeño de la posición financiera de una compañía.

Siempre deben leerse con cuidado las notas sobre los activos fijos y su amortización. Las políticas de la valuación de la amortización de los activos de una compañía deberán ser razonables, prudentes y consistentes. Si ése no fuera el caso, se deberá averiguar si las utilidades no se están manipulando. Es posible aumentar la utilidad declarada si todos los gastos relacionados con un activo, incluyendo aquéllos por intereses para su financiación, son capitalizados en lugar de imputados en el estado de resultados. Se debe comparar la política de la compañía con la de aquellas compañías del mismo sector para asegurarse de que existe conformidad.

No es difícil imaginar una situación en la que una compañía no prefiera aplicar una política prudente de amortización. La capacidad de una baja utilidad podría ser reforzada por la no-imputación de la amortización en el primer año de un activo nuevo que entra en operaciones. La compañía podría argumentar que, siendo una nueva inversión —particularmente si es un terreno y edificio—, fue operativa sólo por una parte del año, es razonable que no fuera objeto de una amortización. Así, la nueva inversión generará ingresos, pero no tendrá la carga del "costo" de amortización. Una vez que tal enfoque es aceptado, la norma de la consistencia garantizará su aplicación en los ejercicios futuros.

TEMAS IMPOSITIVOS

Las utilidades declaradas antes de impuestos en los estados contables de una compañía probablemente no sean las utilidades utilizadas para calcular la deuda fiscal eventual. Un modo simple para la evaluación de este tema es encontrar la tasa impositiva que se debe pagar sobre las utilidades declaradas de una compañía. Esto puede ser juzgado a grandes rasgos al dividir la utilidad antes de impuestos por el impuesto debido que se muestra en el estado de resultados. La cifra resultante puede entonces compararse con la tasa impositiva de la compañía en el país donde opera. Como regla general, la tasa impositiva actual se encontrará bien por debajo de la tasa estándar impuesta sobre las compañías. La tasa del impuesto que se debe pagar deberá ser declarada. El monto del impuesto que se debe será informado en el balance en la parte de los pasivos corrientes a fines del ejercicio.

La amortización desgravable impositivamente

Si a las compañías se les permitiera establecer sus propias tasas de depreciación al arribar a su utilidad gravable sin ningún control externo o guía, ninguna debería finalizar con una deuda fiscal. La práctica estándar en la mayoría de los países es tener dos tasas de depreciación: una que está permitida y aceptada a los fines impositivos y una segunda que las compañías aplican en la presentación de la memoria anual a los accionistas. Inevitablemente, existe una diferencia entre las utilidades que una compañía declara a sus accionistas y la que declara a las autoridades impositivas. La utilidad contable se define según los principios de contabilidad generalmente aceptados (GAAP), pero la utilidad gravable la define la legislación del gobierno.

Impuestos diferidos

La depreciación es con frecuencia la causa de una diferencia significativa entre la utilidad declarada de la compañía y la utilidad gravable. Una compañía tiene pocas opciones y debe aceptar las normas impositivas reglamentadas por el país o los países en los que opera. Si se ofrecen incentivos fiscales para estimular la inversión, cualquier compañía puede sacar ventaja. Sin embargo, esto puede conducir a una aparente distorsión en las utilidades declaradas después de impuestos de una compañía. Esto es el resultado de lo que se conoce como las "diferencias de los períodos". Los impactos de la inversión y sus implicancias impositivas asociadas pueden ocurrir en diferentes períodos. Esto puede distorsionar las utilidades declaradas después de impuestos de la compañía y se supera a través del uso de un estado de impuestos diferidos, algunas veces conocido como un "estado de ecualización de impuestos".

Por ejemplo, una compañía compra una máquina por $5.000 con una expectativa de vida activa de cinco años y cero valor residual. La tasa impositiva es de 50%. A los fines impositivos, la máquina puede depreciarse por completo en el primer año. La compañía obtiene una utilidad antes de la depreciación de $10.000 por año.

($)	Año 1	Año 2
Utilidad antes de la depreciación	10.000	10.000
Depreciación	1.000	1.000
Utilidad antes de impuestos	9.000	9.000
Impuestos	(2.500)	(5.000)
Impuesto diferido	(2.000)	500
Utilidad después de impuestos	4.500	4.500

El FRS 19, presentado en 2002, requiere que el impuesto diferido aparezca en el balance.

Año 1	Año 2	Año 3	Año 4	Año 5
$2.000	$1.500	$1.000	$500	$0

Un 50% de $4.000 es el valor de la máquina a fines del ejercicio.

Conciliación de los libros

Las compañías mantienen al menos tres conjuntos de libros. Uno es para la gerencia, para que pueda dirigir la compañía; el segundo es para las autoridades fiscales, para calcular la deuda fiscal anual; y el tercero se presenta a los accionistas en la memoria anual. Los tres conjuntos tienen que conciliarse, de acuerdo con las prácticas contables seguras normales.

CAPITAL O INGRESOS

La decisión sobre si un rubro debe ser tratado como capital (balance) o ingreso (estado de resultados) en el ejercicio refuerza los vínculos entre el balance y el estado de resultados con respecto al tratamiento de los activos fijos. El desembolso por ingresos se relaciona con las actividades comerciales habituales de la compañía o con el mantenimiento de los activos fijos. Las transacciones de capital generalmente son para aportar un activo de larga duración a la compañía.

El tratamiento de los costos de investigación y desarrollo (R&D) es un buen ejemplo de la importancia potencial de la decisión de capitalizar o de gastar, cuyo resultado puede tener un impacto significativo sobre el estado de resultados y el balance.

Por ejemplo, una compañía invierte $1.000 en R&D cada año. Se considera que la vigencia de las inversiones en R&D es de diez años. La expectativa es que los nuevos productos y servicios entregados por la inversión en R&D vendrán en serie a lo largo de los próximos diez años. La política de la compañía es proporcionar a los accionistas el dividendo anual regular de $250 tal como se muestra en el año 1.

($)	Año 1	Año 2a	Año 2b
Utilidad del ejercicio	1.500	750	750
Gastos por R&D	1.000	1.000	100[a]
Utilidad	500	(250)	650
Dividendo	250	0	250
Utilidad retenida	250	(250)	400

[a] Activo R&D del balance $900

Si la compañía experimenta una baja en los negocios, la utilidad se divide en dos en el año 2 y podría existir la suficiente utilidad disponible para pagar el dividendo exigido (2a). Poco puede hacer la compañía en términos operativos (generando ingresos adicionales o disminuyendo los costos), pero es tentador considerar un cambio en su política para el tratamiento de R&D.

Se puede argumentar que una mejor forma de presentación y un reflejo más certero de los eventos resultará de la distribución de la inversión en R&D. Esto significa que sería más razonable distribuir el monto que se gastó en R&D a lo largo de los años cuando los nuevos productos y servicios resulten. Se puede argumentar también que sería un tratamiento contable injusto cargar las ventas de un ejercicio en lugar de lo que es realmente una inversión de diez años en R&D.

La compañía opta por imputar sólo una décima parte de lo gastado en R&D contra los ingresos por venta del año 2, y continuar amortizando este cargo a lo largo de los próximos nueve años. El balance, $1.000 − $100 = $900, se capitaliza como un activo que tiene un valor futuro para la compañía (2b).

El impacto de este cargo en la presentación contable es que la compañía en el año 2b muestra una utilidad de $650, y por lo tanto puede pagar un dividendo de $250. También se exhibe un nuevo activo, R&D valuado en $900, en el balance. Aunque no es posible encontrar una falta en la contabilidad que se utilizó en este ejercicio, es posible hacer algunas preguntas sobre la validez de mostrar el R&D como un activo en el balance. Durante los años 1960 y 1970, existieron muchos ejemplos de compañías que capitalizaban el R&D y luego descubrían que bajo presión era imposible traducir este rubro rápidamente en flujo de caja positivo. En respuesta a este tema, y para evitar la posibilidad de una mala interpretación o de error en los informes contables, de las compañías, el rubro R&D se volvió tema de los estándares contables que impusieron la norma de la prudencia y exigieron a las compañías que cancelen su cargo por R&D a través del estado de resultados en el ejercicio en que haya tenido lugar. Por lo tanto, se espera que las compañías norteamericanas y alemanas tomen los costos de R&D en el estado de resultados en el ejercicio en el cual ocurrieron los cargos. En Bélgica, Francia e Italia, el rubro R&D puede ser debitado o capitalizado. En el Reino Unido, los costos de investigación deben ser debitados, pero es posible que los costos de desarrollo puedan capitalizarse.

Aunque en la actualidad el ejemplo de R&D puede ser sólo de interés histórico, las compañías enfrentan muchos temas similares con respecto a los activos intangibles como las marcas (véase el Capítulo 2). Cuando una compañía está tan desesperada en mostrar una utilidad como para descartar el libro de normas, no es inusual ver que los gastos se capitalizan. En los años 90 existieron compañías que:

❖ Sumaron los gastos de mantenimiento y reparaciones a los valores de los activos fijos.

- ❖ Capitalizaron el *software* que tenía un valor real dudoso.
- ❖ Capitalizaron los costos internos de *software*.
- ❖ Capitalizaron los gastos de *marketing* y publicidad.

Una vez hecho esto, el costo se amortizaba a lo largo de un número de años o era tratado como un cargo por única vez no recurrente o especial que no afectaba la utilidad operativa del ejercicio en curso. Con el director ejecutivo insistiendo en "mejorar los números", la disminución efectiva del gasto de capital y la capitalización de los gastos operativos eran clave para la contabilidad creativa de WorldCom y contribuía en alrededor de $3,8 miles de millones al fraude total de $11 miles de millones.

Intereses

El interés pagado por una compañía sobre la toma de préstamos y el interés cobrado sobre las inversiones se muestra en la carátula del estado de resultados o en las notas. Con frecuencia, la cifra en el estado de resultados es por el interés pagadero neto, que es el interés a pagar menos el interés cobrado y el interés capitalizado.

El total de intereses a pagar durante el ejercicio se tendrá que dividir por el interés relacionado con la toma de préstamos a corto plazo, como los préstamos bancarios, los exigibles sin previo aviso o dentro de los 12 meses y el interés sobre los préstamos con vencimiento dentro de los 5 años.

Capitalización de los pagos de intereses

Si una compañía toma préstamos en dinero para completar un proyecto importante, tal como la construcción de una nueva fábrica o un hipermercado, es posible capitalizar los pagos de los intereses y cancelarlos de acuerdo con la política normal de depreciación de la compañía, en lugar de incluirlos como un cargo en el estado de resultados. Aunque es una política razonable, ya que se ha incurrido en el costo de los intereses para permitir que el activo se construya, los costos imputados se reducen en el estado de resultados y por consiguiente se incrementa la utilidad de la compañía. Las notas a los estados contables deben indicar con claridad cuánto es el monto por intereses que ha sido capitalizado durante el ejercicio.

Cuando se revisan los intereses que una compañía tiene que pagar, quizás para utilizarlos en una medición de cobertura de dichos intereses, es mejor usar la cifra correspondiente al total de los intereses por pagar. Cuando una compañía ha capitalizado una parte de sus pagos de intereses, esto no afecta el monto de los intereses que tiene que pagar.

Arrendamientos por *leasing* operativo o financiero

Un ejemplo adicional de la distinción entre los rubros de capital y los ingresos se encuentra en el tratamiento de los arrendamientos por *leasing*. Los pagos por arrendamiento por *leasing*, ¿deben tratarse como un gasto operativo (estado de resultados) o como un costo por adquisición de un activo fijo que se muestra en el balance? Otra vez la decisión afectará la utilidad declarada del ejercicio.

El criterio principal a utilizarse es si los derechos y los riesgos asociados y las recompensas derivadas de la propiedad del activo pasan al arrendador. Si es así, el arrendamiento por *leasing* se capitaliza y se toma en el balance (una hoja financiera). Si es el caso contrario, se considera que la compañía arrienda un activo y los pagos por el *leasing* se incluyen en el estado de resultados (un arrendamiento por *leasing* operativo).

Existen normas y pautas para ayudar en el esclarecimiento de las diferencias entre los arrendamientos por *leasing* operativo y financiero. En el Reino Unido y en los EE.UU., un arrendamiento por *leasing* es tratado por lo general como un arrendamiento por *leasing* financiero si se incluye un derecho de opción a compra en el acuerdo del arrendamiento por *leasing*, o si el valor vigente de los pagos por éste exceden el 90% del valor justo del activo. Aunque existirán diferencias en el cargo anual que se incluye en el estado de resultados, el monto total imputado sobre la vida del arrendamiento por *leasing* será idéntico para las dos formas y el impacto del flujo de caja será el mismo.

Previsiones, pasivos contingentes y reservas
Una vez que se llega a la utilidad después de impuestos y al dividendo, una compañía puede decidir asignar una parte de este monto para hacer frente a futuros pasivos; por ejemplo, a través de una cuenta de impuestos diferidos. Cuando la oportunidad y el monto precisos son inciertos, es prudente hacer una previsión para cubrir este costo probable.

Las previsiones se muestran con frecuencia como rubros excepcionales en el estado de resultados y pueden estar relacionadas con los costos en que la compañía ha incurrido para la racionalización de la reestructuración. Sin embargo, sólo pueden ser hechas por una compañía en relación con "las obligaciones (…) para transferir los beneficios económicos como resultado de operaciones o eventos pasados" (FRS 12). No pueden generarse con respecto a probables pasivos futuros o a posibles pérdidas.

Una memoria anual puede contener referencias sobre un pasivo contingente. Cuando un evento es incierto y el monto involucrado es difícil de estimar, según las normas del FRS 12, no se pueden incluir en los estados contables. Sin embargo, una compañía puede querer atraer la atención hacia estos rubros a través de una nota en la memoria anual bajo el título de "pasivos contingentes".

La reserva es la asignación de la utilidad retenida (véase más adelante) en el balance y aparece como parte de los fondos de los accionistas. Existen dos tipos de reservas: capital e ingresos. Las reservas de los ingresos se pueden considerar disponibles para ser utilizadas en el pago de los dividendos. Las reservas de capital, que también son conocidas como reserva legal o no distribuible, se consideran no distribuibles y, por lo tanto, no se pueden utilizar habitualmente para este fin.

Utilidad no distribuida
Después de que se han cubierto todos los costos y gastos, el pago de los intereses y de dividendos, la utilidad no distribuida, la utilidad neta o el superávit es lo que queda. Este monto se toma en el balance para sumarlo a los intereses acumulativos de los accionistas.

Ganancias por acción
Las utilidades por acción (EPS, *earnings per share*) son el monto de utilidad que una compañía ha hecho por cada acción ordinaria. Se calcula mediante la división de la utilidad atribuible a los accionistas por la cantidad promedio de las acciones emitidas durante el ejercicio (definido como el promedio ponderado del ejercicio). El número actual de acciones que se utiliza es el que se informa en las notas relacionadas con la divulgación de las EPS en los estados contables. La parte de la utilidad de cualquier compañía subsidiaria debido a intereses minoritarios se deduce

de la utilidad después de impuestos para brindar la utilidad atribuible del ejercicio, como son todos los dividendos debidos a los accionistas no patrimoniales tales como los accionistas preferidos.

En los EE.UU., el término *"stock"* es equivalente al de "acciones" en el Reino Unido, pero las EPS abreviadas se usan en ambos países. Si una compañía genera una pérdida después del pago de impuestos, el cálculo está completo, pero las EPS aparecen como una cifra negativa.

> Ganancias por acción = utilidad después de impuestos / el número de acciones emitidas

Una compañía con $2.000 de utilidades después de impuestos y 5.000 acciones emitidas tiene una EPS de 40¢ ($2.000 / $5.000)

Dividendos

La utilidad atribuible a los accionistas conforma la fuente potencial para el pago de dividendos. Los dividendos que la compañía ha pagado y que los directores han propuesto para el ejercicio se muestran en el estado de resultados como una única cifra. Las notas proporcionan información detallada sobre la fecha en que se pagarán los dividendos y la tasa. Cuando se declara un dividendo del 10%, esto tiene relación con el valor nominal de las acciones involucradas. Una compañía con acciones de $1 o de £1 que pagan un dividendo del 10% está ofreciendo 10¢ o 10 peniques por acción a los accionistas.

Se ha vuelto muy popular que las compañías ofrezcan a sus accionistas un dividendo con pagarés o un dividendo en acciones (la alternativa de tomar acciones adicionales en lugar de dividendos en efectivo). Esto tiene la ventaja de que no se reducen los saldos de caja de la compañía y que se les ofrece a los accionistas la posibilidad de incrementar sus utilidades de capital y sus futuros dividendos.

El total de dividendos pagados y propuestos se muestra como una deducción de la utilidad después de impuestos para el ejercicio. Esta cifra incluye el dividendo sobre la acción ordinaria que los directores proponen en la asamblea anual de accionistas de la compañía, así como los dividendos sobre cualquier otro tipo o clase de acciones, como las acciones preferidas. Para la identificación de un dividendo relacionado con las acciones ordinarias, se debe consultar las notas que acompañan.

Sin utilidad, no hay dividendos

La correcta contabilidad básica sugiere que una compañía con poco o nada de utilidad no debería pagar dividendos. Técnicamente, es posible que una compañía con una pérdida para el ejercicio pague dividendos. Siempre que posea reservas distribuibles suficientes en el balance y, por supuesto, suficiente dinero en efectivo, se puede declarar un dividendo.

Utilidades pro forma

Siempre habrá que cerciorarse de que las cifras de las utilidades que se utilizan se hayan tomado de los estados de resultados publicados. Una tendencia reciente es que las compañías ofrezcan información contable "pro forma" a los inversores. En 2002, la IOSCO recomendó precaución al utilizar las cifras que no estén controladas de acuerdo con los GAAP:

> *Los inversores tendrán que darse cuenta de que las mediciones pro forma de las utilidades que no sean GAAP no están preparadas de acuerdo con los estándares de contabilidad que se aplican a los estados contables y que pueden omitir o reclasificar significativamente los gastos.*

En 2003, la Ley de Servicios Financieros (*Financial Services Act*, FSA) advirtió sobre los peligros de las cifras pro forma. "Considerar si los números publicados que no se rigen por los GAAP pueden brindar una presentación engañosa de los resultados contables". En los EE.UU., la Ley Sarbanes-Oxley de 2003 fue respaldada por la SEC con normas en firme que abarcan toda la información contable pro forma publicada por las compañías listadas.

4. El estado de flujo de caja

El estado de resultados de una compañía puede mostrar una utilidad saludable para el ejercicio, pero esto no es garantía de que posee el dinero en efectivo necesario para sobrevivir. La utilidad no es la caja. La utilidad es una medida contable, el dinero en efectivo es un rubro físico. En los años 1970 y 1980 muchas compañías aparentemente rentables quebraron por falta de caja. Esto aumentó la presión para que los estados contables pusieran más énfasis en los flujos de caja, la liquidez y la toma de préstamos de la compañía. Por lo tanto, el estado de flujo de caja se convirtió en el tercer estado contable más significativo presentado por las compañías en su memoria anual. Los estados de flujo de caja se presentaron por primera vez en los Estados Unidos de Norteamérica a fines de la década de los años 70 y en el Reino Unido a comienzos de los años 80.

Sin caja, no existe el negocio
La utilidad es en parte un hecho y en parte una opinión, y ocasionalmente una esperanza. Las diferentes presunciones, perspectivas y tratamientos contables generan diferentes utilidades. Las operaciones de baja rentabilidad o las operaciones a pérdida pueden ser angustiantes o vergonzosas para la gerencia, pero no necesariamente terminales para una compañía. Las compañías pueden sobrevivir sin utilidades siempre que tengan caja disponible. Aun una compañía rentable no puede sobrevivir sin dinero en efectivo.

Todas las actividades de una compañía se traducen en dinero en efectivo en algún momento. Las compañías utilizan su caja para pagar a los empleados y a los proveedores y los clientes la usan para comprar los productos y los servicios. Es necesario pagar los impuestos y permitir que la inversión en activos respalde el crecimiento y pague los intereses y dividendos a los proveedores de las fuentes financieras. En todo momento, existe una cifra única e indiscutible para la caja, que puede contarse y verificarse en forma fehaciente.

¿Qué es la caja?
Por lo general, se entiende por caja los billetes y monedas utilizados en las operaciones diarias de las compañías y de los individuos. A los fines contables y del análisis financiero, la definición de caja es levemente más amplia e incluye no sólo las monedas y billetes, sino también el dinero que se mantiene en las cuentas bancarias. Este dinero en efectivo o estos activos líquidos forman parte de los activos líquidos de la compañía. Un punto para comenzar la evaluación de la fortaleza de la posición de caja de una compañía es mirar las modificaciones en los montos de dinero en efectivo que se tenía a comienzos y al final del ejercicio. Todo lo que se necesita son dos balances consecutivos. Un incremento en la caja puede tomarse como un buen signo y representa un incremento en la liquidez. Sin embargo, al realizar la evaluación de la liquidez de una compañía, la totalidad de la toma de préstamos a corto plazo, tales como los sobregiros en el Reino Unido, deben ser deducidos de la caja y de los saldos bancarios para identificar la posición neta.

Saldos de caja
Por lo general, la caja incluye todo el dinero en efectivo y los saldos bancarios netos de los sobregiros u otros préstamos a pagar a la vista, en otras palabras, el dinero en

efectivo que una compañía tiene disponible con facilidad para su uso inmediato. Aunque el dinero en efectivo es esencial para llevar adelante el negocio, es, con excepción de los intereses que pueda generar, un activo no productivo que puede utilizarse para incrementar los recursos productivos o para cancelar deudas, y así reducir los cargos por intereses y mejorar la rentabilidad. Una compañía que tiene un déficit de dinero en efectivo puede encontrarse en problemas. Una compañía con mucho dinero en efectivo puede que no opere tan rentablemente como debiera. Sin embargo, se debe tener cuidado y no detenerse demasiado en el saldo de caja que se muestra en la memoria anual. Una cifra grande puede reflejar simplemente la asignación de dinero para pagar las máquinas en el siguiente ejercicio contable.

LO QUE SÍ IMPORTA

Capital de trabajo

Considerar únicamente el movimiento de dinero en efectivo y los activos líquidos en un período de tiempo no brinda una base suficiente para comprender los cambios contables que un negocio experimenta. La mejor perspectiva de la posición contable de una compañía se puede obtener si el alcance del análisis se expande hasta abarcar el total de los activos corrientes y de los pasivos corrientes. Los activos corrientes probablemente se conviertan en dinero en efectivo, si ya no se encuentran en dicha forma, dentro de un período relativamente corto. Del mismo modo, los pasivos corrientes deberán pagarse en efectivo dentro de los 12 meses de la fecha del balance, si no antes. Al deducir los pasivos corrientes de los activos corrientes para generar los activos corrientes netos y los pasivos corrientes netos, se obtiene lo que comúnmente se conoce como el capital de trabajo de una compañía. Los cambios que ocurren dentro de éste pueden ser importantes indicadores de su resultado y posición.

Al gestionarse un negocio existe un movimiento continuo de recursos financieros o de fondos que incluyen el dinero en efectivo, como se muestra en el Cuadro 4.1. En un negocio típico, el inventario se produce o se compra, los proveedores entregan las materias primas, se incurre en los costos operativos y los gastos y los clientes compran los productos. Todas estas operaciones se realizan en dinero en efectivo o a crédito. Los activos y pasivos corrientes cambian para reflejar el impacto de las transacciones que se produce para permitir el funcionamiento de la compañía.

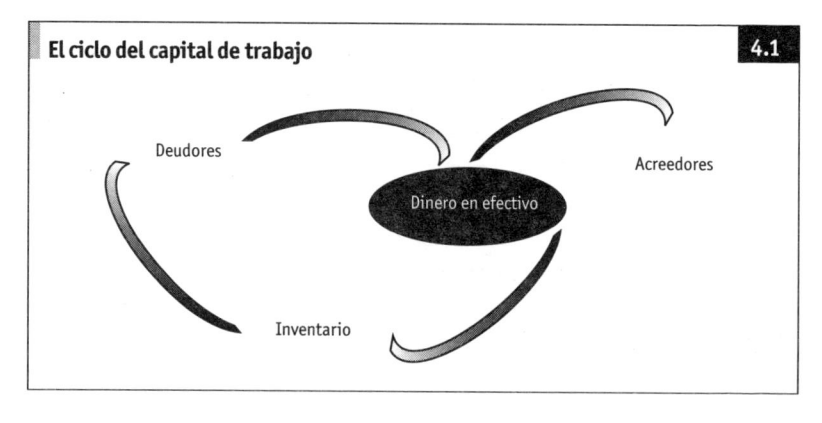

El ciclo del capital de trabajo — 4.1

Existen problemas, sin embargo, al utilizar el capital de trabajo como base para analizar los cambios contables de un negocio. Al concentrarse en los movimientos del capital de trabajo se ignoran otras secciones del balance, tales como los cambios en los activos fijos, los fondos de los accionistas y la toma de préstamos a largo plazo. También es posible que una compañía controle el nivel de los activos y pasivos corrientes en el momento en que se prepara el balance. Inmediatamente antes del final del ejercicio contable se les puede exigir a los clientes el pago de modo que el balance muestre un bajo nivel de deudores; el pago por un activo fijo importante puede demorarse para permitir saldos de caja más altos que lo normal; y se les puede pagar a los proveedores antes o después del plazo normal para ajustar el nivel de los créditos.

Flujo de fondos
En todos los negocios existen movimientos de caja resultantes de las operaciones y de los eventos fuera del área del capital de trabajo. Un negocio es más que sólo el ciclo del capital de trabajo. Los activos fijos pueden ser comprados o vendidos, los intereses y los impuestos pagados, se pueden aumentar o amortizar los préstamos y emitir o recomprar las acciones. Cuando se incluyen estos rubros, se está brindando un mejor fundamento para el análisis de los movimientos de los recursos financieros de una compañía. Si se analizan todos los cambios entre dos balances consecutivos, cada movimiento financiero estará cubierto. Esto se denomina "análisis del flujo de fondos".

Los fondos se pueden definir como toda fuente de financiación que permite a una compañía adquirir activos. El efectivo que se recauda de los accionistas es una fuente de financiación o de fondos que pueden utilizarse en el negocio. El crédito adicional tomado de los proveedores, aunque no sea dinero en efectivo, actúa como una fuente de fondos, permitiendo que aumente el nivel del inventario. Todo pasivo que se incremente durante el ejercicio es una fuente de fondos disponibles para utilizar en el otro lado del balance con el fin de aumentar los activos.

Fuentes y usos
El balance es el punto de inicio para descubrir qué fondos han sido generados durante el ejercicio y cómo éstos se han utilizado en el negocio. La ecuación del balance, activos = pasivos, garantiza que en cualquier ejercicio una compañía no pueda utilizar más fondos de los que genera o generar más de los que usa; en otras palabras, fuentes = usos. Si se generan más fondos de los que pueden ser utilizados inmediatamente para propósitos operativos, pagando intereses y dividendos o amortizando préstamos, el excedente aparecerá en los saldos de caja de fines del ejercicio. Tener más caja es un uso de los fondos.

Fuentes de fondos
Una compañía que considera la posibilidad de realizar una inversión, puede financiarla:

- Usando saldos de caja existentes.
- Generando dinero en efectivo con sus operaciones.
- Recaudando capital de los accionistas.
- Pidiendo dinero presado.
- Cambiando condiciones crediticias.
- Vendiendo activos.

Las fuentes de fondos pertenecen a dos categorías: internas o externas. Las fuentes internas están en su mayoría bajo el control de la compañía. Una parte de los fondos internos puede generarse a través del estado de resultados. Los accionistas pueden ser una fuente interna de fondos, pero ellos pueden también exigir dinero en efectivo para el pago de los dividendos. Las fuentes externas consisten en proveedores que ofrecen condiciones de pago a crédito a la compañía y los bancos y otras instituciones que suministran financiación a corto, mediano y largo plazo.

Al revisar los cambios que han tenido lugar entre dos balances consecutivos, se puede asumir que una disminución en el valor de un activo o un aumento en un pasivo es una fuente de fondos para el negocio. Sin embargo, el sentido común indica que la revaluación de la propiedad durante el ejercicio mostrará un incremento en los activos que se compensará con un aumento en los pasivos (fondos de los accionistas); debido a que esto no indica ningún movimiento real en los recursos financieros, tendrá que ser ignorado.

Fuentes = aumentos en los pasivos y/o disminuciones en los activos

Usos de los fondos

Los fondos disponibles de una compañía durante el ejercicio pueden utilizarse para:

- Aumentar los activos corrientes.
- Disminuir los pasivos corrientes.
- Comprar activos fijos.
- Amortizar préstamos.
- Recomprar acciones.
- Cubrir pérdidas operativas.

Un cambio en la política crediticia de los clientes que resulte en un aumento de los deudores comerciales al final del ejercicio es un uso de fondos. Se les permite a los clientes, en efecto, tomar prestado más dinero de la compañía. Hasta que ellos paguen por los productos o los servicios recibidos, se bloquean los recursos financieros que pueden utilizarse en cualquier otro lugar de la compañía. Se puede considerar que un incremento en el valor de un activo o la disminución de un pasivo (por ejemplo la compra de una nueva máquina, los pagos a proveedores o la amortización de un préstamo) han consumido fondos.

Usos = aumentos en los activos y/o disminuciones en los pasivos

ESTADO DE FLUJO DE FONDOS

Un estado que muestra los cambios en la posición financiera de una compañía puede llamarse:

- Estado de flujo de fondos.
- Estado de los cambios en la posición financiera.
- Estado de la fuente y aplicación de fondo.

Un estado de flujo de fondos se genera al comparar dos ejercicios consecutivos e identificar los cambios que se han producido. Esto se puede realizar al deducir, línea por línea, un balance del otro. Las diferencias representan un aumento o una disminución en un activo o en un pasivo. Todos los cambios que han ocurrido durante el ejercicio son así identificados como una representación de una fuente o de un uso de fondos.

($)	Año 1		Año 2		Aumento/Disminución
Activos fijos	200		250		+50
Amortización	100	100	125	125	+25
Activos corrientes					
Inventario	60		75		+15
Deudores	40		30		-10
Inversiones	0		10		+10
Dinero en efectivo	10	110	15	130	+5
		210		255	
Capital y reservas					
Capital social	100		100		
Utilidades no distribuidas	65	165	75	175	+10
Préstamos				20	+20
Pasivos corrientes					
Acreedores		45		60	+15
		210		255	

Si el balance del año 1 se deduce del balance del año 2, los cambios representan la fuente o un uso de fondos durante el ejercicio.

Fuentes	$	Usos	$
Utilidad no distribuida	10	Activos fijos	50
Amortización	25	Inventario	15
Acreedores	15	Inversión	10
Préstamos	20	Dinero en efectivo	5
Deudores	10		
	80		80

El tratamiento de la amortización

En el ejemplo anterior, la amortización ($25) se ha incluido como una fuente de fondos. Aunque la amortización se imputa en el estado de resultados como un gasto del ejercicio, no existe movimiento de caja. Si los activos fijos sobre los que el cargo de amortización se basa fueron pagados con dinero en efectivo en el momento de la adquisición, no habrá más movimientos de dinero en efectivo asociados con ellos hasta su venta. La amortización no es un gasto en efectivo.

Sólo será posible mostrar el cambio neto de $25 después de la amortización ($50 − $25) en lugar del aumento de $50 en las inversiones en activos fijos. Sin embargo, esto puede encerrar los verdaderos movimientos financieros asociados con los activos fijos. El cargo de amortización de $25 ha sido generado por la compañía a partir de sus operaciones y está disponible para la reinversión en activos fijos durante el ejercicio, y permite que la compañía no sólo mantenga sus recursos productivos, sino que también los incremente. Es mejor considerar que los cambios que se han producido durante el ejercicio son un gasto de $50 que la compañía realizó en activos fijos adicionales.

Es importante comprender que aunque es de práctica común referirse a la amortización como una fuente de fondos, es técnicamente incorrecto. Un cambio en la política de amortización no tiene impacto en la caja. Una compañía no puede generar fondos con sólo cambiar su política de amortización. Si decide aumentar el cargo de amortización de $25 a $30, esto reducirá la utilidad declarada del ejercicio en $5, pero no afectará el flujo de fondos, que permanecerá en $35 ($5 + $30).

Cambios en los saldos de caja

Es útil ajustar el formato de la presentación del estado de flujo de fondos para resaltar los cambios que han ocurrido en los saldos de caja.

($)		
Saldo de caja al inicio		10
Fuentes		
Utilidad no distribuida y amortización	35	
Aumento en acreedores	15	
Aumento en préstamos	20	
Disminución en deudores	<u>10</u>	<u>80</u>
		90
Usos		
Aumento de los activos fijos	50	
Aumento del inventario	15	
Aumento de la inversión	<u>10</u>	<u>75</u>
Saldo de caja al cierre		15

Problemas con los estados de flujo de fondos

Hasta 1991, todas las compañías del Reino Unido tenían que presentar un Estado de Fuente y Aplicación de Fondos (SSAP) en sus memorias anuales. El estándar contable SSAP 10 permitía suficiente flexibilidad sobre el modo en que este estado podía presentarse y lo que debía contener. Como las compañías podían adoptar formatos de presentación ligeramente diferentes, era difícil comparar sus flujos de fondos en forma directa. Pero las dificultades con relación a la comparación no eran el único problema; varias compañías importantes declararon una utilidad en sus memorias anuales, sólo para ingresar en liquidación o administración judicial al poco tiempo debido a una falta de activos líquidos. Una compañía puede informar un aumento de sus activos corrientes netos o del capital de trabajo con aumento de los deudores y del inventario durante el ejercicio pero con dinero en efectivo depreciado hasta un nivel peligroso.

($)	Año 1	Año 2
Inventario	20	30
Deudores	10	20
Dinero en efectivo	<u>5</u>	<u>0</u>
	35	50
Acreedores	<u>10</u>	<u>20</u>
Capital de trabajo	25	30

El estado de flujo de fondos sólo muestra los cambios que tuvieron lugar en el intervalo entre los dos balances. No brinda la información adicional necesaria para evaluar la capacidad de la compañía para cumplir con sus obligaciones, inclusive los pagos a proveedores, a los accionistas y a otros en el momento en que se vencen.

Del flujo de fondos al flujo de caja

La presión por el cambio creció al mismo tiempo que los usuarios de los estados contables mostraron claramente su insatisfacción con el nivel de divulgación de la información. Ellos querían ver con claridad dónde se generaban los recursos financieros, cómo se aplicaban en el negocio y qué cambios se habían llevado a cabo en la liquidez y en la toma de préstamos. Como consecuencia, a fines de los años 80, muchas compañías importantes del Reino Unido presentaban un estado de flujo de fondos que abarcaba sólo los movimientos de caja reales que se realizaban durante el período contable, en lugar de un estado de flujo de fondos.

FLUJO DE CAJA

La presentación del flujo de caja estaba sujeta al primer Estándar para la Presentación de los Estados Contables (FRS 1) publicado por la Junta Británica de los Estándares de Contabilidad (ASB) en septiembre de 1991 y revisada en 1996. Los estados de flujo de caja se exigieron en los EE.UU. desde 1988.

El flujo de caja de los ingresos por ventas no es igual al ingreso por ventas que aparece en el estado de resultados. Es el dinero en efectivo que se ha recibido realmente y, de acuerdo con la contabilidad diferida, no incluye las operaciones a crédito con los clientes que no tengan un impacto en la caja durante el ejercicio. Las entradas de dinero en efectivo provenientes de los clientes y las salidas de dinero en efectivo a los proveedores se producen al ajustar los montos totales del ejercicio por el elemento de crédito involucrado.

> Entrada de dinero en efectivo = ventas + (deudores al inicio – deudores al cierre)
> Salida de dinero en efectivo = compras + (acreedores al inicio – acreedores al cierre)

	$		$
Ingresos por ventas	100		
Deudores al inicio	<u>40</u>	Dinero en efectivo por deudores al inicio	40
	140		
Deudores al cierre	<u>30</u>	Dinero en efectivo de las ventas del ejercicio	<u>70</u>
Entradas de dinero en efectivo	110	Entradas de dinero en efectivo	110

Flujo de caja y utilidades

Una compañía puede ser creativa al arribar a su utilidad declarada del ejercicio, pero es más difícil, si no imposible, que pueda generar caja. Ésta es una razón para cambiar el énfasis en años recientes cuando se considera el estado de flujo de caja como una parte integral e importante de la memoria anual.

La utilidad producida por las operaciones (el funcionamiento del negocio) debe ser un elemento importante del flujo de caja. Si se incurre en una pérdida, existe un flujo de caja positivo operativo y generado internamente sólo si el cargo de amortización del ejercicio excede la pérdida. La amortización, un rubro no efectivo, se vuelve a sumar a la utilidad del ejercicio del mismo modo que en el estado de flujo de fondos.

Es de poca importancia si una compañía tiene utilidad y no caja, su supervivencia a largo plazo será probablemente difícil de gestionar. De igual modo, no existe una ventaja, aparte de la supervivencia en el corto plazo, en tener dinero en efectivo pero no utilidades. Una compañía puede mostrar una utilidad al hacer una venta a crédito a un cliente pero experimentar una disminución en los saldos de caja.

Por ejemplo, se registra una venta de $100 a un cliente y el costo asociado de $70 cuando la transacción se completa y se incluye en el estado de resultados del ejercicio, pero puede que no haya existido movimiento de caja. Cuando se ha pagado a los proveedores $35 en efectivo del costo total de la venta de $70 al final del ejercicio, pero el cliente no ha pagado los $100 que debe, la utilidad se incrementó en $30 y el saldo de caja ha disminuido en $35.

	$		$
Ingresos por ventas	100	Entrada de dinero en efectivo	0
Costos	70	Salida de dinero en efectivo	35
Utilidad	30	Flujo de caja	(35)

Capitalización de los gastos y el flujo de caja

Al decidir capitalizar alguno de los gastos, los pagos de intereses o los costos de desarrollo de productos, una compañía puede mover el cargo del estado de resultados al balance y, por consiguiente, mejorar la utilidad declarada. Sin embargo, los movimientos de dinero asociados con los gastos del ejercicio permanecen sin cambios. Después de la capitalización de los gastos será factible que en el estado de resultados aparezca una utilidad y que el estado de flujo de caja muestre un flujo de caja negativo proveniente de las operaciones.

Flujo de caja y dividendos e impuestos

El flujo de caja operativo es lo que queda después de pagar los costos directos y los gastos del negocio. Idealmente, es suficiente cubrir el interés sobre la toma de préstamos y la deuda impositiva de la compañía y luego proporcionar la fuente de dividendos pagados a los accionistas. Cuando una compañía tiene una pérdida, es posible declarar un dividendo siempre que existan reservas por ingresos en el balance y dinero en efectivo disponible para realizar el pago. Pero una compañía que continúa agotando sus reservas y sus recursos de dinero en efectivo a los fines de pagar dividendos eventualmente se encontrará en problemas.

Una norma simple de buena contabilidad es que las compañías deben pagar dividendos a sus accionistas sólo cuando poseen un flujo de caja en buenas condiciones y positivo. Las compañías no deberían depender de la venta de activos fijos o de la toma de más préstamos. Una compañía que efectúa pagos de dividendos a partir de flujos de

Análisis estratégico de compañías **97**

caja operativos en disminución podrá satisfacer las necesidades de los accionistas en el corto plazo, pero no tendrá fondos suficientes para reinvertir en el negocio para garantizar el crecimiento futuro y una rentabilidad permanente.

El estado de resultados muestra los dividendos declarados para el año en curso y los impuestos que se adeudan sobre la utilidad de dicho ejercicio. El flujo de caja asociado es el dinero en efectivo pagado en el ejercicio a los accionistas en concepto de dividendos y al gobierno en concepto de impuestos. Los impuestos pagados en un año se relacionan con las utilidades de los ejercicios anteriores (existe un retraso entre la generación de las utilidades y el pago de los impuestos). Las diferencias de períodos pueden ser considerables y tener como resultado, para la mayoría de las compañías, una diferencia entre las cifras del dividendo y de los impuestos en el estado de resultados y los pagos en efectivo reales para estos rubros que aparecen en el estado de flujo de caja. Por razones de claridad y simplicidad, las diferencias de los períodos para el pago de intereses, impuestos, dividendos e inversiones en activos fijos se ignoran en los ejemplos utilizados en este capítulo.

Capital de trabajo y flujo de caja

Todo cambio en el monto del inventario de una compañía y el crédito otorgado a los clientes o tomado de los proveedores tiene un impacto tanto en la utilidad declarada como en el flujo de caja. El aumento del crédito tomado de los proveedores actúa como una fuente, y un incremento en el crédito que se ofrece a los clientes actúa como un uso de los recursos financieros disponibles.

La relación entre los activos corrientes y los pasivos corrientes puede examinarse revisando los movimientos que han tenido lugar en el capital de trabajo. En el siguiente ejemplo, los recursos financieros ($30) han sido utilizados para permitir un aumento en el inventario ($15) y la inversión y los saldos de caja ($15) durante el ejercicio. Esto se ha cubierto en parte a través de la reducción de los deudores al cierre del ejercicio en $10, que representa una disminución en el dinero que los clientes le deben a la compañía, y parte por el aumento en el monto que se les debe a los acreedores ($15). El cambio neto en el capital de trabajo representa un incremento durante el ejercicio de $5. El flujo de caja proveniente de las operaciones ($35) y el préstamo ($20) tomado durante el ejercicio equivalen a $55, de los cuales $50 fueron utilizados para comprar activos fijos; los restantes $5 se usaron para financiar el incremento del capital de trabajo.

	$	$	$
Flujo de caja			
Proveniente de las operaciones	35		
Proveniente de los préstamos	<u>20</u>	55	
Inversión en activos fijos		<u>50</u>	<u>5</u>
Aumento en capital de trabajo			
Aumento en el inventario	15		
Aumento en las inversiones	10		
Aumento en el dinero en efectivo	<u>5</u>	30	
Disminución en deudores	10		
Aumento en acreedores	<u>15</u>	<u>25</u>	<u>5</u>

La presentación del estado de movimientos contables en esta forma facilita la explicación de las fuentes y los usos del flujo de caja y separa los cambios en la inversión y en la estructura del capital de aquéllos del capital de trabajo y de los saldos de caja.

ESTADO DE FLUJO DE CAJA

El estado de flujo de caja proporciona un vínculo esencial entre el estado de resultados y el balance y su manipulación es mucho más difícil para las compañías. Los registros contables internos específicos de una compañía son necesarios para preparar un estado de los movimientos reales de la caja. No es posible, como lo era en el caso del estado de flujo de fondos, preparar un estado de flujo de caja del estado de resultados y el balance.

Generalmente, el estado de flujo de caja se divide en secciones con flujos de caja que se muestran de acuerdo con la actividad de la que surgieron. Todos los movimientos de caja se clasifican según títulos estándar. Esto brinda una base para la evaluación de qué áreas de actividad son las más significativas para el flujo de caja de una compañía y hace posible la comparación con otras compañías en negocios similares. Los títulos utilizados varían internacionalmente, pero aquellos que se usan en el Reino Unido son razonablemente representativos:

- ❖ Actividades operativas.
- ❖ Dividendos de *joint ventures* y compañías asociadas.
- ❖ Retorno de las inversiones e intereses de la financiación.
- ❖ Impuestos.
- ❖ Gastos de capital e inversión financiera.
- ❖ Adquisiciones y ventas.
- ❖ Dividendos en acciones pagados.
- ❖ Gestión de los recursos líquidos.
- ❖ Financiación.

El estado de flujo de caja también brinda información sobre el monto real de dinero en efectivo pagado por intereses durante el ejercicio, se hayan capitalizado o no ("retorno de las inversiones e intereses de financiación"). Proporcionan la base para evaluar qué parte del flujo de caja disponible durante el ejercicio se utiliza para cubrir el costo de la toma de préstamos. Cualquier interés que la compañía ha recibido durante el ejercicio por las inversiones o préstamos se muestra por separado en el estado como parte del flujo de caja generado internamente. Muchas compañías resaltan el rubro "flujo de caja libre" (véase el Capítulo 11) con un subtotal después del "gasto de capital e inversión financiera". Ésta es una cifra útil que muestra cuánto dinero en efectivo queda después de cubrir todos los costos operativos y realizar las inversiones necesarias para reemplazar los activos. El flujo de caja libre está disponible para los pagos de dividendos a los accionistas y para financiar la expansión a través de adquisiciones. Es un buen indicador de la capacidad de una compañía para generar caja.

Otro indicador importante de cuán bien se administra una compañía es el impacto del flujo de caja sobre su necesidad de financiamiento. La memoria anual brinda una conciliación entre el balance y el estado de flujo de caja, con cifras al inicio y al cierre del balance para la caja y la toma de préstamos vinculados con los movimientos para el ejercicio que se muestran en el estado de flujo de caja.

Flujo de caja de las actividades operativas
Se puede asumir que el estado de flujo de caja ha considerado todos los ingresos operativos netos del impuesto a las ventas. En el ejemplo utilizado para explicar el flujo de fondos en el comienzo de este capítulo, la utilidad retenida del ejercicio era de $10. Cuando se presenta un estado de flujo de caja, se brindan más detalles.

	$
Utilidad operativa	40
Intereses pagados	10
Utilidad antes de impuestos	30
Impuestos	15
Utilidad después de impuestos	15
Dividendos	5
Utilidad no distribuida	10

El estado comienza con el flujo de caja neto de las operaciones: la entrada y salida de dinero en efectivo para el ejercicio que resulta del negocio o de las actividades comerciales de la compañía. El flujo de caja neto de las operaciones refleja las actividades que dan lugar a la utilidad o la pérdida del ejercicio declarada en el estado de resultados.

Las compañías deben proporcionar una conciliación detallada entre la utilidad operativa y el flujo de caja operativo. Esto vincula el estado de flujo de caja con el estado de resultados. La utilidad operativa se ajusta luego por la depreciación, las diferencias de períodos, los cambios en el capital de trabajo y cualquier uso que se haya hecho de las previsiones para brindar el flujo de caja operativo.

El flujo de caja que proviene de las operaciones debe incluir el impacto de todas las actividades comerciales en la caja y el movimiento de caja que resulta del logro de la utilidad operativa que se muestra en el estado de resultados. El estado de flujo de caja trata sólo los movimientos de dinero en efectivo durante el ejercicio; todo lo demás se ignora. Para arribar al flujo de caja operativo neto para el ejercicio, los ajustes deben realizarse sobre la utilidad operativa para permitir los cambios en el capital de trabajo, así como en los rubros que no son en efectivo, como la amortización, que se incluye en el estado de resultados. El flujo de caja operativo puede informarse utilizando el método directo o el indirecto (algunas veces se conoce como neto o bruto).

El método directo —un resumen del efectivo recibido y pagado durante el ejercicio— proporciona una representación mejor y más específica de los flujos de caja que el método indirecto. En el método indirecto, sólo se muestra una única cifra para el flujo de caja que proviene de las operaciones. Las compañías pueden seguir uno de los formatos recomendados en la contabilidad estándar o publicar un listado detallado de los títulos más importantes de los costos y los gastos en los que se incurrió para llegar a la utilidad operativa del ejercicio.

	$
Ganancia operativa	40
Amortización	25
Aumento en el inventario	(15)
Disminución de los deudores	10
Aumentos de los acreedores	15
Entrada de caja neta	**75**

El monto del flujo de caja generado del estado de resultados o de las operaciones del negocio es de $75. Las compañías norteamericanas comienzan sus estados de flujo de caja con una utilidad neta (utilidad después de impuestos) en lugar de la utilidad operativa (utilidad antes de impuestos), tal como es en el Reino Unido. Es importante recordar esta diferencia si se quiere comparar compañías norteamericanas y británicas.

Flujo de caja neto proveniente de las actividades operativas	$75

Es imposible para cualquier estándar contable generar un conjunto de normas que puedan definir ajustadamente cada posible evento o transacción que una compañía pueda experimentar, por lo tanto, pueden surgir aún algunos problemas de asignación. Para muchos rubros que aparecen en el estado de flujo de caja se ha decidido cuál es el título bajo el que aparecen; ¿son gastos operativos o inversiones? Sin embargo, el estado mostrará el impacto de la transacción sobre los rubros de caja.

Retornos sobre las inversiones e intereses de financiación

Esta sección del estado del flujo de caja muestra las entradas y salidas de caja asociadas con la utilidad proveniente de las inversiones y de los pagos a los proveedores de recursos financieros. Se presentan los intereses pagados en el ejercicio contable y todos los dividendos pagados a los accionistas que poseen acciones ordinarias; estos últimos se muestran bajo un título separado. Todos los dividendos que la compañía ha recibido y que no estén incluidos en la utilidad operativa también se mostrarán en detalle en esta sección del estado de flujo de caja.

Retorno de las inversiones e intereses de financiación	
Intereses pagados	$10

Impuestos

Esta sección del estado de flujo de caja muestra el dinero en efectivo real del ejercicio pagado en impuestos. Esto no es lo mismo que el monto de impuestos que aparece en el estado de resultados, pero en el ejemplo se asume que no existen diferencias de períodos. Todos los ingresos en efectivo que derivan de los reembolsos o de otras negociaciones con las autoridades impositivas también se muestran en esta sección.

Impuestos pagados	$15

Gastos de capital e inversiones financieras

Esta sección incluye los movimientos de caja que resultan de la adquisición o de la venta de los activos fijos y de todos los activos corrientes que no sean negociados como una parte de los recursos líquidos. La compra o venta de una subsidiaria se muestra bajo un título separado. Todos los préstamos realizados o amortizados por la compañía (inversiones financieras) se informarán en detalle en esta sección. El monto de dinero en efectivo utilizado para las inversiones en activos fijos y todo el dinero recibido de las ventas de los activos fijos durante el ejercicio aparecen aquí. Los eventos que no son en dinero en efectivo no aparecen: por ejemplo, una compañía que revalúa sus propiedades muestra un cambio en el balance, pero ninguna cifra aparece en el estado de flujo de caja.

Existe una diferencia entre el cambio en las inversiones en activos fijos que se muestran en el balance y aquéllas que aparecen en el estado de flujo de caja. El estado de flujo de caja identifica el monto real de dinero en efectivo gastado por la compañía durante el ejercicio. Las cifras del balance están sujetas a diferencias de períodos. Al cierre del ejercicio contable, un activo puede haber sido comprado pero no pagado. De este modo aparece un aumento en los activos fijos en el balance, pero no se muestra nada en el estado de flujo de caja

El rol primordial de la gerencia es tomar las decisiones sobre las inversiones asignando los recursos financieros disponibles en los sectores del negocio apropiados con la perspectiva de proporcionar un crecimiento futuro rentable. El estado de flujo de caja muestra las salidas de caja asociadas con las actividades de inversión de la compañía y la entrada de caja cuando los activos son vendidos. Indica el monto total gastado en activos fijos, pero no necesariamente informa en detalle dónde o en qué fue gastado el efectivo. El estado de flujo de caja no proporciona por lo tanto una base para la evaluación de la calidad de las inversiones en activos fijos que se han realizado.

Gastos de capital
Compra de activos fijos $50

Adquisiciones y ventas
Si una subsidiaria es adquirida o vendida durante el ejercicio, sólo el dinero en efectivo pagado o recibido se incluye en el estado de flujo de caja y todos los montos de las salidas de caja son netos de cualquier dinero en efectivo ganado con la subsidiaria. Cuando se realiza una adquisición a través de la emisión de acciones, y no se involucra dinero en efectivo, el único impacto sobre el estado de flujo de caja es el ingreso de los saldos de la caja de la subsidiaria. El precio pagado puede ser diferente del que aparece en el estado de flujo de caja. Debería haber una nota que muestre el monto real de dinero en efectivo o el sobregiro que se adquiere o, en el caso de la venta de una subsidiaria, que se vende.

Por ejemplo, una compañía utiliza una combinación de acciones y de dinero en efectivo para adquirir una subsidiaria.

Remuneración pagada ($)			**Activos adquiridos ($)**		
Acciones emitidas	80		Activos	50	
Dinero en efectivo	20	100	Llave del negocio	20	
			Dinero en efectivo	30	100

La subsidiaria ha sido comprada y el resultado neto en efectivo es para aumentar los saldos de caja del grupo en $10; la compañía controlante ha desembolsado $20 para adquirir $30 en efectivo. Es sólo este movimiento neto de dinero en efectivo de $10 lo que se registra en el estado de flujo de caja. Las notas adicionales deberán ser de ayuda para explicar las adquisiciones y las ventas.

No todas las transacciones de una compañía tienen un impacto sobre el estado de resultados; ellas pueden estar detalladas en el balance. En el Reino Unido las compañías cancelan la llave del negocio contra las reservas por adquisición. La utilidad adicional que surge de la adquisición se incluye en la utilidad del ejercicio del grupo, pero el costo de adquisición no aparece en el estado de resultados. El estado de flujo de caja puede ofrecer una indicación más clara de la rentabilidad verdadera de las adquisiciones tal como lo muestra el flujo de caja real y su impacto sobre las necesidades de financiación.

El modo en que los flujos de caja por la adquisición y la venta son considerados depende de la naturaleza del grupo que se analiza. Algunas compañías comercian y operan en negocios, comprando y vendiendo compañías a lo largo del año en forma regular. Para ellas, la utilidad y el flujo de caja positivo generado por la venta de un negocio se puede considerar parte de sus operaciones permanentes. Para la mayoría de las compañías, éste no es el caso, la venta de una subsidiaria importante puede generar un beneficio de dinero en efectivo sustancial, pero sólo una vez.

De ser posible, se deberá tener una perspectiva sobre si la venta de una subsidiaria o una inversión importante en un negocio es parte de una estrategia planeada con cuidado o meramente el resultado de una penosa necesidad. No siempre es posible saber a ciencia cierta cuál fue la razón por la que se realizó la venta a través de la lectura de las declaraciones de la gerencia en la memoria anual. No es muy probable que una compañía admita que una subsidiaria fue vendida porque no tenía dinero en efectivo. Más comúnmente, los términos "racionalización", "nuevo enfoque", "reingeniería" y similares se utilizan para explicar y justificar la venta de negocios importantes.

Dividendos pagados en acciones
El flujo de caja relacionado con el pago de dividendos a los accionistas se muestra bajo este título en el estado de flujo de caja.

Dividendos pagados en acciones	$5

Gestión de los recursos líquidos
A los fines del estado de flujo de caja, un recurso líquido se define como toda inversión en un activo corriente que se puede convertir con facilidad en dinero en efectivo. Como parte de las operaciones de gestión financiera o de tesorería que tienen como objetivo conseguir algún beneficio positivo de los saldos de caja, una compañía puede tomar inversiones en el corto plazo que se mostrarán como parte de los activos corrientes en el balance. El excedente de caja se utiliza para devengar intereses, las inversiones se planean para garantizar que el dinero en efectivo esté disponible en la forma y en el tiempo en que se lo necesite.

Esta sección del estado de flujo de caja muestra todos los cambios en las inversiones en el corto plazo que aparecen bajo el título de caja, y se intenta aclarar el modo en que se gestionan los flujos de caja a corto plazo.

Compra de inversiones en la Bolsa de Valores	$10

Financiación
Esta sección trata sobre los flujos de caja que resultan de la obtención o cancelación de la financiación. Aparte de las fuentes de financiación que se generan internamente, una compañía tiene sólo dos opciones: puede recaudar fondos adicionales de los accionistas a través de la emisión de acciones, o puede salir de la compañía y tomar dinero prestado de un banco o de otra institución financiera. Si se emiten muchas acciones ordinarias o se recompran durante el ejercicio, los movimientos de caja aparecerán en esta sección. El estado de flujo de caja facilita la identificación de cuánto dinero se ha recaudado de los accionistas y cuánto de las fuentes externas. Tomados en conjunto con los flujos de caja generados internamente, éstos muestran una clara

descripción del modo en que la compañía se ha financiado durante el ejercicio.

Financiación	
Nuevo préstamo garantizado	$20

Las compañías deben suministrar una conciliación apropiada entre las cifras y los movimientos en el capital o el financiamiento de la deuda que se muestra en el estado de flujo de caja al inicio y al cierre del balance. Por ejemplo, las acciones emitidas sin pago en efectivo afectan el balance pero no el estado de flujo de caja.

Existirá una conciliación entre los movimientos de caja en el ejercicio con el movimiento de la deuda neta. Ésta se define como el conjunto de préstamos, incluyendo los derivados y las obligaciones que surgen de los contratos de *leasing* (arrendamientos financieros), menos el dinero en efectivo y los recursos líquidos. Una posición positiva se conoce como fondos netos. Esto por lo general aparece en las notas que acompañan el estado contable, comenzando con la cifra del aumento o disminución en dinero en efectivo para el ejercicio que se muestra al final del estado de flujo de caja y termina con la deuda neta o fondos netos al final del ejercicio.

Contratos de *leasing*

El valor neto en libros de los activos que se mantienen en relación con los contratos de *leasing* por lo general no se identifica en forma separada en el balance, pero se incluye en la cifra del total de activos fijos. Los contratos de *leasing* no involucran salidas de caja para capital. Cuando un activo se adquiere a través de un contrato de *leasing* durante el ejercicio, el valor deberá deducirse de los activos fijos a fin de informar la salida de caja real por activos fijos adicionales. Esto aparece como parte de las salidas de caja relacionadas con las actividades de financiación bajo un título aparte, el elemento capital de los pagos por arrendamiento por *leasing* financiero. El elemento de interés del acuerdo del arrendamiento financiero aparece en la sección del estado que trata sobre los retornos de las inversiones y los intereses de financiación.

Ejemplo del estado de flujo de caja

Utilizando los mismos datos que para el estado del flujo de fondos que aparece más arriba en este capítulo, un estado de flujo de caja puede generarse al incorporar los movimientos de flujo de caja explicados anteriormente.

	$
Flujo de caja neto proveniente de actividades operativas	**75**
Retornos de las inversiones e intereses de financiación	(10)
Impuestos	(15)
Gastos de capital	(50)
Dividendos pagados en acciones	(5)
Salida de caja antes de la gestión de recursos	
líquidos y financiación	**(5)**
Gestión de los recursos líquidos	(10)
Financiación	20
Aumento de caja	**5**

El saldo que queda después del gasto de capital presenta una indicación del flujo de caja libre del ejercicio. Esto muestra si se genera o no el suficiente flujo de caja para financiar las operaciones y la inversión necesaria en activos excluyendo las adquisiciones, sin la necesidad de depender de la toma de préstamos o financiación externa. En el ejemplo, esto da un monto de $0; cuando se pagan dividendos por un valor de $5, la salida de caja neta antes de la financiación es de –$5.

Cambios en los saldos de caja

Los saldos de caja al inicio y al cierre del ejercicio no aparecen en el estado de flujo de caja. Sin embargo, debe existir una conciliación que vincule los saldos de caja al inicio y al cierre y que aparecen en el balance con el flujo de caja del ejercicio. Esta conciliación explica los cambios financieros que se han llevado a cabo. En el ejemplo, la compañía tuvo un flujo de caja neutral de $0 antes de pagar un dividendo de $5. El préstamo de $20 cubre la salida de caja antes de la gestión de los recursos líquidos y de la financiación (–$5) y permite que los saldos de caja al cierre sean de $5 más al final del ejercicio ($15) con respecto al inicio ($10).

Eventos especiales y extraordinarios

Cada negocio probablemente experimente en algún momento un evento excepcional o extraordinario. Tales eventos deberán identificarse con claridad dentro de la sección adecuada del estado de flujo de caja. En la mayoría de las circunstancias es la sección de las actividades operativas.

Una reorganización sustancial en una compañía puede resultar en salidas de caja significativas para cubrir los pagos por indemnizaciones por despido o el costo del cierre o de la reubicación de las unidades operativas. Las salidas de caja se pueden mostrar bajo los títulos de las actividades operativas o en el gasto de capital y en adquisiciones y ventas. La práctica normal es mostrar sólo el movimiento de la caja neto como parte de las actividades operativas con información adicional en las notas que acompañan.

Moneda extranjera y flujo de caja

La mayor parte de las compañías realizan sus negocios en moneda extranjera y muchas tienen subsidiarias en otros países. Para preparar los estados contables, todas las transacciones deben estar traducidas a la moneda que se utiliza en la presentación de los estados contables de la compañía. Cuando los activos o pasivos extranjeros son traducidos a la moneda de la compañía controlante a la fecha del balance, aparecerán diferencias de tipo de cambio. Por ejemplo, una compañía le vende el equivalente a $100 en productos a un cliente en el extranjero cuando el tipo de cambio es $1 = 4 x, y al final del ejercicio el tipo de cambio se mueve a $1 = 5 x. Si el cliente paga en dinero en efectivo durante el ejercicio contable, cualquier ganancia o pérdida que resulte de los movimientos en el tipo de cambio se incluirá automáticamente en la utilidad operativa del ejercicio y no se necesitará hacer ningún ajuste en el estado de flujo de caja.

Si al final del ejercicio el cliente no ha pagado la factura, no implica ningún dinero en efectivo. Sin embargo, la transacción ha sido registrada e incluida como parte de la ganancia del ejercicio en el estado de resultados a un tipo de cambio de $1 = 4 x. Se deberá hacer un ajuste en la cifra de cierre de los deudores.

El estado de resultados y el balance de una subsidiaria extranjera pueden ser traducidos a la moneda de la compañía controlante utilizando alguno de los dos métodos existentes: el método o el de cambio al cierre (inversión neta). El método temporal utiliza el tipo de cambio que regía en el momento de la transacción o una tasa promedio para el ejercicio si ésta no es materialmente diferente. Al utilizar este método, los estados consolidados tratan todas las transacciones de la subsidiaria extranjera como si hubieran sido realizadas por la compañía controlante.

El método del cambio al cierre (inversión neta), que es el más común, utiliza el tipo de cambio que rige a la fecha del balance o un tipo de cambio promedio para el ejercicio. Si se realizan tomas de préstamos en moneda extranjera, la conciliación de los movimientos de caja con la deuda neta que acompaña el estado de flujo de caja deberá mostrar el efecto de todos los movimientos del tipo de cambio. Si el préstamo de $20 del ejemplo del estado de flujo de caja es un préstamo a largo plazo de 80 x a una tasa de cambio de $1 = 4 x, y en la fecha del balance la tasa es de $1 = 5 x, es necesario un ajuste del equivalente a $4. El préstamo de 80 x a $1 = 5 x es equivalente a $16, no a $20.

El tratamiento de las diferencias en el tipo de cambio es complejo. Cuando se mira el estado de flujo de caja, todo lo que se debe recordar es que sólo trata los movimientos de caja reales. Todas las diferencias en el tipo de cambio que no tuvieron un impacto de caja durante el ejercicio son ignoradas.

RESUMEN

- ❖ Para realizar un análisis y evaluación completos de una compañía se debe considerar el estado de flujo de caja junto con el estado de resultados, que se ocupa de la utilidad o la pérdida que provienen de la operación habitual del negocio, y el balance, que muestra la posición contable al final del ejercicio.
- ❖ El estado de flujo de caja abarca el mismo período que el estado de resultados y establece los saldos de caja y la toma de préstamos que tuvieron lugar entre el inicio y el cierre del balance. Es extremadamente útil para la evaluación de la liquidez, la viabilidad y la adaptabilidad financiera de una compañía. Un aumento en la utilidad declarada no necesariamente tiene que estar respaldado por un flujo de caja sólido y positivo.
- ❖ Un punto de partida razonable es verificar si la compañía muestra un flujo de caja permanente y positivo que provenga de sus operaciones. ¿Hay estabilidad? ¿El aumento en el flujo de caja con respecto al ejercicio previo al menos compensa la tasa de inflación?
- ❖ El estado de flujo de caja muestra si la compañía genera o consume dinero en efectivo. ¿Ha demostrado que es capaz de producir el dinero en efectivo suficiente que proviene de sus operaciones o ha consumido todos los recursos líquidos disponibles y tuvo que recaudar fondos adicionales?
- ❖ Un cambio en la relación entre el flujo de caja operativo (estado de flujo de caja) y la ganancia neta (estado de resultados) puede actuar como una señal de advertencia. Si el flujo de caja comienza a retrasarse con respecto al ingreso, hay que preguntarse: ¿por qué? Una explicación puede ser que el ingreso por ventas esté maquillado. Quizás, para generar ventas, se les otorga a los clientes condiciones crediticias extremadamente generosas. La ganancia neta aumenta en

el ejercicio, sin embargo, mientras los deudores se incrementan, el flujo de caja no se condice.
- Recordar, en cualquier lugar del estado de flujo de caja, que una compañía es libre de generar un subtotal y de resaltar la cifra. Esto no significa que este monto sea realmente un indicativo de los resultados o de la posición financiera. Hay que asegurarse de que el foco de atención no se distraiga de datos más importantes que estén contenidos en este estado.
- Si un negocio está demandando grandes cantidades de dinero en efectivo, se hará evidente en el estado de flujo de caja. Se puede hacer un pronóstico de cuánto tiempo la compañía puede soportar la salida permanente de dinero en efectivo.
- La calidad del flujo de caja de una compañía depende en parte de la competencia de su gerencia y en parte de la naturaleza del negocio y sus áreas de operación. Hasta una administración excepcional puede alcanzar sólo una baja rentabilidad y flujos de fondos pobres en un sector del negocio en decadencia. Su calidad también debe ser juzgada sobre la base de cuánto dinero en efectivo proviene de las operaciones permanentes: cuanto más, mejor.
- Estudiar los cambios en los saldos de caja y cada elemento del capital de trabajo. Si, por ejemplo, los niveles del inventario y de los créditos a los clientes son crecientes, la compañía puede tener problemas; el incentivo de créditos adicionales no lleva a más ventas. La compañía puede estar en peligro de *overtrading*.
- ¿De dónde proviene el dinero en efectivo? En la mayoría de los grupos, las compañías individuales y los sectores de los negocios tienen modelos de flujo de caja diferentes, sin embargo, tendrá que existir por lo menos un negocio capaz de generar flujos con fondos positivos para facilitar la financiación de las otras compañías que posean flujos de caja negativos, y ayudarlas a crecer y a sobrevivir. Mostrar flujos de caja como parte de la presentación segmentada de la información es útil.
- Otros indicadores útiles de los resultados de la compañía son el hecho de tener más o menos caja al final del ejercicio que al comienzo, o si la toma de préstamos de la compañía ha aumentado o disminuido durante el ejercicio.
- El estado de flujo de caja puede mostrar si la compañía posee los recursos líquidos necesarios para pagar un dividendo en dinero en efectivo y si es probable que genere el suficiente efectivo para cumplir con sus obligaciones, incluyendo las amortizaciones de los préstamos, en el momento que éstos venzan.
- El estado de flujo de caja del ejercicio vigente puede utilizarse como base para realizar el pronóstico de los flujos de caja futuros. El cálculo de la depreciación es simple, lo mismo que su pronóstico para ejercicios futuros. Las tasas son conocidas y las presunciones sobre la inversión futura en activos adicionales pueden preverse para proporcionar una estimación bastante precisa de los cargos por depreciación de futuros ejercicios.
- La contribución de la utilidad al flujo de caja es menos fácil de prede-

cir con certeza. Para la mayoría de los negocios, es el elemento menos seguro en el pronóstico de flujo de caja. Sin embargo, se puede realizar un estimado sobre la base de la tendencia demostrada en años anteriores.

5. Otros estados

Además de los estados de resultados, el balance y el estado de flujo de caja, la memoria anual contiene lo siguiente:

- ❖ Estado de ganancias y pérdidas reconocidas.
- ❖ Nota del costo histórico de ganancias y pérdidas.
- ❖ Una conciliación de movimientos en los fondos de los accionistas.

ESTADO DE GANANCIAS Y PÉRDIDAS RECONOCIDAS

La presentación de estados financieros está relacionada con todas las ganancias y pérdidas ocurridas o que se han materializado durante el ejercicio económico. El requerimiento de prudencia en una memoria anual sugiere que deben reconocerse algunos cambios en el valor de los activos que representan una ganancia o pérdida potencial aunque no realizada, de modo que los resultados de una compañía y su posición puedan presentarse.

A los accionistas les faltaría información si las ganancias y pérdidas fueran tomadas directamente de las reservas en el balance en lugar del estado de pérdidas y ganancias. Si una empresa pudiera elegir si debitar un gasto sobre la base del estado de resultados o deducirlo de las reservas en el balance y disfrazar el hecho en notas pequeñas al dorso de la memoria anual, prevalecería la creatividad. El FRS 3, "La presentación del desempeño financiero", publicado en 1992, esclareció la presentación del estado de resultados. Agregó el estado de ganancias y pérdidas reconocidas totales (STRGL) al conjunto de cuentas de la compañía. El STRGL está destinado a proveer información completa sobre el impacto de las actividades operativas en los fondos de los accionistas, a diferencia de aquellos correspondientes a transacciones de capital, las que aparecen en la conciliación de movimientos en los fondos de los accionistas (véase a continuación).

Todas las ganancias y pérdidas del año, incluso aquéllas que constan en el estado de resultados, se muestran en el STRGL. Es probable que el STRGL se incorpore en el futuro cercano en el estado de resultados en lugar de mostrarse como un rubro separado de la memoria anual.

El STRGL comienza con la ganancia después de impuestos atribuible a los accionistas (ganancias por el ejercicio financiero), y los ajustes se realizan por las ganancias y pérdidas no realizadas que no fueron tomadas en cuenta al llegar a las ganancias del ejercicio registradas en el estado de resultados. Finaliza con el total de ganancias y pérdidas reconocidas relativas a ese ejercicio.

No es inusual que un activo aumente o disminuya su valor durante el ejercicio. Las especificaciones correspondientes, si es relevante, deben incluirse en la memoria anual. Los activos deben ser revaluados sobre la base de la información actual (FRS 15, IAS 16) y deben presentarse los cambios como pérdida o superávit no realizados por revaluación en el STRGL. Otro rubro que se encuentra con frecuencia en el STRGL es la cifra por diferencias de cambio en la conversión de divisas.

El STRGL muestra todas las ganancias y pérdidas reconocidas en el período financiero. Cuando se transfiere el activo, se calcula la ganancia o pérdida como la diferencia entre el precio de venta y la cifra revaluada, que forma parte del valor de los activos fijos del balance, no del valor original del mismo. Este cálculo provee la cifra de las ganancias y pérdidas que aparece en el estado de resultados en el ejercicio de la venta.

NOTA DEL COSTO HISTÓRICO DE GANANCIAS Y PÉRDIDAS

Las empresas en el Reino Unido están autorizadas a revaluar los activos fijos, pero en otros países, como en los EE.UU., esto no está permitido. Si se permite en forma selectiva a las empresas ajustar el costo histórico de las utilidades revaluando parte o todos sus activos, puede resultar difícil comparar sus resultados. Podría argumentarse que el costo histórico basado en las ganancias ofrece una base más precisa para una comparación efectiva de una compañía con otra.

En el Reino Unido, si una compañía revalúa sus activos o modifica en otra forma su costo histórico tradicional en el balance, se incluye en la memoria anual una nota con el detalle de lo que hubiera sido la ganancia o pérdida histórica del ejercicio. La principal diferencia entre la ganancia o pérdida basada en un costo histórico y lo que se muestra en el estado de resultados deriva de los ajustes al cargo por depreciación.

La nota comienza con la ganancia por las actividades habituales antes de impuestos que constan en el estado de resultados y se hace un ajuste por la diferencia entre el cargo por depreciación del costo histórico y la depreciación real debitada en el estado de resultados. Finaliza con la ganancia por el costo histórico sobre actividades habituales antes de impuestos.

Esto ayuda a comparar los resultados entre compañías, de las cuales algunas pueden haber revaluado sus activos y otras no. También permite analizar las ganancias y pérdidas de la venta de activos sobre la base de su costo original en lugar de alguna cifra de revaluación elaborada por la compañía.

CONCILIACIÓN DE MOVIMIENTOS DE LOS FONDOS DE LOS ACCIONISTAS

Todos los cambios en los fondos de los accionistas que se han registrado durante el ejercicio constan en esta conciliación, que explica los cambios entre el balance de apertura y el de cierre. Los cambios en los fondos de los accionistas pueden surgir de:

- ❖ Ganancias y pérdidas del ejercicio.
- ❖ Ganancias y pérdidas reconocidas.
- ❖ Dividendos pagados.
- ❖ Emisión de acciones o rescate.
- ❖ Llave del negocio.

Esta conciliación comienza con los fondos de los accionistas desde el inicio del ejercicio económico. A esto se suma la ganancia después de impuestos atribuible a los accionistas (ganancia del ejercicio económico). Los dividendos pagados a los accionistas se deducen y se realizan otros ajustes por rubros, como por ejemplo la llave del negocio o emisión de acciones para obtener la cifra de los fondos de los accionistas al final del ejercicio como consta en el balance.

Estados provisorios y anuncios preliminares

La memoria anual no es el único estado contable disponible para ayudar al análisis de los resultados de una compañía y su posición. Se requiere que las compañías que cotizan en la Bolsa publiquen sus estados provisorios (seis meses en el Reino Unido, trimestralmente en los EE.UU.). Un estado provisorio publicado dentro de

90 días del final del período está destinado a cubrir el espacio entre las memorias anuales y mantener informados a los accionistas. Puede ser útil para realizar un análisis de las tendencias.

El estado provisorio contiene un comentario gerencial similar al de la revisión operativa y financiera (OFR), detallando las experiencias desde el último estado publicado y tal vez ofreciendo indicaciones sobre las posibles perspectivas futuras. Esto se relaciona con un estado de resultados resumido (que incluye las ganancias por acción y un informe segmentado), balance y estado de flujo de caja.

La Bolsa de Valores requiere que las compañías realicen un anuncio preliminar de los resultados de sus ejercicios y dividendos dentro de los 120 días de la finalización de su ejercicio económico, y la mayoría de las compañías lo realizan dentro de los 90 días. El anuncio preliminar contiene información similar a la del estado provisorio y, en forma ideal, debe existir relación con la información del trimestre final o con el segundo semestre. Funciona como una breve perspectiva de la memoria anual y normalmente constituye la base para los comentarios en los medios de los resultados de la compañía.

Tener acceso a los anuncios preliminares fue una gran ventaja para los analistas ya que no fueron enviado a los accionistas. Actualmente, Internet hace posible que cualquiera tenga acceso rápido a esta información, como por ejemplo los profesionales cuando utilizan el sitio en la red de la compañía.

2
LA EVALUACIÓN DE LOS HECHOS

6. Lineamientos para el análisis financiero

En este capítulo se establecen algunos lineamientos generales sobre el cálculo y la interpretación de los coeficientes que se cubren más adelante. Tal vez la regla más importante para recordar sea que las cosas deben hacerse de una manera simple.

COMPARABILIDAD Y CONSISTENCIA

Las cifras utilizadas en el análisis de la compañía, o para la comparación de una serie de compañías, deben, en lo posible, ser realmente comparables. Al calcular las tasas de retorno no tiene sentido considerar la ganancia antes de impuestos de una compañía y compararla con las ganancias después de impuestos de otra. Una compañía que capitalice intereses puede parecer que tiene mejores resultados que otra que no lo hace. Si, en lugar de la cifra del interés que consta en el estado de resultados, se utiliza para ambas compañías el pago del interés total para el ejercicio, puede que no haya diferencia en su rentabilidad.

Es fundamental asegurarse de utilizar cifras consistentes en los coeficientes en desarrollo. Las compañías pueden cambiar la forma en que presentan sus datos financieros y definen los rubros individuales en sus estados financieros. Siempre debe verificarse que el análisis haya sido ajustado para tener en cuenta dichos cambios. Las notas a los estados financieros deberían dar detalles de los mismos como también de otros datos fundamentales.

Nunca basarse en un solo coeficiente

No es aconsejable evaluar una compañía sobre la base de un solo coeficiente. Hay que calcular el del año anterior para obtener una impresión de la manera en que lo que se está considerando cambia y cuál es la tendencia, o bien comparar el coeficiente de la compañía con el de empresas que operan dentro del mismo segmento o que tienen una tamaño comparable. Las tablas de coeficientes en la Parte 3 ofrecen bases de comparación para el sector y el país en los que una compañía individual se está evaluando.

Cuantos más años, mejor

No debe analizarse una compañía sobre la base de las cifras de un solo ejercicio. Deben someterse a análisis al menos tres, e idealmente cinco años para tener una visión clara de los resultados de la compañía y para destacar los movimientos en los coeficientes que requieren explicación o investigación.

No se requiere una gran inteligencia para usar métodos contables creativos con el fin de producir un nivel alto de rentabilidad por única vez. El verdadero arte consiste en mantener esa ilusión. Una vez que se han manipulado las cuentas, la compañía camina sobre una cuerda floja y se generan más oscilaciones con cada ejercicio, causando así que en algún momento del futuro cercano vaya a tener que pedir ayuda o se caiga de la cuerda.

Cierre de los ejercicios

Existe un problema al comparar compañías y es que probablemente no tengan el mismo cierre del ejercicio. En la mayoría de los países son tres las fechas más frecuentes: marzo/abril, septiembre/octubre y diciembre/enero. La elección de la compañía del cierre de su ejercicio depende de varios factores, como la fecha en la que fue fundada, la legislación fiscal o la naturaleza de sus negocios. Las compañías involucradas en negocios estacionales probablemente no quieran preparar el cierre contable en el momento de mayor ocupación de su ciclo comercial, por eso, pocos minoristas tienen como fecha de cierre el 31 de diciembre.

Las diferencias en los cierres de ejercicio y el momento de la publicación de los resultados, en general, generan problemas para elaborar tablas para realizar comparaciones en todo el país y en unidades diferentes de la compañía. La mejor solución que puede abordarse es comparar compañías que reporten resultados en un período de 12 meses, si bien éstos pueden extenderse en dos años calendario. Este método puede ocasionar ciertas distorsiones a causa de la estacionalidad, pero al menos provee una base de tiempo común aceptable.

¿Cuántas semanas en el año?

Se debe tener cuidado también con que el cuadro de resultados incluya un estándar de 52 semanas. Una compañía puede haber ajustado el cierre de su ejercicio y tener más de 12 meses de operaciones en sus estados contables.

Por ejemplo, puede darse un cambio luego de una fusión o adquisición en el momento en que una compañía cambia para hacer que su cierre esté en línea con la otra compañía. En esos casos, los datos utilizados pueden ajustarse retroactivamente a 52 semanas, o a 12 meses, dividiendo los datos del número real de semanas o meses cubiertos en el estado de resultados y luego multiplicándolo por 52 o 12 según sea el caso. Sin embargo, hay que tener en cuenta que un ajuste así puede resultar distorsivo.

¿Promedio, media o modo?

Es aconsejable, con frecuencia, poner límites máximos y mínimos en las principales tablas de las compañías que operan en un segmento seleccionado para ofrecer lineamientos sobre los resultados o posición promedio. Los extremos de los resultados y de la posición, si bien son de importancia considerable para las compañías involucradas, se ignoran al definir promedios o estándares para un grupo de compañías o para un sector de negocios. Por el contrario, un caso extremo puede distorsionar cualquier promedio calculado.

En muchos casos es preferible utilizar una media en lugar de un promedio como base de comparación. Si se comparan 10 compañías y el indicador utilizado da una cifra de 10 para 9 compañías, y 100 para una compañía, el promedio (190/10) es de 19. Esto resulta en nueve de cada diez compañías por debajo del promedio.

La cifra de la media o del medio o del punto medio en una tabla que muestre la clasificación de las compañías o los coeficientes puede ser de más utilidad. Cuando existe un número impar de rubros, la media es la cifra intermedia. En el ejemplo a continuación, la media de la primera línea es 7.

2	5	7	9	12
	6	8	10	11

La media se puede calcular a partir de la fórmula (n + 1) / 2, siendo n el número de rubros del grupo. Con 5 rubros, esto da (5 + 1) / 2 = 3, el tercer rubro en la lista. Con un número par de rubros, la fórmula identifica la posición de la media entre las dos cifras de medio punto (4 + 1) / 2 = 2,5. La media está a medio camino entre 8 y 10 = 9.

Una medición alternativa es tomar el modo, es decir, la cifra que se da con más frecuencia en la tabla. El modo se identifica mejor por medio de la vista, que a través de un cálculo y, por supuesto, es posible que una tabla sea bimodal (con dos modos).

Deben investigarse las variaciones
Cuando los coeficientes de una compañía hacen que se destaque entre otras en el mismo sector, es importante tratar de descubrir las razones de la variación. Puede ser que la compañía sea distinta y esté imponiendo estándares de resultados o estructuras financieras para el resto del sector. Sin embargo, debe tenerse precaución en que el hecho de ser distinta no sea simplemente el resultado de la aplicación de prácticas contables diferentes de las de otras compañías.

En forma similar, todo cambio repentino o drástico en los resultados o posición de la compañía debe ser investigado. Una mejora significativa en las ganancias informadas puede ser el resultado de una venta única de un activo o cambios en el tratamiento contable de los rubros en los estados contables.

En el análisis financiero, lo más seguro y productivo es no dejar el beneficio de la duda. Cuando una compañía muestra marcas características diversas de otras compañías en el mismo segmento, es mejor suponer que ésta no es una señal positiva hasta que otros análisis prueben lo contrario.

Gráficos y cuadros
Para la mayoría de las personas, un gráfico ofrece el mejor modo de mostrar una serie de datos e información financiera. Incluir el volumen de ventas de cinco ejercicios y la ganancia, o el margen de ganancias, y el retorno sobre el total de los activos en un gráfico ofrece la forma ideal de identificar tendencias y el movimiento anual y es ciertamente más efectivo que una tabla mostrando cifras resumidas que contienen algunos datos. Los paquetes de *software* estándar facilitan transformar un conjunto de cifras en un gráfico, gráfico de barras o torta.

Verificación de la integridad
Las compañías han hecho extenso uso de gráficos en los informes corporativos. Pero ¿qué clase de imagen se presenta? Es simple esconder o distorsionar la tendencia, por ejemplo, en el crecimiento de las ganancias escogiendo una escala de los gráficos que muestre el mensaje que quiere darse.

Los dos gráficos de barras en el Cuadro 6.1 muestran exactamente las mismas ganancias anuales. Si se miden las barras con una regla, ambos gráficos muestran una ganancia al cierre del ejercicio que es cuatro veces superior al último ejercicio. Sin embargo, para la mayoría de las personas, la de la derecha parece indicar mejores resultados.

No depender del análisis de otra persona
Es más seguro no depender completamente del análisis de otra persona, en particular, si lo ofrece la compañía bajo análisis. Siempre deben basarse las evaluaciones y cálculos de la compañía en datos financieros originales disponibles en los estados contables.

REGLAS DE PORCENTAJES

Una valiosa ayuda para interpretar los estados contables es expresar las cifras en términos de porcentajes, específicamente al evaluar los datos de una compañía durante varios años o los datos de varias compañías. Los porcentajes simplifican las cosas en gran medida, reducen las cifras que se presentan en miles de millones o en cientos en una sola medida comparable. Más aún, hacen más fácil encontrar tendencias o diferencias, como se muestra en el siguiente ejemplo de estados de flujos de caja.

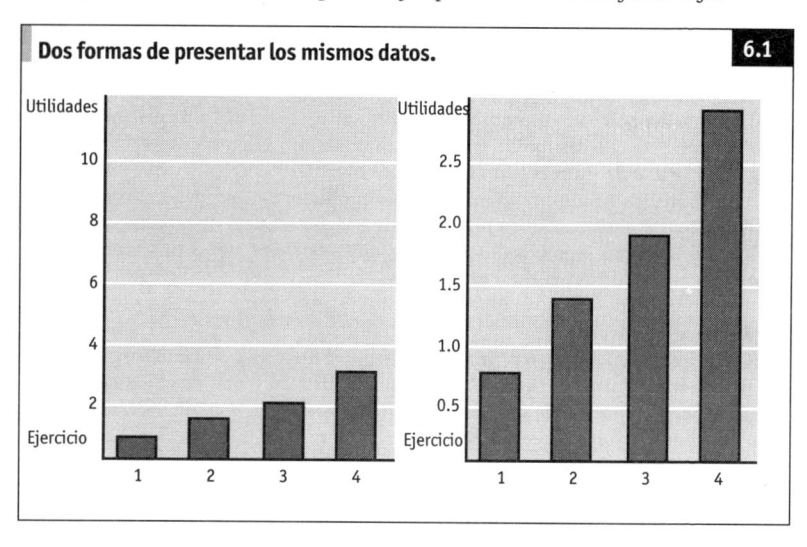

Dos formas de presentar los mismos datos.   6.1

	$m	$m	%	%
Flujos de caja				
Actividades operativas	885,2		90	
Actividades financieras	94,4	979,6	10	100
Salidas de caja				
Inversiones y finanzas	197,6		20	
Impuestos	231,8		24	
Actividades de inversión	279,6	709,0	28	72
Aumento del efectivo		270,6		28

Presentación en escala habitual

En forma similar, enfocar la presentación de la escala en formato de porcentaje, habitualmente denominado "presentación en escala común", hace más fácil el análisis y la comparación de la contribución que cada fuente de financiación tiene en la financiación del total de los activos utilizados por las compañías. Con frecuencia, resulta útil presentar todos los rubros importantes en un estado de resultados como porcentajes de los resultados de ventas. Una ventaja adicional a la aplicación de una presentación con escala habitual es que cuando las compañías informan en diferentes divisas sus resultados, todas las diferencias de divisas se eliminan automáticamente.

Si se expresan los activos totales como 100, se pueden mostrar las fuentes de financiación en relación a éste, como muestra el siguiente ejemplo:

($)	Año1	Año2	Año3
Activos fijos	1.515	1.580	1.729
Activos corrientes	1.573	1.704	1.692
Total de los activos	3.088	3.284	3.421
Capital y reservas	926	1.314	1.711
Préstamos a largo plazo	618	656	343
Pasivos corrientes	1.544	1.314	1.367
Total de los pasivos	3.088	3.284	3.421

El proceso es simple. Cada fuente de financiación se divide por el total de activos y se multiplica por 100. Por ejemplo, en el año 3, el capital y las reservas de $1.711 divididos por el total de los activos de $3.421 y multiplicados por 100 dan 50%.

El balance puede presentarse de la siguiente forma:

%	Año 1	Año 2	Año 3
Capital y reservas	30	40	50
Endeudamiento a largo plazo	20	20	10
Pasivos corrientes	50	40	40
Total de los activos	100	100	100

Las tres fuentes de financiación pueden identificarse claramente y es más fácil identificar los cambios y las tendencias de esta presentación que de los balances de tres años.

Todos los cambios en el apalancamiento deuda/capital pueden identificarse inmediatamente cuando se utiliza la presentación común de la escala y se pueden calcular fácilmente los coeficientes deuda/capital.

Esto ofrece un medio alternativo de cálculo e interpretación del apalancamiento deuda/capital. Del balance del primer año, la deuda total de $2.162 dividida por los fondos de los accionistas de $926 da un coeficiente de deuda/capital de 2,3:1. El mismo cálculo se puede completar directamente a partir de la presentación común de la proporción. En el año 1, la deuda total (70) dividida por los fondos de los accionistas (30) da un coeficiente de 2,3:1 o 233%. En el año 3 esto puede verse reducido al 1:1 o 100%. La deuda de largo plazo puede calcularse de la misma forma, con deuda a largo plazo (20) dividida por deuda a largo plazo y capital (20 + 30), dando un coeficiente de 0,4:1 o 40% en el año 1 y cambiando a 0,33:1 o 33% en el año 3.

Este formato de presentación se puede utilizar para explicar como un lado del balance, el de los activos totales, se financia. Por cada $1 de activos empleados en el año 1, los accionistas han contribuido con 30¢ y en el año 3 esta cifra había aumentado a 50¢. Lo que queda de cada $1 fue provisto por recursos externos, deuda y pasivos corrientes. En el año 1 esto era de 70¢ y en el año 3 era de 50¢.

($m)	-Ventas-		-Utilidades operativas-		-Activos netos-	
	Año 1	Año 2	Año 1	Año 2	Año 1	Año 2
Clase de operaciones						
Bienes de consumo	956	998	65	71	408	421
Equipo de oficina	488	532	15	22	188	201
Equipo médico	694	725	72	84	484	526
Sistemas electrónicos	355	501	-6	9	125	201
	2.493	**2.756**	**146**	**186**	**1.205**	**1.349**
Análisis geográfico por ubicación						
RU	860	877	61	63	451	434
Resto de Europa	485	498	32	43	274	255
Norteamérica	484	508	39	42	185	287
Sudamérica	307	486	.6	19	159	196
Asia/Australasia	259	333	19	26	136	177
Otros	98	54	1	2	0	0
	2.493	**2.756**	**146**	**186**	**1.250**	**1.349**

(%)	-Ventas-		-Utilidades operativas-		-Activos netos-	
	Año 1	Año 2	Año 1	Año 2	Año 1	Año 2
Clase de operaciones						
Bienes de consumo	38	36	44	38	34	31
Equipo de oficina	20	19	10	12	16	15
Equipo médico	28	26	49	45	40	39
Sistemas electrónicos	14	18	-4	5	10	15
	100	100	100	100	100	100
Análisis geográfico por ubicación						
RU	34	32	42	34	37	32
Resto de Europa	19	18	22	18	23	19
Norteamérica	19	18	27	23	15	21
Sudamérica	12	18	-4	10	13	14
Asia/Australasia	10	12	13	14	11	13
Otros	4	2	1	1	0	0
	100	100	100	100	100	100

Este enfoque también se puede usar para analizar los registros de cinco años, informes segmentados o estados contables de una compañía, como figura en el ejemplo.

NÚMEROS ÍNDICES

El uso de números índices también constituye otra forma de aclarar los resultados de una compañía. El resultado —un estado de la tendencia— ofrece un medio más confiable para identificar las tendencias en los resultados o en la posición que una presentación de escala, como se demuestra en el siguiente ejemplo con los registros financieros de cinco años de una compañía.

Análisis estratégico de compañías

($)	Año 1	Año 2	Año 3	Año 4	Año 5
Ingresos por ventas	5.200	5.500	6.100	6.300	6.600
Utilidades antes de impuestos	350	400	475	490	520

Si la cifra de cada año está dividida por la correspondiente a la del año base, y se multiplica el resultado por 100, se generan una serie de números índices. El volumen de ventas de 2 años ($5.500) dividido por el del año 1 ($5.200) y multiplicado por 100 da 106.

($)	Año 1	Año 2	Año 3	Año 4	Año 5
Ingresos por ventas	100	106	117	121	127
Utilidades antes de impuestos	100	114	136	140	149

Al interpretar los números índices debe recordarse que se relacionan directamente con el primer año. Los ingresos por ventas en el año 2 aumentaron en $300 ($5.500 – $5.200), que fue un aumento del 6% y se reflejó en el movimiento del número índice de 100 a 106. Sin embargo, es incorrecto suponer que el aumento de los ingresos por ventas en el año 5 también fue del 6% (127 – 121). Los ingresos por ventas en el año 5 aumentaron en $300, que fue menos de un 5% sobre los $6.300 del año 4. Los ingresos por ventas en el año 5 representaron un 27% de aumento en el año 1.

Por supuesto, si se usa el año 2 como base (100), la situación que se obtiene es diferente.

TASAS DE CRECIMIENTO Y TENDENCIAS

Puede resultar de utilidad calcular la tasa a la que ocurre el cambio en un análisis financiero. Para medir el cambio del porcentaje de un año al siguiente, el cálculo es el que se muestra a continuación:

$$100 \times [(\text{año 2} - \text{año 1}) / \text{año 1}]$$

Los ingresos por ventas y el aumento en las ganancias para el segundo y el último año son los siguientes:

	Año 1 Año 2	Año 4 Año 5
Ingresos por ventas	(5.500 – 5.200) /5.200 = 5,8%	(6.600 – 6.300) / 6.300 = 4,8%
Utilid. antes de imp.	(400 – 350) / 350 = 14,3%	(520 –490) / 490 = 6,1%

Aparentemente, la compañía registra un aumento consistente en los ingresos por ventas. Cuando hay un nivel significativo de inflación, los patrones de crecimiento pueden verse distorsionados.

Para solucionar este problema puede usarse la medición adecuada de la inflación, como por ejemplo el índice de precios minorista para ajustar los ingresos por ventas. Para expresar los ingresos por ventas de cada 5 dólares año a año, se multiplican los ingresos por ventas de ese año por el índice del año 5 dividido por el índice del año. Por ejemplo, para expresar los ingresos por ventas del año 1 en dólares del año 5, el cálculo es el siguiente:

$$\$5.200 \times (140 / 100) = \$5.200 \times 1,4 = \$7.280$$

Estas cifras ajustadas proveen una mejor base para interpretar los patrones de crecimiento subyacentes reales. Sobre la base de las cifras ajustadas para el período de cinco años, la ganancia aumentó en un 6% y el volumen de ventas disminuyó en un 9%.

($)	Año 1	Año 2	Año 3	Año 4	Año 5
Ingresos por ventas	5.200	5.500	6.100	6.300	6.600
Índice de inflación	100	110	120	130	140
Volumen de ventas ajustado ($)	7.280	7.000	7.117	6.785	6.600

Tasas de crecimiento compuestas

Para evaluar la tendencia del crecimiento sobre una serie de años, se puede calcular la tasa de crecimiento compuesta. Existen fórmulas estadísticas para el cálculo, pero como en la mayoría de los casos sólo se requiere un indicador de la tasa, puede utilizarse la tabla de la página siguiente.

A partir de la tabla del registro financiero de cinco años que aparece en una memoria anual se puede calcular el crecimiento en un período de cuatro años. Si se usan las cifras del ejemplo anterior, las cifras del último año se dividen por las del primer año, y el factor resultante se puede ver en la tabla para identificar la tasa de crecimiento compuesta aproximada en un período de cuatro años:

Ingresos por ventas	$6.600 / $5.200 = 1,27
Utilidades antes de impuestos	$520 / 350 = 1,49

Si miramos la columna de cuatro años de la tabla, la cifra más cercana a 1,27 es el 6%, y de 1,49, el 10%. Por lo tanto, durante el período los ingresos por ventas ha aumentado a una tasa justo sobre el 6% por año y una ganancia antes de impuestos superior al 10% por año.

	2 años	3 años	4 años
1%	1,02	1,03	1,04
2%	1,04	1,06	1,08
3%	1,06	1,09	1,13
4%	1,08	1,12	1,17
5%	1,11	1,16	1,22
6%	1,12	1,19	1,26
8%	1,17	1,26	1,36
10%	1,21	1,33	1,46
12%	1,25	1,40	1,57
14%	1,30	1,48	1,69
16%	1,35	1,56	1,81
18%	1,39	1,64	1,94
20%	1,44	1,73	2,07
25%	1,56	1,95	2,44
30%	1,69	2,20	2,86
40%	1,96	2,74	3,82
50%	2,25	3,37	5,06
60%	2,56	4,10	6,55
70%	2,89	4,91	8,35
80%	3,24	5,83	10,00

90%	3,61	6,86	13,00
100%	4,00	8,00	16,00

Si se debe calcular el crecimiento de los tres últimos años, el cálculo debería ser $6.600 / $5.500 = 1,2 y $520 / $400 = 1,3. Si miramos hacia abajo en la columna de 3 años, indica un aumento en el volumen de ventas sólo superior al 6% y un crecimiento en las utilidades sólo inferior al 10% en los últimos 3 años.

Debe tenerse en cuenta que la tasa de crecimiento compuesta se basa sólo en los primeros y últimos años. La compañía de la que se obtuvo el registro de cinco años pudo haber registrado una ganancia o pérdida de $600 en el año 3 y la tasa de crecimiento compuesta no se habría visto afectada.

MONEDAS EXTRANJERAS

Analizar una serie de compañías con sede en el mismo país evita los problemas relacionados con la moneda a considerar. Hacer una comparación internacional resulta inevitablemente más complicado. No vale la pena tratar de comparar la ganancia de $96.000 de una compañía con sede en los EE.UU. con la de una compañía francesa de EUR 90.000 y la de £60,000 de una compañía con sede en el RU. La mejor manera de abordar este problema es traducir las cifras involucradas en una moneda. Sin embargo, existen dificultades potenciales al hacerlo, la más obvia es cuál tipo de cambio utilizar. Dos alternativas son el tipo de cambio vigente a la fecha del balance de cada compañía, o el tipo de cambio promedio del año. El método más simple, si bien no es de ninguna manera el más preciso o representativo, es tomar todas las monedas involucradas y usar el tipo de cambio vigente el día del análisis para convertir las cifras en una base de divisas única.

Si las tres compañías del ejemplo son comparadas a partir de su casa central en el Reino Unido, las cifras pueden ser ajustadas para mostrar el coeficiente en equivalentes a la libra esterlina.

	Tasa	**£**
$96.000	1,6	60.000
EUR 90.000	1,5	60.000
£60.000	1,0	60.000

Ahora las tres compañías pueden compararse directamente en la divisa a la cual la persona que prepara el análisis está habituada. Por lo tanto, se pueden hacer comparaciones internacionales sobre el porcentaje, eficiencia y resultados de una compañía. Sin embargo, debe tenerse cuidado al adoptar este enfoque, en particular cuando el análisis es retrospectivo sobre varios años. La revaluación de la moneda de un país contra la de otros derivaría ciertamente en un cambio drástico en los valores convertidos en relación con todo coeficiente utilizado en el año en que se llevó a cabo.

USO DE BASES DE DATOS

Si se dispone de una base de datos comercial como fuente de datos e información de la compañía, esto ofrece no sólo el fácil acceso a los estados contables, sino también la ventaja de que cada uno está configurado en un formato estándar. Esto puede resultar particularmente útil cuando se comparan compañías que operan en diversos países. Las cifras se presentan en un formato consistente y el texto complementario traducido en un idioma común, reduciendo así considerablemente el estrés que produce el análisis. Sin embargo, debe notarse que las bases de datos comerciales toman las cifras provistas por las compañías en sus estados contables al valor nominal al elaborar los coeficientes. Si se sospecha que se ha aplicado contabilidad creativa, deberá verificarse la información en la memoria anual. *Datastream* es una base de datos financieros de amplio uso, si bien no necesariamente la más fácil de utilizar desde el inicio.

Debe aceptarse que muchas veces las bases de datos cambian el formato de la presentación de los datos financieros. Si se agrega o elimina una línea en el estado de resultados o en el balance, se pueden eliminar cálculos contenidos en las hojas de cálculo cuando se importan los datos en bruto directamente a la hoja de cálculo. Debe verificarse siempre que el ingreso de datos sea consistente antes de completar o utilizar algún tipo de análisis. (Véase el Capítulo 11).

7. La medición de la rentabilidad

Este capítulo se ocupa del análisis de la rentabilidad de una compañía. Comienza por enfocarse en los datos contenidos en la cuenta de pérdidas y ganancias del estado de resultados y se extiende para incluir el balance y otras fuentes de datos financieros e información relevante.

¿QUÉ SON LAS UTILIDADES?

Una definición de las utilidades indica que representan el excedente de los ingresos sobre los gastos. En contabilidad, cuando los ingresos son mayores que los egresos se registran utilidades. Por lo tanto, los estados operativos relacionados con los ingresos y gastos se denominan estado de pérdidas y ganancias en el Reino Unido, y estado de resultados en la mayor parte de los otros países.

Definir y medir las utilidades ofrece una de varias áreas de discusiones entre contadores y economistas. Estos últimos concentran su atención en lo que puede suceder en el futuro (el valor presente de utilidades futuras). Los contadores están más ocupados con lo que ocurrió en el pasado (ingresos menos gastos). Un economista puede ser más preciso al pronosticar *lo que va a suceder en realidad*, pero es menos probable que pueda precisar con exactitud cuándo va a ocurrir. Sin embargo, un contador puede argumentar que en la mayoría de los casos un economista sólo tiene que definir las utilidades, mientras que un contador en realidad debe cuantificarlas en cada ejercicio como una cifra única en varias cuentas.

Perspectivas diferentes

El término "resultados" tiene diferentes significados, no sólo para los economistas y los contadores, sino también para los diversos grupos de intereses de la compañía, cada uno de los cuales considera las utilidades que obtiene una compañía desde una perspectiva diferente.

- **Los accionistas** pueden estar muy preocupados por la capacidad de una compañía para mantener y mejorar el valor de sus inversiones y el flujo de futuros ingresos. Ellos piden a la compañía que genere suficientes utilidades para proveer el pago de dividendos y un aumento en el valor del mercado de las acciones que les pertenecen. En la mayoría de las memorias anuales los accionistas de la compañía reciben un estado detallado de los cambios que han tenido lugar durante el ejercicio sobre sus inversiones (véase el Capítulo 5).
- **Los acreedores** de dinero estarán más interesados en evidencias que sustenten la capacidad de la compañía para continuar pagando el interés sobre los fondos prestados a medida que llega el vencimiento de los mismos.
- **Los clientes** se preocupan por evaluar los niveles de las utilidades que se generan, en particular si existe una normativa en el sector comercial que busque dar alguna forma de protección al cliente. Ahora que se enfatizan cada vez más los estándares de servicio y la satisfacción del cliente, no hay muchas ventajas en las utilidades excesivas a corto plazo, a expensas del largo plazo para el cliente.

- **Los competidores** son los más interesados en comparar sus propios resultados y eficiencia con los de otras compañías que operan en el mismo sector comercial.
- **Los gerentes y otros empleados** con frecuencia están muy interesados en las utilidades que genera su unidad de negocios y en evaluar las perspectivas de su empleo. Se espera que los altos ejecutivos se centren en los niveles de rentabilidad general que les proveen las unidades operativas principales de la compañía, sus unidades de negocios estratégicas (SBUs). Sus intereses deberían centrarse en el potencial futuro en lugar de en los resultados históricos de la compañía.
- Clientes o empleadores esperan de los **analistas de negocio y de inversiones** que ofrezcan una indicación de si vale la pena mantener o comprar las acciones de una compañía en particular para obtener futuras utilidades o si deben venderse de inmediato. Los analistas evaluarán las utilidades del ejercicio vigente y las compararán con las de ejercicios anteriores y las de otras compañías y las considerarán con sus evaluaciones para el futuro de los negocios del segmento para predecir la tendencia de las utilidades.

Los fundamentos del mantenimiento del capital

Las utilidades pueden definirse como la diferencia entre el capital registrado en el balance al inicio y el que consta en el cierre de un período contable. Si estas utilidades se distribuyen entre los accionistas en forma de dividendos, el capital financiero de la compañía se mantendría sin cambios (mantenimiento del capital financiero). Se requiere que todas las compañías mantengan su capital financiero. También es razonable esperar que una compañía mantenga su capacidad para producir bienes y servicios sobre los que dependen sus operaciones al facilitar el reemplazo de los activos fijos necesarios (mantenimiento del capital operativo).

Los economistas y los contadores coinciden en que, para llegar a una cifra sobre las utilidades, deben tenerse en cuenta los activos utilizados o el capital empleado por la compañía para generar esas utilidades. Antes de poder declararlas, la "utilización" de parte de los activos o del capital empleado en el negocio debe ser registrada como parte de los costos y gastos generales del ejercicio. Como se verá en el Capítulo 3, esto es fundamental para la teoría de la contabilidad y para las leyes de la compañía, y se logra normalmente por medio del registro de la depreciación. Puede mostrarse como la reserva de fondos para un eventual reemplazo de los activos de la compañía cuando sea necesario.

Si una compañía no pudiese cumplir con el requisito de mantenimiento de capital y pagar los impuestos al gobierno y los dividendos a sus accionistas del monto no registrado como depreciación, no retendría los fondos suficientes para mantener la base de activos de sus operaciones. Esto se vería reflejado en el otro lado del balance como una disminución en el interés de los accionistas en el negocio. Como resultado, el capital empleado y potencialmente la capacidad de cumplir con las obligaciones de los acreedores y de aquellos que prestan dinero a la compañía se verían afectados.

En resumen, si una compañía no puede establecer en cada ejercicio previsiones consistentes y razonables o prudentes para la depreciación, va a sobreestimar su rentabilidad real y a acumular problemas para el futuro. Por lo tanto, es importante ase-

Análisis estratégico de compañías

gurar que no solamente se cumple con el requisito del mantenimiento de capital, sino también con todos los principios básicos de la preparación del estado de resultados (véase el Capítulo 3) para determinar las utilidades que informan.

Consideraciones iniciales

El punto de partida para el análisis y la evaluación de la rentabilidad es probablemente la memoria anual, que ofrece en forma regular información sobre las actividades de una compañía. El estado de resultados expone los ingresos y egresos de la misma. El resultado será "utilidades" cuando las ganancias totales sean mayores que el total de los gastos, y una pérdida en el caso inverso.

$$\text{Utilidades} = \text{ganancia total} - \text{costo total}$$

Esta ecuación parece ofrecer una definición simple de las utilidades. Pero ¿cómo se calcula el costo? Cabe recordar la historia del ejecutivo que, exasperado por no recibir nunca una respuesta clara a una pregunta hecha a su contador, le exigió, "¿Qué es 1 más 1?". El contador sonrió y le contestó: "¿Está vendiendo o comprando?". Ya que es inusual poder dar una respuesta clara, no ambigua sobre el costo de un producto o servicio, es difícil definir utilidades y, por lo tanto, interpretar la cifra que una compañía declara como tales.

A los efectos de los coeficientes y del análisis que se tratan en este capítulo, se supone que la ganancia o ingresos por ventas utilizados excluye todos los impuestos por ventas o equivalentes. En el Reino Unido es normal registrar en la cuenta de resultados los ingresos por ventas exclusivos o netos del impuesto al valor agregado (VAT).

Los ingresos por ventas durante el ejercicio se dividen frecuentemente en ganancias generadas a partir de operaciones continuas y discontinuas. Esta división se mantiene en el registro de las ganancias del ejercicio. La intención es mostrar en forma consistente para cada ejercicio dónde ha generado la compañía ganancias y utilidades y facilitar el análisis de cuánto han contribuido en el período bajo estudio las unidades de negocios que aportarán las subsecuentes utilidades (o pérdidas). Una compañía que ha vendido una fuente de ganancias y no ha reinvertido en otra no sólo debe informar el dinero recibido de la venta como parte de sus ganancias generales, sino que también renunciará a las ganancias que esa fuente hubiese generado para obtener futuras utilidades.

Varas de medición

Se puede generar una tabla que liste, ordenadas según el valor monetario de sus ganancias para el año, las compañías que operan dentro de un sector comercial. Dicha lista, poniendo las mayores utilidades en el primer lugar y las menores en el último, reflejará cuál de las compañías escogidas obtuvo la mayor ganancia. También puede ser útil para revelar las utilidades totales obtenidas por las compañías seleccionadas. Sin embargo, esa lista no necesariamente revela cuál de las compañías es más redituable. Para poder analizarlo, pueden ayudar varios coeficientes.

COEFICIENTES DE MARGEN DE UTILIDADES

En el estado de resultados, se puede utilizar el margen de utilidades para comenzar el análisis de la rentabilidad de una compañía. Se calcula dividiendo las utilidades por el ingreso por ventas y expresando el resultado como un porcentaje.

% de margen de utilidades = 100 x (utilidades / ingresos por ventas)

Margen de utilidades brutas

Analizando el estado de resultados, las primeras utilidades que normalmente se ven son las utilidades brutas, que se generan al deducir el costo de las ventas de los ingresos por ventas del ejercicio. Se supone, con bastante certeza, que el costo de las ventas incluye todos los materiales y servicios directos suministrados por los proveedores, la remuneración directa de los empleados y los gastos generales directos. Sin embargo, es esencial leer las notas que proveen detalles adicionales a las cifras que aparecen en el estado de resultados.

Desafortunadamente aún hay poca consistencia en la forma en que las compañías presentan la información crítica. Por ejemplo, algunas deducen las remuneraciones de los empleados al llegar a las utilidades brutas y algunos no lo hacen de ese modo. Al analizar varias compañías, probablemente sea necesario realizar una serie de ajustes a las cifras provistas en las cuentas antes de que sea posible confiar en que los coeficientes de rentabilidad son verdaderamente comparables.

% del margen de utilidades brutas = 100 x (utilidades brutas / ingresos por ventas)

El margen de utilidades brutas, que se denomina simplemente margen bruto, ofrece una indicación razonable de la rentabilidad básica de un negocio y es útil a fin de comparar los resultados de las compañías que operan en el mismo sector. Cuando una compañía tiene un nivel de margen bruto totalmente diferente, vale la pena descubrir por qué.

Las variaciones en el nivel de los márgenes de utilidades pueden ser originadas por muchos factores. Por ejemplo, el margen bruto se ve influido por los cambios en la combinación de productos comercializados por una compañía y está directamente afectado por aumentos o disminuciones en los precios. En forma similar, los cambios en la eficiencia de la producción, o en la compra de materiales, afectan al costo de las ventas, el cual, a su vez, tiene impacto en el margen bruto. En el Capítulo 2 se analizó la posibilidad de distorsionar las utilidades a través de la valuación de un inventario incorrecto y, por lo tanto, del margen bruto.

Margen de utilidades operativas

Frecuentemente, en el estado de resultados, las utilidades operativas siguen a las utilidades brutas. En general incluyen todos los gastos de la compañía de distribución, administración e investigación y desarrollo y los gastos generales.

Debe asegurarse de que exista un tratamiento consistente del volumen de las operaciones y utilidades relativo a las *joint ventures* y empresas asociadas. Si se utiliza la cifra total del volumen, entonces la ganancia operativa total —incluso el porcentaje de la ganancia de las *joint ventures* y empresas asociadas— debe ajustarse.

El margen de utilidades operativas ofrece una evaluación de la rentabilidad de una compañía luego de tomar en cuenta todos los costos normales de la producción y abastecimiento de bienes o servicios y la ganancia de la venta de los mismos, pero sin incluir los costos financieros, como pagos de intereses sobre préstamos bancarios, o ganancias por inversiones, como los intereses ganados sobre depósitos bancarios.

% margen operativo = 100 x (utilidades operativas / ingresos por ventas)

Vale la pena analizar si una compañía demuestra un nivel consistente de margen bruto pero un nivel en disminución de margen de utilidades operativas. Una explicación puede ser la eficiencia en las compras y el control de los costos básicos, aunque demuestre un control deficiente de los gastos generales, que se incrementan sin mejorar la compensación en los ingresos por ventas.

En esta etapa deberá recurrirse a las notas que acompañan las cifras de los ingresos por ventas y utilidades operativas en el estado de resultados. Como se ha descripto en el Capítulo 3, estas notas ofrecen una valiosa fuente de información sobre dónde una compañía genera ingresos exactamente y, asociado con esto, qué nivel de ganancias genera cada unidad de negocios y área geográfica de la operación.

Debido a las cifras comparativas del ejercicio anterior que constan en las notas, es posible identificar los movimientos, no sólo dentro del sector, sino entre varias áreas geográficas en las que la compañía tenga intereses. Con algunos datos históricos adicionales, todas las tendencias adicionales pueden identificarse. Con frecuencia, es posible hacer comparaciones con otras compañías que operan en el mismo segmento y ubicación.

Margen de utilidades antes de impuestos

Si seguimos analizando el estado de resultados, el siguiente paso es deducir los gastos restantes y cargos de las utilidades operativas para calcular las utilidades antes de impuestos (PTP) del ejercicio. El cálculo del margen de utilidades antes de impuestos muestra el nivel de rentabilidad de una compañía luego de considerar todos los costos operativos y gastos excepto los impuestos y dividendos de los accionistas.

% de margen de utilidades antes de impuestos = 100 x (utilidades antes de impuestos / ingresos por ventas)

Una compañía que mantiene un margen de utilidades operativas estable pero un margen de utilidades antes de impuestos en disminución puede haber aumentado la financiación por inversiones por las que paga intereses, aun así la inversión todavía tiene que convertirse en menores costos o en mayores ingresos. El cargo por intereses se deduce al llegar a las utilidades antes de impuestos del ejercicio, pero aún no se ha generado ganancia de la inversión sobre la financiación obtenida.

Utilidades después de impuestos y márgenes de utilidades retenidas

Es posible calcular tanto el margen de utilidades después de impuestos como el margen de utilidades no distribuidas del estado de resultados, pero esos coeficientes no ofrecen ayuda adicional significativa en la evaluación general de la rentabilidad de una compañía.

LOS COEFICIENTES DE EFICIENCIA

El siguiente paso para el análisis de la rentabilidad de una compañía es combinar la información de los estados de resultados y del balance de forma que permita medir cuán eficientemente una compañía utiliza sus activos o el capital aportado.

($)	A	B	C
Ingresos	100	100	100
Utilidades	20	20	27
Activos	100	125	150

Por ejemplo, las compañías A y B tienen un margen de utilidades del 20%, y la C uno de 27%. Sobre la base de esta medición, C parece ser la más rentable y es imposible distinguir entre A y B. Se pueden usar los siguientes coeficientes como parte de un análisis más detallado.

Tasa de retorno sobre los activos y el capital empleado

La tasa de retorno general sobre el capital o los activos puede calcularse dividiendo las utilidades, tomadas del estado de resultados, por los activos o el capital empleado, como se muestra en el balance, y expresando el resultado como un porcentaje.

$$\% \text{ de tasa de retorno sobre los activos} = 100 \times (\text{utilidades} / \text{activos})$$
$$\% \text{ de tasa de retorno sobre el capital} = 100 \times (\text{utilidades} / \text{capital})$$

Si este coeficiente se obtiene para las tres compañías, sus tasas de retorno sobre los activos se ven de la siguiente manera:

A	B	C
20%	16%	18%

La compañía C tiene el margen de utilidades más alto (27%), pero tiene mayor inversión sobre los activos que A o B. La compañía A tiene el mismo margen de ganancias (20%) que B, pero tiene una base de activos más baja y, por lo tanto, muestra una tasa de retorno más alta. Relacionar los activos empleados en el negocio con las utilidades generadas ofrece una medida más realista de la rentabilidad que el uso exclusivo de los coeficientes del margen de utilidades. La compañía A, con un 20% de retorno sobre los activos, se identifica ahora como la más rentable de las tres.

¿Qué utilidades? ¿Qué activos?

Cuando se trata de coeficientes de rentabilidad, es importante reconocer que no existe un método único para el cálculo de las tasas de retorno y se puede usar el mismo término para referirse a cosas muy distintas. Puede generarse una tasa de retorno sobre los activos (ROA) usando las utilidades brutas, operativas, antes de impuestos. No es usual usar las utilidades brutas en la medición de una tasa de retorno, pero no hay razón por la cual esto no deba hacerse en una serie de compañías para proveer las bases para las comparaciones de los resultados y el análisis del sector de negocios.

¿Cómo medir las utilidades?

Como pasa con el arte, el análisis financiero está sujeto a costumbres pasajeras y a la moda. Se adopta un coeficiente, sube su fama, luego baja y después se lo reemplaza. Una forma de medir las utilidades, muy utilizada en este momento, es la de los ingresos antes del interés, impuestos y amortización (EBITDA). Se dice que esta medida no incluye todos los eventos imprevistos para destacar la rentabilidad "real" del negocio y no está influida por la estructura del capital, los sistemas fiscales o las políticas de depreciación. Se puede utilizar para calcular el monto de los ingresos EBITDA por acción (véanse las páginas 135-136).

El desafío del análisis financiero es el hallazgo de una sola medida infalible para los resultados de la compañía. Se puede utilizar el EBITDA como parte del análisis específico de una compañía, pero existen fallas en la supuesta perfección. El EBITDA ignora el costo de los activos fijos utilizados en un negocio, si bien éstos son costos operativos como cualquier otro. Como medida de rentabilidad, está lejos de la esencia del estado de resultados y, por lo tanto, no tiene en cuenta no sólo la depreciación, sino el interés y el impuesto. Una compañía que genera una pérdida después de impuestos por una enorme inversión en activos fijos financiados por préstamos sustanciales puede parecer adecuada sobre la base del EBITDA.

En el caso de cualquier utilidad que se seleccione, el resultado final será el retorno sobre los activos, pero cada una de las posibles utilidades generará diferentes niveles de retorno. Para cada coeficiente se ha mantenido constante el denominador, pero se ha utilizado un numerador diferente. Antes de calcular el uso de la tasa de retorno precalculada deben verificarse siempre las utilidades que se han utilizado para calcular el coeficiente.

Pueden surgir problemas similares al elegir el denominador para el coeficiente del ROA. Éstos pueden ser de igual forma los activos totales, operativos o netos utilizados. No importa qué cifras se utilicen, el coeficiente final se describe correctamente como el ROA para una compañía específica.

Si las tres compañías en el ejemplo anterior hubieran utilizado distintas definiciones de utilidades y de activos, no resultaría de ningún beneficio práctico tratar de sacar conclusiones al comparar sus tasas de retorno. Por esta razón, los coeficientes de las tasas de retorno que aparecen en las memorias anuales o las de los analistas no deben tomarse al valor nominal.

En resumen, al calcular tasas de retorno comparativas, es esencial que haya consistencia tanto en el numerador como en el denominador en la ecuación. En otras palabras, debe asegurarse de que el ROA de cada compañía se calcule de la misma forma.

Cálculo del promedio de los activos

Surge un problema cuando se toma una cifra de los activos y del capital del balance para el desarrollo de una medida de los resultados. El balance provee el esquema financiero de una compañía en el último año del ejercicio económico. El estado de resultados es un estado de la capacidad de la compañía para generar utilidades e ingresos a lo largo del ejercicio económico, es dinámico y cubre todo el año; el balance es estático y muestra una posición solo al final del ejercicio. El balance de fin de ejercicio incorpora las utilidades retenidas y aparece en la parte inferior del estado de resultados del ejercicio en curso. Toda la financiación obtenida durante el ejercicio para inversiones en activos operativos, aun en los últimos días, aparece en el balance como una fuente de financiación y de activos. Con el objetivo de los coeficientes de las tasas de retorno existe un desajuste entre el estado de resultados y el balance.

Para solucionar este punto, con frecuencia se utiliza una cifra promedio de los activos o del capital para calcular las tasas de retorno. Claramente, esto genera un coeficiente más preciso, pero, para la mayoría de los usos, probablemente sea una pérdida de tiempo y esfuerzo. Más aún, puede ser difícil obtener los datos necesarios de ejercicios anteriores.

Un ejemplo en el que se requiere un análisis más detallado tal vez con la cifra de los activos o del capital promedio u otro ajuste correspondiente se presenta cuando una compañía ha experimentado cambios significativos durante el ejercicio. Por ejemplo, puede haber recaudado capital, o hecho una adquisición o venta importante.

Tasa de retorno sobre el total de activos
Un coeficiente útil para analizar la rentabilidad de la compañía es la tasa de retorno sobre el total de activos (ROTA). Los activos totales, como se muestran en el balance, representan el monto total de recursos físicos y financieros que tiene disponible una compañía para el uso durante el ejercicio para generar las utilidades que aparecen en el estado de resultados. Para llegar a la cifra del total de activos en el Reino Unido es necesario sumar los activos fijos y los corrientes. En muchos otros países, el total de los activos se destaca en el balance.

Independientemente de la forma en que se financian los activos (utilizando los fondos de los accionistas, deuda o préstamos a corto plazo), o de la forma de emplear el capital total y la deuda (en activos fijos, inversiones, activos intangibles, o corrientes), el total de los activos representa el total de recursos disponibles para que una compañía realice sus operaciones. Por lo tanto, es apropiado considerar la capacidad de una compañía para generar utilidades sobre la base del total de los activos que ha utilizado. Utilizar una alternativa al total de los activos como denominador puede hacer difícil las verdaderas comparaciones, ya que las compañías utilizan modos diferentes de financiar sus operaciones.

% de retorno sobre el total de los activos = 100 x (utilidades antes de interés e impuestos / activos totales)

Cuando se utiliza el total de los activos, el numerador debe ser las utilidades antes de intereses e impuestos (PITP) o ingresos antes de intereses e impuestos (EBIT). La razón es obtener el verdadero retorno sobre los activos antes del costo de financiación por medio de pagos de interés sobre los préstamos utilizados para financiar cualquier parte de esos activos. Siguiendo la misma lógica, los intereses o las ganancias recibidos por inversiones financieras, que forman parte del total de los activos, se incluyen en la cifra de las ganancias.

Retorno sobre el total de los activos tangibles
Debido a que, con frecuencia, los activos intangibles se consideran de menor valor cierto que los activos tangibles, es posible argumentar que sólo los activos tangibles utilizados en una compañía deben tenerse en cuenta para medir su tasa de retorno. Para llegar a la cifra de activos tangibles que puedan utilizarse para determinar el retorno sobre el total de activos tangibles (ROTTA), deben deducirse los intangibles que aparecen en la sección de activos fijos del balance de los activos totales.

Retorno sobre los activos operativos (netos)

Para hacer uso de los datos del segmento provistos en la memoria, vale la pena calcular la tasa de retorno sobre activos operativos (ROOA) o el retorno sobre los activos operativos netos (RONOA). La cifra de las utilidades operativas puede tomarse directamente de las cuentas de ganancias y pérdidas o, para cada sector de negocios, de las notas del segmento. Representa las utilidades generadas por la compañía luego de incluir los costos y gastos de los negocios normales, pero antes de todo interés, impuesto o rubro inusual, excepcional o extraordinario.

Activos operativos netos

Los activos operativos netos son los activos empleados para respaldar la normal operación de los negocios, suponiendo que los acreedores a corto plazo se usen para financiar activos a corto plazo.

En el Reino Unido, la mayoría de los balances de las compañías incluye una cifra separada del total de los activos, menos los pasivos corrientes (véase el Capítulo 2). Este enfoque supone que se han utilizado los pasivos corrientes para financiar los activos corrientes, y los activos netos (a los que se hace referencia como activos corrientes netos), cuando se los suma a los activos fijos, ofrecen una indicación del capital y la deuda invertidos en el negocio a largo plazo. Esta cifra se puede utilizar como denominador para medir el retorno sobre los activos operativos netos.

> Activos operativos netos = activos fijos operativos + activos operativos netos corrientes

Activos operativos fijos

En la sección de los activos fijos del balance, los activos fijos tangibles se muestran en su valor neto en libros luego de previsiones por depreciación.

Los intangibles y las inversiones también se valúan y se muestran en forma separada. Los activos intangibles se incluyen en esta definición de activos fijos operativos, pero, debido a que las utilidades operativas están antes del interés u otra ganancia o gastos no-operativos, las inversiones en el encabezamiento de activos fijos, en teoría, debe analizarse si representan una parte significativa de la base de los activos de la compañía. En la práctica, hacer esos ajustes normalmente genera tantos problemas como los que puede solucionar. En caso de duda debe hacerse un análisis simple y coherente.

Activos operativos corrientes netos

Para llegar a esta cifra de activos operativos corrientes netos se excluyen el efectivo e inversiones a corto plazo dentro de los activos corrientes de igual forma que los préstamos a corto plazo o la amortización de deuda corriente que aparece dentro de los pasivos corrientes. Estos rubros son más bien operativos que financieros. La intención es mostrar la rentabilidad de la operación del negocio, sin incluir activos o pasivos financieros y la ganancia o gastos relacionados.

NOA es igual a NOCE

Los activos operativos netos (NOA) son iguales al capital operativo empleado (NOCE) de una compañía.

Activos fijos operativos	Capital y reservas de accionistas
Inventario + deudores	Préstamos y acreedores a largo plazo
Menos acreedores	Menos inversiones en activos fijos
	+/- saldo neto efectivo
Activos netos operativos =	**Capital neto operativo empleado**

Desglose del ROONA

Si el cálculo del retorno sobre los activos operativos se lleva a cabo usando al menos cifras de los dos ejercicios disponibles en la memoria de una compañía, puede relacionarse con la información de los activos operativos que se expresa en la parte de las notas que cuantifican la inversión en cada sector y área geográfica.

Este análisis ofrece una indicación sobre la efectividad con que la compañía utiliza sus activos operativos disponibles en cada sector y, cuando se hace la comparación con otras compañías, pueden desarrollarse *benchmarks* de rendimiento.

EL RETORNO PARA LOS ACCIONISTAS

Hasta aquí el análisis de las tasas de retorno se ha concentrado sobre el lado operativo del negocio al medir el nivel de las utilidades generado en los activos de una compañía. Los accionistas son los principales participantes en un negocio; poseen una compañía y suponen que han invertido su dinero para recibir algunos beneficios o retornos. Quieren beneficiarse de su inversión.

Los accionistas deben usar los coeficientes de rentabilidad descriptos hasta el momento en este capítulo para controlar los resultados y compararlos con otros en sus carteras o contra los promedios del sector comercial.

La ganancia después de impuestos debe usarse para desarrollar medidas del retorno de los accionistas. Luego de que una compañía ha cubierto todos los costos, gastos e impuestos y ha tomado previsiones para los intereses minoritarios en las utilidades, el resultado, que con frecuencia se denomina "utilidades atribuibles a los accionistas", está disponible para el pago de dividendos. Las ganancias luego de impuestos pueden ser distribuidas en forma de dividendos para los accionistas o retenidas para financiar crecimiento y desarrollos futuros.

Se puede desarrollar una tasa de retorno sobre los activos después de impuestos que sea útil al considerar el historial de una compañía, pero es de menor valor para comparar las compañías. Debido a que cada compañía tiene una posición fiscal única —por ejemplo, una puede tener propiedad absoluta y otra propiedad en arriendo, o pueden operar en países diferentes—, es difícil sacar conclusiones firmes sobre los resultados además de los que se obtienen de los coeficientes de utilidades antes de impuestos. Pero aunque las utilidades después de impuestos pueden ser de menos interés como base de comparación de los resultados de una compañía, son fundamentales para los accionistas de todo negocio. Representan el resultado final de las actividades de la gestión de las operaciones de una compañía en su representación durante todo el ejercicio.

Resulta más problemático saber qué cifra tomar de un balance para representar el interés o inversiones de los accionistas en el negocio. En la mayoría de los balances se estipulan los fondos totales de los accionistas como capital y reservas. Las acciones preferidas o de capital sin derecho a voto se encuentran con frecuencia en la cifra total de los fondos de los accionistas. Estrictamente, deben eliminarse del cálculo del retorno de los accionistas, ya que sólo se considera aquí a los accionistas ordinarios, los dueños de la compañía, no a otros proveedores de

Análisis estratégico de compañías

financiación y de capital a largo plazo.

Las cifras correspondientes a los fondos de los accionistas pueden incluir diversos niveles.

> Activos netos = total de los activos - (pasivos corrientes + deuda)
> Capital utilizado = activos netos
> Fondos de los accionistas = capital utilizado
> Fondos de los accionistas = capital utilizado = activos netos

Una vez que las inversiones de los accionistas han sido identificadas, es posible utilizar las utilidades después de impuestos para calcular la tasa de retorno correspondiente. Ésta puede definirse de la siguiente forma:

- ❖ Retorno sobre el capital (ROC).
- ❖ Retorno sobre el capital utilizado (ROCE).
- ❖ Retorno sobre los fondos de los accionistas (ROSF).
- ❖ Retorno sobre el patrimonio neto (ROE).
- ❖ Retorno sobre las inversiones (ROI).
- ❖ Retorno sobre los activos netos (RONA).

Ingresos por acción

Con frecuencia, los accionistas utilizan los ingresos por acción (EPS) como una medida de la rentabilidad general de una compañía. Se puede encontrar el EPS en la memoria tanto al pie del estado de resultados (véase Capítulo 3) como en notas separadas donde figuran los movimientos en los ingresos y en el precio de la acción. Como sucede con cualquier coeficiente precalculado que aparece en la memoria, debe tenerse cuidado en identificar con precisión cómo fue derivado. En muchos casos, probablemente valga la pena hacer uno mismo cálculos simples para asegurar la coherencia si se hacen comparaciones con otros negocios.

Se calcula el EPS dividiendo las utilidades después de impuestos del ejercicio, luego del interés minoritario y después de haber deducido el dividendo de acciones sin derecho a voto, por el promedio ponderado del número de acciones ordinarias (acciones) en circulación durante el ejercicio (FRS 14, IAS 33, FAS 128). El resultado se muestra en peniques o centavos por acción.

> Ingresos por acción = utilidades después de impuestos / número de acciones emitidas

El EPS muestra las utilidades ganadas por la compañía por cada acción ordinaria o unidad de acciones ordinarias que hay emitidas después de calcular los costos, gastos, cargos financieros e impuestos.

Medidas anti maquillaje

Al interpretar el EPS, puede constituir un problema el tratamiento de las ganancias o pérdidas que surjan por única vez que sean extraordinarias o excepcionales, por ejemplo, en la venta o en el cierre de una compañía. Esto puede derivar en un marcado aumento o disminución de las utilidades por acción. Las FRS 3 se emitieron en 1992 para evitar estos problemas, que en efecto convierten todos los costos y gastos en "ordinarios" y deben deducirse antes de llegar a la utilidad utilizada en el cálculo del EPS. Las compañías tienen aún la libertad de centrar su atención en sus propias cifras "'pro forma", "normalizadas", "ajustadas" o "subyacentes" para el EPS, pero deben conciliarse con utilidades FRS 3 por acción.

Al reconocer que existía la necesidad de una cifra de EPS útil y comprensible, pero que no se puede lograr "definirla como una cifra única para los ingresos en todos los casos", el Instituto para la Gestión de Inversiones e Investigaciones (*Institute of Investment Management and Research*, IIMR) ha recomendado que se calcule el EPS para excluir lo siguiente:

- ❖ Ganancias y pérdidas del cierre de una operación de venta de un activo fijo.
- ❖ Utilidades y pérdidas operativas, incluso los rubros excepcionales.
- ❖ Actividades adquiridas y discontinuadas.

La intención es excluir todos los rubros de capital y centrarse en las utilidades generadas a partir de la marcha del negocio ("ingresos principales"). Sin embargo, siempre se debe verificar, ya que una compañía puede utilizar su propia definición de "ingresos principales".

Ajustes a largo plazo

La cantidad de acciones que una compañía tiene emitidas se hace constar en las notas a los estados contables. Para el cálculo de los ingresos por acción, el promedio ponderado del número de acciones en circulación durante el ejercicio se toma como denominador. Cuando una compañía ofrece resultados estadísticos de cinco o diez años históricos, deben haberse hecho los ajustes necesarios para posibilitar los cambios en el número de acciones emitidas y posibilitar las comparaciones de un ejercicio a otro.

El factor de la dilución

Algunas veces se hace referencia a la cifra de los ingresos por acción como "diluidos". Esto sucede si una compañía ha emitido títulos que tienen derecho a convertirse en acciones ordinarias en algún momento del futuro (véase Capítulo 2). El EPS diluido se calcula suponiendo que esta conversión se haya llevado a cabo. La cifra correspondiente a los ingresos diluidos muestra la posición si se tuvieran en cuenta todas las opciones posibles y se emitieran acciones. Cuando se convierte un préstamo en acciones, existe un ahorro en intereses a pagar. Las utilidades después de impuestos aumentan, como también el número de acciones utilizadas para el cálculo del EPS diluido.

Una compañía puede ofrecer a los individuos el derecho de adquirir acciones en el futuro con alguna fórmula de precios concertados. Con frecuencia, un factor decisivo para llegar al EPS diluido son las opciones en acciones para directores y otros empleados.

Falsas conclusiones

Es importante reconocer que no se pueden comparar los ingresos por acciones de dos compañías y sacar conclusiones útiles.

	A	B
Utilidades después de impuestos ($)	100	100
Capital accionario ($)	100	100
Cantidad de acciones	1.000	200
EPS	**0,10**	**0,50**

Las dos compañías tienen una ganancia después de impuestos idéntica para el ejercicio y valor del capital accionario. La compañía A tiene 1.000 acciones de 10¢ cada una y la compañía B tiene 200 acciones de 50¢ cada una. Es incorrecto suponer al mirar el EPS que la compañía B es más redituable o que obtiene mejores resultados que la compañía A. La diferencia en el EPS puede ser simplemente porque las compañías tienen diferentes estructuras de capital accionario.

Conclusiones útiles

La única forma efectiva de comparar los ingresos por acción de las compañías es usar una tasa de crecimiento compuesta. Observar la tasa a la que han aumentado los ingresos durante varios ejercicios permite la comparación de la capacidad de las compañías para aumentar los ingresos.

Beneficios por acción

Habiendo llegado a las utilidades después de impuestos para el ejercicio, el paso siguiente es que los directores declaren el dividendo que proponen se pague a los accionistas. No se va a pagar el dividendo final hasta después de la asamblea general de la compañía en la cual los accionistas votan la propuesta de los directores; no es usual que se rechacen los dividendos propuestos en la asamblea general de accionistas.

Si se deduce el dividendo por acción de los ingresos por acción, el resultado son las utilidades retenidas por acción del ejercicio.

Ingresos por acción − dividendos por acción = utilidades retenidas por acción

Las utilidades retenidas por acción son un elemento importante en la evaluación de los resultados financieros y de la posición de una compañía. Se espera de toda compañía que sus operaciones corrientes (estado de resultados) sean una fuente de fondos significativa y continua. Los ingresos retenidos son la financiación autogenerada de una compañía. Un nivel consistente y sólido de utilidades retenidas que se reinvierten en el negocio es una indicación de que en lugar de depender del dinero prestado, o de la emisión adicional de acciones, una compañía está generando los recursos financieros requeridos internamente.

El coeficiente del beneficio por acción mide la disponibilidad de los fondos para pagar los dividendos y también ofrece una indicación de la seguridad del nivel de los mismos. Mientras más alto, mejor o más segura será la posición de la compañía. Una compañía que paga a los accionistas un dividendo de $10 de utilidades después de impuestos de $20 tiene una cobertura de dividendos de 2. La compañía tuvo $2 de utilidades disponibles por cada $1 de dividendos distribuidos a los accionistas; 50% de los ingresos por acción se pagan en dividendos.

Todas las compañías importantes deben tener una política clara sobre el pago de dividendos y los dividendos por acción. Ocasionalmente, este punto se describe en la memoria anual. Puede usarse el registro de los ingresos y de los dividendos de cinco o diez años que se muestran en la memoria para evaluar la práctica histórica de la compañía.

Puntos de referencia
Es inusual que una compañía pague dividendos de otra fuente que no sean las utilidades después de impuestos del ejercicio, de otra forma sería vulnerado el requisito de mantenimiento de capital que se trató al comienzo de este capítulo.

Por lo tanto, el coeficiente de cobertura de los dividendos de 1:1 que muestra que una compañía está distribuyendo todas sus utilidades a los accionistas y no retiene nada para respaldar futuros desarrollos de los negocios se puede tomar como indicativo del límite superior de una política de dividendos prudente. Por cierto, sería inusual, si no inaceptable, que una compañía opere consistentemente con un nivel inferior a los beneficios por acción de 1:1.

Beneficios por acción = utilidades después de impuestos / dividendos
= ingresos por acción / dividendos por acción

Análisis de la brecha
En un estado típico de cinco años, una compañía muestra tanto los ingresos, como los dividendos por acción de cada ejercicio. Vale la pena unir estas dos líneas para analizar la relación. La brecha —la diferencia entre los ingresos y los dividendos por acción— indica cuánto genera una compañía por sus operaciones para reinvertir en su negocio en vistas a su crecimiento futuro. Mientras más alta sea esta cifra, mejor será para la compañía. Una compañía que retiene poco o nada de utilidades debe pedir inevitablemente a sus accionistas o a fuentes externas de capital adicional fondos para financiar un programa o actividades importantes de inversión.

Políticas de dividendos
En la mayoría de los países, cuando las utilidades de una compañía disminuyen se espera que se reduzcan los dividendos; esto se trata de administrar con sentido común. En el Reino Unido de principios de la década del 90, esta regla parecía no aplicarse. La cobertura de los dividendos para muchas compañías disminuyó rápidamente en tanto que las utilidades cayeron durante la recesión, pero se mantuvieron los dividendos.

Existen al menos dos explicaciones posibles en este sentido. Se puede argumentar que los directores de la compañía tomaban un enfoque a largo plazo al decidir qué dividendo era apropiado pagar a sus accionistas, aceptando el hecho inevitable en la marcha de los negocios de que, a medida que pasa el tiempo, habrá altos y bajos en las utilidades reales generadas. Se aceptó la posibilidad de fluctuaciones a corto plazo en los beneficios por acciones para ofrecer una regularidad a largo plazo y seguridad de pago de los dividendos para los accionistas. En forma alternativa, podría ser que los directores de las compañías, especialmente los presidentes y directores ejecutivos, pensasen que, de no posibilitar el nivel de los dividendos que los principales accionistas —los inversores institucionales— estaban esperando, el precio de la acción podría caer, y se enfrentaría de esa forma una inseguridad laboral. Los accionistas institucionales dependen de los flujos de los dividendos para respaldar sus negocios. La gerencia de una compañía que muestra malos resultados con respecto a sus dividendos, es probable que, al menos, sea blanco de críticas y, posiblemente, el objetivo de atención y de acción directas. Los directores de empresas controladas o en posesión de una familia pueden estar sometidos a la presión de continuar pagando dividendos que permitan a los accionistas mantener su estilo de vida, pero no necesariamente puede resultar en beneficio a largo plazo para la compañía.

La pirámide de coeficientes Du Pont

Está generalizado y resulta muy útil el uso de un coeficiente de una tasa de retorno como medida de rentabilidad y de los resultados de una compañía. Si la gente tuviera que optar por una sola medida, la mayoría elegiría la tasa de retorno. Aun así, simplemente tomar las utilidades del ejercicio y expresarlas como un porcentaje de los activos o del capital empleado en un negocio es un enfoque bastante amplio para medir la rentabilidad. Una sola cifra del estado de resultados está relacionada con una sola cifra del balance.

Si hacemos este ejercicio con dos compañías y los retornos de ambas son similares, ¿qué conclusiones podemos sacar?

	A	B
Ingresos por ventas ($)	300	100
Utilidades ($)	25	40
Activos ($)	125	200
Retorno sobre activos	20	20

Tanto la compañía A como la B tienen una tasa de retorno del 20% sobre los activos.

Para poder comprender el nivel de la rentabilidad de la compañía y cómo se obtienen las utilidades, hay muchos motivos para recomendar el uso del enfoque de Du Pont, que toma el nombre de la compañía en los EE.UU. que se acreditó este trabajo pionero en el rubro. Algunas veces se lo denomina "construcción de la pirámide de los coeficientes", porque todos los coeficientes se pueden representar como una pirámide, siendo la tasa de retorno la cima (véase la página 157).

La evaluación de la tasa de retorno
Para evaluar la tasa de retorno de una compañía, deben formularse dos preguntas separadas. En primer lugar, la capacidad de la compañía de obtener las utilidades de sus operaciones; y segundo, la eficiencia con que utiliza sus activos y capital disponible para generar utilidades.

Tomar el margen de utilidades

Para responder a la primera pregunta, el nivel de rentabilidad de las operaciones de una compañía, el margen de utilidades, ofrece una medida apropiada e identificable. Si se calcula el margen de utilidades para las dos compañías del ejemplo anterior, en el caso de la compañía A es el 8,3% y en el caso de la B es el 40%. Sobre esa base, la compañía B es más redituable con un margen de utilidades de casi cinco veces más que el de la compañía A.

Presentación del activo o movimiento del capital

Una nueva medida, el activo o el movimiento del capital, debe identificarse para responder a la segunda pregunta y así obtener una visión de la eficiencia de la compañía en el uso de sus activos o del capital. La única razón para que una compañía mantenga los activos es respaldar el comportamiento de sus operaciones y ayudar a la generación de utilidades corrientes y futuras.

El éxito de esta intención, en términos contables, puede medirse a través de un nivel de ingresos por ventas. Cuanto mayor es el nivel de ingresos por ventas generado por el uso de los activos empleados en las operaciones, mayor es el nivel de uso efectivo de esos activos.

> Movimiento de activos = ingresos por ventas / activos
> Movimientos de capital = ingresos por ventas / capital

Si se calcula este coeficiente para las dos compañías del ejemplo, puede verse que tienen distintos niveles de capacidad para generar ingresos por ventas de activos.

> **A** $300 ÷ £125 = 2,4
> **B** $100 ÷ £200 = 0,5

La compañía A factura los activos utilizados 2,4 veces cada ejercicio, mientras que la compañía B logra facturar sus activos sólo una vez cada dos años. La compañía A ha probado que es capaz de generar $2,4 de ingresos por ventas por cada $1 de activos utilizados, mientras que la compañía B ha logrado facturar sólo $0,50. Si una compañía fuese minorista y la otra fabricante de productos de la industria pesada, no valdría la pena realizar la comparación.

Sin embargo, se supone que ambas compañías operan en el mismo sector comercial, las conclusiones de los resultados comparativos y de la rentabilidad estarían justificadas y se intentaría dar explicaciones por las diferencias a través de un nuevo análisis.

Relacionar ambas

Ahora es posible mirar ambas compañías y examinar los diferentes medios por los cuales han alcanzado una tasa de retorno idéntica del 20%.

La compañía A tiene el menor margen de utilidades, pero el más alto movimiento de activos. Si se combinan los dos coeficientes, puede verse claramente cómo se genera la tasa de retorno.

> % de tasa de retornos sobre los activos = % de margen de utilidades x movimiento de activos
>
> **A** 8,3% x 2,4 = 20%
> **B** 40% x 0,5 = 2%

A continuación debe elaborarse un gráfico

La combinación del margen de utilidades y los coeficientes de movimientos de los activos para dar el retorno de los activos puede reproducirse en un gráfico, o pirámides de coeficientes. En el Capítulo 8 se analiza el uso de los coeficientes de respaldo con los márgenes de las utilidades de la compañía.

La presentación en el Cuadro 7.1 de la tasa de retorno como la combinación de los dos coeficientes componentes es una base útil para la evaluación y comparación de los resultados de las compañías. Es esencial calcular cuál es la tasa de retorno general de una compañía, idealmente completándolo con una serie de ejercicios para ver la tendencia y para permitir una comparación directa con otras compañías. También es importante tratar de descubrir precisamente de qué manera una compañía alcanza su nivel de rentabilidad. ¿Cuál es la relación entre el margen de utilidades y el movimiento de los activos? ¿Es consistente?, y si no lo es, ¿por qué está cambiando?

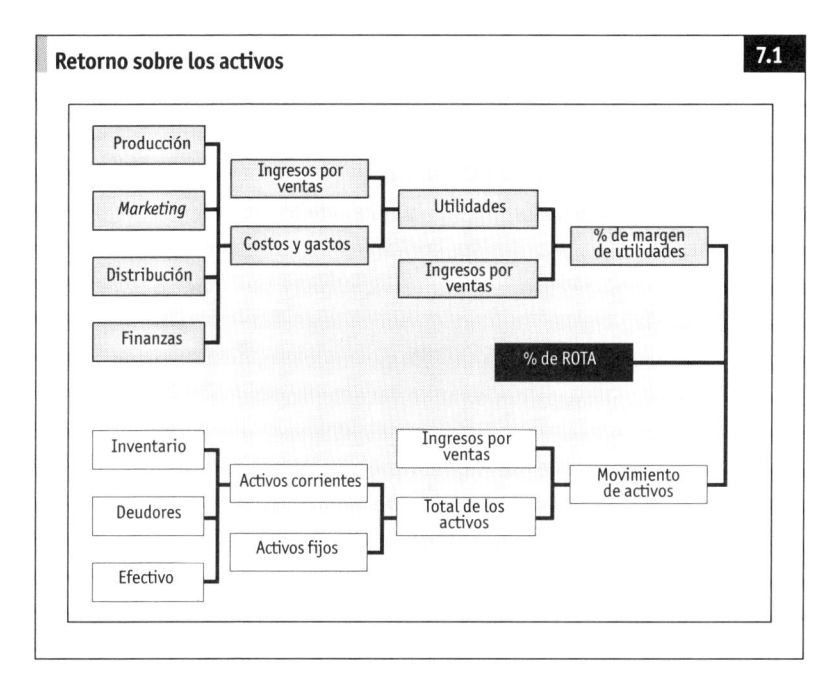

Retorno sobre los activos — 7.1

```
Producción ┐
Marketing  ├─ Ingresos por ventas ┐
Distribución├─ Costos y gastos    ├─ Utilidades          ┐
Finanzas   ┘                      └─ Ingresos por ventas ├─ % de margen de utilidades ┐
                                                                                       ├─ % de ROTA
Inventario ┐                      ┌─ Ingresos por ventas ┐                             │
Deudores   ├─ Activos corrientes  ┤                      ├─ Movimiento de activos      ┘
Efectivo   ┘   Activos fijos      └─ Total de los activos┘
```

El uso de los coeficientes
La relación entre los dos coeficientes componentes puede visualizarse como un sube y baja con el margen de utilidades en un extremo y el movimiento de los activos en el otro. La compañía B es el ejemplo con un mayor margen de utilidades, pero con un movimiento de activos más bajo que A.

Si bien ambas compañías tienen una tasa de retorno del 20%, esto resulta en una compensación diferente entre los dos coeficientes. Una compañía que trata de mejorar su tasa de retorno puede hacerlo sólo ajustando uno o ambos coeficientes componentes. ¿Puede mejorar el margen de utilidades a través de un mejor coeficiente eficiencia / costo o de mayores precios o de una combinación de los dos? ¿Es posible mejorar la capacidad para generar ingresos por ventas de los mismos o de menor cantidad de activos —por ejemplo, por medio de un nivel de inventario más bajo— o puede hacerse la inversión para ofrecer ingresos por ventas adicionales a menor costo sin impactar en el movimiento de activos?

Una compañía que se concentra sólo en uno de los dos componentes del coeficiente en un intento por mejorar la tasa de retorno probablemente se encuentre en dificultades. Un ejemplo, sobre la base de una situación de la vida real, puede ilustrar los temas relacionados. Si el retorno sobre los activos promedio para el sector es del 20%

(margen de utilidades del 10% y movimiento de activos del 2,0), la compañía X, que se encuentra en la parte inferior de la tabla de rentabilidad del sector, decide que debe mejorar sus resultados. Se realiza una pequeña inversión para aumentar su capacidad y a fin de mejorar el volumen de ventas se reduce el margen de utilidades.

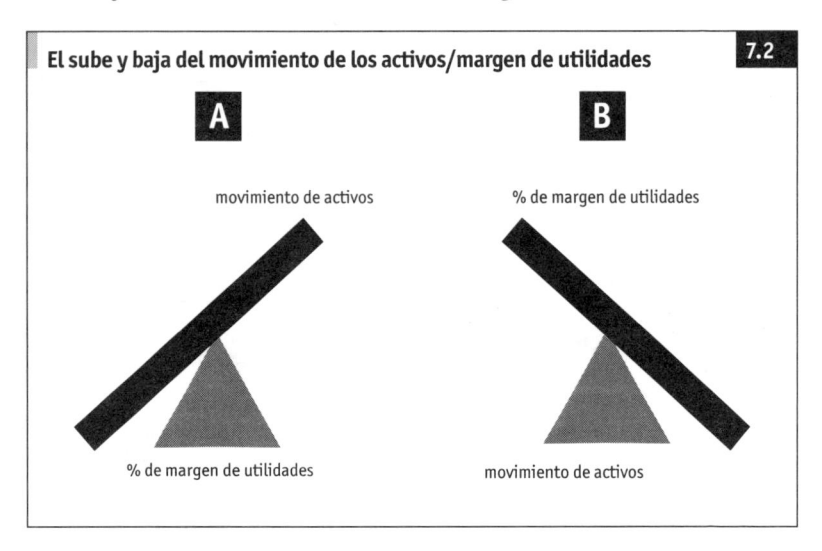

El sube y baja del movimiento de los activos/margen de utilidades 7.2

A

movimiento de activos

% de margen de utilidades

B

% de margen de utilidades

movimiento de activos

			Compañía X		
$	Promedio	Año 1	Año 2	Año 3	Año 4
Ingresos por ventas	1.000	800	825	850	850
Utilidades operativas	100	60	52	48	44
Total de los activos	500	600	650	650	650
Margen de utilidades (%)	10,0	7,5	6,3	6,6	5,2
Movimiento de activos	2,0	1,3	1,3	1,3	1,3
ROTA (%)	20,0	10,0	8,0	7,4	6,8

Se reducen los precios —la parte fácil— y cae el margen del 7,5% al 5,2%. Un extremo del sube y baja fue empujado hacia abajo, pero ¿qué sucede si el otro no sube y no hay un gran aumento en las ventas como se anticipara? El resultado es una disminución en la rentabilidad. Si el movimiento de los activos permanece en 1,3, con un margen de ganancias del 5,2%, el ROTA cae por debajo del 7% en el año 4. Para mantener el ROTA original del 10% se requiere o un margen de utilidades del 7,6% (7,6% x 1,3 = 10%), o un movimiento de activos de 1,9 (5,2% x 1,9 = 10%).

TABLAS DE POSICIONES

Habiendo calculado el margen de utilidades, el movimiento de los activos y la tasa de retorno general para una serie de compañías, se puede elaborar una tabla de posiciones. En primer lugar, se pueden clasificar las compañías según la tasa de retorno.

En la mayoría de los casos, el ROTA es una medida efectiva como cualquier otra con ese fin. Esta calificación resalta las compañías más rentables dentro del sector comercial seleccionado.

Establecimiento de puntos de referencia

Una tabla del ROTA ayuda a determinar lo que debería tomarse como tasa de retorno aceptable o esperable para una compañía dentro de un sector comercial en particular. El punto intermedio en la tabla indica el promedio o la tasa de retorno media del sector. Entonces, se dispone de un punto de referencia. Se pueden identificar las compañías que generan una tasa de retorno más alta que el promedio, como también de las otras. Si se utilizan en la tabla cifras de tres años, se puede observar la tendencia por la cual cada compañía ha llegado a la posición que tiene en la clasificación.

Mejor comprensión

Se pueden preparar tablas separadas con la clasificación de las compañías seleccionadas por margen de utilidades y movimientos de activos. Esto va a contribuir a la interpretación de la clasificación del ROTA. Los dos coeficientes componentes también contribuirán a una mejor comprensión de la forma en que cada compañía ha generado su tasa de retorno general. ¿El sube y baja se está inclinando correctamente?

Puede esperarse que un minorista de sustancias alimenticias tenga un margen de utilidades comparativamente más bajo pero mayor movimiento de activos que otros tipos de compañías minoristas. Las tiendas de descuento minoristas operan sobre la base de que los precios bajos (bajos márgenes de utilidades) derivan en más ventas y producen mayor movimiento de activos: "apílelo y véndalo barato". En las listas del ROTA las tiendas minoristas de descuento, como puede esperarse, están en la parte superior de la clasificación del movimiento de los activos, pero más abajo en márgenes de utilidades. En forma similar, una compañía que comercializa un simple producto que no registra cambios, por ejemplo tuercas y tornillos, puede subir los precios en razón del excelente servicio al cliente y calidad, pero como otra forma de diferenciar el producto resulta difícil, es probable que opere con márgenes bajos.

Una tienda de artículos de lujo puede cobrar precios altos para alcanzar un buen margen de utilidades, pero también será necesario que ofrezca un entorno agradable a los clientes (como por ejemplo alfombras, pasillos anchos y escaleras mecánicas), lo que requiere inversiones de capital y reduce el movimiento de los activos. Un fabricante de un producto *premium* puede generar altos márgenes de utilidades pero verse forzado a invertir en maquinaria cara e instalaciones necesarias para su producción.

La tasa de retorno de una compañía puede verse como el resultado de su política de precios tanto como por las eficiencias internas o los niveles del uso de los activos. De igual forma, pude decirse que la tasa de retorno depende directamente de la calidad de la gestión financiera de la compañía. Si no se compran activos significativos, sino que se alquilan, o si se realiza un control de inventario oportuno, el movimiento de los activos mejora. Si bien un factor puede ser en un momento más importante que otros, es peligroso tomar este dato en forma aislada para "explicar" la tasa de retorno. Ambos lados del sube y baja deben examinarse independientemente, pero también deben reconocerse como relacionados directa e inseparablemente de la medida de la tasa de retorno.

Ventas comparables

Con frecuencia los sectores comerciales usan sus índices para generar las tablas de posición, las cuales pueden ser incorrectas para medir la rentabilidad. El sector minorista pone un marcado énfasis en el crecimiento de las ventas comparables como un indicador de los resultados. El objetivo es presentar una medida de las ventas año a año que no se vea distorsionada por las ventas de los negocios que se abrieron en el año en curso (éstas se excluyen del cálculo). El supuesto es que esto indica realmente el crecimiento de los ingresos subyacentes y, por lo tanto, provee una medida comparativa de los resultados.

Inmediatamente después de la temporada pico se destacan considerablemente las ventas comparables en el análisis de resultados minoristas: cuanto mayor sea la cifra, mejor será la clasificación de la compañía. No se debe poner demasiada atención en ese análisis, y por cierto, es un error suponer que tiene algo que ver con la rentabilidad. Una compañía que vende a pérdida probablemente genere un mayor crecimiento de ventas comparables iguales que una que quiere mantener o aumentar los márgenes de las utilidades.

Internamente, los coeficientes de las ventas comparables pueden ser positivos para la gerencia. Si el cálculo se hace de manera consistente puede indicar, período a período, los resultados del negocio y de sus unidades individuales. Sin embargo, no es probable que dos compañías calculen el coeficiente de la misma manera, por lo tanto debe tenerse cuidado al utilizarlo como base de comparación. No hay un estándar contable, o una guía confiable para presentar las cifras comparables. En cuanto las compañías se dan cuenta de la importancia que le asignan los analistas a una forma de medición en particular, hacen lo posible para calcular las cifras correctas.

ESTADO DE VALOR AGREGADO

Algunas compañías proveen un estado de valor agregado en la memoria anual. El valor agregado se genera restando de los ingresos por ventas o de la ganancia todos los costos y gastos adeudados a los proveedores de bienes y servicios. La diferencia es el valor que la compañía ha agregado a los bienes y servicios recibidos.

Valor agregado = ingresos por ventas – compras y servicios

Si la memoria anual contiene suficientes datos, se podrá preparar un estado de valor agregado simple, que puede utilizarse para reforzar el análisis del coeficiente que se examinó anteriormente en este capítulo. Habiendo llegado al total del valor agregado para el ejercicio, el siguiente paso es ver cómo se dividió entre los grupos de interés internos y externos de la compañía. Si se expresan los ingresos por ventas como 100, representando 100 peniques o centavos o 100%, se puede mostrar la proporción de los ingresos que se asignan a cada grupo.

Ingresos por ventas		100
Proveedores	50	
Empleados	20	
Intereses	5	
Impuestos	5	
Accionistas	5	85
Utilidades retenidas		15

Aún es frecuente presentar los ingresos y egresos de esta forma entre muchas compañías como un medio de explicar a sus empleados la compleja información financiera contenida en la memoria. El estado de valor agregado ha demostrado ser un medio útil y práctico de comunicar información financiera a los empleados que encuentran algo difícil la memoria anual.

Se puede mostrar un estado del valor agregado a través de un gráfico de columnas o de torta. Efectivamente, un gráfico de torta puede representar la moneda de $1 o £1 y mostrar cómo cada unidad de ganancia o de ingresos por ventas recibidos por la compañía durante el ejercicio se distribuyeron: cuánto fue a los proveedores, empleados y gobierno y cuánto se asignó como utilidades retenidas para reinversión en el negocio al cierre del ejercicio.

Distribución de las utilidades

Todas las cifras que constan en el cuadro de resultados pueden incluirse en un estado de valor agregado. Por ejemplo, una sola cifra para las utilidades del ejercicio es suficiente en el estado de valor agregado en lugar de los de cinco o seis ejercicios que, con frecuencia, aparecen en el estado de resultados. Las compañías suelen encontrar que, si les dan acceso a sus empleados al estado de resultados publicado, una de las primeras preguntas que surgen es cuál de las cinco o seis utilidades debe utilizarse como medida de rentabilidad, y por lo tanto como la base de negociaciones salariales. De hecho, la palabra utilidades no necesita aparecer en el estado de valor agregado. Lo que queda después de que todos los grupos de interés han recibido su porcentaje de valor agregado (las utilidades retenidas) puede denominarse simplemente "monto retenido por inversiones".

La preparación del estado de valor agregado de varias compañías que operan en el mismo sector comercial puede usarse como comparación y para el desarrollo de diversos puntos de referencia.

RESUMEN

- ❖ Las utilidades no son equivalentes a la rentabilidad.
- ❖ La rentabilidad sólo puede medirse usando un coeficiente que combine las utilidades con, al menos, otra cifra del estado de resultados, del balance, o de algún otro informe en la memoria anual.
- ❖ La preparación de tablas de posiciones según rentabilidad comparando compañías que operan en el mismo sector hace más fácil ver los resultados de las compañías contra la media de los ratios de referencia.
- ❖ No se debe confiar solamente en las cifras de un solo ejercicio; deben compararse las cifras de tres o de cinco años y buscarse una explicación a los cambios significativos entre un ejercicio y el otro.
- ❖ El punto de partida más efectivo para comparar los resultados de una serie de compañías que operan en el mismo sector comercial es usar el margen de utilidades bruto. Éste muestra el nivel de rentabilidad de una compañía luego de cubrir todos los costos y gastos directos de la marcha de los negocios. Para las compañías que se ocupan de negocios similares, deben esperarse niveles comunes del margen de utilidad bruta.
- ❖ Independientemente de la cifra de utilidades que se utilice, debe asegurarse de que se eliminen las ganancias y pérdidas por única vez,

rubros extraordinarios o excepcionales. Son las utilidades operativas sostenidas y continuas de una compañía las que deben ser la base de la evaluación de la rentabilidad.

- Debe evitarse utilizar los índices de rentabilidad propios de la compañía, como el EBITDA. Una compañía puede ser selectiva en la forma de calcular y presentar un coeficiente. Deberá explicarse cuando una compañía utiliza medidas diferentes de GAAP.
- Para dar una medida global de la rentabilidad, se debe determinar qué tan eficientemente la compañía utiliza sus activos para generar utilidades. Si se utiliza sólo una medida de rentabilidad, debe ser la tasa de retorno. La mejor opción es usar el coeficiente de la tasa de retorno sobre el total de activos (ROTA, utilidades antes de intereses e impuestos expresados como porcentaje del total de los activos). Las cifras necesarias para calcularlo no son difíciles de obtener de una memoria anual común. Se pueden usar para hacer comparaciones directas entre las compañías, ya que no están sujetas a distorsiones derivadas de las diferentes estructuras financieras, las utilidades están antes de todo cargo financiero y el denominador no se ve afectado por la forma en que se financian los activos Es particularmente recomendable el uso del ROTA cuando las compañías que operan en diferentes países son comparadas, porque se superan muchos de los problemas de obtener cifras comparables.
- Para comprender mejor una compañía, hay que ver cómo logra su tasa de retorno al observar el movimiento de los activos y el margen bruto.
- La parte de las notas en la memoria anual ofrece una fuente valiosa adicional de datos para ayudar a evaluar los resultados de las utilidades de una compañía y para proveer una apreciación de las tendencias y cambios en la balanza de sus actividades. Normalmente, los datos del sector se muestran sobre la base de las utilidades operativas y de los activos operativos. Esto permite el cálculo del retorno sobre los activos operativos para cada negocio y sector geográfico.
- Los accionistas están obviamente interesados en la rentabilidad de la compañía, pero cabe esperar que se centren en las utilidades después de impuestos y en los dividendos que reciben. Una medición clave para ellos es la de los ingresos por acción (EPS). Los mismos se calculan usando las utilidades después de impuestos, con unos pocos ajustes, como el numerador y el promedio ponderado de acciones emitidas como denominador.
- A los accionistas y analistas les interesa lo que queda luego del pago de los dividendos de las utilidades después de impuestos (las utilidades retenidas disponibles para inversiones). Éste es un indicador importante de la capacidad de la compañía para autofinanciar sus operaciones. Cuantas más utilidades pueda reinvertir una compañía en el negocio, luego de satisfacer los requisitos de dividendos de los accionistas, mejor será.
- También tiene importancia el coeficiente de cobertura de los dividendos, es decir, cuántas veces el monto pagado en dividendos corresponde a las utilidades. Cuando el coeficiente se calcula por varios años da

una perspectiva útil de la política de dividendos de la compañía, y también de qué resultados ha obtenido en un ejercicio específico.

8. La medición de la eficiencia

Se puede definir la eficiencia de una compañía como la relación entre la salida de sus productos o servicios y la entrada de los recursos necesarios para su producción. Cuantificado como el coeficiente de egreso / ingreso, la eficiencia de una compañía puede medirse en el tiempo y compararse con la de otras. Una de las principales responsabilidades de la gerencia es hacer más eficiente el uso de recursos humanos, físicos y financieros para una compañía. En este capítulo se tratan varios medios de medición, evaluación y comparación de la eficiencia de una compañía del uso de cada una de las tres categorías de los recursos.

El control práctico de la eficiencia en las compañías debe realizarse en forma interna. Es el centro de la contabilidad de gestión, más que de la contabilidad financiera y la presentación de informes externamente. En muchos casos la información sobre los sistemas de las compañías no está disponible para personas ajenas a la compañía.

GESTIÓN DE LOS RECURSOS HUMANOS

En el estado de resultados y en las notas de la memoria anual de la compañía se puede encontrar el costo total de los empleados y la cantidad de personas empleadas en el ejercicio vigente y en el anterior.

Problemas de definición

Puede parecer improbable que sea difícil definir el número de empleados de una compañía, pero desafortunadamente es verdad. En la memoria anual, una compañía puede definir el número de empleados de algunas de las siguientes formas:

- ❖ El número promedio de empleados durante el ejercicio.
- ❖ El número de empleados al cierre del ejercicio.
- ❖ El número total de empleados de tiempo completo y de tiempo parcial.
- ❖ El número equivalente de empleados de tiempo completo.

Un equivalente de tiempo completo (FTE) se obtiene dividiendo el total del número de horas trabajadas por todos los empleados por el número estándar de horas en el período de trabajo seleccionado: una semana, un mes o un año.

Esta definición es frecuente en los sectores minoristas, de hotelería y servicios de alimentos para eventos y en otras organizaciones en las que se emplea un gran número de trabajadores de tiempo parcial.

Cuando se estudia una serie de compañías para evaluar la eficiencia comparativa en el uso de los recursos humanos, es importante, en la medida de lo posible, usar una base común para la definición del número de empleados. En la mayoría de los casos, el número que figura en la memoria anual será el número promedio de empleados durante el ejercicio o el número de empleados al cierre del mismo. Potencialmente puede ser confusa la comparación directa entre dos compañías sobre la base de un análisis en el que una provee el número del promedio de empleados durante el ejercicio y la otra, del total de empleados al cierre del mismo. Sin embargo, al comparar una serie de compañías, en particular si están ubicadas en distintos países, en general no hay otra opción.

Remuneración promedio por empleado

La mayoría de las empresas muestra cifras del total de los sueldos y salarios pagados durante el ejercicio, ya sea en el estado de resultados o en las notas complementarias. Si se divide la remuneración total por el número de empleados, el resultado es la remuneración promedio por empleado.

> Remuneración promedio = total de sueldos y salarios / número de empleados

Cuando existen variaciones significativas en la remuneración promedio entre compañías del mismo sector, el primer control (y esto se aplica a todos los coeficientes de eficiencia en esta sección) será ver la diferencia en la definición del número de empleados. Si ésta no es la explicación, se requieren otros análisis para descubrir las razones de la variación. Una compañía puede operar en diferentes segmentos del mercado, o tener sede en una zona de mayor o menor costo laboral que otra. No es adecuado utilizar este coeficiente para medir la eficiencia para compañías en diferentes países, pero puede ser útil para decidir dónde establecer el negocio.

Puede suponerse que la cifra dada para el costo total de los empleados incluye la remuneración de los directores de la compañía, ya que también son sus empleados. Normalmente, los directores reciben sumas por encima del promedio, pero es inusual que esto produzca la distorsión del coeficiente de la remuneración promedio en una compañía importante, y se puede deducir la remuneración de los directores, ya que aparece en forma separada (véase la página 154).

La interpretación de las cifras

Una compañía que aparentemente ofrece a sus empleados mucho menos de lo que parece habitual para el sector o de los salarios promedio del país en el cual tiene sede puede resultar eficiente para el control de los costos de los empleados, pero es cuestionable que dicha política resulte beneficiosa a largo plazo para todos los involucrados. En los últimos años, muchas compañías, al defender los paquetes de remuneraciones de sus empleados, han reafirmado su idea de que "cuando se paga muy poco, se tienen empleados malos". No hay razón para suponer que esto no se aplique también para el comercio o la industria.

Cuando se investiga un sector comercial, puede ser útil tener alguna indicación del número total de empleados y de la posición de las compañías en su carácter de empleadoras. Esto se logra elaborando una tabla que clasifique las compañías según el número de empleados y calculando el total. De ahí la importancia de una compañía específica como empleadora dentro de un sector, o de un sector como fuente de empleo dentro de un país. Si están disponibles las cifras de varios ejercicios, entonces se puede identificar cualquier movimiento en las tendencias de empleo por compañía o por sector.

La visión a largo plazo

Con frecuencia, las compañías incluyen estadísticas como parte del registro de cinco o diez años de sus resultados financieros. Cuando se dispone de esta información, la misma se puede utilizar para analizar los registros de la compañía como empleadora. Durante varios ejercicios se espera que una compañía muestre coherencia en el número de sus empleados. Si aumenta su número durante un ejercicio y lo reduce el siguiente, puede mostrar debilidad. Puede que la gerencia no tenga el control del negocio y no pueda establecer y seguir un plan de acción a mediano plazo, menos aún a largo plazo. En una compañía que tiene empleados altamente capacitados para producir productos o servicios, una política de empleo de poca duración con frecuencia tiene un impacto negativo, no sólo en la lealtad de los empleados y en la productividad, eventualmente también en los resultados financieros de la compañía.

Otras fuentes de información
Además de la memoria anual de la compañía, los periódicos, revistas y publicaciones pueden ser una fuente de información útil. Los cambios significativos, ya sea en aumento o en disminución en el número de empleados de la compañía, con frecuencia son objeto de comentarios con información. También pueden ser útiles las publicaciones especializadas.

Ingresos por empleado

Habiendo considerado el número de empleados y su remuneración promedio, el siguiente paso es considerar los aportes de los empleados que contribuyen a la generación de ingresos por ventas y de las utilidades. Si el ingreso por ventas se divide por el número de empleados, se obtiene el coeficiente del ingreso por ventas por empleado. Ésta es la medida de la capacidad de una compañía de generar los ingresos por ventas sobre la base de sus empleados.

$$\text{Ingresos por empleado} = \text{ingresos por ventas} / \text{número de empleados}$$

Este coeficiente debe calcularse durante varios ejercicios para ver la tendencia de una compañía específica. Es especialmente útil cuando se utiliza para comparar una serie de compañías que operan en el mismo sector de negocios. Se pueden clasificar las compañías según sus ventas por empleado y, si los datos están disponibles a lo largo de una serie de ejercicios, se pueden evaluar sus posiciones relativas y cambiantes en la tabla de la liga.

La interpretación de las cifras
Las diferencias del coeficiente de ventas por empleado entre las compañías con frecuencia se pueden explicar por las diferencias en el enfoque dentro de su sector. Una tienda de descuento minorista probablemente registre mayores ventas por empleado que un centro comercial, y la tasa en una *boutique* puede ser aún mayor. Un productor de bienes de uso intensivo tendrá ventas más bajas por empleado que uno que tenga una planta altamente automatizada. Una compañía de construcción que subcontrata la mayor parte de su trabajo a otras compañías, en lugar de hacerlo por sí misma, tendrá un coeficiente de ventas por empleado mucho más alto que una que no subcontrata. Al analizar un sector comercial, es importante mirar las variaciones entre compañías a nivel de este y otros coeficientes y tratar de explicar las tendencias que se ven tanto para las compañías individuales como para todo el sector. Una compañía puede entonces ser vista en el contexto de su sector comercial como que establece, sigue o se ajusta a los estándares generales de resultados y tendencias.

Una compañía que no puede generar ventas por empleado de, por lo menos, el doble del salario promedio que se aplica en el país en que opera, puede suponerse que está si no en problemas, entonces ciertamente orientada a ellos. Una compañía que sólo logra obtener los ingresos suficientes para cubrir los sueldos y costos asociados al empleo no va a obtener altas tasas de retorno.

Utilidades por empleado

La mayoría de los negocios pelean por alcanzar un mayor nivel posible de ingresos por empleado, pero son las utilidades más que los ingresos la única verdadera medida de la eficiencia. No vale la pena generar ingresos si no se transforman en utilidades. El coeficiente de utilidades por empleado es la medida de la capacidad de la compañía de elaborar utilidades sobre la base de los empleados.

> Utilidades por empleado = utilidades / número de empleados

En el Capítulo 7 se describe la importancia de la selección de un nivel de utilidades apropiado del estado de resultados para generar un margen de utilidades significativo. Los mismos temas se relacionan con la decisión de cuáles utilidades usar en el coeficiente de utilidades por empleado. Probablemente sea más efectivo concentrarse en las brutas y operativas por empleado como medida de cuán eficiente es una compañía al usar sus empleados, y los aportes de los empleados para los resultados generales y la obtención del éxito.

La interpretación de las cifras

Al igual que con el coeficiente de ventas por empleado, deben estudiarse las tendencias de las compañías individuales y del sector comercial bajo análisis. Los resultados de una compañía individual en relación con las utilidades por empleado pueden compararse con el promedio o estándar del sector y con los movimientos evaluados año a año.

Los cambios únicos de este coeficiente deben ser investigados para descubrir si son el resultado de una modificación en la eficiencia de una compañía o de alguna otra acción o evento, como una adquisición o venta de una subsidiaria con alto nivel laboral. Cuando sea posible, es más eficiente concentrarse en la continuidad de los negocios de una compañía e ignorar las utilidades excepcionales.

Valor agregado por empleado

En el Capítulo 7 se describe el uso del estado de valor agregado para investigar la estructura de costos y gastos de una compañía y la forma en que el gráfico circular corporativo se divide entre varios grupos de interés. El valor agregado puede ser la diferencia entre los ingresos recibidos por una compañía y la cifra pagada por los bienes y servicios. Es fácil calcular una cifra para el valor agregado por empleado y, como pasa con las utilidades por empleado, cuanto más alto el coeficiente, mejores son los resultados de una compañía.

> Valor agregado por empleado = valor agregado / número de empleados

Costo por empleado por unidad de ingresos o unidad de valor agregado

Una tercera medida relevante para la eficiencia en la gestión de los empleados puede generarse al dividir el total del costo de los empleados por los ingresos por ventas y mostrarlo como un porcentaje. Esto genera el costo por empleado por unidad de ingresos por ventas.

> Costo por empleado por unidad de ingresos = 100 x (costo de empleados / ingresos por ventas)

Se puede mostrar el valor agregado en lugar de los ingresos por ventas para generar el coeficiente del costo por empleado por unidad de valor agregado, a fin de indicar la proporción del valor agregado de una compañía que se asigna a sus empleados.

El coeficiente costo por empleado / ventas demuestra qué porcentaje de cada unidad de ingresos por ventas generado durante el ejercicio se asignó a la remuneración de los empleados y a los gastos relacionados. En un sentido más amplio, cuanto más bajo sea el coeficiente, mejor será para la compañía. Si se asigna menos de cada unidad de ingresos a la remuneración de los empleados, habrá más disponibles para otros propósitos.

	$	$
Ingresos por ventas	100	100
Costo por empleado	30	20
Costo por empleado por unidad de ingresos	**0,30**	**0,20**

La interpretación de las cifras
Por cada $1 de ingresos por ventas generado durante el ejercicio, la compañía A pone 30¢ y la compañía B aporta 20¢ a la remuneración de los empleados y gastos relacionados. Si el monto destinado a los gastos de los empleados se toma como medida de eficiencia, la compañía B pareciera tener mejores resultados que la compañía A. Pueden existir varias razones para la variación entre las dos. La compañía B puede emplear menos gente, o pagar una tasa más baja a sus empleados, o puede estar operando en un diferente segmento del mercado e imputar un precio más alto a sus productos y servicios.

Relacionar el costo por empleado con los ingresos es una forma muy útil de comparar las compañías que operan en el mismo rubro comercial. Si se calcula el coeficiente para un número representativo de compañías, se puede encontrar un promedio o una media para el sector contra los cuales medir y comparar las compañías individuales a través del tiempo.

Cuando se emplea el coeficiente costo por empleado / ingresos para hacer una comparación interna, se pueden esperar grandes variaciones porque los niveles de los salarios difieren y pueden incluirse los cargos por seguridad social y otros beneficios en el costo total por empleado. Por lo tanto, se recomienda utilizar este coeficiente para la comparación de compañías que operan en diferentes países.

Activos fijos tangibles por empleado

En muchos negocios la inversión en activos fijos tangibles que se provee para asistir a los empleados es un factor importante para obtener una perspectiva de la eficiencia de las actividades de una compañía. Si se analizan compañías de ingeniería de la industria pesada y fabricantes de autos, resulta útil evaluar su capacidad para generar sus ingresos por ventas y las utilidades por empleado y mantener el control sobre los costos totales laborales; pero la medición de las inversiones en activos utilizadas en el proceso de producción para respaldar las actividades de los empleados es de igual importancia para evaluar la eficiencia de cada compañía en la gestión de los recursos humanos.

Si el total de los activos fijos tangibles mostrado en el balance se divide por el número de empleados, se genera el coeficiente de activos fijos tangibles por empleado.

Activos fijos tangibles por empleado = activos fijos tangibles / número de empleados

La interpretación de las cifras

Este coeficiente ofrece una base de comparación para las compañías con respecto a la inversión que han hecho en los activos necesarios para las actividades de producción. Por ejemplo, un fabricante de autos puede requerir una inversión sustancial y continuar en robótica para mantener la calidad y el nivel de la producción y, tal vez, derivar en la reducción de empleados. Esto se va a ver reflejado en el coeficiente de activos por empleado. Puede esperarse que una compañía que realiza las inversiones necesarias muestre una cifra más alta a causa del coeficiente que otra que no lo hace.

El uso de este coeficiente también puede ser apropiado cuando se analizan algunas organizaciones de servicios. Por ejemplo, al estudiar el sector de transporte de pasajeros se puede usar el monto de los activos fijos por empleado para comparar una compañía con otra para evaluar la inversión en trenes, aviones, barcos, buses o vagones. También se puede usar el coeficiente para destacar futuras investigaciones de la variación entre las compañías que operan en la misma línea de negocios pero en distintos países.

Inevitablemente van a surgir problemas en la comparación, ya que algunas compañías pueden poseer sus propias fábricas y plantas y maquinaria, y otras rentar o arrendar en *leasing* esos activos. Sin embargo, calcular el coeficiente del activo fijo por empleado para una serie de compañías que operan dentro del mismo sector ofrece una medida útil de los niveles comparativos de inversión sobre los activos usados en el proceso de producción. El promedio o el coeficiente medio de todas las compañías bajo análisis da una base contra la cual evaluar las compañías individuales y, durante algunos años, poder observar las tendencias que se desarrollan en un sector de negocios.

Activos operativos o netos por empleado

Si una compañía ofrece información detallada del segmento que incluye la distribución de empleados entre sectores y ubicaciones geográficas, los coeficientes descriptos anteriormente pueden adaptarse para ofrecer mediciones de cada unidad. También debe posibilitarse el cálculo de los activos operativos o de activos netos por empleado en relación con la información del segmento provista.

Si es posible preparar estos coeficientes de varios ejercicios, pueden observarse los movimientos en la distribución de los empleados de la compañía entre unidades, negocios y países, como también la inversión de respaldo en activos productivos.

Remuneraciones a los directores

Especialmente en el Reino Unido, ha habido críticas generalizadas a lo que se denomina paquetes "gordos" de remuneraciones que se dan a ciertos directores.

La memoria anual contiene los detalles de las remuneraciones y emolumentos a los directores de una compañía. Se puede tomar la cifra de las remuneraciones o emolumentos a los directores para que cubra todo su salario, participación en las ganancias, pagos de bonos y otros beneficios. En la remuneración a los directores debe incluirse no sólo el bono por buenos resultados, sino también todo pago único en caso de despido, alejamiento por contrato o primas por desvinculación. Ya sea que un director obtenga dinero a consecuencia de capacidad o incapacidad, esto es un gasto para los accionistas. Éstos parecen estar cada vez más irritados por los pagos realizados a los directores que no tienen relación, excepto en el caso inverso, con los resultados de la compañía o con retornos para el inversor.

A modo de contribución para demostrar el buen desempeño de los directores

Análisis estratégico de compañías

en relación con los accionistas, se incluye en el informe de las remuneraciones a los directores un gráfico de los resultados idealmente de los últimos cinco ejercicios. Esto ilustra la tendencia del retorno total para el accionista contra el índice seleccionado, por ejemplo, el FTSE 100. El retorno total para el accionista consiste en el cambio en el precio del mercado de las acciones junto con todas las ganancias (dividendos) que se supone que se han reinvertido en acciones adicionales.

Dividendos adicionales
Es importante recordar que esta cifra no incluye los dividendos recibidos por los directores por acciones de la compañía para tener una visión más acabada del total de las ganancias que fluye hacia los directores de la compañía. El número de acciones que poseen debe multiplicase por el dividendo pagado. Este procedimiento puede realizarse fácilmente, ya que la memoria anual debe contener una tabla con los nombres de los directores y la cantidad de acciones que les pertenecen, o de las cuales tengan intereses patrimoniales.

El costo del directorio
Es útil calcular el costo total del directorio. El paquete de la remuneración total de cada director consiste en el salario y honorarios más bono u otros beneficios que deben constar en la memoria anual. Si se suma al total el número total de acciones de los directores multiplicadas por el dividendo pagado, se obtiene una cifra razonablemente precisa del costo del directorio. Esta cifra se puede expresar como porcentaje de ingresos por ventas, como se sugirió en el caso del total del costo por los empleados, para generar coeficientes que puedan utilizarse para comparar las distintas compañías. Cuando se considera que una compañía ofrece a los directores una remuneración más alta que la de compañías similares, seguramente cabe preguntarse la razón.

Remuneración promedio a los directores
Si la cifra total de la remuneración a los directores que se muestra en el estado contable se divide por el número de directores, se obtiene una cifra de la remuneración de los directores promedio. La cifra del ejercicio en curso se puede comparar con la de ejercicios anteriores para verificar la consistencia y las tendencias. También puede compararse con las de compañías similares

Opciones sobre acciones
Con frecuencia se les da a los directores y otros empleados de la compañía una opción de compra sobre acciones. Se considera que los planes de opciones sobre acciones son un medio estándar de motivar y recompensar a la gerencia de la compañía. A un individuo se le ofrece el derecho de compra de acciones en algún momento futuro a un precio predeterminado. Por ejemplo, se puede ofrecer a un director el derecho de compra de 1.000 acciones dentro de dos años a $2 cada una. Si al cabo de dos años el precio de la acción alcanza los $4, y el director ejerce el derecho de comprarlas, obtiene utilidades por $2.000 (aunque si las acciones se venden después, pueden existir obligaciones fiscales por ganancias de capital). Los accionistas tiene derecho a esperar que la compañía les informe no sólo qué planes de opciones sobre acciones están vigentes, sino también qué opciones han sido tomadas por los ejecutivos y a qué precios. Cuando se dispone de esta información, puede incorporarse el análisis de los beneficios para los directores que se sugirió anteriormente.

¿Quién controla al directorio?

Finalmente, son los accionistas, aunque en la práctica esto significa inversores institucionales que poseen tenencias significativas, quienes pueden cambiar la política de remuneraciones a los directores. Las presiones indirectas del gobierno, de la opinión pública, de los organismos profesionales y de las bolsas de valores también pueden influir sobre las políticas del directorio. Sin embargo, hay muchos casos en que los directores han demostrado que ellos mismos tienen piel de elefante cuando se trata de remuneraciones a los miembros del directorio.

Por supuesto, si los informes a los medios sobre la remuneración de los directores de una compañía no se relacionan con la información provista en la memoria anual, se requiere otro análisis. Si los medios cuentan con datos correctos, y el directorio no es abierto con los accionistas sobre la remuneración de los directores, ¿se puede confiar en otra información que aparezca en la memoria anual?

GESTIÓN DE RECURSOS FÍSICOS

La decisión sobre cómo medir la eficiencia del uso de una compañía de sus recursos físicos disponibles —los activos empleados— se debe basar en el entendimiento de la naturaleza de sus negocios. Los diferentes tipos de negocios requieren medidas diferentes.

Punto de partida

El primer paso útil hacia la comprensión es cómo abordar el estado de resultados para descubrir la amplia estructura de los costos de una compañía bajo análisis. El estado de resultados provee una perspectiva de los costos y gastos de la compañía. La forma en que ésta está configurada depende de la naturaleza de sus negocios. Por ejemplo, las compañías minoristas y manufactureras pueden configurarse de la siguiente forma.

Minoristas
Costo de ventas
Costos del personal
Costos de ocupación
Mantenimiento y renovación

Manufactureras
Costo de ventas
Distribución de gastos
Gastos de administración
Investigación y desarrollo

Si el título de costos y gastos se expresa como porcentaje de ingresos por ventas para el ejercicio y se consideran una serie de ejercicios o una serie de compañías, las tendencias y las variaciones pueden destacarse rápidamente para realizar análisis adicionales.

Ingresos por ventas		100	
Costo de ventas		<u>65</u>	
		35	% de margen de utilidades brutas
Distribución	12		
Administración	8		
Investigación & desarrollo	1		
Otros gastos	<u>4</u>	<u>25</u>	
		10	% de margen de utilidades operativas

Análisis estratégico de compañías

Análisis de la tasa de retorno

Para una medida general única de la eficiencia de la compañía se puede considerar la tasa de retorno que genera sobre los activos empleados. Los coeficientes de la tasa de retorno fueron analizados en el Capítulo 7. El objetivo de casi todos los negocios es ser más eficientes en el uso de los activos para producir ingresos por ventas a través de los cuales se generen las utilidades. La división entre el ingreso por las ventas por los activos empleados en el negocio genera un coeficiente del movimiento de los activos (véase página 139). Este coeficiente es para la mayoría de las compañías una medida eminentemente apropiada de la eficiencia para administrar los activos.

> Movimiento de los activos = ingresos por ventas / activos

Se puede suponer que una compañía que muestra un bajo movimiento de activos en comparación con compañías similares tiene activos improductivos, algunos activos sobrevaluados o incapacidad de la gerencia, o una combinación de los tres. El coeficiente del movimiento de los activos es simple de obtener, combinando los ingresos por ventas del estado de resultados con el denominador (el total de los activos, activos netos, capital utilizado o cualquiera que se elija). (En el Capítulo 7 se analiza la selección de una cifra del balance correcta de los activos o del capital empleado). Si se calcula en una serie de ejercicios, se observa la eficiencia continua de una compañía. Cuando se estudian varias compañías que operan en el mismo sector de negocios, este coeficiente constituye una base excelente sobre la cual sacar conclusiones de la eficiencia comparativa en el uso de activos para generar ventas y utilidades.

La tasa de retorno general de una compañía se genera a través de la combinación del margen de utilidades y del movimiento de los activos o del capital. Uno multiplicado por el otro genera el coeficiente.

> % de tasa de retorno = % de margen de utilidades x movimiento de activos o capital

El uso del enfoque Du Pont o de la pirámide que representa tasas de retorno se analiza en las páginas 139-142. Los dos coeficientes componentes del margen de utilidades y del movimiento de activos pueden ser subdivididos para explicar la forma en que se genera la tasa de retorno, como también la eficiencia de una compañía durante varias etapas de sus actividades de producción.

Esta pirámide de coeficientes puede ser útil para el análisis de una compañía y para identificar cuáles aspectos del negocio afectan más a su rentabilidad general. Por ejemplo, permite la evaluación del impacto sobre el retorno por una caída en el movimiento del inventario.

En forma ideal, son las operaciones continuas de una compañía en las que debe centrarse el análisis. En la práctica, sin embargo, cuando se analizan varias compañías que operan desde varios países, es probablemente más fácil tomar el total de las operaciones continuas y discontinuas para la comparación año a año.

Para cualquier compañía, el hecho de agregar o disminuir negocios de su cartera de negocios puede ser significativo, como puede serlo en el ejercicio financiero en que este procedimiento se lleva a cabo. El tratamiento contable de las adquisiciones, en particular, puede influir en las utilidades que se muestran en el ejercicio. Si se llevan una parte de las utilidades del ejercicio completo, o el total de las utilidades de la compañía adquirida al estado de resultados, puede influir directamente sobre la rentabilidad aparente. El nivel de previsiones hechas ante las adquisiciones también puede ser importante. No debe ignorarse el potencial para una compañía de maquillar sus utilidades del ejercicio a través de la selección cuidadosa de un tratamiento contable adecuado para una adquisición. Los factores antes mencionados se tratan en el Capítulo 2 como parte del análisis sobre el tratamiento de la llave de negocios.

Luego de haber incluido las cifras en una tabla, es fácil ver si hay un enfoque consistente a través del cual una compañía, a lo largo de algunos años, logra alcanzar sus márgenes de utilidades. Si se pueden recabar datos similares de compañías similares, se pueden tener puntos de referencia para la medición de resultados comparativos.

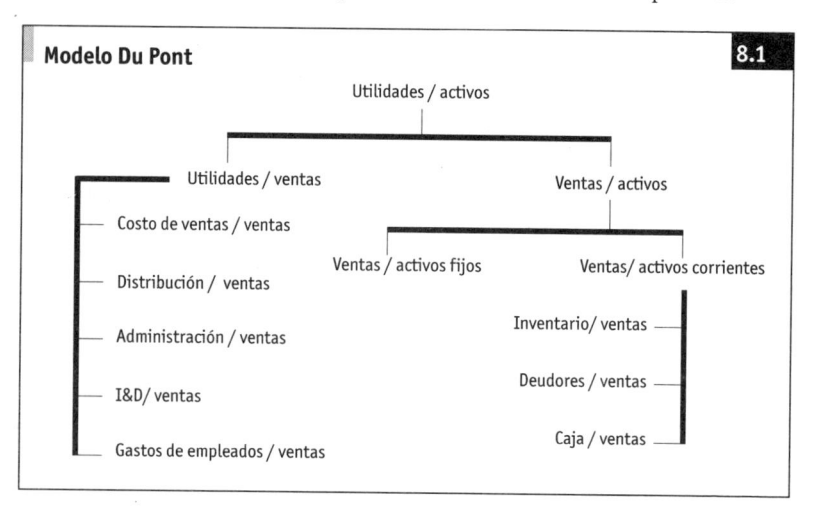

Modelo Du Pont 8.1

```
                        Utilidades / activos
                  ┌───────────────┴───────────────┐
         Utilidades / ventas                 Ventas / activos
  ┌─ Costo de ventas / ventas          ┌───────────┴───────────┐
  │                              Ventas / activos fijos   Ventas / activos corrientes
  ├─ Distribución / ventas                              ┌─ Inventario / ventas
  │
  ├─ Administración / ventas                            ├─ Deudores / ventas
  │
  ├─ I&D / ventas                                       └─ Caja / ventas
  │
  └─ Gastos de empleados / ventas
```

Mediciones adicionales

Una compañía puede proveer información adicional en su memoria anual sobre las operaciones de la compañía y sus resultados. No es necesario agregar que, con frecuencia, una compañía que no tiene de qué jactarse provee sólo la información mínima requerida.

En el caso de compañías que ofrecen más información que la estipulada por ley o por normas y prácticas contables, debe notarse que las mismas pueden adoptar cualquier forma de presentación y que las cifras publicadas no están necesariamente sujetas a la revisión normal independiente y a la verificación por parte de un auditor. Más aún, la provisión de datos operativos adicionales en la memoria anual de un ejercicio no compromete a una compañía a proveer los mismos datos en otros ejercicios o, si lo hace, es para asegurar que las cifras se presenten en forma consistente y, por lo tanto, comparable.

Muchos minoristas dan información del número y dimensión de sus negocios de venta al público y del área total de ventas. Esto constituye una base para calcular los coeficientes de ventas y utilidades por pie cuadrado o por metro cuadrado del espacio de ventas. Para cualquier minorista, una medida práctica de su eficiencia es la de su capacidad para generar ventas y utilidades por unidad de espacio de ventas y, con frecuencia, se fijan los objetivos operativos para tratar de mejorar ambos coeficientes.

Esas medidas son un medio excelente de evaluar los resultados de la compañía en varios ejercicios y de comparar diversas compañías.

Pero las diferencias entre las compañías pueden explicarse, en parte, porque son sectores diferentes de negocios. Por ejemplo, un minorista de productos alimenticios puede vender más por metro cuadrado que una gran tienda, pero operar con un margen menor de utilidades y, por lo tanto, probablemente tener un menor coeficiente de utilidades.

Coeficientes de producción o de nivel de servicios

Otras empresas dan estadísticas sobre su producción o sus niveles de servicio. Una compañía de transportes puede publicar la cantidad de pasajeros que transporta o las millas que los pasajeros de su compañía viajan en un año. Estas cifras se pueden utilizar como denominador en los coeficientes para el estudio de los resultados históricos de una compañía y así comparar una con otra.

Los costos y utilidades por pasajero o por milla viajada por pasajero se pueden calcular en forma similar para ofrecer otra forma de medición de la eficiencia de las compañías al ofrecer su servicio de transportes. Los costos de personal pueden estar relacionados con el número de pasajeros o idealmente de las millas de los pasajeros, para así permitir una comparación con ejercicios anteriores y con otras compañías de transportes. Puede resultar de utilidad incluir en el análisis a las compañías de transporte de otros países para obtener el monto promedio pagado por pasajero.

Una compañía generadora o proveedora de electricidad puede informar el monto de MW de electricidad que produce durante el ejercicio. Un fabricante de motores puede revelar cuántos autos o tractores fabricó en el ejercicio. Cuando se puede definir un denominador común correcto en un sector comercial, el mismo debe ser usado como base de la preparación de una serie de coeficientes para medir la eficiencia y los resultados.

Otras fuentes adicionales de información

Se puede obtener fácilmente información adicional de una compañía o sector comercial de fuentes diferentes de las memorias anuales. Los periódicos, publicaciones, revistas y publicaciones oficiales y de comercio exterior pueden ofrecer datos e información que se puede incluir efectivamente en los resultados y en la medición de eficiencia.

A veces es posible obtener estadísticas nacionales relevantes de un sector comercial (por ejemplo para ventas totales minoristas, cantidad total de electricidad generada, cantidad de autos y camiones fabricados y vendidos). Aun cuando el cierre del ejercicio económico de una compañía no coincida con el calendario o ejercicio fiscal en el que se basaron las estadísticas, vale la pena calcular el porcentaje de mercado de una compañía para ver cómo este factor cambió a lo largo del tiempo.

Disminución de los activos

Tener alguna indicación de la antigüedad de los activos empleados en una empresa puede ser de utilidad para la evaluación de la eficiencia de una compañía. La información puede constar en las notas que acompañan un balance; al menos debería haber un estado que indique el momento en que se valuaron los activos por última vez. Se pueden obtener lineamientos generales sobre la vida útil futura de los activos esperada, al dividir el valor del balance de los activos fijos tangibles por la depreciación imputada por el ejercicio en el estado de resultados. La cifra resultante indica cuántos años van a transcurrir antes de que los activos se amorticen totalmente y puedan tomarse como medida del uso futuro estimada de su vida útil.

$$\text{Vida útil estimada de los activos} = \text{activos fijos tangibles} / \text{depreciación}$$

Si se muestran los activos tangibles en el balance como $100 y el estado de resultados incluye $10 por depreciación, esto implica una duración estimada futura para los activos de diez años. Por supuesto, existen muchos factores y eventos que pueden hacer que este coeficiente no sea exacto. Una compañía puede adquirir un activo importante en el cierre del ejercicio y decidir no incluir ningún cargo por depreciación en sus estados contables. Puede revaluar parte o todos los activos, o bien puede cambiar su política de depreciación. Pero este coeficiente simple y rápido es un punto de partida para un análisis más detallado de los activos fijos intangibles.

En las notas del estado de resultados, una compañía puede brindar datos sobre su política de depreciación, dando a cada clase de activos la tasa y el método de depreciación que se utiliza. En el Capítulo 2 se han discutido los métodos de depreciación más comunes. La política de depreciación puede impactar significativamente en las utilidades informadas.

Tasa de reemplazo de los activos

La tasa a la cual una compañía reemplaza sus activos puede indicar su capacidad para mantener su ritmo con el cambio tecnológico, un factor importante para la mayoría de las compañías y crucial para muchas. Una forma de determinar la tasa es dividir los activos fijos tangibles que aparecen en el balance por el monto correspondiente a los gastos de capital del ejercicio.

$$\text{Tasa de reemplazo de los activos} = \text{activos fijos tangibles brutos} / \text{gastos de capital}$$

Las cifras del valor bruto no depreciado de los activos fijos tangibles y de los gastos de capital aparecen en las notas de la memoria anual.

En forma alternativa, si bien no es ideal, se puede utilizar la cifra de los gastos de capital en el estado de flujo de caja. Puede considerarse que una compañía con activos tangibles brutos de $1.000 y con gastos de capital para el ejercicio de $125 está reemplazando activos aproximadamente cada ocho años. En forma ideal, este coeficiente debe calcularse durante varios ejercicios de modo de estudiar la tendencia y la consistencia, y de comparar una compañía con otra para evaluar si está por debajo o por encima de los niveles promedio o estándar del sector de negocios.

Volumen de gastos de capital

La forma en que se mantienen o se cambian los gastos de capital de la compañía en relación con los ingresos por ventas se puede medir dividiendo los ingresos por ventas por los gastos de capital para generar el coeficiente de volumen de gastos de capital.

$$\text{Volumen de gastos de capital} = \text{ingresos por ventas} / \text{gastos de capital}$$

Si disminuye el coeficiente, se indica que la compañía está aumentando sus inversiones en activos tangibles para respaldar la generación continua de ingresos por ventas. Un coeficiente en aumento puede indicar una reducción en las inversiones debido a la falta de fondos disponibles en las perspectivas del negocio.

El coeficiente de tenencia de activos

Cuando se analizan los activos tangibles de una compañía, vale la pena estudiar qué proporción de los activos fijos son de propiedad de la compañía o qué proporción está rentada. ¿La base del crecimiento se basa en los activos en propiedad o en alquiler? ¿Cuáles pueden ser las consecuencias de esta política y cuáles son las prácticas de otras compañías en igual sector comercial? Las notas en los estados contables dan información no sólo de la división entre los activos en propiedad o en alquiler, sino también en la de alquileres a corto y largo plazo y en alquileres financieros y operativos. Esta información adicional puede ser útil al analizar las tendencias que muestra una compañía durante varios ejercicios, a medida que crece y se desarrolla.

Proporción de arrendamientos = 100 x (activos arrendados / activos fijos tangibles totales)

Investigación y desarrollo (R&D)

Una función crucial que con frecuencia actúa como la relación directa entre los recursos humanos y físicos de una compañía es la de investigación y desarrollo (R&D). El cambio exitoso y redituable de la investigación a productos y servicios comercialmente viables, con frecuencia, se logra a través de la aplicación del talento de los empleados altamente capacitados, utilizando máquinas e instrumentos sofisticados.

Como se describe en el Capítulo 3, para la mayor parte de las compañías en muchos países el monto total correspondiente a R&D se pasa a pérdida en el ejercicio en que se incurre en el gasto. Es inusual capitalizar todo o parte de los gastos de R&D. Si una compañía que incurre en gastos de R&D de $100 sigue las prácticas contables generalmente aceptadas para amortizar el monto total del estado de resultados, puede surgir una pérdida como en el caso de la compañía A, a continuación.

	A	B
Estado de resultados		
R&D	(100)	(10)
(Pérdida) utilidades		
Balance		
R&D	N/A	90

Se imputa en el estado de resultados el gasto total de $100 de R&D y ninguno se capitaliza en el balance. Si la compañía pudiera distribuir los gastos de R&D durante un período de diez años, con el argumento de que éste es el período en el cual se obtendrían los beneficios por las inversiones, la posición sería la de la compañía B. Nada se modificó en realidad, pero se cambió una pérdida de $100 en una de $10 y el valor del balance de la compañía es superior en $90, ya que apareció un activo de R&D que refleja la capitalización del saldo de los gastos que serían amortizados a lo largo de nueve años. Esto podría ser razonable si no hubiera incertidumbre sobre la supervivencia de una compañía durante nueve años, pero en el caso de que una compañía debiera enfrentar problemas inmediatamente luego de la publicación de su memoria anual, puede analizarse si el activo de R&D en el balance podría venderse por $90. R&D es un activo intangible y los contadores consideran que su valor real es demasiado subjetivo para cuantificarlo en los estados contables. En relación con el Capítulo 2, se aplica la regla "cuando haya dudas se debe mandar a pérdida".

Una comprobación simple de la efectividad de la inversión de la compañía en R&D es analizar si produce resultados o no. No hay beneficio comercial para una compañía que invierte recursos en proyectos de investigación interesantes si los mismos no se traducen en productos y servicios que lleguen al mercado. De igual forma, no vale la pena que una compañía invierta sumas considerables en R&D cuando los clientes no lo requieren. Para las compañías minoristas sólo vale la pena un monto limitado en R&D, pero para sus proveedores puede ser esencial que se efectúen mayores inversiones en este sector. Los sectores en los cuales las inversiones cuantificables y continuas en R&D son cruciales incluyen la industria farmacéutica, defensa y tecnología informática. La memoria anual de una compañía contiene información sobre el monto que se asigna a R&D y puede además proveer información sobre nuevos productos desarrollados y lanzados, con datos sobre avances extraordinarios que se hayan registrado. Todo esto constituye una ayuda para evaluar la efectividad del programa de R&D de una compañía.

Coeficiente R&D / ventas

Una forma de determinar la consistencia de las políticas de una compañía en R&D es dividir el monto gastado por los ingresos por ventas. El resultado multiplicado por 100 da el coeficiente R&D / ventas.

$$R\&D: ventas = 100 \times (gastos\ de\ R\&D\ /\ ingresos\ por\ ventas)$$

En muchas compañías, debe esperarse un nivel constante razonable de inversión en R&D. La disminución en el coeficiente puede deberse a que los gastos en R&D son constantes, pero aumentan los ingresos por ventas, aunque un coeficiente menor puede indicar un problema corporativo. Una forma simple de "mejorar" las utilidades cuando los negocios están complicados es recortar los gastos en rubros como R&D. Como se analizó en el Capítulo 11, esa acción podría derivar en utilidades a corto plazo, pero también podría dañar las perspectivas a largo plazo.

Problemas con los porcentajes

Aunque este coeficiente elimina toda necesidad de conversión de divisas cuando se realizan las comparaciones internacionales, no cubre las diferencias de escala de las compañías. Si dos compañías invierten el 1% de sus ingresos por ventas en R&D, el coeficiente no distinguiría entre ellos. Sin embargo, si una compañía registrara ventas por $10 millones, y otra ventas por $1 millón, entonces los montos invertidos en R&D por cada una serían diferentes. Por ejemplo, una gran compañía de computación puede gastar en R&D el total de ingresos por ventas de algunos de sus competidores más pequeños.

Otro problema es que muchas compañías calculan su presupuesto de R&D como un porcentaje normal de los ingresos por ventas. Esto tiene el beneficio de la consistencia, pero puede traer dificultades. Si disminuyen los ingresos, debido a la falta de ventajas competitivas en los productos de una compañía, es probable que la reducción en los gastos de R&D en línea con una serie de coeficientes de R&D / ventas acentúe esta disminución.

Fuentes de información adicionales
La cobertura y el análisis de los medios bien informados de los analistas expertos en un sector determinado ayudan a evaluar los resultados de R&D de la compañía. Sin embargo, una regla simple aunque efectiva para cualquiera que invierta en una compañía es: "si no puede verlo, no lo compre." Antes de invertir dinero en una compañía, trate de obtener información de primera mano de sus productos o servicios. Los productos de la compañía y el rango ofrecido, ¿son tan buenos o mejores que los de la competencia? ¿El personal de la compañía da la impresión de ser competente y entusiasta? Si no le impresiona correctamente a usted, ¿por qué debe impresionarle a otros?

Cuando se ha invertido en una compañía son tan importantes los controles físicos habituales de los productos y servicios como el análisis financiero que se sugiere en este libro. Esto podría parecer difícil, pero puede ser interesante y definitivamente es el mejor enfoque.

GESTIÓN DE LOS RECURSOS FINANCIEROS

En los Capítulos 9 y 10 se tratan muchos aspectos de la eficiencia en la gestión financiera, pero algunos se desarrollan con más detalles a continuación.

La función de la Tesorería

La importancia del departamento de Tesorería de una compañía ha aumentado en los últimos años, básicamente como resultado del aumento de los negocios en el ámbito internacional y de la complejidad de los flujos de caja. No hace mucho, un director financiero de una compañía habría dedicado algo de tiempo a la consideración de las consecuencias de los movimientos de las divisas para una compañía. Hoy en día, todas las compañías importantes cuentan con personal profesional de tiempo completo supervisando la gestión financiera de los flujos de caja.

Para una compañía con casa matriz en el Reino Unido y una subsidiaria en los Estados Unidos de Norteamérica, una variación en el tipo de cambio entre la libra esterlina y el dólar estadounidense puede tener un impacto crítico en la rentabilidad del grupo. Si la subsidiaria tiene utilidades por $100 y esta cifra se informa a la casa matriz cuando el tipo de cambio es $1,55, se imputan £64,52 en los estados contables del grupo. Si el tipo de cambio era de $1,65 o $1,45, las utilidades serían de £60,60 o £68,96. Por lo tanto, el equivalente del cambio del 10% en las utilidades aparentes de la subsidiaria puede producirse simplemente por las fluctuaciones en el tipo de cambio. En los Capítulos 2 y 3 se analiza el tratamiento contable de las transacciones internacionales. Todas las compañías deberían hacer sus mayores esfuerzos para evitar la exposición indebida a los riesgos de movimientos del tipo de cambio. En los últimos años se han dado algunos ejemplos notables de compañías que han perdido grandes cantidades de dinero porque estaban ciertamente apostando a las fluctuaciones de una moneda en relación con otra, en lugar de estar cubriendo su riesgo de las fluctuaciones del tipo de cambio. El manejo de las transacciones en divisas es la responsabilidad fundamental del departamento de Tesorería.

Coeficiente de cobertura de intereses

Una medida financiera eficiente para una compañía es su capacidad de pagar los intereses sobre la toma de préstamos de las utilidades operativas. Cuando se dividen las utilidades antes de intereses e impuestos (PBIT), o los ingresos antes de interés e impuestos (EBIT) por el monto del interés pagado, el coeficiente de cobertura por interés resultante demuestra cuántas veces las utilidades de una compañía cubren el pago que debe hacer por los intereses.

> Porcentaje de arrendamiento = 100 x (activos arrendados / activos fijos tangibles totales)

Cuanto más alta sea la cifra, más segura estará la compañía. Una compañía con un coeficiente de cobertura de intereses de 2 puede sufrir una caída del 50% en las utilidades y aun así cumplir con sus pagos. Una compañía con un coeficiente de menos de 1 tendrá que recurrir a sus reservas de efectivo o lograr financiación adicional para cumplir con los compromisos de pago de intereses si hay una disminución en las utilidades.

RESUMEN

- ❖ La eficiencia se asocia normalmente con el control de los costos y gastos y con el uso productivo de todos los recursos disponibles de una compañía para ofrecer productos o servicios al mercado a un precio competitivo.
- ❖ La eficiencia de un negocio se puede medir de diversas formas. Puede sugerirse que la prueba de fuego de la eficiencia son las utilidades. En el Capítulo 7 se describe el desarrollo de una serie de medidas adecuadas para los resultados relacionados con la rentabilidad. Sin embargo, puede ser que una compañía sea sumamente eficiente al administrar sus costos y gastos pero que encuentre factores fuera de su control que limitan su capacidad de generar ingresos redituables. Puede ser que exista recesión o sobreabastecimiento o que exista una guerra de precios dentro del sector. En esas circunstancias, la rentabilidad de la compañía no indica falta de eficiencia.

Luego de haber recabado datos relevantes por la mayor cantidad posible de ejercicios, un primer paso útil es reducir el estado de resultados a una base de factor común expresando los costos y las utilidades como porcentaje de los ingresos por ventas (véase el Capítulo 6).

	Año 1 ($)	Año 2 ($)	Año 1 ($)	Año 2 ($)
Ingresos por ventas	7.200	8.500	100	100
Costo de ventas	4.680	6.125	65	72
Utilidades brutas	2.520	2.375	35	28

El uso de este enfoque facilita elegir cambios y tendencias, ya sea de un año a otro de una compañía o al comparar una con otra, particularmente si operan en diferentes países. El coeficiente de margen de utilidades elimina problemas de tamaño y de moneda.
- ❖ Probablemente las utilidades por empleado sean la mejor medida de la eficiencia en el uso del elemento "recursos humanos" en una compañía.
- ❖ El coeficiente de la tasa de retorno es el mejor coeficiente único a utilizar como medida de la eficiencia general de una compañía (véase

el Capítulo 7). Es probable que una compañía eficiente genere más utilidades que una que no lo es y, por lo tanto, es más probable que genere consistentemente tasas de retorno más altas.

- ❖ Al evaluar la capacidad de una compañía para usar los recursos que tiene disponibles, es ideal el uso del coeficiente de movimiento de activos. El mismo es fácil y simple de calcular. Los ingresos por ventas se toman del estado de resultados y la cifra de los activos del balance; al dividir una por otra se obtiene el movimiento de los activos de una compañía. Si cada vez que una compañía realiza una venta toma utilidades, cuantas más ventas se produzcan, más utilidades se van a generar. Cuanto más alto sea el movimiento de los activos, mejor será el uso productivo de los activos empleados en el negocio y mejor será la tasa de retorno general eventual.
- ❖ La gestión financiera puede estar encapsulada en el coeficiente de cobertura de intereses. Esto demuestra el costo de los préstamos externos de una compañía como proporción de las utilidades antes del interés e impuestos del ejercicio. Cuanto más uso haga una compañía del financiamiento de fuentes externas para sus operaciones por las que paga intereses, o cuantas más altas sean las tasas de interés cobradas, menor será el coeficiente.

9. Capital de trabajo y liquidez

En este capítulo se tratan primordialmente las formas de evaluar una posición financiera a corto plazo y la marcha correcta de una compañía. Si bien los términos "solvencia" y "liquidez" se refieren con frecuencia a la misma cosa, cada uno se centra en diferentes aspectos de la viabilidad financiera. La solvencia (como se menciona en el Capítulo 10) es una medida de la capacidad de una compañía de cumplir con sus diversas obligaciones financieras en el momento oportuno, ya sea amortizaciones de créditos o facturas de acreedores. La liquidez está directamente relacionada con los flujos de caja y con la naturaleza de los activos a corto plazo de la compañía; es decir, si existe el monto correcto de efectivo en la caja o si está rápidamente disponible. Puede darse el caso de que se tenga $1 millón invertido en valores y acciones pero no se disponga de suficiente liquidez para comprar un boleto de ómnibus. En algunos casos puede ser que exista solvencia, pero no liquidez.

Se puede hacer un simple control de la viabilidad financiera a corto plazo de una compañía para asegurar que se generaron utilidades en el ejercicio y luego mirar en el balance si existe un saldo de efectivo al cierre del ejercicio. Si la compañía obtuvo utilidades y muestra saldos de efectivo positivos, se puede pensar que el resultado es bueno. Desafortunadamente, se puede no estar en lo cierto. Los saldos de efectivo positivos al cierre del ejercicio, aun en combinación con las utilidades, no garantizan la supervivencia corporativa en el corto plazo, menos aún en el largo plazo.

El balance es como una foto instantánea de los activos y pasivos de una compañía al cierre del ejercicio. No es representativo de una posición determinada durante el resto del mismo. El estado de resultados calza las ganancias y los gastos del ejercicio. Las ganancias y, por lo tanto, las utilidades del ejercicio incluyen ganancias por ventas a crédito y gastos por créditos, como también transacciones en efectivo. Una compañía puede mostrar utilidades para el ejercicio pero tener muchos acreedores, tal vez su principal proveedor de materias primas requiera el pago en efectivo en pocas semanas. También es posible que una compañía manipule la posición al cierre del ejercicio. Si hacia el final del ejercicio económico la compañía asigna mayor énfasis y esfuerzo a obtener efectivo de los clientes y les hace los pagos a los acreedores, el resultado es un aumento en los saldos de efectivo.

Los acreedores proveen financiación para respaldar a una compañía y los deudores inmovilizan sus recursos financieros. Una compañía que da más crédito a sus clientes de lo que ella toma de sus proveedores puede ser redituable, pero al mismo tiempo consumir sus recursos de efectivo. Esto se denomina *overtrading* y es un problema habitual entre las compañías pequeñas y de rápido crecimiento. Es vital para cualquier negocio mantener un saldo de efectivo adecuado entre los créditos otorgados a los clientes y los recibidos de los proveedores.

CAPITAL DE TRABAJO Y LIQUIDEZ

En el Capítulo 2 se trató la relación entre los activos y pasivos de corto plazo. En el Reino Unido, los pasivos corrientes en el balance se contraponen con los activos corrientes para destacar los activos netos corrientes o los pasivos netos corrientes. Con frecuencia la cifra de los activos netos se denomina "capital de trabajo de una compañía" para enfatizar el hecho de que es una cifra que cambia constantemente.

Los activos corrientes y los pasivos no sólo cambian de un día a otro, sino de minuto a minuto según la marcha de la compañía. El efectivo se utiliza para pagar las facturas de los proveedores para la producción de bienes que luego se venden, frecuentemente con créditos a clientes que, a su vez, le pagan en efectivo a la compañía. El efectivo circula en el negocio en forma continua (véase la Figura 9,1). En cada giro del ciclo la compañía obtiene utilidades, los bienes y servicios se venden por un monto superior al costo de su producción, que resulta en mayor liquidez disponible para expandir el negocio y para la adquisición de productos para la venta.

La clave de la viabilidad financiera a corto plazo de la compañía es estar incluida en el análisis del capital de trabajo. Los activos corrientes incluyen rubros en efectivo o casi efectivo que se incluyen en los principales cuatro títulos: inventario (o *stock*), pagos anticipados, deudores y efectivo. En la presentación estándar del balance esos rubros aparecen por orden de liquidez, siendo el efectivo la última forma de liquidez:

- ❖ Inventario: productos terminados, trabajos en curso, materias primas.
- ❖ Pagos adelantados: pagos adelantados de gastos.
- ❖ Deudores (cuentas a cobrar): operaciones comerciales y otras.
- ❖ Efectivo: saldos en efectivo y bancarios, depósitos a corto plazo e inversiones.

Los pasivos corrientes expresan el monto total de los pagos adeudados a los acreedores dentro de un ejercicio, lo que indica cuánto va a tener que pagar la compañía en efectivo en el futuro cercano. También se incluyen en los pasivos corrientes los préstamos tomados a corto plazo. Normalmente aparecen bajo este título cinco rubros:

- ❖ Acreedores (cuentas a pagar): operaciones comerciales y otras.
- ❖ Devengamientos: gastos no pagados al cierre del ejercicio.
- ❖ Préstamos bancarios: préstamos a corto plazo y otros préstamos.
- ❖ Impuestos: montos adeudados para el pago en el ejercicio siguiente.
- ❖ Dividendos: dividendos declarados pero aún no pagados a los accionistas.

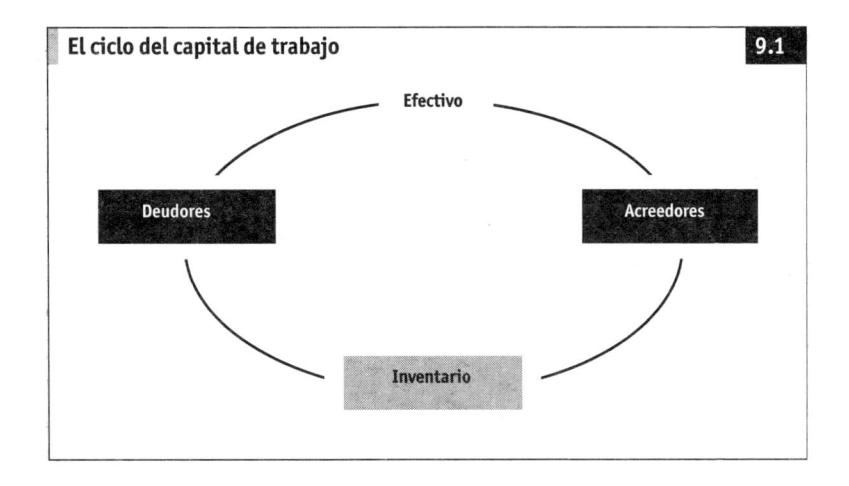

El ciclo del capital de trabajo — 9.1

Efectivo → Acreedores → Inventario → Deudores → Efectivo

Inventario

El último activo corriente líquido es el inventario (o *stock*). Cuando se vende el inventario a los clientes, sube en la clasificación de liquidez de activos corrientes para ser incluido en los deudores y por último para pasar a ser totalmente líquido como parte de los saldos en efectivo y bancarios cuando los clientes pagan sus facturas.

Para muchas compañías, la cifra total del inventario en el balance se vuelve a subdividir en las notas para originar los montos retenidos como materias primas, trabajos en curso y productos terminados. Por razones prácticas, es más seguro suponer que los productos terminados representan un activo más líquido que los trabajos en curso, que a su vez, seguramente van a transformarse más rápidamente en efectivo que las materias primas.

Cabe esperarse que la mayor parte de las compañías vendan sus inventarios y los transformen en liquidez al menos una vez al año. Si éste no es el caso, habría buenas razones para que la compañía mantenga ese rubro o nivel de inventario. Si no se transforma el inventario en efectivo, se inmovilizan recursos financieros valiosos por no obtenerse un retorno redituable.

Deudores

Luego del inventario, el siguiente rubro más líquido que aparece bajo activos corrientes es el de deudores. Los mismos se dividen en deudores de los que se espera que el efectivo sea recibido por la compañía dentro de 12 meses de la fecha del balance y aquéllos de los que se espera el efectivo más tarde. Con frecuencia es necesario remitirse a las notas para descubrir el maquillaje exacto de la cifra total.

Si se analiza un grupo de compañías, el monto que se registra en deudores puede incluir montos pertenecientes a compañías subsidiarias. Éstos también se clasifican en el monto adeudado dentro de un año de la fecha del balance y en el monto adeudado más adelante.

Es razonable suponer que los deudores con vencimiento en el ejercicio son en general deudores comerciales, es decir, clientes que deben dinero por bienes o servicios provistos dentro del ejercicio y que se espera que paguen el efectivo adeudado a la compañía según los términos comerciales normales. Si se ofrece a los clientes 30 días de crédito, se espera que paguen en efectivo a la compañía dentro de los 30 días de aceptada la entrega de bienes o servicios provistos.

Para dar la impresión de un crecimiento en las ganancias, una compañía puede adoptar un enfoque creativo para el reconocimiento de los ingresos por ventas, por ejemplo, contar futuras ganancias en el estado de resultados vigente. Si algo no es correcto, lo va a indicar un crecimiento de los deudores comerciales mayor que el volumen de ventas. Una compañía puede optar por empujar el inventario hacia los comerciantes sobre la base de la venta o de la devolución y darle el tratamiento de ingresos por ventas para el ejercicio. En efecto, la compañía está transformando inventarios en deudores. El estado de resultados mostrará ingresos y utilidades, pero aquí habrá un descalce evidente cuando se comparen las tendencias de crecimiento del inventario y de los deudores.

Ante un nivel inaceptable de crédito extendido a los clientes, una compañía puede analizar o securitizar deudores comerciales. Esto derivará en la reducción del nivel de deudores que aparece en el balance: se esconde el nivel real. Siempre deben leerse las notas en los estados contables para identificar los deudores comerciales. En el caso de una compañía normal y sólida, puede esperarse que sea compatible el aumento en los niveles de volumen de ventas con el inventario y los deudores comerciales. Deben analizarse todas las diferencias significativas.

Puede suponerse que los deudores que aparecen en el balance son deudas cobrables. Los clientes que deben dinero a la compañía deben pagar sus deudas al vencimiento. Todas las deudas incobrables conocidas o estimadas serán amortizadas en el estado de resultados. Las deudas incobrables pueden deducirse de los ingresos por ventas para reducir las ganancias del ejercicio o imputarse como gasto al llegar a las utilidades del ejercicio. Casi todo tipo de compañías registran deudas incobrables. Los clientes pueden presentarse en quiebra, escaparse del país o desaparecer de otra manera, o puede ocurrir un fraude.

Las deudas incobrables pueden amortizarse individualmente a medida en que se incurre en ellas o puede haber un porcentaje regular de ingresos por ventas amortizados en cada ejercicio. Con frecuencia se imputa el porcentaje sobre la base de la experiencia histórica de una compañía específica y del sector en el que opera. En el caso de existir una deuda incobrable sustancial o material, la compañía puede hacer una referencia en la memoria anual. Si un cliente importante se declara en quiebra, debe notificarse a los accionistas por medio de la memoria anual, aun si la compañía espera recuperar una parte, o la mayor parte de la deuda.

Pagos antes del vencimiento y devengamientos

En algunos casos una compañía va a registrar pagos antes del vencimiento o pagos por adelantado como un rubro dentro de los activos corrientes. Los pagos antes del vencimiento representan dinero pagado por la compañía en el transcurso del ejercicio por bienes o servicios a recibir en un ejercicio futuro. Por ejemplo, una compañía puede pagar la renta sobre una propiedad con un adelanto de tres meses. Para la mayoría de los análisis, los pagos antes del vencimiento son tratados como si fueran tan líquidos como los deudores.

Los pasivos corrientes con frecuencia incluyen un monto para los devengamientos. Éstos pueden considerarse como la reversa de los pagos. Los devengamientos son gastos relacionados con el ejercicio en curso que aún deben ser liquidados en efectivo. El rubro acreedores comerciales corresponde a las facturas pendientes de los proveedores por bienes y servicios ofrecidos durante el ejercicio. Los devengamientos se relacionan con los gastos operativos, como energía y luz, pagados con atraso en lugar de por adelantado.

Efectivo

El efectivo es tan líquido como es posible ser. Consiste en el dinero en manos de la compañía o en una cuenta en el banco. El efectivo estará disponible de inmediato para la provisión de fondos a fin de pagar a los acreedores o para hacer inversiones.

¿Por qué razón las compañías necesitan mantener efectivo? El efectivo como activo no vale mucho a menos que se invierta en activos productivos o en cuentas con interés. Las compañías mantienen efectivo por las mismas razones que los individuos. John Maynard Keynes, un exitoso analista de inversiones y también notable economista, identificó tres razones para mantener el efectivo en lugar de invertirlo en otros activos:

- ❖ Transacción.
- ❖ Precaución.
- ❖ Especulación.

Las transacciones y los motivos de precaución deberían, en forma ideal, reflejar la cifra adecuada del activo de una compañía y de sus saldos en el banco.

Una compañía sin efectivo no puede continuar las operaciones. Sería incapaz de pagar a proveedores y empleados. El efectivo es esencial para llevar a cabo las transacciones diarias de rutina de un negocio. Una compañía con efectivo de caja insuficiente no tiene reservas para cubrir los gastos no presupuestados. Al igual que los individuos tratan de mantener algo de efectivo rápidamente disponible, las compañías necesitan efectivo con mucha rapidez para la experiencia corporativa equivalente.

La especulación, la tercera razón para mantener el efectivo, es en general menos importante para las compañías, ya que en general no se alienta a los directores a jugar con el dinero de los accionistas. Para los individuos, el exceso de efectivo utilizado para la inversión con vistas al largo plazo, tal vez haciendo planes para el retiro, puede considerarse como medida de precaución, mientras que el utilizado para comprar billetes de lotería, jugar a las carreras de caballos o al póquer definitivamente es una especulación de corto plazo: dinero que puede desaparecer, pero la vida continúa igual.

Un aspecto importante de la gestión financiera interna de una compañía es alcanzar el delicado equilibrio de tener el monto exacto de efectivo disponible en todo momento. Tener demasiado es un despilfarro, tener muy poco es peligroso.

La cantidad de dinero que necesita una compañía depende de lo que hace. Aquella que puede esperar con confianza entradas de efectivo regulares, como un minorista de alimentos, tiene menos necesidad de mantener saldos de efectivo sustanciales que una compañía con entradas de efectivo menores o no regulares, como una de construcción o un fabricante de la industria pesada.

La única forma de evaluar si los saldos de efectivo de una compañía en particular son adecuados es compararlos con los de los ejercicios anteriores y con los de otras compañías en el mismo segmento de negocios. Los coeficientes que se describen a continuación ofrecen medidas útiles a través de las cuales hacer comparaciones.

Al evaluar la liquidez de una compañía debe recordarse que el momento en que se emite un balance puede tener consecuencias para el nivel de saldos en efectivo. Una compañía que prepara sus estados contables en enero luego del período de ventas de Navidad, puede mostrar un bajo nivel de su *stock* pero un saldo de efectivo alto. La compañía estaría más líquida a fin de enero que en diciembre.

Inversiones a corto plazo
Con frecuencia, las compañías invierten efectivo que no se requiere de inmediato para la marcha del negocio en títulos negociables a corto plazo, o aun en mercados de dinero de un día a otro. Dichas inversiones aparecen como parte de los activos corrientes en el balance y se estima que se pueden convertir rápidamente en efectivo. A los fines del análisis financiero, se tratan como si fueran tan líquidas como el efectivo.

Pasivos corrientes
Muchos de los coeficientes que miden y evalúan la liquidez y solvencia de una compañía usan la cifra total de los pasivos corrientes. Para muchos fines, esto es perfectamente aceptable, pero generará resultados conservadores. Por ejemplo, con frecuencia los dividendos aparecen como parte de los pasivos corrientes. Sin embargo, el dividendo final para el ejercicio que se incluye como cargo en el estado de resultados en realidad no será pagado a los accionistas hasta después de la asamblea general de la compañía (AAG), cuando se acepten las propuestas para los dividendos de los directores. Si una compañía estuviera en dificultades para pagar a sus proveedores y otros, no es descabellado suponer que reconsideraría sus planes de pago de dividendos a los accionistas.

Los préstamos otorgados y otros préstamos tomados cuya amortización vence en el siguiente ejercicio se muestran correctamente como parte de los activos corrientes en el balance. También pueden aparecer en los pasivos corrientes otros préstamos bancarios tomados a corto plazo. Frecuentemente, como ocurre en el caso de un sobregiro en el Reino Unido, esto se debe a que no son reembolsables a la vista. Puede decirse que es extremadamente cauteloso incluirlos entre los "acreedores con vencimiento en un año" al calcular los coeficientes de liquidez o de solvencia.

Operaciones entre compañías del grupo
Las operaciones entre las compañías subsidiarias del grupo pueden hacer que los deudores y los acreedores aparezcan en los activos y pasivos corrientes al cierre del ejercicio.

En caso de requerirse un análisis más sofisticado y refinado, se podrían netear los mismos para obtener una cifra de los deudores o acreedores netos, o excluirse por completo. Para la mayoría de los fines, pueden tratarse de la misma manera que los deudores y acreedores comerciales.

LA MEDICIÓN DE LA LIQUIDEZ

El efectivo y los deudores se definen como los activos líquidos o realizables de una compañía. Un activo líquido ya es efectivo o capaz de convertirse en tal en muy poco tiempo. Ver sólo el total de los activos corrientes en el balance no es una indicación suficiente de la liquidez de una compañía.

($)	A	B	C
Inventario	50	25	25
Deudores	25	50	25
Efectivo	25	25	50
	100	100	100
Pasivos corrientes	80	80	80
Utilidades operativas	40	40	20
Depreciación	10	10	5

Aunque las tres compañías en el ejemplo tienen activos corrientes idénticos ($100), su liquidez es muy distinta. La compañía C es la más líquida. Al final del ejercicio tiene $50 en efectivo y puede esperar recibir $25 en el futuro cercano de los clientes. Aunque la compañía B tiene igual cantidad de activos líquidos que la compañía C ($75), no es tan líquida ya que tiene menos efectivo disponible en forma inmediata. La compañía A es la menos líquida, con el 50% de los activos corrientes mantenidos hasta el inventario, lo que probablemente tomará más tiempo en convertirse en efectivo y deudores.

Coeficiente corriente
Una simple indicación de la capacidad de la compañía de cumplir con sus obligaciones a corto plazo es relacionar los activos y los pasivos corrientes en lo que se denomina "coeficiente corriente". Esto parecería haber sido desarrollado por banqueros a

fines del siglo XIX como una de las primeras y, como se comprobó, últimas contribuciones al análisis financiero. Relaciona el total de los activos corrientes con el total de los pasivos corrientes.

Coeficiente corriente = activos corrientes ÷ pasivos corrientes

Los activos corrientes constan de los saldos de efectivo, depósitos a corto plazo e inversiones, deudores, gastos pagados por adelantado e inventario. Los pasivos corrientes incluyen los acreedores, préstamos bancarios tomados a corto plazo, dividendos e impuestos a pagar en el siguiente ejercicio. La combinación de los dos en un coeficiente corriente provee un lineamiento básico de la solvencia, en lugar de la liquidez de una compañía al cierre del ejercicio.

Para las tres compañías del ejemplo no existirá diferencia en el coeficiente corriente. Ya que cada compañía tiene $80 de pasivos corrientes totales, el coeficiente es el siguiente:

$100 ÷ $80 = 1,25

Por cada $1 de pasivos corrientes, cada compañía se mantiene al cierre del ejercicio con $1,25 de activos corrientes. Si la compañía ha pagado a todos sus acreedores a corto plazo, le quedarían $0,25 por cada $1 de los activos corrientes usados. Como una guía aproximada, para la mayoría de las compañías, mostrar al menos una relación 1,5:1 entre los activos y los pasivos corrientes se puede tomar como una indicación de la capacidad para pagar a los acreedores a corto plazo sin recurso de un préstamo especial o de venta de algún activo, excepto los que aparecen como corrientes en el balance.

Coeficiente de liquidez

Sin embargo, la incapacidad para distinguir las posiciones financieras a corto plazo de las tres compañías destaca la inutilidad comparativa del coeficiente corriente. Un enfoque más estricto sería excluir el inventario de los activos corrientes al cierre del ejercicio para llegar a los que se llaman activos líquidos, los cuales son efectivos o casi efectivos, ya que no hay diferencia. Este coeficiente se denomina algunas veces "prueba ácida", pero se denomina con más frecuencia "coeficiente de liquidez" o "*quick ratio*".

Coeficiente de liquidez = activos líquidos ÷ pasivos corrientes

En las tres compañías el coeficiente de liquidez es el siguiente:

($)	A	B & C
Activos líquidos	50	75
Pasivos corrientes	80	80
Coeficiente de liquidez	**0,62**	**0,94**

Es fácil calcular el coeficiente de liquidez del balance y hay dos razones para respaldar su uso. Primero, es difícil saber exactamente qué está incluido físicamente en la cifra del inventario registrado en el balance. Segundo, aun un buen inventario es dificil de convertir rápidamente en efectivo. Cuando el inventario consiste básicamente en productos terminados listos para la venta, valuados a un costo menor, o con valor neto realizable, la compañía que trata de convertir ese tipo de inventario en efectivo seguramente no obtenga su valor. Los compradores potenciales en general se dan cuenta cuando un vendedor está desesperado por vender y por tratar de obtener el precio más bajo posible. Por lo tanto, un enfoque prudente al evaluar la capacidad de una compañía para cumplir con sus obligaciones a corto plazo requiere que el inventario no ofrezca una fuente de efectivo rápidamente disponible. Ahora se considera que la compañía A es potencialmente menos líquida que las compañías B y C. Todavía no hay evidencia de la diferencia entre B y C.

Ambas tienen idéntico coeficiente de liquidez de 0,94:1. En la mayoría de los negocios, tener $0,94 disponibles inmediatamente en efectivo o casi efectivo por cada $1 de pasivos corrientes se vería como mucho más seguro. Esa compañía podría, sin vender ningún ítem del inventario o pedir dinero en préstamo, cubrir inmediatamente todo menos el 6% de sus obligaciones a corto plazo. Un proveedor potencial, habiendo verificado primero que los estados contables del ejercicio anterior registran una posición similar, podría confiar justificadamente y ampliar el crédito a esa compañía.

Que el hecho de que la compañía A tenga un coeficiente de liquidez de 0,62 pueda hacer que los proveedores no quieran operar con ella, dependerá de otra información y análisis adicionales. Pero claramente, a través del uso del coeficiente de liquidez, la compañía A ahora está aislada, ya que está en una posición financiera diferente a corto plazo de las de B y C.

Coeficiente de liquidez corriente
Aunque el coeficiente de liquidez aparece como una mejora en el coeficiente corriente, se hace imposible distinguir entre las compañías B y C del ejemplo. Un modo de hacer un mejor análisis es considerar los pasivos corrientes no sólo con los activos corrientes y líquidos, sino también con la capacidad de generar flujo de caja de una compañía.

La definición más simple del flujo de caja es utilidades sin deducciones por depreciación. La depreciación sólo consiste en un asiento contable y no involucra ningún movimiento físico o de efectivo. Si se suma nuevamente la depreciación a las utilidades operativas que aparecen en el estado de resultados, la cifra resultante provee una indicación del flujo de caja que genera la compañía durante el ejercicio. Sobre esta base, el flujo de caja para A y B es de $50 y para C es de $25.

Una compañía que quiere pagar a sus acreedores en primer lugar utilizará sus activos líquidos. Si se supone que el inventario no puede convertirse rápidamente en efectivo, entonces, antes de pedir dinero para pagar a los acreedores la compañía utiliza el efectivo disponible de sus operaciones.

El coeficiente de liquidez corriente calcula cuantos días, al nivel normal de la generación del flujo de caja, se requirirán para completar el pago a los acreedores.

Coeficiente de liquidez corriente = 365 x (pasivos corrientes − activos líquidos) ÷ flujo de efectivo de operaciones

En el caso de las tres compañías en el ejemplo:

Análisis estratégico de compañías

($)	A	B	C
Pasivos corrientes	80	80	80
Menos			
Activos líquidos	50	75	75
	30	5	5
Dividido por			
Flujo de caja	50	50	25
	0,6	0,1	0,2
X 365 días			
Días	**219**	**36**	**73**

Si la única fuente de financiación distinta de los activos líquidos demuestra ser el flujo de caja de las operaciones, le tomaría a la compañía A 219 días, más de siete meses, completar los pagos de sus obligaciones corrientes, mientras que la compañía B requeriría 36 días, y la compañía C, 73 días.

Suponiendo que las tres compañías operaran en el mismo sector comercial, los acreedores que las estuvieran evaluando se sentirían menos confiados en la compañía A.

Perspectiva de los coeficientes
Para evaluar más profundamente cómo se pueden analizar y comparar la posición y viabilidad financieras a corto plazo de diferentes compañías, agregamos otro ejemplo a continuación.

($)	Grupo de tiendas (D)	Minorista de alimentos (E)	Fabricante de prod. pesados (F)	Cadena de restaurantes (G)
Inventario	75	38	193	10
Otros	30	20	80	40
Deudores comerciales	80	5	162	30
Efectivo	120	15	215	190
Activos corrientes	305	78	650	270
Acreedores comerciales	35	76	70	75
Otros acreedores	165	104	300	285
Pasivos corrientes	200	180	370	360
Utilidades operativas	130	60	160	300
Depreciación	20	25	35	20

De aquí se pueden calcular los coeficientes incluidos en el capítulo.

	D	E	F	G
Coeficiente corriente	1,53	0,43	1,76	0,75
Coeficiente de liquidez	1,15	0,22	1,24	0,72
Coeficiente de liquidez corriente	-73	601	-163	114

Las compañías D, F y G muestran un coeficiente corriente cercano, o superior a 1:1. Por cada $1 de pasivos corrientes al cierre del ejercicio, tienen $1 o más disponible en activos corrientes. El minorista de sustancias alimenticias (E) y la cadena de restaurantes (G) podrían operar con un coeficiente corriente más bajo que la compañía de tiendas (D) o el fabricante de productos pesados (F). Su negocio se basa en la venta de alimentos con menor nivel de inversiones en inventario que en el caso de los otros negocios que se presentan en este ejemplo, y tampoco ofrecen créditos a largo plazo a sus clientes.

Las diferencias entre las posiciones financieras de las compañías se ven reforzadas por el uso del coeficiente de liquidez. El fabricante (F), con $1,24 en activos líquidos por cada $1 de pasivos corrientes, demuestra el mayor nivel de solvencia a corto plazo. Como potencial acreedor, que considera posiblemente convertirse en el principal proveedor para la compañía F, el coeficiente de cobertura 1,24:1 ofrece una seguridad razonable de que se pagarán las facturas en su totalidad y en el plazo estipulado.

Sin embargo, antes de comprometerse en una relación laboral con F, será necesario comparar esta compañía con otras en el mismo rubro para observar que el coeficiente 1,24:1 es el que se aplica normalmente. Si un proveedor potencial de la compañía E estudia otros minoristas de sustancias alimenticias, se podrá observar que el coeficiente entre 0,10:1 y 0,50:1 es lo habitual. Por lo tanto, solamente sobre la base de este coeficiente parecería ser seguro establecer una relación comercial con la compañía E.

Ya que tanto las tiendas (D) como el productor (F) tienen coeficientes líquidos de más de 1:1, mostrarán un coeficiente de liquidez corriente negativo. Los mismos pueden pagar sus obligaciones a corto plazo de los activos líquidos y aun así tener excedente. En la práctica, luego de ver los valores negativos del coeficiente de liquidez corriente, los acreedores potenciales pensarían que no vale la pena calcular el coeficiente de liquidez corriente para estas compañías, ya que esto no les daría una mejor comprensión de su probable exposición financiera al tratar con ellas.

El minorista de sustancias alimenticias (E) muestra la cifra más alta en el coeficiente de liquidez corriente. Si la compañía hubiese utilizado todos sus activos líquidos disponibles para pagar los pasivos corrientes y no hubiese fuentes de efectivo disponibles de inmediato, requeriría otros 20 meses (602 días) de flujo de caja operativo para el pago total. Antes de sacar cualquier conclusión sobre la aceptabilidad de este y de cualquier otro coeficiente, es necesario observar puntos de referencia para establecer una comparación. Si se comparan los 602 días del minorista de productos alimenticios con los 73 días de las tiendas, resulta claro que tienen posiciones financieras a corto plazo diferentes y que, si bien ambos son minoristas, están en negocios completamente distintos.

El minorista de productos alimenticios puede esperar con certeza un patrón más regular y consistente de ventas diarias futuras que las tiendas. Los clientes realizan compras más regularmente en los supermercados de alimentos que en las tiendas. Un acreedor de la compañía E puede estar razonablemente confiado en que al día siguiente por las cajas registradoras del supermercado pasaran aproximadamente $2,7millones, la cifra promedio de ventas diarias (véase la página 178). Las ventas de las tiendas, aunque también registran un promedio de $2,7 millones por día, probablemente se desvíen en términos del impacto del efectivo cerca de Navidad o de eventos estacionales.

Los acreedores del minorista de sustancias alimenticias no deben preocuparse por el coeficiente de liquidez corriente de 602 días. En el Reino Unido y en los Estados Unidos de Norteamérica, los coeficientes de liquidez corriente de hasta

1.200 días (cuatro años) para el minorista de sustancias alimenticias son casi normales. En Europa continental, en gran parte debido a las diferentes relaciones laborales con los proveedores, son muy comunes los coeficientes dos y tres veces superiores a éste.

La clave para interpretar este coeficiente, al igual que los otros, es obtener una base sólida para la comparación. Los diferentes países, como también los distintos sectores comerciales, con frecuencia muestran diferentes experiencias y expectativas sobre la solvencia, liquidez y flujo de caja.

Capital de trabajo / ventas
Un indicador útil de una gestión adecuada y consistente del capital de trabajo es relacionarlo con los ingresos por ventas. Para esta medición se define el capital de trabajo, ignorándose el efectivo y las inversiones de la siguiente forma:

Capital de trabajo = inventario + deudores comerciales − acreedores comerciales

Para las cuatro compañías en el ejemplo las cifras son las siguiente:.

($m)	Grupo de tiendas (D)	Minorista de alimentos (E)	Fabricante de prod. pesados (F)	Cadena de restaurantes (G)
Inventario	75	38	193	10
Deudores comerciales	80	5	162	30
Acreedores comerciales	35	76	70	75
Capital de trabajo	120	-33	285	-35
Ingreso por ventas	1.000	1.000	1.000	1.000
% de capital de trabajo / ingresos por ventas	**12,0**	**-3,3**	**28,5**	**-3,5**

Una cifra negativa para el capital de trabajo denota el hecho de que la compañía tenía al cierre del ejercicio más acreedores comerciales que inventario y deudores comerciales. Esto es aceptable, y da confianza a los acreedores sobre la capacidad permanente de una compañía de pagar sus facturas al vencimiento. Normalmente, esa confianza está directamente relacionada con el sector de negocios de la compañía y es una evidencia de la generación del flujo de caja. Lo que es aceptable para un minorista de productos alimenticios y para la cadena de restaurantes no lo es para el fabricante de productos pesados, porque su ingreso de caja en los días siguientes es incierto.

Como regla general, cuanto menor sea el porcentaje informado para este coeficiente, mejor será para el negocio. Si el grupo de tiendas aumentara su volumen de ventas en $1 millón, este coeficiente indicará que se requerirían $120.000 adicionales. Para el fabricante de productos pesados se requerirían $285.000 adicionales para respaldar el mismo aumento de ventas. Sin embargo, para el minorista de productos alimenticios y para la cadena de restaurantes, cuyos coeficientes son negativos, aparecería un aumento en los ingresos por ventas que aparentemente llevaría a una disminución en el capital de trabajo. Éste bien podría ser el caso de una compañía que experimenta un crecimiento constante y que mantiene la confianza de sus acreedores.

Coeficiente deudores / acreedores

Se puede llegar a un análisis más detallado usando coeficientes específicos que se centren en aspectos específicos de la gestión y en la estructura del capital de trabajo de las compañías. Por ejemplo, la relación entre el crédito otorgado a los clientes y tomado de los proveedores puede evaluarse y compararse al relacionar los deudores y acreedores comerciales.

Deudores comerciales ÷ acreedores comerciales

Las cifras son las siguientes para las cuatro compañías en la figura:

	D	E	F	G
Deudores / acreedores	2,3	0,1	2,3	0,4

Este coeficiente muestra que cada 100 unidades de crédito tomado de los acreedores de la compañía D, el grupo de tiendas, y la compañía F, el fabricante de productos pesados, estaban extendiendo 230 unidades de crédito a sus clientes. La compañía G, la cadena de restaurantes, sólo da 40 unidades de crédito a sus clientes cada 100 unidades de crédito que recibe de sus proveedores. Se evidencia el uso agresivo de la financiación a los proveedores por parte de la compañía E, el minorista de productos alimenticios, ya que este coeficiente muestra que por cada 100 unidades de crédito de los proveedores, la compañía extiende sólo 10 unidades de crédito a sus clientes.

En circunstancias normales, este coeficiente permanece razonablemente constante de un ejercicio a otro. Los cambios grandes y erráticos en cualquier sentido inician una modificación en la política crediticia o en las condiciones comerciales.

Ventas y costos diarios promedio

Otro indicador útil de los flujos de caja a corto plazo de una compañía y de la posición financiera es el promedio diario de ventas (ADS) y los costos diarios promedio (ADC). Se puede dividir el total de ventas y el costo de ventas por 240 para representar con más precisión el número de días laborables en el ejercicio, pero dada la extensiva naturaleza del análisis, es correcto usar 365 días como denominador.

En el estado de resultados en la mayoría de las memorias anuales se puede encontrar el costo de ventas. La cifra normalmente incluye compras, pero no siempre el salario del personal y los gastos asociados. Si hay alguna dificultad para obtener la verdadera cifra comparable del costo de ventas para todas las compañías que se están analizando, entonces al restar las utilidades operativas o comerciales del ingreso por ventas se podrá obtener una aproximación del costo de las ventas.

($m)	D	E	F	G
Volumen	1.000	1.000	1.000	1.000
Ventas diarias promedio	2,74	2,74	2,74	2,74
Costo de ventas	650	920	840	620
Costo diario promedio	**1,78**	**2.52**	**2,30**	**1,70**

Aunque la comparación de ADS y ADC da una perspectiva de cuánto más recibe una compañía que lo que gasta cada día, la realidad es que las compañías cuyas operaciones son estacionales gastarán mucho más que un monto promedio para obtener un *stock* antes de los períodos pico para las ventas. También van a recibir más que el promedio de ventas durante los períodos pico.

EL CICLO DEL EFECTIVO

Al compararlos con otros datos del balance, los ADS y los ADC contribuyen a entender la forma en que el efectivo fluye en el negocio a través del ciclo de efectivo en el coeficiente del ciclo de capital de trabajo.

Inventario

Para calcular cuánto tiempo está inmovilizado el efectivo de una compañía en el inventario, se divide la cifra del inventario que figura en el balance por los ADC para obtener el número de días que se mantiene el inventario en promedio en la compañía. Se utiliza la cifra de los ADC porque el inventario está valuado al menor costo o al valor neto realizable, de modo que no están involucradas las utilidades. Cuando se utilizan ADS se obtiene el número de días subdeclarados.

($m)	D	E	F	G
Inventario	75	38	193	10
ADC	1,78	2,52	2,30	1,70
Inventario del día	42	15	84	6

Cuanto más tiempo se mantenga el inventario, más recursos financieros estarán inmovilizados en un rubro que no genera utilidades; cuanto menor sea la cantidad de días declarada en el inventario, más rápida será la rotación del mismo. Cada vez que se cambia el inventario, la compañía obtiene utilidades y genera efectivo.

En el ejemplo, las compañías retienen en promedio 37 días de inventario.

Como se podría esperar, el fabricante de productos pesados (F) tiene el más alto nivel y la cadena de restaurantes (G), con alimentos frescos, el más bajo.

El factor crítico es cómo se comparan estos niveles con los de otras empresas similares. Una forma alternativa de analizar la eficiencia del inventario es calcular la reposición del inventario del ejercicio. Esto se puede realizar dividiendo el costo anual de las ventas por el inventario del fin del ejercicio. Cuanto más alta sea la cifra resultante, más efectiva será la gestión del inventario de la compañía.

Sin embargo, una compañía con un alto nivel de reposición del inventario puede mantener demasiado bajos los niveles del mismo para satisfacer la demanda, con el resultado de que los clientes buscarán otra compañía.

($m)	D	E	F	G
Costo de las ventas	650	920	840	620
Inventario	75	38	193	10
Reposición del inventario	**9**	**24**	**4**	**62**

Estas cifras dan una idea alternativa de cuán eficientes son las compañías en el manejo de sus inventarios.

Deudores comerciales

Para observar el nivel del crédito que se ofrece a los clientes (deudores comerciales), se utilizan las ventas diarias promedio (ADS) como denominador. La cifra de los deudores comerciales se encuentra, con frecuencia, en las notas de los estados contables y no en el balance.

($m)	D	E	F	G
Deudores comerciales	80	5	162	30
Promedio de ventas diarias	2,74	2,74	2,74	2,74
Deudores del día	**29**	**2**	**59**	**11**

En el ejemplo, la cifra promedio de lo que con frecuencia se llama "período de crédito" es de 25 días. En efecto, las compañías prestan dinero a los clientes durante ese período hasta recibir el efectivo, y deben ofrecer la financiación necesaria para respaldarlo.

En el caso del grupo de tiendas (compañía D), se puede suponer que se utiliza el efectivo para comprar el inventario, que se ve durante 42 días antes de que un cliente lo compre, quien no paga en realidad por él durante otros 29 días. El período entre que se saca el dinero del banco hasta que se recibe nuevamente, más un margen de utilidades, es de 71 días. Cuanto más rápido sea el ciclo, mejor es para la compañía.

Por ejemplo, si los ADC del grupo de tiendas son de $1,8 millones y resulta posible reducir el inventario en un día, el ciclo de efectivo se aceleraría, se alcanzaría el margen de utilidades un día antes y se obtendrían más utilidades en el ejercicio. También los activos utilizados en el negocio disminuirían en $1,8 millones, teniendo un inventario de un día menos. Si el tiempo que se tarda en obtener el efectivo de sus clientes pudiera reducirse en un día, habría una disminución en los activos empleados en las operaciones de $2,7 millones y un aumento correspondiente en la tasa de retorno.

Reducir el inventario o el nivel de los deudores disminuye el nivel de los activos empleados en el negocio y eleva las utilidades, aumentando así el retorno sobre el total de los activos (véase página 132). Hay una relación directa entre la gestión efectiva de los flujos de caja y la rentabilidad general del negocio.

Acreedores comerciales

Los acreedores comerciales representan el monto de dinero que debe la compañía a sus proveedores por bienes y servicios que se producen durante el ejercicio. Normalmente, se encuentran, al igual que los deudores comerciales, no en el balance, sino en las notas a los estados contables. Debido a que los acreedores comerciales aparecen al costo en el balance, se dividen por el costo diario promedio (ADC).

($m)	D	E	F	G
Acreedores comerciales	35	76	70	75
Costo diario promedio	1,78	2,52	2,30	1,70
Cantidad de días de toma de crédito	**20**	**30**	**30**	**44**

En el ejemplo, el tiempo del crédito que toman las compañías de sus proveedores (la inversa de los créditos otorgados a los clientes) es de 31 días.

El cálculo del ciclo

Los flujos de caja salen del banco y entran en el inventario, del inventario pasan a las manos de los clientes y luego nuevamente ingresan en el banco. Se paga en efectivo a los proveedores del inventario y entonces se completa el ciclo de efectivo. Los tres coeficientes pueden combinarse entonces para obtener el ciclo de efectivo o el ciclo del capital de trabajo.

Ciclo de efectivo = días de inventario − días de acreedores comerciales + días de deudores comerciales

($m)	D	E	F	G
Días de inventario	42	15	84	6
Menos				
Días de crédito tomado	20	30	30	44
	22	−15	54	−38
Más				
Días de crédito otorgado	29	2	59	11
Ciclo de efectivo del día	**51**	**−13**	**113**	**−27**

El promedio del ciclo de efectivo es de 31 días. Los dos extremos son el fabricante de productos pesados (F), con un ciclo de efectivo de 113 días, y la cadena de restaurantes (G), con 27 días.

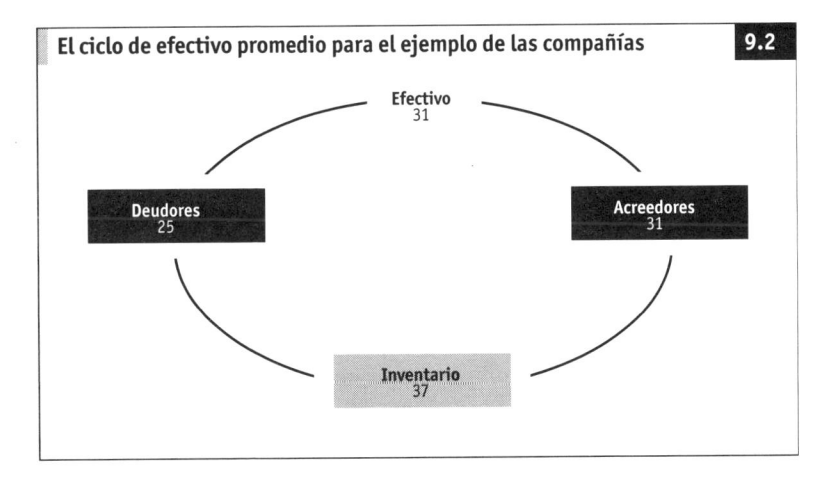

9.2 El ciclo de efectivo promedio para el ejemplo de las compañías

Efectivo 31 → Acreedores 31 → Inventario 37 → Deudores 25 → Efectivo

Ahora es posible retomar una presentación simple del ciclo de flujo de caja que se presentó anteriormente en este capítulo y aplicar las cifras promedio generadas por el análisis. (Véase el Cuadro 9.2).

El ciclo de efectivo promedio experimentado por las compañías era que el efectivo estuviese inmovilizado en el inventario por 37 días; luego de haber vendido los bienes a los clientes, llevó 25 días más recibir el efectivo. Por lo tanto, una compañía promedio requirió 62 días de financiación para cubrir el inventario que mantiene y el crédito que extiende a los clientes. Debido a que la compañía promedio utilizó 31 días de crédito de sus proveedores, sólo tuvo que financiar 31 días del ciclo de efectivo propiamente dicho. Los proveedores suministraron en 31 de los 62 días de financiación por la inversión promedio de la compañía en capital de trabajo.

El ciclo efectivo puede brindar una indicación de las consecuencias financieras a corto plazo del crecimiento de las ventas. Si se usa el ciclo de efectivo promedio de 31 días, esto sugiere que por cada $100 de ventas se requieren $8, 5 de capital de trabajo.

$$31 \div 365 \times 100 = 8,5$$

Si se planeó un aumento en las ventas de $1millón, se necesitarían $85.000 adicionales de capital de trabajo para respaldar el crecimiento.

Uso de acreedores para la financiación

Es habitual el uso de acreedores para financiar este ciclo operativo. El grado en que se usa el dinero de los acreedores a corto plazo depende en parte de lo que es normal o aceptable dentro del sector comercial y, por lo tanto, aceptable para los proveedores y, parcialmente, de la política de gestión financiera de la compañía en particular. En las compañías minoristas, especialmente los minoristas de compañías alimenticias, no es infrecuente que los acreedores comerciales financien las operaciones en la medida que se revela un número negativo de días del ciclo de efectivo.

Una cifra negativa del ciclo de efectivo indica un uso del dinero de los proveedores agresivo y positivo para financiar las operaciones de la compañía.

Un ciclo de efectivo de −10 días podría interpretarse como que la compañía saca dinero del banco, lo mantiene 10 días como inventario y lo vende a los clientes que pagan en el plazo de 1 día: un total de 11 días. Por lo tanto, la compañía retiene el efectivo, que incluye el margen de utilidades en el negocio o lo invierte para obtener intereses por otros 10 días antes de pagar a los proveedores el dinero adeudado.

Sin embargo, la mayoría de los negocios no tienen ciclos de efectivo negativos. Las compañías procesadoras de alimentos que abastecen a los minoristas, por ejemplo, probablemente tengan altos ciclos de efectivo comparables.

Se cree que los fabricantes mantienen mucho más el inventario que los minoristas. En el caso de la compañía F, hay aproximadamente 84 días de inventario, que incluye materias primas, trabajos en curso y productos terminados. El negocio de los fabricantes no consta de operaciones en efectivo como muchos minoristas y no pueden cobrar en efectivo a sus clientes con la misma rapidez. La compañía F, en promedio, ofrece a sus clientes 59 días de crédito, dos veces más tiempo que el grupo de tiendas (D). Este hecho está respaldado por el crédito promedio que se toma de los minoristas. El crédito que toma un minorista con frecuencia es el dado por el fabricante. Por último, no es factible que los fabricantes puedan tomar mucho más crédito de sus proveedores que lo que lo hacen los minoristas. El fabricante de productos pesados (F) toma alrededor de 30 días de crédito de sus proveedores, como lo hace el minorista de alimentos (E).

El fabricante de productos pesados, por lo tanto, experimenta un ciclo de efectivo de 113 días, lo que representa la financiación que la compañía debe ofrecer por el capital de trabajo. Los distintos tipos de negocios producen diferentes estándares de coeficientes.

Puede argumentarse que el ciclo de efectivo debería generarse tomando el promedio del inventario de apertura y de cierre, los deudores y los acreedores. Esto se obtiene al sumar la cifra actual y la del ejercicio anterior de cada rubro y dividiendo el resultado por dos. Dada la amplia naturaleza del análisis que se ha emprendido, seguramente es tan efectivo usar las cifras del cierre del ejercicio que constan en la mayoría de los últimos balances.

LA EVALUACIÓN DE LA POSICIÓN DE EFECTIVO

Los activos corrientes incluyen los saldos del cierre del ejercicio de la compañía. Al mismo tiempo, los pasivos corrientes pueden mostrar algún nivel de endeudamiento bancario a corto plazo. Puede parecer extraño que una compañía pueda tener saldos en efectivo en un lado del balance y endeudamiento bancario a corto plazo en el otro. Dicha situación es normal, en particular cuando se trata de un grupo de compañías. Si las subsidiarias, mientras están bajo el control de la compañía controlante, operan con diferentes cuentas bancarias, una puede tener un préstamo bancario a corto plazo y otra puede tener saldos en efectivo positivos. En la evaluación de la liquidez, el endeudamiento bancario a corto plazo debe compararse con los saldos en efectivo para obtener una cifra de efectivo neto.

En general, no es posible obtener información detallada sobre los acuerdos bancarios de la compañía a partir de la memoria anual. Más aún, el nivel de endeudamiento a corto plazo que aparece al cierre del ejercicio como parte de los pasivos corrientes puede no ser representativo del resto del ejercicio.

¿Qué es una posición sólida de efectivo?

Muy poco efectivo indica problemas potenciales para el pago a corto plazo de los acreedores. Demasiado efectivo, como recurso inactivo, puede indicar una gestión financiera deficiente. El efectivo en sí mismo no es útil a menos que se use para generar ganancias adicionales para la compañía. Los saldos en efectivo pueden generar intereses cuando están depositadas en un banco, pero una compañía debe poder generar más ganancias netas al invertir su dinero en su propio negocio.

Demasiado efectivo puede hacer que una compañía sea un objetivo atractivo para un predador. Una compañía rentable y bien considerada en el mercado, con el precio de sus acciones adecuadamente alto, puede no tener saldos en efectivo sustanciales. Todo el efectivo disponible puede reinvertirse en el negocio para generar más utilidades. Una compañía con esas características puede mirar una compañía menos redituable pero con exceso de efectivo como un objetivo atractivo para su adquisición.

Se pueden utilizar diversos coeficientes para obtener una indicación de la adecuación de la posición de efectivo de una compañía. Resulta de utilidad tener alguna idea de qué proporción de activos corrientes se mantienen en forma de efectivo y de inversiones a corto plazo. Las inversiones a corto plazo pueden ser tratadas como el equivalente de efectivo.

Para las compañías que constan en el ejemplo, el porcentaje de efectivo con los activos corrientes totales es el siguiente.

($m)	D	E	F	G
Activos corrientes ($m)	305	78	650	270
Efectivo ($m)	120	15	215	190
Tenencia en efectivo ($m)	**39**	**19**	**33**	**70**

Cuanto más líquida es la compañía, más alta es la proporción de los activos corrientes en los rubros en efectivo o casi efectivo. La cadena de restaurantes (G) mantuvo casi dos veces más efectivo, representado como la proporción de los activos corrientes al cierre del ejercicio, que el grupo de tiendas (D). El fabricante de productos pesados (F) y el minorista de alimentos (E) mantuvieron bajos niveles de liquidez.

También puede ser de interés ver qué proporción del total de los activos de la compañía se retienen en forma líquida, ya sea como efectivo o como inversiones a corto plazo.

($m)	D	E	F	G
Efectivo ($m)	120	15	215	190
Total de los activos ($m)	850	600	980	1.130
Tenencia de efectivo ($)	**14**	**2**	**22**	**17**

Según esta medición, hay muy poca diferencia entre D, F y G. Por cada $1 del total de los activos, la compañía F tuvo más de 22¢ retenidos en activos muy líquidos. La compañía E es la menos líquida, y mantiene casi más del 2% del total de los activos como efectivo o como inversiones a corto plazo.

La velocidad con la que circula el efectivo dentro de una compañía puede ser evaluada al relacionar las ventas del ejercicio con las del cierre, o el promedio de los saldos en efectivo.

($m)	D	E	F	G
Ingresos por ventas ($m)	1.000	1.000	1.000	1.000
Saldo efectivo ($m)	120	15	215	190
Movimiento de efectivo ($)	**8,3**	**66,7**	**4,6**	**5,3**

Cuanto más alta sea la cifra del movimiento de efectivo, más rápido circulará éste y mejor será para la compañía. Cada vez que se completa el circuito se suma el margen de utilidades para la compañía. Una vez más pueden esperarse los niveles de movimiento de efectivo diferentes, los cuales son aceptables para los distintos tipos de negocios. El minorista de alimentos tiene la rotación más rápida de efectivo (66,7 veces en el ejercicio) y el fabricante de productos pesados la más lenta (4,6 veces).

Intervalo defensivo

Otra medida útil en la adecuación de los recursos de liquidez es el intervalo defensivo. Si se toma una posición extrema y se supone que una compañía, por cualquier razón, deja de tener flujos de caja o fuentes de crédito, su supervivencia se vería limitada al período que los saldos de efectivo existentes y las inversiones a corto plazo podrían respaldar las operaciones antes de que la compañía se viera forzada a recurrir a otra fuente de financiación para cumplir con sus obligaciones. Este coeficiente, el intervalo defensivo, se calcula al dividir el efectivo y las inversiones por los ADC.

Efectivo e inversiones ÷ costo promedio diario

Cuanto más líquida es una compañía, más tiempo durará el intervalo defensivo.

($m)	D	E	F	G
Efectivo ($m)	120	15	215	190
Costo diario promedio ($m)	1,8	2,5	2,3	1,7
Intervalo defensivo	**67**	**6**	**93**	**112**

Los coeficientes anteriores muestran que la cadena de restaurantes (G) es la compañía más líquida, de modo que debería ser la primera en relación con el período defensivo. Si todas las demás fuentes de financiación estuvieran cerradas para la compañía G, teóricamente podría mantener sus operaciones básicas casi por cuatro meses (112 días) ante de quedarse sin recursos líquidos. Sobre la base de un cálculo similar, el minorista de productos alimenticios (E) tendría problemas con su flujo de caja en una semana.

Otra forma de calcular el intervalo defensivo es el uso de la salida de caja operativa diaria promedio de una compañía. Si se deducen las utilidades operativas de los ingresos por ventas y se suma nuevamente la depreciación, se genera el total de egresos de efectivo operativos totales. En forma alternativa, se puede verificar el estado de flujo de caja para obtener información sobre los pagos en efectivo a los proveedores y para la remuneración de los empleados.

Por último, al evaluar la liquidez, la cifra del efectivo que aparece en el balance de una compañía reflejará verdaderamente el efectivo disponible o en el banco al cierre del ejercicio. No provee necesariamente información sobre qué monedas se ven involucradas o dónde se mantiene el efectivo en ese momento.

Utilidades y flujo de caja
No es necesario que exista una relación a corto plazo entre las utilidades que muestra una compañía en el estado de resultados y el monto de efectivo disponible al cierre del ejercicio. Existen una serie de razones para esto. Por ejemplo, se hace un cargo por depreciación en cada ejercicio en el estado de resultados que no afecta los saldos en efectivo. Las diferencias entre los cambios en la posición de efectivo y los ingresos informados normalmente tienen el siguiente resultado:

- ❖ Actividades operativas. Pueden existir diferencias de tiempo entre el impacto del ingreso o egreso de efectivo del negocio y el de las transacciones que aparecen en el estado de resultados. Los gastos que no son en efectivo, como la depreciación, son reconocidos en el estado de resultados.
- ❖ Las actividades de inversión. Inversiones de capital —a través de la compra de activos fijo— o adquisiciones o desinversiones corpora-

tivas pueden estar contenidas en el balance, pero no en el estado de resultados.
- ❖ Actividades de financiación. Recaudar capital o cancelar préstamos cambiará la posición en efectivo, pero no las utilidades en el estado de resultados.

Se puede interrumpir el ciclo del capital de trabajo que se analizó antes si es necesario que una compañía use los recursos financieros fuera del área de los activos y pasivos corrientes. Cuando una compañía hace inversiones de capital o paga dividendos, intereses sobre el endeudamiento o impuestos, se reduce el monto del efectivo dentro del área del capital de trabajo.

Medidas de flujo de capital

El estado de flujo de caja ofrece la fuente de información más valiosa sobre la gestión financiera de una compañía. Un estado de flujo de caja típico ofrece información sobre los tipos de flujo de caja y egresos de caja del ejercicio, relacionándolos así para informar el cambio neto en la posición de efectivo al cierre del ejercicio (véase Capítulo 4).

En el Capítulo 7, las utilidades operativas se utilizaron para calcular el margen y utilidades y la tasa de retorno sobre los activos (ROA). Es útil reemplazar las utilidades operativas con el flujo de caja operativo para generar el margen del flujo de caja y el retorno sobre los activos flujo de caja (CFROA).

($m)	D	E	F	G
Ingresos por ventas	1.000	1.000	1.000	1.000
Utilidades operativas	130	60	160	300
Depreciación	20	25	35	20
Flujo de caja operativo	150	85	195	320
Margen de flujo de caja (%)	**15,0**	**8,5**	**19.5**	**32.0**
($m)				
Total de los activos	850	600	980	1.130
Retorno del flujo de caja (%)	**17,6**	**14,2**	**19,9**	**28,3**

La cifra del flujo de caja operativo es difícil de manipular y CFROA se centra en la capacidad de una compañía para producir un retorno de caja positivo sobre los activos utilizados. La cadena de restaurantes (G) tiene el margen de flujo de caja más alto y tasa de retorno del flujo de caja.

Puede facilitar las cosas expresar las cifras del estado de flujo de caja en términos de porcentaje, especialmente al comparar varios ejercicios o varias compañías. También ayuda a definir las tendencias (véase Capítulo 6).

Cabe esperar para en el caso de toda compañía que la principal fuente de efectivo sean sus operaciones normales. De una compañía exitosa y madura se espera un alto nivel de efectivo generado internamente, mientras que una compañía más joven y que crece con mayor rapidez seguramente tenga diferente equilibrio entre las fuentes de flujo de caja. La forma en que una compañía financia sus

Análisis estratégico de compañías

operaciones depende en parte del tipo de operaciones que se realicen y en parte de su estado de crecimiento y madurez.

Otro punto para analizar dentro del estado del flujo de caja es determinar qué hace la compañía con el flujo de caja disponible. ¿El efectivo se utiliza para pagar impuestos y dividendos o para reinversión en el negocio en activos fijos? Una comparación con las cifras de ejercicios anteriores revelará si una compañía tiene una política consistente a nivel de reinversiones (véase Capítulo 12).

El estado de flujo de caja también se puede utilizar para descubrir signos de posibles problemas. Las compañías que sufren de alteraciones debido al crecimiento, o debido al *overtrading*, pueden mostrar un aumento en el nivel de los deudores relacionado con los ingresos por ventas, ya que se ofrece a mayor cantidad de clientes condiciones de crédito extendido. Al mismo tiempo, el crédito tomado de los proveedores aumenta a un nivel más alto ya que para la compañía es difícil hacer los pagos necesarios en forma oportuna. Durante este proceso, los saldos en efectivo y las inversiones a corto plazo disminuyen rápidamente a medida que se utiliza el efectivo. Todos los cambios registrados en los niveles de inventario, deudores, acreedores y saldos líquidos que aparecen en el estado de flujo de caja, pueden reflejar un manejo cuidadoso del capital de trabajo, o una falta de control de parte de la compañía.

Por último, el estado de flujo de caja puede usarse para ayudar a decidir si los costos del capital y el endeudamiento son consistentes y si tienen el nivel adecuado. En todos los ejercicios debe controlarse la proporción del flujo de caja que se usa para pagar dividendos a los accionistas y los intereses por endeudamiento.

RESUMEN

- ❖ Leer la memoria anual y descubrir que la compañía obtuvo utilidades para el ejercicio y varios millones en efectivo en el banco al cierre del ejercicio no es suficiente evidencia de que está en una posición segura.
- ❖ En el balance y en el estado de flujo de caja está la clave para comprender la posición financiera a corto plazo de una compañía.
  Los activos y pasivos a corto plazo al cierre del ejercicio aparecen en el balance, la información sobre las principales fuentes del flujo de caja aparecen en el estado de flujo de caja. Normalmente, este estado también muestra como punto de partida el monto del activo generado por las operaciones de la compañía durante el ejercicio, a través del estado de resultados.
- ❖ El coeficiente de liquidez (*quick ratio*) es la medida más simple y, tal vez, más efectiva de la posición financiera a corto plazo de una compañía. Se supone que el inventario no va a ser una fuente inmediata de efectivo, por lo tanto se lo ignora. Es fácil calcular este coeficiente para el ejercicio en curso y en el previo a partir del balance. El resultado da una simple indicación de la liquidez de una compañía y de la consistencia entre los dos ejercicios. Cuanto más alto es el coeficiente, mayor es la confianza que puede tenerse en la supervivencia en el corto plazo de la compañía.
  Un coeficiente de 1:1 indica que por cada $1 de sus acreedores a

corto plazo y de endeudamiento, la compañía mantiene $1 en efectivo o en activos que pueden ser transformados en efectivo en forma razonable en el futuro cercano.

- ❖ Como ocurre con todos los coeficientes, antes de interpretar las cifras, es esencial comparar la compañía con otras del mismo sector de negocios o de similar envergadura, o bien una combinación de negocios. Un coeficiente de liquidez bajo puede ser perfectamente aceptable para un minorista de sustancias alimenticias pero no para una empresa de construcciones.
- ❖ El coeficiente de liquidez no es una guía de la rentabilidad o de la generación del flujo de caja de la compañía. Es menos probable que una compañía redituable con flujos de caja sólidos sufra problemas financieros a corto plazo que una con resultados más bajos. Aun así, ambas compañías pueden mostrar un coeficiente de liquidez idéntico. El coeficiente de liquidez provee un medio útil para combinar la liquidez de una compañía con su capacidad para generar flujos de caja. Cuanto menor sea el número de días en el coeficiente de liquidez corriente, más seguridad mostrará la compañía de no incurrir en problemas de liquidez a corto plazo y solvencia. Como regla básica para toda empresa, deberían ver señales de alarma si se evidencia que el coeficiente supera los 1.500 días (cuatro años).
- ❖ Los coeficientes de liquidez corriente ofrecen una indicación directa de la posición a corto plazo de una compañía. Pero para tener una perspectiva real de la liquidez de la compañía y de la gestión financiera, debe analizarse cuidadosamente el estado de flujo de caja al menos durante dos ejercicios que aparecen en la memoria anual. Si el flujo de caja de las operaciones (utilidades más depreciación) no es consistente con las principales fuentes de fondos para la compañía, debe tratar de analizarse por qué y luego decidirse si es razonable suponer que ese estado puede continuar.
- ❖ El ciclo de efectivo ayuda a ver cómo una compañía maneja los flujos de efectivo a través de las inversiones en el inventario, el crédito provisto a los clientes y el crédito tomado de los proveedores. Cuanto más rápido circule el efectivo en el negocio, menor será el monto del capital inmovilizado en activos operativos y, como cada vez que el efectivo completa el circuito se toman utilidades, mayor será la tasa de retorno alcanzada.

Análisis estratégico de compañías

10. Capital y valuación

Otro aspecto importante en la evaluación general de la posición financiera de una compañía es la estructura de su capital y la forma en que la ven sus proveedores de financiación. En este capítulo se analizan las fuentes de financiación y las medidas que aplican los inversores a los resultados.

La primera medida útil para el análisis de la posición financiera de una compañía es el uso de su balance como la base para ver cómo se financia una compañía: el porcentaje de capital total empleado provisto por los accionistas y otras fuentes de financiación.

Acciones y deuda
En el balance hay tres grandes clasificaciones de las obligaciones: fondos de los accionistas, préstamos y acreedores a largo plazo y pasivos corrientes. Esto refleja las tres fuentes de financiación potenciales abiertas a cualquier compañía.

Puede obtenerse financiación de los accionistas a través del endeudamiento a corto o a largo plazo, o a través de la administración del capital de trabajo.

El aporte de los accionistas a las finanzas de una compañía recibe diferentes nombres:

- ❖ Fondos de los accionistas.
- ❖ Activos netos.
- ❖ Capital y reservas.
- ❖ Capital accionario.

En general, el capital es el término más utilizado para identificar las inversiones habituales de los accionistas en una compañía. La cifra en el balance del capital y las reservas puede incluir acciones preferidas y otras acciones no-ordinarias que tiene una compañía emitidas, pero esas participaciones no deben incluirse en la definición de acciones. El capital accionario representa la inversión ordinaria de los accionistas en la compañía: "el interés residual en los activos de una entidad que permanece luego de deducir sus obligaciones".

Se hace referencia a cualquier financiación diferente del capital como deuda, la que puede dividirse en endeudamiento a corto y a largo plazo. El endeudamiento con vigencia inferior a un año aparece dentro de los pasivos corrientes y es de corto plazo, a otros endeudamientos se los trata como de largo plazo.

Las acciones ordinarias le dan a la compañía financiación a largo plazo. En general, las acciones no se pueden rescatar y no tienen garantía por las ganancias por medio del pago de dividendos, adjuntos a las mismas. Usualmente, se contrae una deuda por un período fijo con una tasa de interés fija. Con la deuda, los intereses tienen que pagarse y en algún momento debe devolverse el dinero tomado en préstamo. En el caso del capital, no hay expectativas de amortización de capital y el dividendo pagado depende de la compañía. La relación entre la deuda y el capital es crucial para la evaluación de la estructura financiera de una compañía y su viabilidad.

APALANCAMIENTO O COEFICIENTE ENDEUDAMIENTO / CAPITAL PROPIO

Obtener financiación de fuentes externas aumenta el riesgo, ya que en el caso de los préstamos existe un costo y la obligación de cancelar el préstamo, y en el caso de las acciones ordinarias emitidas para los nuevos accionistas, se puede disminuir el grado de control que los accionistas existentes tengan de su compañía.

($)	A	B	C
Fondos de los accionistas	250	500	1.000
Préstamos a largo plazo	500	500	500
Pasivos corrientes	250	250	250
Cargo por intereses	50	50	50

La relación entre deuda y capital se denomina "coeficiente de apalancamiento" o "coeficiente endeudamiento /capital propio" La gerencia debe garantizar que el equilibrio entre la deuda y la financiación por venta de participación sea el adecuado. Cuando la deuda es demasiado alta se dice que una compañía está altamente apalancada; una compañía con bajo nivel de apalancamiento es financiada principalmente por sus accionistas. Cuanto más alto sea el nivel de la deuda en relación con el capital, mayor será el riesgo potencial para los accionistas de no recibir un dividendo u obtener el capital invertido. El interés sobre la deuda debe pagarse antes que cualquier dividendo y el endeudamiento debe amortizarse antes de asignar algún monto a los tenedores de acciones ordinarias.

Coeficiente de endeudamiento

La relación entre las fuentes internas y externas de financiación, capital y el total de las obligaciones no patrimoniales se puede expresar como un porcentaje o coeficiente: el coeficiente de endeudamiento.

Coeficiente de endeudamiento = (pasivos corrientes + préstamos a largo plazo) ÷ capital
= total de la deuda ÷ capital

	A	B	C
%	300	150	75
Veces	3	1,5	0,75

Normalmente, el coeficiente de endeudamiento es el más utilizado para medir la relación entre la financiación interna (provista por tenedores de acciones ordinarias) y la financiación externa (provista por otras fuentes). La compañía A con un capital de $250 y una deuda de $750 tiene un coeficiente de endeudamiento de 3 o 300%.

Esto se puede interpretar indicando que por cada $1 de inversión de los accionistas el endeudamiento externo provee $3. La compañía C sólo tiene $0,75 de deuda por cada $1 de capital. Por lo tanto, la compañía A es la compañía con mayor apalancamiento.

Un enfoque alternativo es tomar los préstamos a largo plazo como numerador y sumarlos al denominador para obtener el coeficiente de endeudamiento.

Coeficiente de deuda a largo plazo = préstamos a largo plazo ÷ (préstamos a largo plazo + capital)

	A	B	C
%	66,7	50	33,3

Otro factor importante que influye en la interpretación de cualquier coeficiente de apalancamiento es el tiempo estipulado para la amortización de la deuda. Todo endeudamiento no programado para su amortización en un año se incluye en la deuda. Sin embargo, una compañía que no tenga que cancelar préstamos en cinco años, puede verse en forma diferente de otra que debe hacer la cancelación en dos años. Los coeficientes de apalancamiento de las dos compañías pueden ser idénticos, pero las consecuencias subyacentes son diferentes. Las notas que acompañan los estados contables ofrecen información de los términos de cancelación de la deuda.

Definición de deuda y acciones
La obtención de cualquier tipo de financiación —deuda o acciones— se completa por medio de un instrumento de "capital" o "financiero". No hay una definición estándar de apalancamiento y existen grandes dificultades prácticas para trazar una distinción entre capital y deuda. Si bien un *debenture* o préstamo bancario es, claramente, parte de la deuda, ¿cómo debe clasificarse un préstamo convertible, con una tasa de interés fija y que puede ser cancelado en una fecha futura acordada o convertirse en acciones?

Una regla lógica en el análisis financiero es ser conservador, en caso de tener dudas, el rubro debe tratarse como deuda.

Deuda neta y activos netos tangibles
Utilizando la información provista en el balance y las notas a los estados contables, se puede tomar la deuda para incluir todas las acciones no ordinarias, el endeudamiento y los acreedores a largo plazo, y el endeudamiento que aparece en los pasivos corrientes como préstamos a corto plazo, el arrendamiento financiero y los contratos de compra a plazos. De aquí se restan los saldos de efectivo y saldos líquidos para obtener la cifra de la deuda neta.

El tratamiento contable de los intangibles, como la llave del negocio y la marca, puede ser un factor importante para decidir qué cifra utilizar para representar los activos empleados en una compañía. Los activos intangibles seguramente tendrán un valor menos definido que los tangibles y, por lo tanto, ofrecerán a los proveedores de financiamiento menor potencial de seguridad. Un enfoque estricto sería ignorar los intangibles al llegar al valor de los activos netos. Esto ofrece una cifra para los activos netos tangibles que puede usarse para representar las acciones en el coeficiente.

Coeficiente de endeudamiento = 100 x (deuda neta ÷ acciones)

Intangibles y apalancamiento

A pesar de la creciente estandarización en las prácticas contables, la forma en que las compañías presentan información sobre sus activos y pasivos varía considerablemente. La imputación de la llave del negocio contra las reservas, como era el caso en el Reino Unido, deriva en un aumento del apalancamiento en comparación con las compañías que la capitalizan, como es la costumbre ahora en muchos países. Por ejemplo, la compañía A adquiere una subsidiaria con $100 de activos tangibles para el pago de $150, la diferencia ($50) representa la llave del negocio.

Llave del negocio amortizada contra las reservas ($)

Fondos de los accionistas (250 − 50)	200	Activos		1.000
		Adquirido por subsidiaria	100	
Endeudamiento a largo plazo	500	Menos efectivo pagado	150	(50)
Pasivos corrientes	250			
	950			950

Coeficiente de endeudamiento: £750 / £200 = 3,75

Llave del negocio capitalizada ($)

Fondos de los accionistas	250	Activos		1.000
Endeudamiento a largo plazo	500	Adquirido por subsidiaria	150	
Pasivos corrientes	250	Menos efectivo pagado	150	0
	1.000			1.000

Coeficiente de endeudamiento : $750 / $250 = 3

La presión para mejorar el apalancamiento llevó a algunas compañías en el Reino Unido a revaluar sus activos, o a capitalizar sus activos intangibles, como las marcas, para contrarrestar el efecto del tratamiento de la llave del negocio sobre el apalancamiento. Si la compañía A, habiendo amortizado la llave del negocio contra las reservas, incluyera $50 por la marca en el balance, los activos y el capital aumentarían en $50 y el apalancamiento retornaría a $750 ÷ $250.

Rubros fuera del balance

Cuando una compañía obtiene financiación o adquiere un activo y no hay un cambio identificable en el balance, se denomina transacción fuera del balance. No hay nada nuevo de las transacciones fuera del balance. Sólo debido a que un evento no se vea reflejado en el balance no pasa a ser automáticamente sospechoso. Los rubros fuera del balance causaron preocupación en la década de 1980, cuando su número y variedad estaba en aumento mientras que los expertos en finanzas ofrecían ayudar a las compañías a reducir costos y riesgos de financiación sin involucrar la divulgación habitual.

Las *joint ventures* son un ejemplo claro del potencial del financiamiento fuera de balance. Dos compañías (X e Y) establecen una *joint venture*, y cada una invierte $100 en la nueva compañía (Z) por el 50% del capital. Actúan en conjunto como garantes del préstamo bancario de $1.000 para comprar los activos necesarios para emprender el negocio de Z. El balance de X e Y sólo muestra la inversión de $100 en la *joint ven-*

ture. El préstamo de $1.000 no aparece; es un rubro fuera del balance. La cifra de $100 aumentará según el método patrimonial de valuaciones, ya que X e Y invierten más en Z o bien la *joint venture* comienza a obtener utilidades, y cada compañía toma el 50% en su balance.

Cuanto mayores sean los activos y menor sea la deuda en el balance de una compañía, mejores serán los resultados. Un banco que presta dinero a una compañía querrá minimizar el riesgo de las pérdidas; podrá estipular un nivel máximo de endeudamiento (apalancamiento) que le permitirá alcanzar a la compañía. Si ésta excede el nivel de apalancamiento, el banco puede solicitar que se cancele de inmediato el préstamo. En forma similar, los analistas, como simple medida de la capacidad crediticia, pueden establecer niveles "seguros" de apalancamiento que una compañía no debe traspasar. En esos casos, existe la presión en la compañía de minimizar las obligaciones que aparecen en el balance. En las compañías X e Y, en efecto, sus niveles de deuda aumentaron en $500, pero no hay evidencia de esto en los coeficientes de apalancamiento derivados de sus balances.

Contratos de *leasing* y deuda
Los contratos de *leasing* fueron algunas de las primeras y más populares formas de transacciones fuera del balance. Cuando se acuerda un *leasing*, el activo está en propiedad del arrendador y se renta o arrienda al arrendatario. El activo aparece en el balance del arrendador y los pagos del arrendamiento en el estado de resultados del arrendatario.

Hasta hace poco, era aceptable para una compañía adquirir un activo en arrendamiento y no informarlo en la memoria anual además de incluir el pago de arrendamiento anual como parte de los costos totales en el estado de resultados.

Las compañías vieron rápidamente los beneficios de los acuerdos de arrendamiento de capital, donde los pagos del arrendamiento cubrían el elemento arrendado como también el costo del capital. Por lo tanto, un activo estaba disponible para el uso a cambio de una serie de pagos. Los mismos no tenían que aparecer como pasivo en el balance, y entonces no había aumento de endeudamiento aparente. En efecto, el arrendatario retenía todos los derechos y riesgos de la propiedad, pero no la propiedad legal. Ese tipo de arrendamiento se denomina "arrendamiento financiero", se puede comparar con hipotecas o préstamos que se toman para comprar una casa. Ahora, en general se acepta que los contratos de *leasing* son un medio de financiar la adquisición de un activo y deben ser tratados como deuda.

Sale and lease back **(venta con contrato de *leasing*)**
Otra de las primeras formas de transacciones fuera del balance era el contrato de *sale and lease back*. Una compañía podía vender un activo, como una propiedad, y luego continuar usufructuándola mediante un contrato de *leasing*. El activo y el endeudamiento asociado se eliminaban del balance, aunque la compañía retenía el uso total del activo. Como resultado, bajaban los coeficientes de apalancamiento.

En este tipo de disposiciones, lo que importa es si la compañía que arrienda el activo retiene la mayoría de los derechos y riesgos que le pertenecen. Si la respuesta es sí, el impacto sobre la compañía debe evidenciarse. En la actualidad, toda compañía que cotiza en Bolsa que celebra un acuerdo importante de *sale and lease back* está bajo considerable presión para volcar toda la información en la memoria anual.

La sustancia sobre la forma

La introducción de un estándar contable en 1984 en el Reino Unido obliga a las compañías a informar los contratos de *leasing* según la reglamentación que estipula que "la sustancia económica debe preceder a la forma legal"; en otras palabras, tienen que ser capitalizados y cancelados a lo largo de su duración en el estado de resultados. Se reconoció que los usuarios de los estados contables tenían que saber las verdaderas circunstancias y el impacto real de una transacción. Todo activo o pasivo que deba ser incluido en un balance para dar una perspectiva real y justa de una compañía debería hacerlo, independientemente de la forma legal. Sin embargo, aún en la actualidad los países en Europa continental son más flexibles que el Reino Unido o los Estados Unidos de Norteamérica al requerir la capitalización de los arrendamientos.

Cuando una compañía tiene una actividad no relacionada, puede aducir que el arrendamiento financiero no debería aparecer en el balance del grupo ya que distorsionaría la verdadera imagen. También podría decidirse que una actividad ya no está relacionada. Un buen ejemplo es el de las compañías minoristas que ofrecen a los clientes una gama de servicios financieros, comenzando, con frecuencia, con tarjetas de crédito de la compañía. La operación de servicio financiero, ¿es realmente parte del negocio minorista? De no serlo, no sería necesario que apareciera en el balance de grupo.

Coeficiente de endeudamiento

Un medio más fácil y, tal vez, más práctico de interpretar el apalancamiento de una compañía es a través del coeficiente de endeudamiento.

Coeficiente de endeudamiento = deuda total ÷ total de los activos

	A	B	C
%	75	60	43
Veces	0,75	0,60	0,43

El coeficiente de endeudamiento se puede calcular ya sea en forma directa a partir del balance o de un estado de tamaño regular. Cuanto más alto sea el coeficiente, mayor será el apalancamiento. Un coeficiente del 50%, en general, se considera el límite para aceptar sin cuestionar el nivel de endeudamiento de una compañía, indica que por cada $1 de activos, 50¢ fueron financiados por deuda a largo y a corto plazo. Siguiendo este lineamiento, la compañía A está altamente apalancada con el 75% del total de los activos financiados por deuda, mientras que la compañía C tiene un nivel bajo de apalancamiento del 43%.

Coeficiente de cobertura de intereses

Los intereses pagados sobre la deuda se imputan como gastos antes de llegar a las utilidades para el ejercicio atribuible a los accionistas. Un aumento en el endeudamiento externo resulta en un mayor apalancamiento y en mayores cargos por intereses en el estado de resultados. Una vez que se ha tomado un préstamo, deben hacerse los pagos por intereses en efectivo y la suma de capital amortizada en la fecha acordada. Una compañía que no genera suficientes utilidades para cubrir los pagos de intereses, o que tiene efectivo disponible insuficiente para amortizar los préstamos, enfrenta serias dificultades.

Un coeficiente que es efectivo para combinar la rentabilidad con el impacto de apalancamiento es la cobertura de intereses. La misma mide la capacidad de una compañía de generar suficientes utilidades para permitir que se paguen todos los intereses sobre el endeudamiento. Se calcula al dividir las utilidades antes de intereses e impuestos (PBIT) del ejercicio. La cifra para las PBIT debería excluir todos los rubros excepcionales o extraordinarios, y así representar las utilidades generadas de operaciones habituales.

Cobertura de intereses = utilidades antes de intereses e impuestos ÷ intereses pagados

La cifra de los intereses usada en el coeficiente debería ser la pagadera durante el ejercicio contable. Deben tomarse precauciones a fin de sumar nuevamente a la cifra que aparece en el estado de resultados todo interés que se ha capitalizado o los intereses recibidos que se han deducido.

	A	B	C
Utilidades antes de intereses e impuestos ($)	200	100	400
Intereses ($)	50	50	50
Cobertura de intereses	**4**	**2**	**8**

Cuanto más alta sea la cobertura de intereses, menor será el riesgo de que haya utilidades insuficientes disponibles para el pago de dividendos a los accionistas. La compañía C tiene el nivel de cobertura de intereses más alto. Las utilidades pueden caer ocho veces antes de que sea imposible cubrir los intereses adeudados. La cobertura de intereses comparativamente alta de C se debe en parte a su rentabilidad y en parte a su apalancamiento: C tiene el apalancamiento más bajo.

Se puede usar la cobertura de intereses para evaluar el impacto de los cambios en la rentabilidad sobre el riesgo de los accionistas que no reciben un dividendo. Para B una disminución del 50% en las utilidades resultaría en la falta de disponibilidad para el pago de dividendos. Cada $1 se requiere que PBIT pague intereses. En las mismas circunstancias y sin tener en cuenta el impuesto, B tendría $25 y C tendría $150 disponibles para el pago de dividendos.

($)	A	B	C
Utilidades antes de intereses e impuesto	100	50	200
Intereses	50	50	50
Utilidades antes de impuesto	50	0	150

El atractivo del alto apalancamiento
La simple aritmética respalda la decisión de una compañía de sacar ventaja de fuentes de financiación externas. Claramente los accionistas se van a beneficiar si un préstamo con un cargo del 10% de interés se invierte en el negocio donde se espera que se genere una tasa de retorno del 20%, ya que no hay un mayor aumento en el retorno para las inversiones de los accionistas a través de mayores dividendos, o un aumento de capital, o la combinación de los dos.

Se ha considerado la situación en la que hay una disminución de las utilidades del 50%, pero ¿qué ocurre cuando se duplican las utilidades? Éstas, sujetas a impuestos que se tornan disponibles para los accionistas de B, aumentan el 300% y la cobertura de intereses se mueve de 2 a 8 veces ($400 ÷ $50).

($)	A	B	C
Utilidades antes de intereses e impuestos	400	200	800
Intereses	50	50	50
Utilidades antes de impuestos	350	150	750

Cuando una compañía confía en que los costos del endeudamiento externo pueden cubrirse a través de mayores utilidades que surgen de la inversión hecha en el negocio, tiene sentido aumentar el apalancamiento. Un incentivo adicional para la deuda es que el interés normalmente es deducible de impuestos, pero los dividendos no. El alto apalancamiento aumenta el riesgo asociado con la inversión, pero puede ofrecer altos retornos a los accionistas.

Apalancamiento y tasa de retorno

En el Capítulo 7 se consideraron medidas alternativas de la tasa de retorno, que incluyen la del retorno sobre el capital (ROE) o el retorno sobre los fondos de los accionistas (ROSF). El retorno sobre las inversiones de los accionistas en una compañía es el resultado, en parte, de la eficiencia para manejar su negocio y, en parte, del modo en que está financiado. Los fondos tomados en préstamo se emplean junto con aquéllos provistos por los accionistas para ofrecer la inversión necesaria para la marcha del negocio.

La cifra de las utilidades después de impuestos, el ROE para las tres compañías es el siguiente:

($)	A	B	C
Utilidades antes de intereses e impuestos	200	100	400
Intereses	50	50	50
Utilidades antes de impuestos	150	50	350
Impuestos	75	25	175
Utilidades después de impuestos	75	25	175
Total de los activos	1.000	1.250	1.750
Capital	250	500	1.000
ROE (%)	30,0	5,0	17,5
Utilidad después de impuestos sobre el total de los activos	7,5	2,0	10,0

El coeficiente de apalancamiento de los activos y retorno sobre el capital

Se puede revisar la forma en que se financian los activos de una compañía por medio del coeficiente de apalancamiento de los activos. El mismo está directamente relacionado con el coeficiente de la deuda e identifica qué porcentaje del total de los activos, o del total del capital empleado, es provisto por los accionistas. Se ve claramente el impacto del apalancamiento. Cuanto mayor sea el apalancamiento, mayor será el coeficiente.

Apalancamiento de los activos = total de los activos ÷ capital

Los accionistas de la compañía A respaldan sólo un cuarto ($1.000 ÷ $250) del total de los activos empleados en el negocio. Por cada $1 de la inversión de los accionistas en la compañía A, hay $3 ($750 ÷ $250) de deuda y financiación de los acreedores, mientras que para la compañía C, sólo hay $0,75 ($750 ÷ $1.000).

Retorno sobre el capital = (utilidades ÷ activos) x (activos ÷ capital)

Financiar un negocio con deuda puede aumentar los retornos para los accionistas. Por cada $1 de capital en la compañía A, hay $4 de activos. Esto actúa como multiplicador de las utilidades disponibles para los accionistas. Si se multiplica el margen de utilidades después de impuestos (7,5%) por el coeficiente de apalancamiento de los activos (4), el resultado es un retorno sobre los fondos de los accionistas del 30%. La compañía C tiene un margen de utilidades más alto (10%), pero un menor apalancamiento de los activos, con un multiplicador de sólo 1,75, generando una menor

	A	B	C
Activos / capital	4,00	2,50	1,75
Utilidad después de impuestos sobre el total de los activos	7,50	2,00	10,00
ROE (%)	**30,00**	**5,00**	**1,.50**

tasa de retorno para los accionistas del 17,5%.

Los peligros del alto apalancamiento

Cuanto más recurre una compañía a la deuda, menos control tiene sobre sus finanzas y mayor es su riesgo, porque probablemente los bancos estén menos dispuestos a aceptar cambios en los términos del acuerdo de su préstamo que los accionistas a aceptar un dividendo menor o la falta de dividendos, si la compañía tiene poco efectivo o necesita más dinero para invertir en los activos.

El alto apalancamiento puede traer alta volatilidad en el nivel de las utilidades disponibles para los tenedores de acciones ordinarias. Para una compañía con alto apalancamiento, un leve movimiento en las utilidades puede influir drásticamente en las ganancias percibidas por las subsidiarias. Una pequeña caída en el servicio de la deuda eliminaría todas las utilidades que de otra forma estarían disponibles para ser distribuidas como dividendos. Cuando el negocio registra ganancias extraordinarias, una compañía puede considerar un aumento en el apalancamiento como algo atractivo, pero no esencial. Puede verse como un signo de mala administración no pedir más préstamos para obtener retornos superiores al costo de endeudamiento. En épocas inflacionarias, cuando el costo real de la deuda disminuye, las presiones pueden ser irresistibles. Sin embargo, si el auge decrece y/o termina y hay recesión, las compañías altamente apalancadas enfrentarán dificultades: a medida que disminuyan las utilidades, subirán las tasas de interés y vencerán los préstamos para su pago.

Otro peligro relacionado con el alto apalancamiento es que a medida que los proveedores de deuda ven subir el apalancamiento a fin de reducir su propia exposición, pueden insistir en que existen ciertas restricciones en los acuerdos de préstamo, por ejemplo, un límite máximo para el apalancamiento o niveles de cobertura de interés o de liquidez más estrictos. La compañía puede perder algún grado de control y de flexibilidad del enfoque en su gestión financiera. Si se excede en las restricciones del préstamo, puede ser declarada en incumplimiento y obligada a cancelar el préstamo de inmediato.

PRECIO Y VALOR DE LAS ACCIONES

En general, los precios de las acciones reflejan las perspectivas futuras en lugar de dar una clara visión del pasado que consta en los estados contables.

En el Reino Unido, las acciones normalmente se emiten a valor par. El valor par de una acción es el valor nominal al que se emite y aparece en el balance. Una compañía puede emitir acciones de 25p o £1 y éste, en lugar del precio del mercado, es el valor usado consistentemente en el balance. Cuando se emiten las acciones a un precio superior al valor nominal, la diferencia se denomina "prima de emisión". El valor par de las acciones no es crítico para el análisis financiero. En los Estados Unidos de Norteamérica, es más usual que las compañías emitan acciones no a la par.

Para la mayoría de los accionistas, es el precio cotizado en la Bolsa de Valores lo que determina el valor de su inversión. El precio de las acciones y los movimientos en el precio del día anterior se publican en los medios junto con los puntos más altos y bajos del ejercicio.

Hay muchos factores que pueden influir en el precio de la acción de una compañía. Algunos son claros y cuantificables, otros son más esotéricos y efímeros. Si una compañía publica una advertencia relacionada con las utilidades, es probable que caiga el precio de sus acciones. Los rumores sobre una toma de control, un importante descubrimiento tecnológico, cambios en el directorio, una gran orden o una pérdida pueden influir en el precio de la acción. Éste reflejará, en parte, el humor general del mercado que, a su vez, está relacionado con el entorno global, económico, político y social. El optimismo generalizado genera un mercado alcista (cuando los precios están en suba) y el pesimismo, un mercado bajista (cuando los precios estén en baja).

Sólo puede haber una respuesta a la pregunta: ¿por qué subieron un 5% las acciones ayer? Eso, como sabe cualquier operador en el mercado, es porque hay más compradores que vendedores.

El principal disparador para el movimiento en el precio de una acción es un cambio en la confianza de los inversores en una compañía para generar utilidades en el futuro. Las acciones pueden haber sido compradas sobre la base de los resultados anteriores de una compañía, pero se mantiene la expectativa de los retornos futuros: ganancias y ganancias de capital.

El sector en que opera una compañía puede influir en el precio de la acción. Si se trata de un sector que se considera estático, va a retrasar el precio de la acción, mientras que el contrario se aplica a un sector dinámico o sofisticado. Cada bolsa de valores tiene su propio precio indicador de la acción. En el Reino Unido, el FTSE —índice bursátil del *Financial Times*— 100, que normalmente se denomina "Footsie", incluye los precios de las acciones de las 100 compañías más importantes que cotizan en bolsa. Éste es un buen indicador en tiempo real del mercado. Se puede tomar un aumento en el FTSE para indicar un movimiento alcista general en el precio de las acciones.

Beta

En un determinado período, pueden representarse los movimientos en el precio de la acción de la compañía y en la bolsa de valores seleccionada, para obtener una indicación de la sensibilidad del precio de la acción de una compañía en relación con los movimientos generales del mercado. Si se observara que por cada movimiento del 1% en el precio de las acciones, las acciones de la compañía varían un 1,5%, aplicando el factor de 1,5 al índice del mercado se obtendría un indicador del precio probable de las acciones de una compañía.

Una beta de 1,5 sugiere que el precio de la acción de la compañía variará en promedio 1,5% con cada movimiento del 1% en el mercado. Una beta de 1 sugiere que el precio de la acción de la compañía se mueve precisamente a la par del mercado. Si la fluctuación del mercado de acciones está relacionada con las expectativas de la economía, las compañías con altos valores beta probablemente se verán directamente afectadas por el auge o las pérdidas. Con una economía sólida, las compañías con alto valor beta pueden generar altísimos retornos, pero en una recesión probablemente obtengan malos resultados. Una compañía con bajo valor beta probablemente se vea poco afectada por cambios en el entorno económico. Los bonos del gobierno o Letras del Tesoro tienen un valor beta de 0. Los intereses recibidos no se ven afectados por las fluctuaciones del mercado.

Puede tomarse el valor beta de una compañía como la medida del mercado o del riesgo sistemático de una acción. Cuanto más alto es el valor beta, más volátil será la acción en relación con los cambios del mercado. También hay valores beta disponibles para el sector comercial contra el cual se comparan las compañías individuales. El análisis estadístico detrás del desarrollo del valor beta es complejo. Tanto las ganancias como las ganancias de capital de cada acción se comparan con el retorno del índice del mercado relacionado durante varios años.

Los valores beta se incorporan en el modelo de fijación de precios de los activos de capital (CAPM), que se utiliza para cuantificar el costo del capital patrimonial (véanse páginas 211-212).

Coeficiente de activo neto por acción

Si se liquida una compañía y se venden los activos según el valor de su balance, después de liquidar todas las obligaciones externas (el capital neto o los activos netos), lo que queda es todo lo que hay disponible para pagar a los accionistas. Por lo tanto, vale la pena calcular el coeficiente activos netos / precio de las acciones. Cuanto más altos sean los activos por acción, más bajo será el riesgo de los accionistas.

Respaldo accionario = activos netos ÷ número de acciones emitidas

Para la mayoría de las compañías, el respaldo de los activos netos por acción es menor que el precio corriente de la acción, por la simple razón de que para una compañía debería haber algo más que sólo el valor en libros de sus activos. El coeficiente de la compañía "mercado/valor en libros" es superior a 1. La compañía B tiene activos netos por acción que concuerdan con el valor corriente de la acción ($1). Se puede

($)	A	B	C
Venta del total de las acciones	1.000	1.250	1.750
Menos			
Deuda	500	500	500
Pasivos corrientes	250	250	250
Activos netos	250	500	1.000
Número de acciones	250	500	1.500
Activos netos por acción	1,00	1,00	0,67
Precio por acción	3,00	1,00	1,50

comprar una acción por $1 y, si se liquidara la compañía, entonces se devolvería $1 por la venta de los activos. No obstante, no parece haber ningún valor puesto en el negocio superior a los activos netos empleados. El valor de la acción indica que no hay expectativas de crecimiento o de mejores resultados.

Cuando se observa que el precio de la acción es inferior al respaldo de los activos netos, esto puede interpretarse de diversas formas. Puede ser que la compañía tenga peores resultados que otras en el mismo sector y que exista una opinión generalizada de que es probable que continúe de la misma manera, con el resultado de que hay poca demanda de acciones. Si las acciones netas por acción son superiores al precio de las acciones, una compañía podría ser considerada más allá del rescate, pero también puede convertirse en un objetivo para la toma de control por parte de alguien que haya visto la oportunidad de adquirir activos a bajo costo.

Véase que este coeficiente no es adecuado para negocios como compañías inmobiliarias, que tienen distinta estructura financiera que la mayoría de las compañías.

Ingresos por acción
Un medio habitual de medir los resultados de la compañía es a través de los ingresos por acción (EPS). Este coeficiente se obtiene dividiendo las utilidades después de impuestos para el ejercicio, restando los intereses minoritarios y los dividendos por acción sin derecho a voto, por el número promedio ponderado de acciones ordinarias emitidas (véase la página 85).

> Ingresos por acción = utilidades después de impuestos ÷ número de acciones

La comparación de los ingresos por acción
Es un error suponer que se puede comparar la rentabilidad basada en los ingresos por acción. Se puede obtener la diferencia en los ingresos por acción simplemente a través de las diferencias en la estructura del capital accionario. Dos compañías pueden tener utilidades después de impuestos idénticas de $50 y un capital accionario de $100. Pero si una compañía emitió acciones de 25¢, y la otra acciones de 100¢, los ingresos por acción serían diferentes: 12,5¢ y 50¢.

	A	B	C
Utilidades por acción ($)	75	25	175
Cantidad de acciones	250	500	1.500
Ingresos por acciones ¢	**30**	**5**	**11,7**

Ingresos diluidos por acción
Algunas veces los ingresos por acción se denominan "diluidos".

Esto surge cuando una compañía ha emitido títulos que pueden convertirse en acciones nominales en fecha futura. Los ingresos diluidos por acción se calculan suponiendo que esta conversión se ha efectuado mostrando la posición teniendo en cuenta todas las opciones posibles y en el caso de que se emitieran las acciones. Frecuentemente, el factor decisivo para llegar a los ingresos totalmente diluidos por acción, está constituido por las opciones sobre acciones de los directores y otros empleados.

Nivelación de los ingresos

Hay una tendencia comprensible entre los directores a preferir un crecimiento de utilidades nivelado y sólido durante varios ejercicios, en vez de una serie de cambios volátiles.

Las compañías X e Y han alcanzado en el mismo período el mismo nivel de utilidades y, para la mayoría de las personas no sería difícil la decisión de en cuál compañía invertir para obtener un porcentaje en las utilidades del próximo ejercicio. Si ignoramos otros datos disponibles, probablemente se prefiera X con un crecimiento sostenido de utilidades sobre Y. Aunque en el tiempo las utilidades de ambas sean idénticas, parecería haber más certeza (menos riesgo) con la inversión en X.

Se acepta, en general, que una tendencia nivelada de las utilidades es mejor que un historial similar al contorno de los Alpes suizos. Dada la elección, la mayoría de las compañías preferirían que se incrementen gradualmente las utilidades en el tiempo. Es atractivo nivelar las utilidades. La tendencia hacia las utilidades niveladas indica que la administración tiene un control firme y efectivo.

Utilidades creativas

Pero las utilidades pueden nivelarse de muchas formas creativas, por ejemplo cambiando la política de depreciación o los gastos de capitalización, como los cargos por intereses, el desarrollo de productos o los costos de inicio de la compañía. El tratamiento de la llave del negocio en el Reino Unido es un ejemplo de cómo reducir los costos aparentes de adquisición que aparecen en el estado de resultados. Incluir las marcas en el balance puede generar una mejora similar de las utilidades.

El momento en que se incluye una transacción o las utilidades en los estados contables puede ser de gran importancia. Si un evento importante que genera grandes utilidades no se incluye en los estados contables de un ejercicio, sino que se traslada al ejercicio siguiente, las utilidades informadas pueden nivelarse efectivamente, lo que es una práctica habitual en las compañías alemanas.

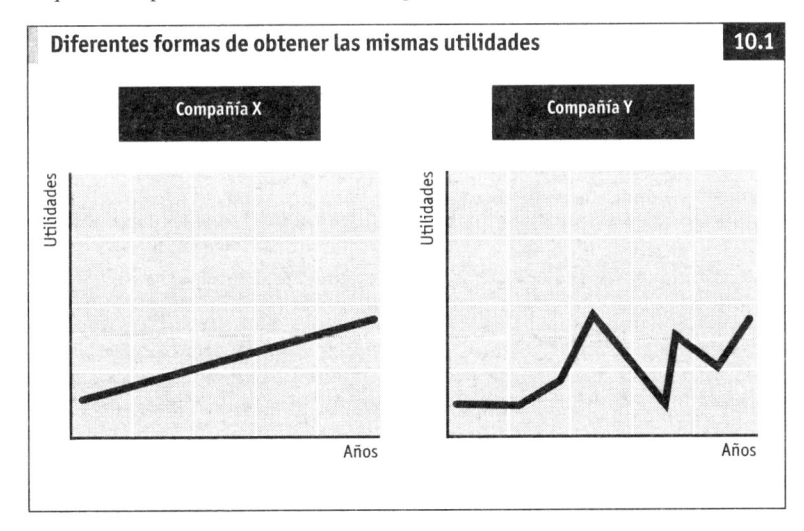

Diferentes formas de obtener las mismas utilidades | **10.1**

Es más difícil obtener utilidades inmediatamente que producir un cambio en las utilidades de un ejercicio a otro. Existe la tentación de todas las compañías redituables, inciertas ante el futuro, de asignar una parte de sus utilidades corrientes para épocas de necesidad. Entonces se genera una reserva. Una venta en efectivo de $100 no se incluye en el estado de resultados, pero se incluye en el balance como "ingresos diferidos".

Los ingresos del próximo ejercicio de $100 se incluyen en el estado de resultados y desaparecen las reservas. Una variación es pagar por anticipado los gastos: pagar alguno de los gastos del siguiente ejercicio en efectivo e incluir el costo de ventas del ejercicio en curso. Es de esperarse que el auditor pueda comprender ese tipo de procedimientos. Hoy en día, el ejemplo más extremo de la manipulación de las reservas es World-Com, que generó una sobrevaloración de las utilidades en el año 2000 de aproximadamente $3.000 millones.

Los factores que pueden ayudar a nivelar las utilidades e influenciar las valuaciones en el balance son la contabilidad de los fondos de pensiones, la financiación fuera del balance, la manipulación de las previsiones, las valuaciones de inventario al cierre del ejercicio y el tratamiento de las deudas incobrables y de las ganancias y gastos excepcionales y extraordinarios.

La nivelación de las utilidades es una parte inevitable del ciclo del negocio, pero claramente se cruza un límite cuando se manipulan las utilidades, porque de ello depende la remuneración de los directores. Si se considera que una compañía utiliza técnicas de contabilidad creativa, debe analizarse cuidadosamente la información de la memoria anual en lugar de confiar en los coeficientes generados por las bases de datos comerciales, que llevan todas las cifras de los estados contables a su valor nominal.

Ingresos creativos por acción
Debido a que los accionistas y los analistas financieros le asignan mucha importancia a los ingresos por acción, los directores están especialmente preocupados por que la cifra que informan sea positiva, con frecuencia, dando un ejemplo de "lo que se mide es lo que se obtiene". La tentación de sucumbir a una acción así a veces se denomina en forma eufemística "manejo agresivo de los ingresos" y es mayor en momentos de incertidumbre económica y de recesión. Cuando se analiza un EPS, es importante ver cómo se trataron los rubros extraordinarios o excepcionales. Es posible que se genere una mejora drástica en el EPS por la venta de un activo, originando así grandes utilidades que no guardan relación con la actividad real de una compañía.

Riesgo y período de amortización
Una forma simple y habitual de tomar en cuenta el riesgo es verlo durante el período de amortización. El plazo de amortización se utiliza en la evaluación del proyecto de inversión y ofrece una indicación de cuánto tiempo transcurrirá antes de que el proyecto genere suficientes ganancias para recuperar la inversión del capital. Cuanto más breve sea el período de amortización, mejor será. Una inversión de $1.000 que produce una ganancia anual de $100 tiene un período de amortización de 10 años. Una opción alternativa puede ser invertir los $1.000 en un proyecto que ofrezca un flujo de ganancias anuales de $200. Un período de amortización de 5 años será mejor que la primera opción.

Coeficiente de precio / ingresos
Los ingresos por acción de una compañía se pueden incluir en un equivalente de la medida de la amortización: el coeficiente precio / ingresos (P/E). El precio de

la acción depende de las opiniones de los inversores sobre el potencial de los ingresos futuros de una compañía, tanto como de otros factores. Los ingresos por acción (como se informaron anteriormente) se pueden relacionar con el precio vigente de la acción, para proveer una indicación de las expectativas de los resultados futuros.

Precio / ingresos = precio de la acción ÷ ingresos por acción

	A	B	C
Precio de la acción (¢)	300	100	150
Ingresos por acción (¢)	30	5	11,7
Precio / ingresos	**10**	**20**	**12,9**

Para la compañía A, un P/E de 10 puede interpretarse como una prueba de que cuando una acción se compra a 300¢, esto representa el equivalente de los ingresos de 10 años de 30¢ para el ejercicio; en otras palabras, un período del plazo de amortización de 10 años.

Cuanto más alto sea el coeficiente P/E, mayor será la confianza de los inversores en las perspectivas futuras y en los resultados de la compañía. Un alto coeficiente P/E indica que los inversores tienen confianza en que la compañía mantendrá, y probablemente mejorará, sus resultados corrientes en el ejercicio siguiente.

¿Coeficientes precio / ingresos altos o bajos?
La única forma de decidir si una compañía tiene un coeficiente P/E alto o bajo es compararla con otras. Las compañías figuran en las publicaciones financieras por sector de operaciones. Aquélla con el más alto coeficiente P/E se considera, un día determinado, la que obtiene los mejores resultados para los inversores del sector en el futuro.

Los ingresos por acción dependen del precio de la acción. El coeficiente P/E está influido por las tendencias futuras, rumores o mitos del momento. No es infrecuente que una compañía con el coeficiente más alto durante un ejercicio sea la primera en su sector en sucumbir ante la recesión o ante una mala gestión. Por definición un coeficiente P/E alto indica que probablemente sea muy tarde para invertir en la compañía, ya que el precio a pagar será muy alto. También puede indicar que una compañía ya está sobrevaluada. La experiencia indica que el único camino para un P/E alto es descender.

Puede resultar útil comparar el coeficiente P/E de una compañía con el promedio del sector o con el de un competidor seleccionado. Si el P/E promedio del sector es 15, se indica la posición relativa de las tres compañías en el ejemplo de la siguiente forma:

	A	B	C
P/E real	10	20	12
P/E promedio	15	15	15
Posición relativa	**67**	**133**	**80**

Coeficientes precio / ingresos potenciales

Si se realiza un pronóstico sobre las utilidades futuras de una compañía, se puede dar una cifra de los futuros ingresos por acción. Si se pronostica que la compañía A tendrá un crecimiento en las utilidades del 20% en el siguiente ejercicio, las utilidades después de impuestos aumentarán a $82,5 y los EPS a 33¢. Si se divide el precio vigente de la acción por los ingresos potenciales (300 ÷ 33), se obtiene un coeficiente potencial P/E de 9,1. Este P/E potencial es el producto de la aritmética y no está influido por la realidad.

Si se deja algún rubro como incógnita en la ecuación siguiente, es fácil descubrir su valor.

Precio de la acción = ingresos por acción x coeficiente precio / ingresos

$$300 = 30 \times 10$$
$$330 = \mathbf{33} \times 10$$
$$\mathbf{300} = 33 \times 9{,}1$$

Para la compañía A, donde sólo se ajusta una variable en la ecuación, se pronostican los ingresos por acción a 33¢, y el precio de la acción asciende hasta 330. Si el valor de las acciones se mantiene en 300¢, con ingresos por acción de 33¢, el coeficiente P/E cambia a 9,1. Se pueden calcular los coeficientes potenciales P/E, pero una vez que se han pronosticado las utilidades y el P/E, pueden usarse los mismos para indicar movimientos futuros posibles en el precio de la acción. Si se pronostican los ingresos por acción de la compañía A a 33¢, y se considera que la compañía debería ordenar un coeficiente P/E de 12, el precio de la acción futura probable se puede calcular de la siguiente forma:

Precio de la acción futura = ingresos pronosticados por acción x ingresos / precios potenciales.
396 = 33 x 12

Problemas con el coeficiente precio / ingresos

En la mayoría de los casos, el coeficiente P/E utilizado en el análisis es el que aparece en los periódicos, no el que calcula el usuario. Esto puede causar varios problemas. Las utilidades usadas como base de un coeficiente P/E publicado normalmente son las que aparecen en el estado de resultados de una compañía y, por lo tanto, pueden obtenerse en forma creativa. Más aún, una parte de la ecuación son las utilidades históricas, que no garantizan ser una indicación de resultados futuros, y el otro lado es el precio corriente de la acción, que cambia de un minuto a otro en la Bolsa de Valores. Un rumor de toma de control o un descubrimiento tecnológico importante en el desarrollo de un producto no alterarán los ingresos históricos, pero ciertamente tendrán algún efecto en el precio de la acción.

	A	B	C
Dividendos ($)	25	20	87
Cantidad de acciones	250	500	1.500
Dividendos por acción (¢)	**10**	**4**	**5,8**

Dividendos por acción

Los dividendos por acción (DPS) pueden calcularse igual que los ingresos por acción. El total de los dividendos del ejercicio se divide por el número de acciones emitidas.

Dividendos

Las compañías normalmente pagan dos dividendos por año: uno provisorio basado en las utilidades semestrales y otro pago final al cierre del ejercicio. Para medir los retornos para el accionista o los coeficientes de los dividendos se usa el total de los dividendos del ejercicio.

Los inversores consideran a los dividendos como un indicador de los resultados actuales y de las utilidades futuras. Un dividendo en aumento señala que los directores de la empresa consideran buenas las perspectivas. Los dividendos actúan también como una señal hacia el mercado. Las buenas noticias, indicio de un incremento en el dividendo, normalmente generan un aumento en el precio de las acciones y las malas noticias generan lo contrario.

Algunas veces, se impone en una empresa un dividendo en aumento. Los accionistas pueden preferir retirar el efectivo del negocio por medio de dividendos en lugar de dejarlos para que la gestión disponga de ellos de manera no necesariamente beneficiosa para los accionistas, de modos tales como beneficios de gestión y adquisiciones o inversiones no satisfactorias.

Utilidades retenidas por acción

Cuando se conocen las utilidades para el ejercicio atribuibles al capital neto de los accionistas, entonces el paso siguiente es decidir cuál debería ser el dividendo y qué monto de las utilidades debería ser retenido para uso de la empresa. Si el dividendo por acción se deduce de los ingresos por acción, lo que queda es la utilidad retenida por acción para el ejercicio. (Véase página 137).

Utilidades retenidas por acción = ingresos por acción – dividendos por acción

(¢ por acción)	A	B	C
Ingresos	30	5	11,7
Dividendo	10	4	5,8
Ingresos retenidos	20	1	5,9

Cobertura de dividendos

Si las utilidades después de impuestos atribuibles a los accionistas ordinarios se dividen por el dividendo, el resultado será el número de veces en que el dividendo fue cubierto. En lo que respecta a la cobertura del interés, cuanto más alto es el coeficiente de cobertura de dividendos, mejor o más segura será la posición de una empresa. No obstante, los niveles de lo que es considerado aceptable varían entre los sectores del negocio. Si una empresa se encuentra operando en un sector que no se encuentra razonablemente afectado por los períodos de crisis económica, tales como fabricación y ventas al por menor de alimentos, un coeficiente de beneficio por acción menor es más aceptable porque el riesgo es menor.

Cobertura de dividendos = utilidades después de impuestos ÷ dividendos
= ingresos por acción ÷ dividendos por acción

	A	B	C
Utilidades después de impuestos	75	25	175
Dividendo	25	20	87
Cobertura de dividendos	**3,0**	**1,25**	**2,0**

Coeficiente de reparto de dividendos

Otra manera de evaluar el nivel de seguridad de los pagos de dividendos es mostrar qué proporción de las utilidades se distribuye entre los accionistas.

Coeficiente de reparto de dividendos = 100 ÷ cobertura

	A	B	C
Reparto de dividendos (%)	33	80	50

Cuanto más alto es el coeficiente de beneficios pagados como dividendos, más baja es la cobertura por dividendo; el nivel de cobertura de utilidades por dividendo sólo está expresado de un modo diferente. Una empresa con un coeficiente de reparto de dividendos alto no está reteniendo utilidades para reinvertir en el negocio. Se debe tratar de descubrir por qué. ¿No tiene la administración confianza sobre las perspectivas futuras del negocio o está adoptando una visión de corto plazo en el sentido de mantener a los accionistas contentos con un pago por dividendos en lugar de ofrecerles un crecimiento futuro a largo plazo?

Dividendos brutos

Las empresas deducen impuestos y efectúan un pago de dividendos netos a los accionistas. Para hacer una comparación con otras oportunidades de inversión, el impuesto debe ser sumado para producir el dividendo bruto por acción. La Compañía A tiene un dividendo de 10 ¢ por acción. Si el coeficiente de impuestos es 20% el dividendo bruto es 12,5 ¢; 2,5¢ cubren el impuesto de la tasa básica y 10¢ se pagan a los accionistas.

Dividendo bruto = dividendo ÷ (1 − tasa de impuesto)

Rendimiento de los ingresos

Para obtener algún indicio del retorno de las inversiones, el precio de la acción actual y los ingresos por acción pueden combinarse para dar el rendimiento de los ingresos.

Rendimiento de los ingresos = 100 x (ingresos por acción ÷ precio de la acción)

Análisis estratégico de compañías

	A	B	C
Ingresos por acción (¢)	30	5	11,7
Precio de la acción (¢)	300	100	150
Rendimiento de los ingresos (%)	**10**	**5**	**7,8**

El rendimiento de los ingresos no es un indicador del retorno real sobre la inversión. Se basa en los ingresos por acción, no en el dividendo recibido por los accionistas.

Si se conoce el coeficiente P/E, es simple calcular el rendimientos de los ingresos. La compañía B con un coeficiente de la relación precio/ingresos de 20 tiene un rendimientos de ingresos de 5 (100 ÷ 20), y la compañía C, 7,8 (100 ÷ 12,9).

Rendimiento de los dividendos

El rendimiento de los dividendos relaciona el precio de acción actual con el dividendo recibido.

Rendimiento del dividendo = 100 x (dividendo por acción ÷ precio de la acción)

	A	B	C
Dividendo por acción (¢)	10	4	5,8
Precio de la acción (¢)	300	100	150
Rendimiento del dividendo %	**3,3**	**4,0**	**3,9**

Los cambios en el precio de la acción generan un cambio en el rendimiento del dividendo. Como el precio de la acción cambia, se produce un ajuste automático en el rendimiento del dividendo, tal como se detalla a continuación para la compañía A, cuyo precio de la acción oscila entre 150¢ y 600¢.

	A	B	C
Dividendo por acción (¢)	10	10	10
Precio de la acción (¢)	300	150	600
Rendimiento del dividendo %	**3,3**	**6,7**	**1,7**

Retorno de los accionistas

El retorno que los accionistas esperan de sus inversiones en acciones es una combinación del capital que deriva de una mejora en el precio de las acciones y la ganancia por dividendos.

Un cambio en el precio de la acción forma parte del retorno total de su inversión. Si aumenta el precio de las acciones de la compañía A en un 10%, el retorno total de los accionistas en el período, sin considerar los impuestos, es del 30%: el rendimiento del dividendo (20%) más la ganancia del capital (10%). Si el precio de la acción de C desciende en un 5% en el período, entonces el retorno total para los accionistas es de -1%.

Para calcular el retorno total actual o el retorno futuro probable sobre la inversión, éstos pueden combinarse. Si se prevé que el precio por acción de A ascienda a 396¢ y el dividendo por acción a 12¢, entonces el retorno futuro probable puede estimarse de acuerdo con el cuadro que figura a continuación.

```
Retorno de capital   = 100 x (cambio del precio de acción / precio de apertura por acción)
                     = 100 x (96 / 300)
                     = 32%
Rendimiento del dividendo = 100 x dividendo por acción / precio de la acción)
                     = 100 x (12 / 300)
                     = 4%
Retorno total        = 32 + 4
                     = 36%
```

VALUACIÓN DE LAS EMPRESAS

Existen muchos modos de calcular el valor de una empresa. La memoria anual puede utilizarse como base para su valuación; el balance presenta información completa sobre los activos y pasivos. No obstante, la intención no es ofrecer una valuación, por lo tanto es mejor utilizarlo como una guía aproximada (véase página 20). En la única circunstancia en que una compañía puede ser indiscutible y exactamente valuada es cuando ha sido recientemente vendida o comprada. En otras circunstancias, su valor es una estimación basada en parte en la ciencia y en parte en el arte.

Capitalización

En el caso en que las acciones de la compañía coticen en la Bolsa de Valores, existe una base disponible de datos sobre los cuales se puede basar la valuación. Multiplicar el precio actual de mercado de una acción por el número de acciones emitidas proporciona un indicio del valor actual de la empresa en la Bolsa de Valores. Esto representa su valor de mercado o la capitalización de la compañía.

La compañía A tiene una capitalización de $750. Si se quisiera comprar la compañía, $750 sería probablemente una mejor guía para el precio a pagarse que los activos totales ($1.000) o el capital ($250) en el balance.

	A	B	C
Precio por acción (¢)	300	100	150
Acciones (no)	250	1.000	2.250
Capitalización ($)	**750**	**1.000**	**2.250**

Los medios de comunicación financieros publican las cifras de capitalización para las compañías diariamente o una vez por semana. Esto proporciona una base para la comparación de la envergadura de las compañías de acuerdo con los valores actuales en la bolsa de valores.

En la práctica, si se decide adquirir la Compañía A, como las acciones comenzaron a ser compradas, las fuerzas del mercado provocarían un alza del precio. La capitalización de $750 ofrece una guía sobre el precio mínimo probable para la compañía.

Análisis estratégico de compañías **209**

Múltiplo de los ingresos

Otro modo de calcular la capitalización de la compañía es multiplicar las utilidades después de impuestos por el coeficiente de la relación precio/ingresos. La compañía A tiene un coeficiente de la relación precio/ingresos de 10 y una utilidad después de impuestos de $75, el producto del cual es la capitalización de $750.

La capitalización puede calcularse rápidamente sólo por compañías que cotizan en Bolsa. Para calcular el valor de una compañía que no cotiza en Bolsa, pueden utilizarse los coeficientes relación precio/ingresos de las compañías que cotizan en la Bolsa de Valores que operan en un sector comercial apropiado. Una fuente de información práctica en el Reino Unido es el *Financial Times* que ofrece una lista diaria de compañías por sector. El coeficiente de relación precio/ingresos de tres o cuatro compañías comparables o el promedio del sector pueden ser utilizados como una base para la valuación

Provisto de un punto de referencia apropiado de coeficiente de relación precio/ingresos es posible calcular el precio de la acción. Por ejemplo, una compañía que opera en un sector con un coeficiente de relación precio/ingresos promedio de 16,6 tiene ingresos por acción de 5¢ y no un precio de cotización por acción.

Coeficiente de ingresos de precio = precio por acción / ingresos por acción
Precio por acción   = índice precio/ingresos x ingresos por acción
83,3¢   = 16,66 x 5¢

Utilizar el coeficiente P/E promedio para el sector apropiado genera un precio de acción sugerido para la compañía de 83, 3¢. En la mayoría de los casos, debería ser posible identificar una o dos compañías que cotizan en Bolsa que se ajusten razonablemente a las actividades o a la gama de actividades del negocio de la compañía que se está valuando

Utilidades después de impuestos versus ingresos por acción

Las acciones en la compañía fueron valuadas en 83,3¢ utilizando el coeficiente P/E promedio del sector de 16,66. La valuación se basa en las utilidades después de impuestos generadas por la compañía y atribuibles a los tenedores de acciones nominales. Esto no se encuentra afectado por el número de acciones emitidas o, ignorando las consecuencias impositivas, por la política de dividendos. Por lo tanto, es mejor y mucho más simple utilizar este procedimiento como la base para la valuación de compañías que no cotizan en la Bolsa de Valores

Si las utilidades después de impuestos de $25 se multiplican por el coeficiente P/E de 16,66 el resultado es $416, el cual al ser dividido por el número de acciones emitidas (500) resulta en el mismo precio de acción de 83¢. Es más sencillo y más práctico utilizar $416 como valor para la compañía, pero el precio de acción individual puede ser importante si las acciones se están transfiriendo entre los miembros de la familia en una compañía privada.

Por lo general, se considera que invertir en una compañía privada pequeña es más riesgoso que comprar acciones de una compañía que cotiza en el mercado de valores. Para compensarlo, el coeficiente P/E utilizado en la valuación de una compañía privada puede ser ajustado por un monto apropiado, referido como prima por riesgo. Si el coeficiente P/E seleccionado es de 16,66 y se considera aplicable una prima por riesgo de 35%, el múltiplo que se debe aplicar para la valuación de la compañía es 10,8 (16,66 − 35%). Si la compañía tiene utilidades después de impuestos de $25, aplicar el múltiplo 10,8 da un valor de $270 y un precio por acción de 54¢ ($270 ÷ 500).

Se presentan más problemas si se está calculando el valor de sólo una proporción del capital neto de la compañía. En esta situación, el método detallado anteriormente puede ser utilizado con factores de descuento aplicados al múltiplo de acuerdo con la cantidad de acciones involucradas. Un 5% del paquete de acciones puede descontarse en un 60%, pero si se está adquiriendo el 51% de las acciones de una compañía, el descuento debería ser solamente de 10-20%.

El promedio para un sector puede ser utilizado, pero en la mayoría de los casos debería ser posible encontrar al menos una compañía apropiada para usarla como base para la comparación P/E directa Si se tiene acceso al *Financial Times*, una alternativa más simple es usar los Índices FTSE Acción de Actuarios o del Sector. Si no existen coeficientes P/E obvios, los expertos sugieren que un múltiplo de 10 debería ser aplicado a las utilidades después de impuestos para proporcionar un indicio del valor de la compañía.

Método de valuación a partir de los dividendos

Si se asume que el valor de la acción es el valor actual de sus futuros dividendos, los dividendos pueden conformar la base para la valuación de la compañía. La formula básica es:

Valor = (dividendo x (1 + crecimiento del dividendo) ÷ (retorno requerido − crecimiento del dividendo)

Un importante factor de descuento puede aplicarse para dar el valor actual del flujo de dividendos anticipados. Si el dividendo actual de una compañía es de 6¢ por acción, el crecimiento del dividendo esperado es de 5% por año y los accionistas requieren una tasa del 15% de retorno, una acción en la compañía puede ser valuada a 63¢.

Valor = (6,0 x 1,05) ÷ (0,15 − 0,05) = 6,3 ÷ 0,1 = 63¢

Bonos del gobierno y tasas de retorno

Se puede asumir que los inversores buscan diferentes tasas de retorno asociadas al riesgo de una oportunidad de una inversión dada. Cuanto más bajo es el riesgo, más baja es la tasa de retorno requerida. La tasa de retorno que requieren los inversores tiene una influencia directa sobre el costo del capital de la compañía. Cuanto más alto es el riesgo, más alta es la tasa de retorno requerida y más le cuesta a la compañía pagar a través de los pagos de intereses y dividendos la renta estipulada. Un buen punto de partida es observar los retornos provenientes de las inversiones libres de riesgo.

Existe una idea generalmente aceptada de que prestar dinero al gobierno no presenta riesgos, dado que la tasa de interés y la fecha de vencimiento son fijas y definidas. Por consiguiente, el retorno de los títulos del gobierno puede ser considerado una inversión libre de riesgo. Los inversores de otros títulos tales como valores de renta variable requieren un retorno adicional para compensar el riesgo adicional. Esto se denomina prima por riesgo. Utilizando bonos no rescatables, el rendimiento del interés puede ser calculado de un modo similar a aquél de dividendos y rendimiento de ingresos.

Valor del bono ($)	100	100	100
Precio pagado($)	100	50	200
Tasa de interés (%)	5	5	5
Rendimiento del interés (%)	**5**	**10**	**2,5**

Si los inversores observan que las ganancias de fuentes alternativas son mayores que 5%, pueden vender sus bonos para obtener una ventaja de la oportunidad. La venta de bonos ocasiona una reducción en el precio ($50) y su rendimiento aumenta al 10%. Cuando se consideran los bonos como una mejor inversión, el precio aumenta a $200 y el rendimiento cae a 2,5%.

La base de tasa bancaria de interés, informada diariamente en los medios de comunicación, puede utilizarse como una alternativa a los títulos del gobierno para proporcionar un indicador de la tasa libre de riesgo de retorno.

Prima por riesgo de acciones

Además de la tasa libre de riesgo de la ganancia, los inversores pueden esperar razonablemente una prima por riesgo que implica invertir en acciones. La prima por riesgo de las acciones ha sido de 5-10% tanto en la Bolsa de Valores del Reino Unido como en la de EE.UU.

Se requiere una prima adicional cuando se evalúa invertir en compañías privadas que no cotizan en la Bolsa de Valores, lo que generalmente se considera una inversión más riesgosa que en aquellas compañías que sí lo hacen. Como regla general, un mínimo de una prima del 25% adicional debería ser agregado para compensar por el riesgo de una inversión en una compañía que no cotiza en Bolsa. Sin embargo, muchos expertos en valuación sugieren que la prima debería ser de 30-40%.

COSTO DEL CAPITAL

La visión que los inversores tienen del riesgo asociado con la compra de acciones en una compañía determina su costo de capital. Cuanto mayor es el riesgo, más altos son los retornos esperados y mayor es el costo de obtener financiación. Antes de que una compañía reintegre las utilidades, ésta debe cubrir el costo del capital. Los intereses sobre los fondos que haya tomado prestado deberán haberse imputado antes de alcanzar las utilidades para el ejercicio, pero la compañía no necesariamente ha realizado una previsión apropiada para el costo del capital social provisto por los accionistas.

El costo de la deuda puede ser estimado a partir de los estados financieros. Se dispondrá de notas a los estados financieros que suministren detalles de las tasas de interés que se aplican a los préstamos. El costo después de impuestos de tomar un préstamo de $500 al 10% de interés con una tasa de impuestos del 50% es 5%; a una tasa de impuesto de 40% el costo después de impuestos de tomar un préstamo sería del 6%. La inflación reduce el costo real del financiamiento de la deuda. Con una divisa cuyo valor decrece a lo largo del tiempo, la tasa de interés real se ajusta y así lo hace lo pagado al fin del plazo del préstamo. El cálculo del costo real para un préstamo o acciones convertibles no emitidas a la par es complejo. Para la mayoría de los fines, lo adecuado es tomar la tasa de interés cotizada como una aproximación del costo real actual.

Existen varios modos para estimar el costo del capital. Uno de ellos es utilizar el rendimiento del dividendo ajustado por el impacto impositivo. Esto representa sólo una aproximación, ya que no toma en cuenta el hecho de que las tasas del dividendo pueden cambiar y, por supuesto, que los precios de las acciones se modifican de un día a otro. Un simple ajuste para permitir algún crecimiento de la tasa podría ser aplicado al rendimiento del dividendo o al rendimiento de los ingresos. Cuanto más alto sea el coeficiente P/E, más bajo será el rendimiento de los ingresos. Un P/E alto implica que los inversores confían en el desempeño futuro de la compañía, por lo tanto, elevar la financiación es más barato; por supuesto, lo contrario también se aplica.

Invertir en tecnología nueva y no ensayada puede ofrecer retornos astronómicos si esto tiene éxito, pero también existe la posibilidad de que la inversión se tenga que pasar a pérdida, por lo tanto presenta un alto riesgo. Si se quiere atraer a los inversores hacia la inversión, ellos deben tener algún incentivo. El costo del capital es el retorno requerido por los inversores para proporcionar capital a una compañía; cuanto más alto es el riesgo estimado para la compañía, más alto es el costo del capital. El modelo de fijación de precios para los activos de capital (CAPM, *capital asset pricing model*) ofrece una aproximación al cálculo del costo del capital para una compañía.

Costo del capital = tasa libre de riesgo + beta (tasa de mercado − tasa libre de riesgo)
18% = 5% + 1,3 (15% − 5%)

Con una tasa libre de riesgo de retorno del 5% y una tasa de mercado de retorno del 15%, la prima por riesgo del capital es del 10%. Una compañía con un beta de 1,3 tiene un costo estimado de capital de 18%. Si la compañía tenía un beta de 2, el costo del capital neto subiría hasta 25%.

Otro modo de llegar a una aproximación del costo del capital es tomar un promedio ponderado simple para el capital y la deuda. Se toma el costo de la deuda como la tasa de interés que se aplica a cada rubro y el costo del capital como el rendimiento del dividendo.

RESUMEN

- ❖ El coeficiente P/E es un indicador simple y bien probado del saldo entre la financiación que proveen los tenedores de acciones de capital y aquélla derivada de los préstamos externos (deuda). Aunque el coeficiente puede estar sujeto a la manipulación, aun así provee el mejor punto de partida para una evaluación de la estructura del capital. El contenido del denominador y del numerador puede afinarse según sea apropiado. Cuanto más bajo sea el coeficiente, mayor es la proporción de la financiación provista por los accionistas. Una compañía con un coeficiente P/E bajo se considera una compañía con bajo apalancamiento
- ❖ El coeficiente de deuda es útil a la hora de interpretar la estructura del balance. Éste muestra qué proporción del total de los activos se ha basado en fuentes externas de financiación. Para la mayoría de los negocios, cuando más del 50% de los activos se financia con deuda es aconsejable completar un profundo análisis de la compañía y sus pro-

yectos futuros probables antes de considerar una inversión. Si solamente una medida de apalancamiento fuera permitida, ésta sería la más atractiva.

- Las notas en la memoria anual proporcionarán detalles sobre la deuda de la compañía, mostrando para los próximos cinco años el monto, tasa de interés y fecha de vencimiento de los préstamos que deben ser cancelados. A primera vista, estas notas pueden parecer abrumadoras, pero vale la pena su análisis. Un simple indicador de los probables requerimientos que se deben efectuar en el flujo de caja futuro de una compañía se genera considerando la carga de interés anual total y sumándole a ella todos los pagos de capital que deben efectuarse en los próximos dos o tres años. Basándose en la experiencia previa, ¿parece que la compañía puede cumplir con estas salidas de caja sin tener que vender activos o generar nuevos préstamos?
- Es una consideración muy importante para los accionistas la eficiencia de una compañía en hacer trabajar la deuda para ellos. El retorno de los accionistas es una combinación de rentabilidad y apalancamiento. Dos índices pueden combinarse para resaltar de qué manera se logra el retorno sobre el capital.
- El coeficiente de la cobertura del interés representa un modo efectivo de relacionar el nivel de apalancamiento con la rentabilidad. Una compañía que toma préstamos para financiar sus operaciones debe pagar el interés acordado en efectivo cada año. Cuanto mayor es la cobertura de interés proporcionada por utilidades antes de interés e impuestos, más segura es la posición de la compañía. Una compañía con alto apalancamiento debe garantizar el mantenimiento de un nivel seguro de cobertura de interés. Una combinación de alto apalancamiento y cobertura de interés baja no es un signo saludable.
- Del mismo modo, la medida en que el dividendo esté cubierto por las utilidades será un indicador útil del nivel de tranquilidad o seguridad para los accionistas. Cuanta más alta es la cobertura del dividendo, mayor es la proporción de las utilidades retenidas que están siendo reinvertidas en la compañía.
- Una medida útil es utilizar el flujo de caja como base para la cobertura del dividendo de flujo de caja. Todo interés, impuestos y dividendos no patrimoniales se deducen del flujo de caja operativo y el resultado dividido por los dividendos del capital. Este coeficiente identifica la proporción del flujo de caja, luego de todos los cargos de financiamiento externos, que hay disponible para los dividendos patrimoniales.
- El dividendo por acción debería ser combinado con los ingresos por acción al estudiar los registros históricos de la compañía. Si se realiza un gráfico de los ingresos por acción y los dividendos por acción, la diferencia es el monto por acción que se está reteniendo en el negocio cada año. Alguna regularidad en las tres cifras debería ser evidente.
- Los medios de comunicación financieros ofrecen diariamente los cálculos del rendimiento del dividendo y los coeficientes P/E. Cuando se analiza una empresa que cotiza en Bolsa es posible hacer una comparación directa con los coeficientes P/E de compañías similares y

obtener algunos indicios de la calificación otorgada por los inversores.
- ❖ Cuanto más alto es el coeficiente P/E, más altas son las expectativas de los inversores del desempeño futuro de esa compañía. Una compañía con un coeficiente P/E alto no representa necesariamente una buena inversión. Un coeficiente alto indica que el mercado ya ha tenido en cuenta las expectativas futuras de la compañía y probablemente ya es demasiado tarde para comprar.
- ❖ Los coeficientes P/E publicados pueden ser utilizados para proporcionar una valoración para las compañía que no cotizan en Bolsa. Si se halla y aplica el coeficiente promedio para el sector apropiado como un múltiplo para las utilidades de la compañía después de impuestos, el resultado es un indicador del valor total.

Análisis estratégico de compañías

11. Estrategia, éxito y fracaso

Al analizar una compañía, deberían ser examinadas tres áreas clave: la gestión, el desempeño operativo y la posición financiera.

Ya se ha tratado en capítulos anteriores la utilización de memorias anuales y otra información publicada para analizar el pasado y predecir el futuro en dos de estas tres áreas. Este capítulo repasa alguno de estos temas nuevamente, considera los enfoques para evaluar la fortaleza de la gestión y analiza la combinación de estrategias inevitables de lo que es necesario cualitativa y cuantitativamente para realizar una evaluación total del desempeño de una compañía y sus perspectivas futuras.

FODA y PEST

Un ejercicio útil es generar una lista de los aspectos positivos y negativos de una compañía. Dos técnicas utilizadas frecuentemente (técnicas que las compañías utilizan para sí mismas) son FODA, que significa Fortalezas, Debilidades, y Amenazas, y PEST, que significa Políticas, Económicas, Sociales y Tecnológicas en una compañía.

FUENTES DE INFORMACIÓN

Los analistas financieros confían cada vez más en la comunicación directa con los ejecutivos *senior* de la compañía, pero la memoria anual sigue siendo una fuente crucial de información financiera y actúa como una base para el análisis histórico y las previsiones.

Existen diversas fuentes de donde obtener una copia de la memoria anual de la compañía. En primer lugar, se puede contactar directamente a la compañía y solicitar una copia. En segundo lugar, el *Financial Times* ofrece servicios de este tipo y pueden ser utilizados para obtener una copia. En tercer lugar, una fuente cada vez más valiosa de información sobre la compañía es Internet.

Internet
La mayoría de las compañías importantes mantiene un sitio web que ofrece no solamente información general sobre la compañía y sus productos o servicios, sino también la última memoria anual. Se debe buscar por el nombre de la compañía y con frecuencia estará a disposición la información financiera completa.

Los recientes pasos dados hacia la estandarización de los informes financieros deberían mejorar la calidad, el valor y la accesibilidad de la información financiera corporativa. Estas medidas deben basarse en la adopción de *eXtensible Mark-up Language* (XML) o *eXtensible Business Reporting mark-up Language* (XBRL), permitiendo a través de Internet traducciones instantáneas de las cuentas de la compañía a cualquier lenguaje utilizando un formato estandarizado de presentación de cuentas. La Comisión Nacional del Mercado de Valores de los EE.UU. aceptó los archivos XBRL en 2005.

Dentro de los próximos años es probable que los accionistas, a menos que ellos requieran algo diferente, reciban solamente un resumen del estado financiero que reemplaza a la memoria anual. El informe electrónico vía Internet actuará cada vez más como vehículo para la comunicación financiera entre una compañía y sus accionistas y los interesados.

Sitios útiles

Para las compañías del Reino Unido, el punto de referencia inicial es Companies House, y para los EE.UU. es Securities and Exchange Commission (EDGAR). Para tener un mejor acceso a la información de la compañía individual utilice Yahoo!, Google, o cualquiera que sea su buscador de Internet favorito y agregue *investor relations* (relaciones con el inversor) al nombre de la compañía. Estos sitios incluyen buenas fuentes para obtener datos de las compañías:

www.carolworld.com
www.companieshouse.co.uk
www.corpreports.co.uk
www.northcote.co.uk
www.prars.com
www.reportgallery.com
www.sec.gov/index.htm

Los medios de comunicación

Diarios, publicaciones, revistas, TV y radio y publicaciones profesionales o comerciales proporcionan más información que puede ayudar a interpretar los hechos contenidos en la memoria anual o en los desarrollos desde que fuera publicado el informe. Los informes de los medios de comunicación pueden proporcionar análisis técnicos de la compañía, sus mercados y entorno operativo actual y probable, pueden ofrecer opiniones más cualitativas con informes de demandas judiciales o artículos en columnas de prensa amarilla sobre los directores. Sin embargo, se debe tener en cuenta que Enron fue "La compañía más innovadora de América" entre 1996 y 2001 de acuerdo con *Fortune*, y en 2000 fue votada "La compañía de energía del año" por el *Financial Times*.

Bases de datos comerciales

Otras fuentes de la información sobre la compañía son las bases de datos comerciales, que ofrecen la mejor fuente de los datos históricos. Muchos de ellos proporcionan cinco años de estados financieros ordenados en un formato estándar y fácil de usar. Estos estados financieros son también ideales como una fuente accesible inmediata de datos comparativos tanto para compañías nacionales como extranjeras.

La presentación es importante

La memoria anual no debe ser subestimada como una presentación visual de la compañía y sus directores. Un informe tedioso puede mostrar una compañía con poca actividad; un informe muy sofisticado puede mostrar una compañía demasiado preocupada con una presentación impresionante, tal vez con el fin de disimular un desempeño no satisfactorio: "no le haga caso a la calidad, considere el contenido".

Oportunidad para la foto del directorio

El modo en que se presenta el directorio refleja las tendencias cambiantes en los informes corporativos. Desde 1960 hasta mediados de los años 70, el clásico perfil de "retrato al óleo" del presidente mirando fijamente hacia la distancia evaluando profundos y estratégicos pensamientos se consideraba apropiado para mostrar que la compañía estaba dirigida por una figura paternal severa pero justa. Había poca información, más allá de la legal mínima, de otros directores.

Hacia el final de la década de 1970, comenzó a ser importante para el directorio ser visto administrando la compañía como un equipo. Se reconoció la necesidad de un equipo para brindar apoyo a un líder dinámico que asegure de esta manera el éxito. El resultado fue a menudo una fotografía de un director general (CEO) sentado en la sala de directorio rodeado de todos los otros directores (de pie). Se hacían declaraciones positivas acerca de la política de "diversificación" que estaba adoptando el directorio.

A mediados de la década de 1980 se mostraba a los directores manejando el negocio activamente, recorriendo el comercio o la fábrica conversando con los empleados. Típicamente, se nombraba al director y éste miraba a la cámara mientras que el empleado era anónimo y ordenaba una estantería u operaba una máquina. La memoria anual explicaba la importancia de la separación o la reestructuración del grupo.

A fines de la década de 1980, con el crecimiento de la delegación de tareas a los empleados, los informes anuales comenzaron cada vez más a incluir las fotografías de los empleados trabajando solos o en grupos animados, sin ningún director a la vista. El directorio, una vez más, fue relegado a una sola página en la memoria anual.

El principio de la década de 1990 mostró a los directores nuevamente como un grupo alrededor de la mesa de directorio o en un lugar exclusivo, no necesariamente haciendo algo, pero con una actitud confiada y de control. A menudo, era difícil identificar al líder.

A mediados de la década de 1990, era común presentar al presidente y al CEO destacados trabajando juntos. Se les dio a otros directores *senior* su propio espacio como parte de un resumen operativo para informar en sus áreas individuales de responsabilidad comercial. El valor del accionista era la meta y la palabra "enfoque" se asociaba al mencionar desinversión, transferencias de activos a cambio de acciones, disoluciones, con el común acuerdo de que, para hacer exitosa una compañía, se debería basar en un sector único.

Esta tendencia parece continuarse y se asocia con una preocupación en aumento de que los accionistas conocen los productos de la compañía, los servicios y las marcas. Existen páginas a todo color que resaltan el nombre caro y el logo de la nueva compañía junto con invitaciones para visitar el sitio web. Las escisiones son la moda, con dos palabras tal vez ahora un poco agotadas debido a su uso reiterado ("global" y "valor", y "temas ambientales" y "desarrollo sustentable"), pero que están ganando terreno rápidamente.

GOBIERNO CORPORATIVO

El gobierno corporativo no solamente comprende el modo en que una compañía se administra y las transacciones con los accionistas, sino también todos los aspectos de las relaciones con la sociedad. El énfasis en el gobierno corporativo fue estimulado en parte por el fraude aparente y la dirección deficiente en algunas de las principales compañías del Reino Unido y de los EE.UU. y en parte por el aumento en las tasas de fracaso financiero corporativo durante la recesión de la década de los años 80 y principios de la década de los 90. Los accionistas y otros que realizaban operaciones con una compañía querían seguridad de que ésta estuviera correctamente administrada. En 1992 el Comité de Cadbury estableció un código de las mejores prácticas para las compañías del Reino Unido. Éste contenía 19 puntos y requería que las razones para el no cumplimiento de alguno de estos puntos deberían estar presentes en la memoria anual. Otras comisiones distintas siguieron luego, lo que llevó a la publicación del Código Combinado en 1998 y su corrección en 2003. "Los principios en los que se basa el Código son la transparencia, la integridad y la responsabilidad"; hoy en día es obligatorio para todas las compañías que cotizan en la Bolsa de Valores (véase Capítulo 1).

El Código requiere al directorio que presente en la memoria anual una evaluación de la posición de la compañía equilibrada y comprensible y las perspectivas probables. La introducción del Código Combinado en el Reino Unido ha mejorado sustancialmente la calidad y la cantidad de la información sobre los directores y su eficacia al dirigir una compañía. En otros países se han puesto en práctica experiencias similares. La OECD (Organization for Economic Co-operation and Development) publicó *Principles of Corporate Governance* y en el año 2003 la Comisión Europea emitió *Modernising Company Law and Enhancing Corporate Governance in the EU – A Plan to Move Forward*. En los EE.UU., luego del colapso de Enron y de WorldCom, se aprobó la Ley de Reforma de Contabilidad Pública y la Ley de Protección al Inversor —normalmente conocida como la Ley Sarbanes-Oxley (SOX)— para mejorar la confianza del inversor y alentar la confección de informes corporativos transparentes.

El directorio y sus roles

El primer rol del directorio es satisfacer a los accionistas a través de una implementación exitosa de la estrategia corporativa elegida. Lo ideal sería que la memoria anual incluyera un organigrama para mostrar los lineamientos de la información y las áreas de autoridad individual y de responsabilidad. Al menos, las responsabilidades comerciales directas de cada miembro del directorio deberían identificarse.

¿Quiénes son los directores y en qué medida son eficientes?

La memoria anual debería contener una información suficiente de los directores que permita efectuar una evaluación sobre su competencia y su experiencia. Por lo menos, debería registrarse la edad y la duración del servicio de cada director. Una ayuda simple para evaluar al directorio es calcular la edad promedio de los directores. Si dicha edad corresponde al fin de la década de los cincuenta años para los directores ejecutivos y es de más de sesenta años para los directores no ejecutivos, el directorio puede encontrarse en fecha de caducidad, con directores que se encuentran más preocupados en cumplir con su mandato que en los intereses de los accionistas.

La edad de los directores puede también indicar cuándo la sucesión probablemente sea necesaria. Un directorio que se modifica solamente como resultado de una muerte o de un retiro puede estar haciendo un buen trabajo, pero ¿son los directores capaces de innovar o enfrentar los cambios rápidos y desafiantes?

Para ser efectivos, los directores deben poseer experiencia comercial real en el manejo tanto de los tiempos difíciles como de los buenos. Los inversores necesitan tener confianza en que el equipo principal sea capaz de una administración con seguridad en lo que se hace, cualquiera que sea el ambiente comercial

Los analistas financieros evalúan una compañía en tres modos principales: estudiando los estados financieros para descubrir las fortalezas subyacentes y exponer las debilidades; a través de la investigación de sus antecedentes generales en el sector del negocio y su futuro y visitando la compañía y conversando con su equipo ejecutivo. Las reuniones frente a frente son extremadamente importantes; si el directorio no genera confianza, el apoyo para la compañía decrecerá, aun cuando hubiera utilidades récord en el año anterior.

Una persona, dos empleos
Se puede sostener que toda compañía necesita a alguien; en particular en el período inicial de crecimiento, con un control firme que ofrezca liderazgo y dirección efectivos. En la medida en que una compañía crece y se convierte en una organización más compleja, es difícil, por no decir imposible, para una persona administrarla sin la ayuda de nadie. Existe un sentido innegable detrás de la separación de los roles de un presidente y de un CEO y esto es lo que requiere el Código Combinado.

Sainsbury, hasta mediados de la década de los años 90 el comerciante minorista más destacado del Reino Unido, proporciona un ejemplo de los problemas potenciales que pueden surgir. En 1996, luego de que los ingresos cayeran por primera vez en la historia de la compañía, inmediatamente se produjeron comentarios en los medios de comunicación. *The Times* (6 de mayo de 1996) publicó el titular "La decadencia Sainsbury es la consecuencia de la arrogancia y la complacencia" y dirigió la atención al hecho de que David Sainsbury era a su vez presidente y CEO. En 1998 el acto final se llevó a cabo: se separó a la familia Sainsbury de la administración de la compañía. Marks & Spencer, otro minorista importante del Reino Unido, sufrió los mismos problemas al final de la década de los años 90, cuando se hizo público un conflicto del directorio seguido de una declinación dramática de los ingresos y del precio por acción.

La combinación de un empresario y un directorio no participativo es fatal en el largo plazo. Las compañías pueden tener sus personalidades poderosas o sus líderes, pero para asegurar un éxito continuo deben recibir apoyo de un equipo de gerentes competentes y con experiencia.

Se deduce de lo expuesto anteriormente que una compañía que parece estar demasiado dominada por un individuo necesita que se la observe cuidadosamente. La memoria anual puede proporcionar evidencia del culto de una personalidad y los medios de comunicación con frecuencia proporcionan pruebas en abundancia de los grandes egos potencialmente peligrosos, como el caso de Robert Maxwell.

Directores no ejecutivos
El rol de los directores no ejecutivos es considerado cada vez más importante. Ellos pueden proporcionar una experiencia invalorable que adquirieron en otros sectores comerciales y otras compañías, pero su principal beneficio debería ser la independencia de pensamiento, su visión y su ganancia personal. Todo esto los ubica en una posición de privilegio para reforzar el rol de administración del directorio y a actuar en sus diferentes comisiones. Un director ejecutivo que es un cliente, un proveedor, un amigo de la familia o cuya única fuente de ingreso proviene de su rol de director probablemente no cumplirá con la independencia requerida.

Sin embargo, en muchos lugares de Europa existe una estructura de directorio de dos niveles. Las grandes compañías en los Países Bajos y en Alemania a menudo tienen un directorio de supervisión conformado por representantes de los accionistas y de los empleados. Francia tiene algunas compañías de dos niveles, pero la mayoría tiene un solo directorio conformado por las dos terceras partes de sus miembros no ejecutivos. En el Reino Unido, la práctica correcta requiere por lo menos que la mitad del directorio esté conformada por directores no ejecutivos para permitirles ejercer una influencia independiente en la dirección de la compañía.

Comisión de auditoría

Para cumplir con la práctica correcta, una compañía que cotiza en la Bolsa de Valores debe tener una comisión de auditoría conformada por directores no ejecutivos, independientes y razonable y financieramente perspicaces. Los detalles sobre su condición de miembros y sus obligaciones se encontrarán en la memoria anual.

La Ley Sarbanes-Oxley en los Estados Unidos enfatiza la importancia de la comisión de auditoría, que amplía su rol para incluir no sólo la responsabilidad para el tratamiento correcto de los empleados que denuncian las prácticas incorrectas dentro de la organización, sino también todos los reclamos internos y externos en lo que respecta a los temas financieros. La Public Company Accounting Oversight Board (PCAOB) fue conformada en el año 2003 para trabajar con SEC (*Securities and Exchange Comission*, Consejo de Vigilancia del Mercado de Valores) para supervisar la auditoría de todas las compañías que cotizan en la Bolsa de Valores de todo EE.UU. y brindar apoyo al desarrollo de los estándares de auditoría.

El propósito principal de la comisión de auditoría es asegurar que se contraten auditores externos eficaces y asistirlos en lo que sea necesario. Debe supervisar las políticas y las prácticas contables y la función interna de control y auditoría. Sus miembros tendrán acceso directo en cualquier momento al CEO y al presidente. Un informe de la comisión de auditoría debe estar en la agenda de la reunión general anual (AGM, *annual general meeting*) o figurar en la memoria anual. Si éste no fuera el caso, la compañía no estaría cumpliendo acabadamente con las mejores prácticas.

La mayoría de las compañías tienen su propia función de auditoría interna, asociada pero a su vez separada del trabajo de los auditores externos, quienes deben informar directamente a la comisión de auditoría. La auditoría interna asegura que todos los empleados mantengan y sigan los sistemas y procedimientos de la compañía. Las mejores prácticas en el gobierno corporativo generan la obligación a los directores de asegurar que se apliquen todos los controles internos apropiados, que todos los activos sean salvaguardados y que se mantengan los informes contables exactos y que el riesgo de la compañía se mantenga en un nivel aceptable de riesgo

Comisión de remuneraciones

Toda compañía pública debe tener una comisión para supervisar las remuneraciones y los términos y condiciones para todos los directores ejecutivos, el CEO y el presidente inclusive. La práctica correcta requiere que sus miembros sean directores no ejecutivos. El hecho de que la remuneración de los directores sea establecida por la comisión debe ser registrado en la memoria anual. Para la comisión es habitual supervisar los términos de contratación y la remuneración de todo el personal *senior*, asegurando de este modo que éstos no dependan solamente de los caprichos del CEO. La intención es asegurar una política de remuneraciones completamente transparente y consistente.

Remuneración de los directores

A pesar de que el dinero no lo es todo, es claro que la remuneración juega un rol crucial en la motivación y la retención de los directores de alto desempeño. Los directores, que son responsables de varios millones de libras por el valor de los activos y miles de empleos, esperan con toda razón una recompensa sustancial. Está generalmente aceptado que la recompensa debería estar directamente asociada con el desempeño y que una proporción significativa del conjunto de remuneraciones del director debe estar relacionada con su desempeño. El objetivo que se busca es generar una coincidencia entre los intereses de los directores y el de los accionistas.

La administración de una política de remuneraciones ejecutiva significa asumir un gran compromiso. Esto representa la difícil prueba de calidad de los directores no ejecutivos. La comisión de remuneraciones debe asegurarse de que haya una política justificable y cuando la remuneración de los directores aumente y no corresponda con el desempeño de la compañía, debe haber una explicación.

Los directores, ¿merecen la remuneración?
La memoria anual proporciona información sobre la política de la compañía acerca de la remuneración de los directores ejecutivos y muestra la remuneración total del presidente y del director ejecutivo o, en el caso de que ellos no fueran las posiciones mejor pagadas, la remuneración del director mejor pagado. La remuneración total y los beneficios gravados se revelan junto con la información de sus contratos de servicios con la compañía. En el Reino Unido se considera inaceptable para los directores tener contratos de servicio de más de tres años de duración sin el consentimiento de los accionistas.

Esta información puede compararse con la de compañías con características similares para evaluar su generosidad. Los cambios anuales pueden compararse con la tasa de inflación, la modificación de las tasas de salario promedio o el crecimiento del volumen del negocio o de las utilidades para proporcionar un punto de referencia y de esta manera decidir si el costo del director parece ser razonable.

Cambios en el directorio

Para ser eficientes, los directores deben desarrollar un conjunto de relaciones laborales tanto individuales como grupales para sustentar su función como el mejor equipo de gestión. Los cambios en el equipo son inevitables como consecuencia de retiros, accidentes, enfermedades u oportunidades de carrera. No obstante, es razonable esperar que toda compañía posea un núcleo esencial de directores experimentados que continúen con el negocio año tras año.

Los cambios en el directorio pueden significar una señal directa de la presencia de problemas potenciales y existentes. La memoria anual proporciona un listado completo de directores que puede compararse con el año anterior para ver los cambios. Desafortunadamente, no se requiere proporcionar el equivalente de cifras comparativas para los directores, por lo tanto es necesario remitirse a menudo al informe anterior. Sin embargo, es posible para alguien unirse al directorio y abandonarlo durante el mismo ejercicio y que esto no sea registrado en la memoria anual.

Debe emitirse un comunicado que informe sobre las razones de los cambios del directorio (la mayoría de las veces esto se debe a jubilación o cambios de carrera). Un eufemismo popular para disfrazar los desacuerdos y conflictos en el directorio es aquel que se refiere a un director que se aleja del cargo "en busca de otros intereses". Un directorio que cambia continuamente representa un indicador de que no todo está bien en la compañía. Es posible asumir que existen tensiones potencialmente destructivas en los estratos más altos de la organización que no ayudarán a mejorar la confianza en las perspectivas futuras

Una buena señal de alerta de atención para tener en cuenta es la continua rotación de los directores. Como regla general, cuando se observa que más del 20% del directorio cambia varios años seguidos, debe tratarse a la compañía con prudencia adicional. Se debe asignar una particular importancia a un grupo de directores que se retiran al mismo tiempo; por ejemplo, todos los directores no ejecutivos que renuncian. Aunque las razones de ello pueden no hacerse públicas, la historia sugiere que es prudente pensar lo peor.

Como una guía aproximada, se considera que la duración esperable de un CEO de una compañía importante en el Reino Unido debe ser de aproximadamente cuatro años. La partida de un director ejecutivo es un evento importante para una compañía y esto debe generar una declaración rápida y clara sobre las razones. Una señal de alerta fue emitida cuando el CEO de Enron renunció por "razones personales", aunque probablemente ya era demasiado tarde cuando Bernard Ebbers dejó WorldCom. Si no existiera una declaración pero surgieran comentarios adversos de la prensa sobre la partida del director ejecutivo, las relaciones aparentemente personales conflictivas de los directores o la operación del directorio, todos estos factores deberían tomarse como una señal negativa convincente con respecto a la compañía. Si los directores no pueden demostrar que trabajan como un equipo y están en control de la situación, se debe vender.

Observar al director financiero
El director financiero tiene un rol decisivo al momento de asegurar una buena comunicación con todos los grupos inversores para mantenerlos informados acerca del negocio y mantener su confianza en el mismo. Un trabajo de relación competente entre el director ejecutivo y el director financiero (FD) o el director ejecutivo financiero (CFO) es fundamental para la administración exitosa de toda compañía. El CEO de Enron proclamó su "confianza absoluta" en su director ejecutivo el día anterior al colapso. La partida de un director financiero, por otras razones que no sean la jubilación normal o un polémico cambio de carrera, es un acontecimiento extremadamente importante. ¿Cuáles son las razones de su partida y quién se hará cargo del trabajo? La partida súbita sin una razón aparente de un director financiero que tenga entre 3 a 5 años de servicio y su reemplazo por un contador en jefe con 20 años de servicio o por un auditor ya ha demostrado ser en el pasado una señal de alerta.

Relaciones con el Distrito Financiero
Las compañías exitosas en el Reino Unido pueden tener dificultades porque no han tenido éxito en entablar buenas relaciones con el Distrito Financiero. Con frecuencia esto se observa en las compañías que han tenido un pequeño y rápido crecimiento en los años que siguieron inmediatamente a su admisión en la Bolsa de Valores. Un empresario exitoso no siempre está bien preparado para tener relaciones con los inversores institucionales, quienes esperan que se les mantenga completamente al tanto sobre lo que está sucediendo.

La memoria anual enumera a los banqueros de la compañía y los asesores financieros y legales. Los cambios que se produzcan durante el ejercicio de auditores, banqueros, abogados y asesores deben tomarse como indicadores negativos a menos que figure en la memoria anual una explicación clara y que no presente ambigüedad.

Buscar el crecimiento
Con frecuencia, se considera que el crecimiento es un buen indicador del éxito de la compañía. Un crecimiento de la compañía a una tasa de 15% por año duplica su tamaño cada cinco años. Las compañías que presentan un crecimiento rápido pueden definirse como aquellas que presentan una tasa de crecimiento anual de 20% o más, y las compañías que presentan un crecimiento muy alto muestran una tasa de crecimiento compuesta de alrededor de 40% por año.

La información de la participación en el mercado puede proporcionar un respaldo valioso para el análisis y la interpretación de los cambios en el volumen de las ventas de la compañía. La mayoría de éstas presentan la información sobre el crecimiento de volumen de las ventas en su memoria anual, pero pocas son las que ofrecen toda la información de la participación en el mercado. Cuando el volumen del negocio es conocido por varias firmas que compiten en el mismo mercado, es posible crear una simple alternativa para la información de la participación en el mercado. Cuatro compañías minoristas del Reino Unido se toman como ejemplo.

	Morrison		Sainsbury		Somerfield		Tesco		Total	
	1999	2000	1999	2000	1999	2000	1999	2000	1999	2000
Ventas (£m)	2.534	2.970	16.433	16.271	5.898	5.466	17.158	18.796	42.023	43.503
Acción (%)	6	7	39	37	14	13	41	43	100	100

Una concepción común es aquella que supone que una compañía de crecimiento rápido representa una inversión segura. Sin embargo, la evidencia sugiere que el crecimiento rápido no siempre puede sustentarse. Por supuesto, existen excepciones, pero probablemente sea más seguro asumir que el crecimiento rápido no continuará, en particular si se lo asocia con la diversificación. Si se compensan las tasas compuestas de crecimiento altas aumentando la financiación del endeudamiento, entonces se requerirá precaución extrema.

Para algunas compañías, el crecimiento del volumen del negocio es su principal objetivo y la medida del éxito, aun cuando se logre al costo de la rentabilidad. A fines de la década de los años 90, el comercio electrónico proporcionó varios ejemplos extremos de esta situación. Los analistas decidieron utilizar un múltiplo del volumen del negocio como base para valuar las compañías de Internet. Tan pronto como se conoció esto, las compañías centralizaron todos sus esfuerzos en lograr los números requeridos y el crecimiento del volumen del negocio se convirtió en la única meta. Inevitablemente, la presión para generar el crecimiento del volumen del negocio estimuló la "creatividad". Si se les ofrecía a los clientes un buen descuento a fin de que compraran el producto o el servicio, el precio completo se incluía en el estado de resultados y el "descuento" se diluía en los gastos de *marketing*. La previsión para deudas incobrables pudo ser reducida. Una compañía que actúa como agente para la venta de vacaciones debería incluir el precio completo de las vacaciones en el estado de resultados en lugar de incluir solamente la comisión generada por la venta. Un solo pago efectuado por los clientes por el uso del sitio de Internet por un número de años debería ser incluido en la cifra de ventas del corriente año. Estas prácticas son contrarias a los GAAP, pero fueron adoptadas para alentar un aparente crecimiento de las ganancias.

Tender hacia la diversificación para alimentar el crecimiento continuo a menudo es el desafío final para la compañía unipersonal. Habiéndose probado en un sector de negocios, la compañía se mueve hacia otras áreas, usualmente a través de adquisiciones. Cada vez más a menudo, sus viejas habilidades parecen no ser las apropiadas para el nuevo negocio, se distrae la atención del negocio principal y se considera que ha perdido su toque dorado. La supervivencia puede depender de una nueva reestructuración administrativa y financiera.

Cuando el crecimiento de una compañía unipersonal disminuye y la crítica es cada vez mayor, pueden darse dos escenarios. En uno de ellos, el individuo que maneja la compañía comienza a tomar decisiones cada vez más riesgosas con la esperanza de volver a los niveles anteriores de crecimiento de las utilidades. En el otro, se reconoce que poco puede hacerse inmediatamente para mejorar el desempeño operativo, los movimientos individuales fuera de la ley y las prácticas comerciales aceptadas para mantener su imagen personal y estilo de vida.

Contabilidad creativa y fracaso

Se espera que todas las compañías apliquen técnicas de contabilidad creativa hasta cierto punto. Para la mayoría de las compañías toda la información necesaria y de apoyo está detallada en la memoria anual, pero es poco realista esperar que se preste atención tan claramente a los problemas como a los asuntos de buenas noticias. En cierta medida, la memoria anual es una obra de arte, pero existen reglas claras que deben seguirse. Romper las reglas no es un acto de creatividad, sino de falsear los hechos y posiblemente de fraude. La Comisión Treadway definió el fraude como "una conducta intencional o imprudente, ya sea por acto u omisión, que resulte en estados financieros considerablemente engañosos". Un director de finanzas creativo debe ser justamente recompensado; un director financiero fraudulento debe estar en prisión.

La contabilidad creativa no es causa del fracaso corporativo, pero hace que sea más difícil para los usuarios de los estados financieros apreciar el desempeño subyacente o la posición financiera del negocio. La pregunta es entonces: ¿por qué la compañía piensa que es necesario adoptar este enfoque? Si las operaciones y las finanzas de una compañía son tan complejas que no se las puede entender por completo, es mejor retirarse. Si la terminología es incomprensible, esto se debe considerar como un firme punto negativo.

Enron implosionó con $3 mil millones en pasivos descriptos como "entidades de propósitos especiales", lo que le permitió eliminar la deuda del balance y cambiar de lugar los activos para crear utilidades ficticias. Las utilidades fueron exageradas en £ mil millones en el año 2001. Esto fue una gran frustración en los Estados Unidos de Norteamérica, lo que luego derivó en la Ley Sarbanes-Oxley; a pesar de que gran parte de la contabilidad de Enron era agresiva o creativa, no era necesariamente ilegal.

Todos los cambios en la política contable deben ser examinados siempre cuidadosamente; esto es particularmente importante cuando se han recogido señales de alerta relacionadas con la compañía en otros lugares. ¿Es el cambio apropiado y racional o ha sido efectuado con el fin de dar empuje a las utilidades de ejercicio? Los cambios en la política de depreciación, la valuación del inventario, el uso de las provisiones, la capitalización de los gastos y el tratamiento de los acontecimientos extraordinarios y excepcionales, todo esto puede indicar una desesperación por mejorar las utilidades más que proporcionar una visión verdadera y justa. (Véase Capítulo 3).

ESTRATEGIA CORPORATIVA

La estrategia corporativa abarca un enfoque planificado en el logro de objetivos definidos: saber adónde se quiere ir y cómo llegar allí. Los objetivos o metas significan "el final del proceso" o "el final del camino" y la estrategia significa "los medios" o los "cómo" de una implementación exitosa.

Toda compañía importante debe contar con una estrategia que sea reconocida y aceptada por el directorio y además idealmente comunicada y aceptada por todos los empleados, los cuales están activamente involucrados y participan en su desarrollo. La memoria anual debe proporcionar información suficiente para poder identificar cuál es la estrategia y de qué manera ha sido implementada exitosamente. Cuando esto haya resultado imposible, se debe asumir que la compañía no posee ninguna estrategia y por lo tanto está sin timón y a la deriva: se puede estrellar contra las rocas o alguien tomará el mando.

Una pregunta fundamental para el análisis de la compañía es cómo se reconoce una estrategia saludable. La respuesta es que dicha estrategia debe ser considerada capaz de ir tras la meta en forma realista y que se puede encontrar en la memoria anual año tras año una prueba de un progreso positivo hacia su logro.

Una sola solución no es la solución

Si la compañía parece haber encontrado una sola y simple solución para sus problemas estratégicos, lo más probable es que no la tenga. Una sola solución aparece a menudo como atractiva, pero esto representa que la compañía está poniendo "todos los huevos en una sola canasta". Si esa sola solución no es la respuesta, entonces no queda otro lugar hacia dónde ir.

Ejemplos de esquemas potencialmente ambiciosos que pueden insumir tiempo y atención de gestión valiosos que tengan efectos adversos sobre otras áreas del negocio son aquellos que representan el desarrollo del producto, nueva tecnología, adquisiciones, diversificación y contratos de valor elevado.

Se considera a menudo la adquisición como una buena solución para los problemas de la compañía. Sin embargo, cuando las adquisiciones se encuentran claramente fuera del área probada de su competencia provocando una rápida y gran diversificación, entonces se solucionan los problemas. La administración de negocios en nuevos mercados o en el exterior puede hacer que la velocidad disminuya, aunque la adquisición pueda mejorar la rentabilidad informada en el ejercicio en el cual tiene lugar.

Cuando una adquisición considerable representa una mayor diversificación, la experiencia tanto en el Reino Unido como en los Estados Unidos de Norteamérica probablemente apoyaría la visión de que el riesgo del fracaso de la compañía aumentó sustancialmente. La diversificación significa nuevas áreas de actividad en las que se debe experimentar y llegar a dominar antes de que se generen rendimientos positivos.

Misión y visión

Las compañías pueden incluir una declaración de su misión o una visión en la memoria anual, la que proporciona una comprensión adicional útil de su estrategia total y de su práctica y de su política de administración estratégicas. Una declaración de la misión normalmente define el negocio de la compañía, sus objetivos y cómo éstos se lograrán. La declaración de su visión se centraliza más en definir qué tipo de compañía será en algún punto en el futuro y los valores que son necesarios para lograr sus objetivos y sus metas. Sin embargo, con frecuencia se combinan los dos términos o, más aún, se intercambian.

Dónde buscar una estrategia

Es razonable esperar que la memoria anual proporcione información suficiente sobre la estrategia de la compañía y del éxito de su implementación hasta la fecha. No siempre esta información figurará en una sola sección. Normalmente, es necesario estudiar por lo menos la declaración del presidente, el informe de los directores, la revisión de las operaciones y la revisión financiera.

La información analizada a continuación debe figurar, pero no necesariamente bajo las denominaciones utilizadas aquí.

Declaración del presidente

En su declaración a los accionistas, los presidentes de la compañía son libres de efectuar cualquier comentario y de adoptar cualquier opinión que deseen. La declaración no está sujeta por los estándares legales, contables o de auditoría o aun por el código de mejores prácticas. Originalmente, la declaración se desarrolló como un comentario personal sobre el ejercicio efectuado por el presidente a los accionistas.

Esta sección de la memoria anual es la que leen cuidadosamente los típicos inversores. De hecho, es la única que leen, tal vez con una expectativa ingenua de la perspectiva general del desempeño y de la posición de la compañía. Los presidentes tienen plena conciencia de este hecho, por lo tanto no es extraño encontrar que sus declaraciones se concentran en las buenas noticias en lugar de los aspectos menos positivos del negocio. Algunas de ellas son un poco más que declaraciones de relaciones públicas: gran presentación y poco contenido.

La calidad de la declaración del presidente constituye una guía útil de la calidad del individuo que tiene a su cargo la conducción de la administración y del pensamiento estratégico de la compañía de las tareas del directorio.

Informe de los directores

El informe de los directores fue concebido para ayudar a la interpretación de los estados financieros y para proporcionar a los usuarios de la memoria anual información no financiera adicional. Este informe proporciona una excelente base para mejorar la comprensión de las operaciones de una compañía y de sus relaciones laborales internas y externas. Las actividades principales de la compañía están explicadas con una amplia descripción de las áreas de la actividad comercial para ser leídas junto con el informe segmentado. Si fuera necesario realizar una valorización rápida de la naturaleza del negocio, este informe constituye una buena fuente.

El informe de los directores normalmente contiene detalles sobre:

- ❖ Las actividades principales.
- ❖ La revisión del negocio y de los desarrollos futuros probables.
- ❖ Los dividendos.
- ❖ La actividad de investigación y desarrollo.
- ❖ Las diferencias entre el valor de la propiedad de mercado y del balance.
- ❖ Los directores y sus relaciones con la compañía.
- ❖ Política de empleo.
- ❖ Política de pagos a proveedores.
- ❖ Temas ambientales.
- ❖ Contribuciones políticas y a organizaciones benéficas.
- ❖ Adquisición de las acciones propias.
- ❖ Intereses principales en las acciones de la compañía.
- ❖ Acontecimientos posteriores al balance.
- ❖ Auditores.
- ❖ Cumplimiento del Código Combinado.

La revisión del negocio debe informar sobre los acontecimientos que probablemente puedan afectar la rentabilidad futura, tales como el lanzamiento de un nuevo producto, un programa de inversión de capital importante o compras o ventas planificadas. Sin embargo, a veces la información será limitada con el fin de evitar revelar demasiada información a los competidores

En este informe normalmente se proporciona una clara declaración de las responsabilidades de los directores hacia la compañía que confirme que han seguido buenas prácticas y políticas contables que han aplicado todos los estándares contables apropiados en la preparación de los estados financieros

Se incluyen detalles sobre cualquier persona, excluyendo a los directores, que posea más del 3% de las acciones de la compañía y se describe cualquier transacción de un accionista mayoritario. Un accionista mayoritario no tiene que poseer el 50% de la compañía; de manera realista, se utiliza el término para referirse a cualquier inversor que tenga más del 30% de las acciones con derecho a voto o que pueda tener el control del directorio; por ejemplo, tener el derecho de designar directores o, de lo contrario, influir a los miembros del directorio. Esta información, al combinarse con la de la participación accionaria de los directores, puede proporcionar una fuente de información útil sobre el equilibrio en la propiedad de la compañía.

También deben mencionarse los acontecimientos importantes o significativos que hayan ocurridos antes del fin del ejercicio fiscal, así como cualquier instancia en la cual el valor de mercado de la propiedad sea sustancialmente diferente del que figura en el balance.

Revisión operativa y financiera

La estrategia de la compañía y su implementación debe ser explicada detalladamente en el informe sobre la revisión operativa y financiera (OFR) o sobre el estudio y análisis de la gestión (MD&A). Se debe agregar este informe a toda la información disponible en los estados financieros estándar y, si se produce algún cambio, se debe proveer una explicación. (Véase Capítulo 1).

La intención de la OFR no es que sea otra serie de números complejos, pero debe contener los coeficientes financieros que le den soporte al texto. Estos deben relacionarse claramente con los estados financieros y/o ser explicados en forma correcta. Se espera que los directores den su opinión con respecto a las futuras perspectivas de la compañía y todos los cambios significativos que puedan esperarse dentro de su entorno operativo.

Típicamente, la OFR trata de:

- Los factores políticos, económicos y ambientales significativos.
- El análisis de las condiciones cambiantes del mercado.
- Las tendencias con respecto al volumen del negocio y la participación en el mercado.
- Cambios en el volumen del negocio y en los márgenes.
- Desarrollo del producto, nuevos productos.
- Adquisiciones, ventas y cierres.
- El impacto de la divisa extranjera, del interés y de las tasas de inflación.

La Junta Reguladora Británica de los Estándares de Contabilidad, que fue responsable de la introducción en el Reino Unido de las OFR, se mostró interesada en persuadir a las compañías para que utilicen la memoria anual no solamente para informar las buenas noticias, sino también para revelar:

> ...los principales riesgos e incertidumbres en las líneas principales del negocio, junto con un comentario sobre el enfoque para administrar dichos riesgos y, en términos cualitativos, la naturaleza del impacto potencial sobre los resultados.

Revelar el riesgo
Se espera que las compañías limiten el impacto de los cambios futuros en las tasas de interés o en las fluctuaciones de la divisa: ellas se "protegen". Desafortunadamente, se han presentado varios casos de compañías aparentemente bien administradas que incurrieron en pérdidas significativas debido al fracaso de controlar y comprender su exposición al riesgo que surge de la utilización de los instrumentos financieros, en particular de los "derivados" tal como las opciones, los *swaps* o futuros; por ejemplo Barings' Bank.

Los estándares de contabilidad (FRS 13, IAS 32 y FAS 133) se introdujeron para mejorar tanto el control como el informe de estos temas. El FRS 13 definía un instrumento financiero como "todo contrato que dé origen tanto a un activo financiero de una entidad como a un pasivo financiero o instrumento patrimonial de otra entidad", y un derivado como "un instrumento financiero cuyo valor deriva del precio o tarifa de algún rubro subyacente". Típicamente, estos estándares tienen como objetivo limitar los riesgos asociados con la moneda extranjera, las tasas de interés o los precios de los *commodities*. En el año 2001, la Junta Reguladora Alemana de los Estándares de Contabilidad lideró el área con un estándar de contabilidad (GAS 5) que detallaba los requisitos para revelar el riesgo.

Los instrumentos financieros inicialmente fueron un medio directo y simple de toma de préstamos, pero rápidamente aumentaron su alcance y su complejidad. Se detallan algunos ejemplos a continuación:

- ❖ **Deuda convertible**: implica el derecho de ser cambiada por acciones ordinarias en alguna fecha futura hasta la cual se deben pagar intereses.
- ❖ **Deuda subordinada**: en caso de liquidación se compensa antes que a los accionistas, pero sólo luego de que todas las obligaciones hayan sido saldadas.
- ❖ **Deuda de recurso limitado**: garantizada sólo a un activo particular.
- ❖ **Bono con alto descuento**: un préstamo con bajo interés emitido a un descuento sustancial con respecto a su valor de cancelación. Un título cupón-cero no tiene interés pagadero.

Las compañías ahora deben describir sus "objetivos, políticas y estrategias" para el uso de todos los instrumentos financieros e informar sus actividades en lo que respecta a:

- ❖ Riesgo de tasa de interés.
- ❖ Riesgo de precio de mercado.
- ❖ Riesgo de divisas.
- ❖ Activos y pasivos financieros mantenidos para las operaciones.
- ❖ Actividades de cobertura.

El objetivo es asegurar que cuando una compañía tiene "obligaciones de transferir los beneficios económicos como resultados de transacciones o de acontecimientos pasados", esto sea completamente revelado en la memoria anual. No importa cómo se incurrió en la obligación o de qué manera esto se convirtió en un instrumento financiero complejo. Si hay una obligación existente o potencial, este hecho debe ser conocido con el fin de evaluar a la compañía en forma correcta.

Se deben mostrar los valores justos de todos los instrumentos. El FRS define el valor justo como:

> *El monto por el cual un activo o un pasivo podría ser intercambiado en igualdad de condiciones entre las partes informadas e interesadas, a diferencia de una venta forzada o de liquidación*

La palabra "nuevo" como medida de riesgo
Se ofreció un enfoque alternativo para la evaluación de riesgo de la compañía. Se sugiere que si se cuenta el número de veces que la palabra "nuevo" aparece en la memoria anual, esto puede proporcionar una evaluación del riesgo.

Financiación e inversión
Los OFR deben mostrar el nivel actual de gasto de capital junto con una indicación de las intenciones futuras para las inversiones de activos fijos e, idealmente, aquellos rubros asignados a:

- ❖ *Marketing* y publicidad.
- ❖ Entrenamiento y desarrollo del empleado.
- ❖ Investigación y desarrollo de productos nuevos.
- ❖ Programas de mantenimiento.
- ❖ Soporte técnico para los clientes.

Esta clase de información puede resultar útil para evaluar, por lo menos por un período corto de tiempo, reducir los gastos al mismo tiempo que mantiene el nivel de las operaciones actuales. Todos los gastos enumerados podrían cortarse por un tiempo corto sin tener ningún impacto negativo inmediato sobre las utilidades.

Un modo de comprobar la consistencia de la inversión de activos es utilizar la tasa de sustitución de activos y los coeficientes del volumen de negocios de gastos de capital (véase páginas 160-161). La primera proporciona un indicio de la velocidad con que la compañía está reemplazando los activos intangibles y la segunda relaciona las inversiones con el volumen del negocio. Los cambios súbitos en estos coeficientes pueden indicar una decisión de reducir o detener las inversiones en activos productivos como un intento de mantener la liquidez o porque se rechazó la financiación.

El modo en que se financian los proyectos de inversión del capital es digno de investigación. El calendario de la inversión planeada debe coincidir con la financiación que se aplicará. Una compañía que utilice fuentes de financiamiento a corto plazo para construir una fábrica o para realizar inversiones a largo plazo probablemente tendrá más dificultades que otra que utilice financiación a largo plazo.

Se debe esperar que la financiación para los activos a largo plazo provenga del capital o de la toma de préstamos a largo plazo y para el capital de trabajo que provenga de préstamos a corto plazo o de fuentes similares. (Véase Cuadro 11,1). Los estados financieros y la OFR deben dejar en claro la relación entre los requerimientos de la toma de préstamos y los planes de gasto del capital.

Financiación del negocio   11.1

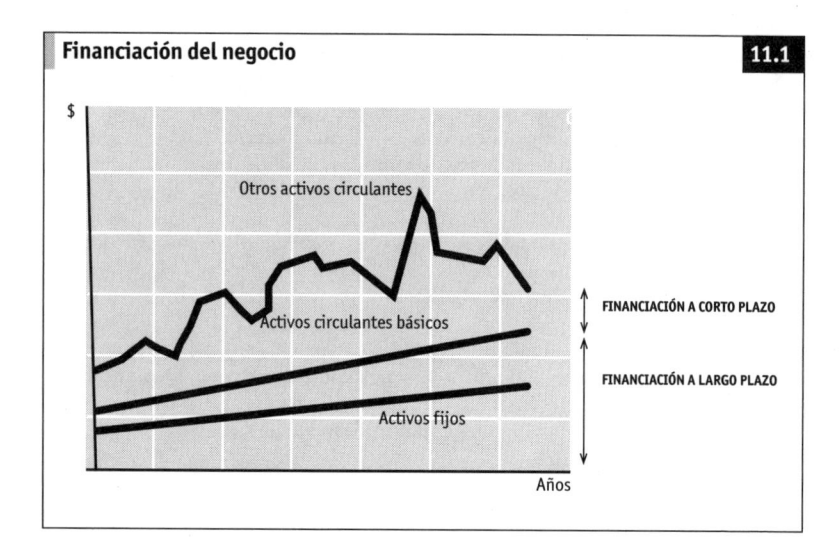

[Gráfico: eje $ vs Años, mostrando "Otros activos circulantes", "Activos circulantes básicos", "Activos fijos", con indicaciones de FINANCIACIÓN A CORTO PLAZO y FINANCIACIÓN A LARGO PLAZO]

Lo que se desea observar generalmente es alguna consistencia en el equilibrio y, cuando se aumente el financiamiento, que éste se emplee en forma productiva en el negocio. Una fuente y aplicación del análisis simple del balance puede ayudar a comprender de dónde vienen los fondos y dónde son empleados en el negocio. Una regla simple de administración financiera es que la inversión a largo plazo en activos debe estar financiada por fuentes a largo plazo. Debe haber un calce entre el lapso de tiempo en que los fondos están inmovilizados en una inversión y los plazos de su amortización.

Las OFR deben explicar:

> *La estructura de capital del negocio, su política de tesorería y la dinámica de su posición financiera: sus fuentes de liquidez y su aplicación, que incluyen las implicaciones de los requerimientos de financiación que surgen de sus planes de gasto de capital.*

Máxima toma de préstamos

Las OFR deben incluir algún análisis sobre el flujo de caja asociado con el estado de flujo de caja y de la liquidez revelada en el balance. Esto puede resultar particularmente útil cuando el flujo de caja generado por los segmentos comerciales es diferente de las utilidades reveladas por ellos en el informe de análisis segmentado.

Las OFR deben definir el nivel de toma de préstamos de la compañía a través del ejercicio, no solamente aquellos que se aplican a la fecha del balance. El hecho de que la compañía pueda haberse aproximado o realmente excedido los límites de toma de préstamos durante el ejercicio constituye un factor importante en la evaluación de su posición financiera actual y de su viabilidad futura.

Retornos para los accionistas

Las OFR deben proporcionar información acerca de la política de dividendos y de los retornos de los accionistas. Sin embargo, se debe aceptar que es difícil para las compañías comprometerse con un nivel de dividendo predeterminado. El próximo año puede haber una caída en las utilidades, y por distintas razones la compañía puede querer prescindir de sus cobertura de dividendos previos o de su nivel de amortización (véase páginas 137 y 206). Muchos factores, distintos de las utilidades pueden influenciar en la decisión del dividendo, incluyendo los requisitos de los principales accionistas institucionales, lo confiados que estén los directores en que las utilidades mejorarán rápidamente, las expectativas de las condiciones del mercado y lo que las otras compañías estén haciendo: en el caso de que éstas estén manteniendo los dividendos, puede ser difícil para una compañía modificar esa tendencia.

Going concern (empresa en funcionamiento)
Los directores deben declarar formalmente que son de la opinión de que su compañía es una empresa en funcionamiento (*going concern*). Esta declaración comúnmente aparece ya sea en el informe de los directores o en las OFR. Sin embargo, esta declaración normalmente está protegida por recordatorios sobre las incertidumbres de los acontecimientos futuros y de la imposibilidad de garantizar operaciones continuas

Los valores del precio de las acciones y del balance
Las OFR brindan una oportunidad para las compañías de comentar sobre las "fortalezas y recursos del negocio cuyo valor no se refleja en el balance", incluso rubros tales como marcas y otros intangibles. Todo esto puede ayudar a calcular el valor de una compañía. Muchas compañías en el Reino Unido se encuentran ahora analizando el capital de sus accionistas con referencia al precio de las acciones y a la capitalización del mercado; esto normalmente está incluido en las OFR.

Entrenamiento y desarrollo del empleado
La memoria anual debe contener una explicación sobre la política de la compañía con respecto a los diferentes estatutos o a otras pautas para el empleo de grupos minoritarios y de discapacitados, así como respecto de otras oportunidades. Sin embargo, es aún más importante la información sobre el modo en que se alienta a los empleados a participar en el manejo del negocio y de continuar con su entrenamiento y desarrollo personal. Las compañías que consideran la inversión en sus empleados con la misma seriedad con que consideran su inversión en activos de capital parece que logran mejores resultados en mejorar el valor y la rentabilidad a largo plazo de los accionistas.

El término "*intrapreneurship*" es utilizado a menudo para describir un enfoque positivo en las relaciones laborales con los empleados. Las nuevas ideas son bienvenidas y se alienta y recompensa a los empleados por tomar decisiones y utilizar su propia iniciativa dentro de sus áreas definidas de responsabilidad. Horarios flexibles de trabajo, equipos de trabajo utilizados en toda la organización, jerarquías realmente equitativas y la participación de los empleados en su desempeño a través de la participación en las utilidades, todo esto puede tomarse como un indicador de una relación de trabajo sana con los empleados.

Investigación y desarrollo
Para muchas compañías, el monto invertido en investigación y desarrollo (R&D) se relaciona directamente con su desempeño futuro probable. Una medida útil de los gastos de R&D es expresarla como un porcentaje de los ingresos por ventas.

La Oficina de Industria y Comercio en el Reino Unido publica una tabla de puntaje de los gastos basada en algunas 300 compañías internacionales, las cuales ofrecen indicadores amplios sobre R&D como un porcentaje de las ventas para varios sectores comerciales. Del marcador de 1995/96, el promedio del gasto en R&D para compañías fuera del Reino Unido fue 4-5% comparado con un promedio para compañías del Reino Unido de menos del 2%.

Sector comercial	R&D como % de las ventas
Productos farmacéuticos	14,7
Atención de la salud	12,8
Servicio de apoyo	12,2
Productos químicos	7,0
Equipos electrónicos y eléctricos	7,0
Ingeniería	5,1
Telecomunicaciones	5,0
Ingeniería, vehículos	3,9
Mercados industriales diversificados	3,5
Electricidad	3,3
Materiales de construcción	2,7
Fabricantes de alimentos	2,5
Petróleo	1,3
Promedio para 300 compañías	4,4

Valor agregado

El valor agregado representa un medio efectivo tanto para evaluar el desempeño de la compañía como para identificar el modo en que los diversos grupos de interés involucrados comparten los recursos que se generan. Si no se proporciona un estado de valor agregado en la memoria anual, es muy sencillo efectuar uno que se base en el estado de resultados. Se pueden definir los ingresos retenidos de la siguiente manera:

Ingresos retenidos = S − (B + Dp + W + I + Dt + T)

R = ingresos retenidos
S = ingresos por ventas
B = gastos de compras de materiales y servicios
Dp = depreciación
W = salarios
I = interés
Dd = dividendos
T = impuestos

El valor agregado es la diferencia entre los ingresos por ventas y el monto pagado a los proveedores externos de bienes y servicios (véase página 144).

Esto se puede obtener de la siguiente ecuación:

S − B = W + I + Dd + T + Dp + R

Valor agregado y accionistas

Se puede sugerir que el objetivo principal de una compañía es crear valor para sus accionistas. Se encuentra sujeto al análisis si este objetivo debe concentrarse en maximizar el valor del accionista o producir un equilibrio entre las partes interesadas (participantes) activas en la compañía. Durante la década de los años 90, las compañías se concentraron cada vez más en el valor del accionista, tanto que esto se convirtió en un mantra. El valor del accionista es mencionado a menudo en la memoria anual, pero no está tan fácilmente cuantificado.

Los accionistas pueden obtener valor de dos fuentes: un aumento del valor de la acción o de la recepción de los dividendos. Una compañía con valor agregado alto puede decidir reinvertir los fondos en el negocio para generar un crecimiento continuo o bien entregar dividendos incrementados a los accionistas. Una medición simple del valor del accionista es:

(Precio de venta de las acciones + dividendos recibidos) − precio de compra de las acciones

El retorno del accionista se puede calcular como:

(Dividendo + (precio de la acción actual − precio de compra de la acción)) ÷ precio de compra de la acción

Si el dividendo para el año es de 10¢, las acciones cuestan 100¢ para la compra y el precio actual es de 105¢, si las acciones se venden, el retorno del accionista sería de 15%:

(10 + (105 − 100)) ÷ 100 = 0,15 (15%)

Dichas mediciones de valor pueden ser rápidamente comprendidas por los inversores, pero no se encuentran normalmente disponibles en las cifras financieras de la memoria anual.

Valor agregado del mercado
Un modo de calcular el valor agregado es utilizar el valor agregado del mercado (MVA). Éste evalúa el valor neto de la compañía para los accionistas: el coeficiente "precio según libros". El capital total de los accionistas (al cual se le puede agregar el valor del mercado de endeudamiento) se deduce del valor del mercado actual (capitalización) de la compañía, (al que se le puede agregar el endeudamiento). Una cifra positiva significa que se le ha agregado valor a la inversión de los accionistas y una cifra negativa significa que los inversores han perdido. Por ejemplo, si la capitalización de una compañía es de $100 y el capital de los accionistas en el balance es de $50, por cada $1 del capital de los accionistas la compañía ha agregado $2.

Gestión asociada al valor
La gestión asociada al valor (VBM) se relaciona con todos los aspectos de un negocio, pero en particular con los cinco "impulsores del negocio", de los cuales se crea el valor del accionista:

- ❖ Capital inicial invertido.
- ❖ Tasa de retorno sobre el capital.
- ❖ Tasa de retorno requerida por los inversores.
- ❖ Crecimiento en el capital invertido.
- ❖ Número de años.

Análisis del valor del accionista

Otro modo de cuantificar el valor del accionista es través del análisis del valor del accionista (SVA). Esta medición se concentra en siete impulsores del negocio:

- ❖ Tasa de crecimiento de las ventas.
- ❖ Margen de utilidades operativas.
- ❖ Tasa de impuestos en efectivo.
- ❖ Inversión de capital fijo.
- ❖ Inversión de capital de trabajo.
- ❖ El horizonte de planificación.
- ❖ El costo del capital.

Flujo de caja libre

Un factor importante en el análisis de SVA es el flujo de caja que genera la capacidad de la compañía. Esto constituye una medición específica del flujo de caja antes de tomar en consideración los costos del accionista o de la financiación del endeudamiento del negocio. Mencionado como "flujo de caja libre", se calcula de la siguiente manera:

Las utilidades operativas más la depreciación menos el impuesto en efectivo pagado
= utilidades en efectivo menos inversiones en activos fijos e inversiones en el capital de trabajo
= flujo de caja libre

El flujo de caja libre resulta útil para proporcionar una indicación sobre el nivel de la generación del flujo de caja de una compañía. Este flujo de caja mide también el monto de efectivo potencialmente disponible para cubrir los costos de financiación del negocio luego de que se hayan realizado todas las inversiones necesarias.

Valor agregado económico

Un enfoque generalizado es utilizar el valor agregado económico (EVA), el cual calcula las utilidades después de impuestos en relación con el costo de capital estimado, normalmente tomado como el costo de capital ponderado promedio (WACC). Se espera que las compañías no sólo produzcan utilidades contables, sino también una utilidad que cubra más del costo del capital. Se sugiere que el EVA es mejor que los ingresos por acción o los coeficientes P/E, ya que éstos no tienen en consideración el costo real del capital.

A continuación se muestra un ejemplo simple del cálculo del EVA. Luego del cargo de $10 ($100 x 10%) que representa el costo de capital estimado, la compañía presenta un EVA de $30 para el período.

			$
Utilidades después de impuestos	$40	Utilidades después de impuestos	40
Capital empleado	$100	Costo de capital	10
Costo de capital	10%	Valor agregado económico	30

Un EVA positivo indica que la compañía está dando a sus inversores valor agregado. Una compañía con un EVA consistente debe tener un MVA en aumento; ésta estará generando una tasa de retorno por sobre el costo del capital; por lo tanto, el precio de la acción debería subir. Por ejemplo, las tres compañías que se muestran en el detalle siguiente están generando un retorno positivo sobre el capital empleado.

($)	A	B	C
Utilidades después de impuestos	50	60	50
Capital empleado	200	400	600
Costo del capital (10%)	20	40	60
Retorno sobre el capital empleado (%)	25	15	8
Valor agregado económico ($)	30	20	-10

Aunque la compañía C produce un retorno positivo del 8% sobre el capital empleado, realmente está destruyendo el valor del accionista con un EVA de $10 negativo. En la práctica, el cálculo del EVA requiere varios ajustes —permitir el tratamiento de R&D, valores de llaves del negocio y marcas, arrendamientos y depreciación— que deben realizarse a las cifras de las utilidades después de impuestos. Se aseguraba que el EVA, como una sola cifra monetaria, es mejor al concentrar la atención administrativa sobre los resultados "reales" de manejar un negocio que los coeficientes de desempeño estándar tales como los retornos sobre los activos (ROTA). El EVA se utiliza a menudo como base para los incentivos relacionados con el desempeño de los gerentes.

¿ÉXITO O FRACASO?

Las utilidades futuras anulan la liquidez actual

Los diferentes modos de medir la rentabilidad y la liquidez fueron analizados en los Capítulos 7 y 10. Idealmente, se puede esperar que una compañía se concentre en dos objetivos principales. El primero de ellos es proporcionar una tasa de retorno aceptable y continua a los inversores, y el segundo es mantener un nivel adecuado de recursos financieros para brindar apoyo a las operaciones futuras planeadas y actuales y al crecimiento. Una compañía puede sobrevivir sin utilidades siempre y cuando tenga acceso al efectivo. Una compañía rentable sin efectivo enfrentará dificultades. Ninguna compañía puede sobrevivir por más de unos pocos días sin utilidades ni efectivo.

Una verdad obvia es que una compañía rentable tiene menos probabilidades de fracasar que una compañía que no lo es. El factor primordial al decidir si permitir que una compañía continúe en el negocio lo constituyen sus utilidades potenciales., lo que es más importante que su liquidez actual. Una compañía con baja liquidez y un potencial de utilidades altas, casi con seguridad deberá ser socorrida para superar lo que puede ser evaluado como un problema temporal. Una altamente líquida con un potencial de utilidades en disminución o sin potencial es improbable que sobreviva por mucho tiempo. ¿Por qué los inversores dejarían disminuir sus fondos? La única decisión en lo que concierne a dicha compañía es si finalizar las operaciones inmediatamente o continuar y observar la rentabilidad y la liquidez disminuir hasta que las responsabilidades sean apartadas de la conducción de la administración.

Indicadores de gestión financiera

El coeficiente de cobertura por intereses combina competentemente la rentabilidad con el apalancamiento; una compañía con bajas utilidades y con alto endeudamiento tendrá una cobertura por intereses baja. El apalancamiento es un factor importante para la evaluación de su supervivencia. Una compañía con bajas utilidades y alto apalancamiento se encuentra en mayor riesgo que una con altas utilidades y bajo apalancamiento. El coeficiente P/E proporciona una medida significativa del modo en que una compañía se financia. El coeficiente de endeudamiento constituye una alternativa: expresa el endeudamiento total como un porcentaje del total de los activos permitiendo la estimación de las contribuciones por endeudamiento y capital. (Véase página 194).

($)	A	B	C
Capital	250	500	1.000
Préstamos a largo plazo	500	500	500
Pasivos corrientes	250	250	250
	1.000	1.250	1.750
Activos totales	1.000	1.250	1.750
Flujo de caja operativo	300	200	500
Endeudamiento (%)	75	60	43
Capital (%)	25	40	57

El coeficiente de endeudamiento calcula la proporción del total de los activos financiados por un interés fijo y proporciona un indicador de la viabilidad futura a corto plazo. Cuanto más alta es la proporción de los activos que se consideran financiados por toma de préstamos externa en lugar de ser financiados por los accionistas, mayor es el apalancamiento y mayor el riesgo asociado a la compañía. Es regla general que cuando el coeficiente es superior a 50% y ha habido una tendencia constante en aumento en los últimos años, esto es un indicio de problemas financieros inminentes. Para casi todo tipo de negocio, un coeficiente de endeudamiento superior a 60% muestra una dependencia excesiva del financiamiento externo.

En el ejemplo, la compañía A, con apalancamiento más alto y un coeficiente P/E de 200%, tiene el 75% de los activos financiados por el endeudamiento y el 25% por el capital, comparada con la compañía C, que presenta proporciones del 43% y del 57%. Otro modo de expresarlo sería utilizar el coeficiente de apalancamiento de activo. Cuando el capital proporciona menos que 50% del total de los activos, el coeficiente es superior a 2. La compañía A tiene un apalancamiento de activo de 4 y el de la compañía C es de 1,75.

Indicadores de flujo de caja
Las compañías que producen un flujo de caja positivo son mejores que aquellas que "consumen" el flujo de caja. El flujo de caja operativo representa una cifra decisiva, que muestra el grado de éxito que ha tenido la gestión al generar efectivo en el manejo del negocio. Éste puede utilizarse en diferentes medidas esclarecedoras del desempeño y de la posición.

Flujo de caja operativo ÷ interés
Flujo de caja operativo ÷ dividendo
Flujo de caja operativo ÷ gasto de capital
Flujo de caja operativo ÷ endeudamiento total

Los primeros tres coeficientes permiten una apreciación de la proporción del flujo de caja de una compañía asignado al pago del financiamiento externo, a la recompensa de los accionistas y a la reinversión de los activos fijos del negocio.

Para la mayoría de las compañías, se debe esperar un flujo de caja operativo ÷ un interés de al menos 2 o 200%. Vincular el flujo de caja operativo al pago de los dividendos proporciona una garantía de que se produjo directamente del negocio suficiente efectivo en el ejercicio para cubrir el pago de los dividendos.

Las compañías no pueden manipular o disfrazar fácilmente su flujo de caja o su estructura financiera. Éstos pueden combinarse en el coeficiente flujo de caja/endeudamiento. Cuanto más alto es el coeficiente, más segura es la compañía. A menudo se utiliza un mínimo de 20% como un nivel guía, que indica que se requerirían cinco años de flujos de caja operativos para liquidar el endeudamiento total. Si el coeficiente fuera 10%, se requerirían flujos de caja de diez años. El flujo de caja del negocio expresado como un porcentaje del total de todas las obligaciones de los no accionistas indica la fortaleza del flujo de caja contra la toma de préstamos externa.

	A	B	C
Flujo de caja/Endeudamiento (%)	40	27	67

El flujo de caja poco satisfactorio de B, la menos rentable de las tres compañías, produce un coeficiente de flujo de caja/endeudamiento de 27%. Otro modo de interpretar este coeficiente sería que le tomaría 3,75 años a la compañía B ($750 ÷ $200) del flujo de caja actual para cancelar su endeudamiento total. El período para la compañía A sería de 2,5 años y para la compañía C sería de 1,5 años.

Para obtener una mejor idea del desempeño operativo de la compañía, se debe calcular la tasa de retorno del flujo de caja sobre los activos (CFROA) o tasa de retorno del flujo de caja sobre la inversión (CFROI) y se debe tratar de la manera descripta para el análisis del ROTA del Capítulo 7.

100 x (flujo de caja operativo / total de los activos)

A	B	C
30%	16%	29%

Capital de trabajo y liquidez

La administración del capital de trabajo es primordial para la supervivencia de la compañía. Es fundamental el control continuo y cuidadoso de los niveles de inventario y de los pagos en efectivo de los períodos de cobro. El capital de trabajo, particularmente en relación con el inventario, también representa un punto central frecuente para el fraude y la distorsión. El inventario puede ser sobrevaluado o un inventario ficticio.

La mejor manera para controlar el capital de trabajo y la posición del efectivo es utilizar el coeficiente de liquidez, el cual se calcula directamente del balance y del ciclo de caja, que combina eficazmente la actividad operativa con la posición deseada (véanse las páginas 173-4 y 180-1). El coeficiente de liquidez asume que todo inventario mantenido no tiene valor inmediato. Estos dos coeficientes deben entonces ser comparados con aquéllos de años anteriores para comprobar la consistencia e identificar las tendencias y, con las compañías apropiadas de punto de referencia, evaluar la conformidad con el sector del negocio.

La habilidad de una compañía para reaccionar frente las amenazas u oportunidades inesperadas al ajustar el cálculo del tiempo y el nivel de los flujos de caja, su adaptabilidad financiera, todo constituye una consideración. Un modo de evaluar todo esto desde un punto de vista más pesimista es utilizar un intervalo defensivo, lo que indica cuánto tiempo podría la compañía sobrevivir y continuar sus operaciones si se suspendieran todos los flujos de caja (véase página 184).

Evaluación de la clasificación del crédito

Es mejor contar con diferentes medidas compatibles que confiar en una sola al evaluar una compañía. Un primer enfoque consistió en seleccionar un grupo de coeficientes considerados como buenos indicadores de la posición financiera y ponderar cada uno de ellos para producir un índice que actuaría como una clasificación de evaluación del crédito general.

Coeficiente	Ponderación
Coeficiente de liquidez	15
ROTA	15
Cobertura por intereses	30
Flujo de caja / endeudamiento	20
Ventas / *stock*	10
Capital / deuda	<u>10</u>
	100

Cada coeficiente fue calculado y luego multiplicado por la ponderación asignada, los resultados fueron totalizados y se produjo el índice para la compañía. Luego se comparó con un promedio o un estándar para el sector de negocio o tipo de compañía para proporcionar una clasificación de crédito comparativo. Cuanta más alta fue la puntuación de la compañía, mejor fue su calificación de crédito.

Este enfoque aún es válido. No requiere recursos de computación sustanciales o un alto grado de competencias estadísticas; puede completarse sobre la base de la experiencia o de la visión personal de un sector o tipo de compañía. Seleccionar un grupo de coeficientes que son considerados buenos indicadores del desempeño o de las compañías que operan en el sector es una tarea sencilla, al igual que ponderarlas de acuerdo con su importancia, combinarlas y producir un índice total para cada compañía.

Se recomienda que los coeficientes se mantengan en un máximo de cinco o seis y que cada uno de ellos pueda ser directa e independientemente interpretado. La manera más simple de ponderarlos es calcular un total de 100 puntos y asignarlos a cada coeficiente de acuerdo con la importancia observada. Cada coeficiente puede ser calculado como un porcentaje, multiplicado por la ponderación asignada y los resultados totalizados para producir un índice. Es importante recordar si un coeficiente de porcentaje alto representa una buena o una mala posición para una compañía. Esto dependerá de los coeficientes incorporados en el análisis.

Lo más simple es seleccionar coeficientes cuando un porcentaje alto más que un porcentaje bajo indica un buen desempeño o una buena posición; por esta razón, el coeficiente capital/endeudamiento debe preferirse al coeficiente endeudamiento/capital.

Análisis estratégico de compañías

	Capital/Deuda	Ponderación	Índice
A	0,33	10	3,3
B	0,67	10	6,7
C	1,33	10	13,3

El resultado es un índice compuesto o multivariable que puede ser utilizado para comparar compañías. El nivel de índice de referencia puede ser aquel del sector líder o el promedio o la media de las compañías tipo.

Predicción del fracaso

Otra verdad obvia es que es poco aconsejable prestar dinero a una compañía que está a punto de fracasar. La habilidad para predecir un fracaso corporativo antes del acontecimiento ha sido el Santo Grial del análisis financiero por más de 50 años. Normalmente, existen algunos años de advertencia antes de que la compañía fracase; es inusual un colapso repentino e inesperado.

Dos compañías importantes que se encontraban en un estado aparentemente saludable un día y que fracasaron al día siguiente —Rolls-Royce en el Reino Unido y la compañía de ferrocarriles Penn Central en los Estados Unidos de Norteamérica— estimularon la investigación en cuanto a si era posible predecir el fracaso corporativo. Los primeros análisis hechos en retrospectiva se realizaron a fines de la década de los años 60, cuando el trabajo en los Estados Unidos de Norteamérica presentó un nuevo aspecto en el desarrollo de un enfoque multivariable en la predicción del fracaso. Éste era similar a aquél descripto anteriormente para producir un índice de calificación de crédito, pero hizo uso del poder de la computación y de análisis estadísticos complejos.

Para producir un puntaje Z se seleccionó un grupo de coeficientes y se asignaron las ponderaciones.

$Z = 0,012A + 0,014B + 0,033C + 0,006D + 0,010E$

A = Activos corrientes netos ÷ activos totales
B = Ingresos retenidos ÷ activos totales
C = Utilidades antes de interés e impuesto ÷ total de los activos
D = Capitalización ÷ endeudamiento total
E = Ventas ÷ total de los activos

Un puntaje por debajo de 1,8 era un indicador de fracaso probable y un puntaje por sobre 3 se consideraba como poseedor de las condiciones adecuadas. El modelo demostró ser eficaz para las compañías de la muestra, de predecir con una exactitud del 95% el fracaso dentro del año y con una exactitud de más del 70% el fracaso dentro de los dos años.

Una ventaja de este enfoque es que utilizar una combinación de diferentes coeficientes financieros hace menos probable que el resultado sea afectado por la manipulación de las declaraciones financieras. Cada coeficiente intenta proporcionar una medición competente de la posición o desempeño de una compañía y puede ser utilizado independientemente como un indicador de viabilidad financiera.

Cuanto mayor es la proporción de los activos netos corrientes (capital de trabajo) comparado con el total de los activos, más firme es la posición en el corto plazo. Los ingresos retenidos utilizados en el segundo coeficiente con la cifra del balance que representa el monto reinvertido de los ingresos para proporcionar financiamiento para los activos empleados. Cuanto más alta es la cifra, mayor es el alcance del autofinanciamiento de la compañía. Las utilidades antes de intereses e impuestos en el tercer coeficiente indica la contribución de la rentabilidad de la compañía hacia la calificación del índice final, teniendo las compañías rentables menos probabilidades de fracasar que aquéllas no rentables. El cuarto coeficiente proporciona el valor de mercado (capitalización) en la ecuación. La visión de los inversores con respecto al potencial futuro de la compañía se determina contra el endeudamiento total. Este coeficiente representa la única cifra, capitalización, que no se asegura que figure en la memoria anual. El último coeficiente muestra la habilidad de la compañía para utilizar sus activos para generar ingresos por ventas. Cuanto más alta es la rotación de activos, mayor es la cantidad de veces en que se puede suponer que el efectivo proveniente de las ventas circula por el negocio. Cuanto más alto es el coeficiente, más productivos son los activos y mayor es el monto de efectivo que pasa por el negocio.

Desde la década del 70, se han desarrollado cada vez más modelos sofisticados y esotéricos para contribuir con la predicción del fracaso, y aquellos que emprendieron la investigación no siempre han estado preparados para compartir sus conclusiones o las ponderaciones del índice. Por lo tanto, se ha descuidado la regla "hágalo fácil", y muchas técnicas para predecir el fracaso se encuentran más allá de la comprensión del usuario promedio.

Signos reveladores...

Existen diferentes signos que revelan que una compañía puede estar atravesando por dificultades.

- ❖ Tiene sólo un producto.
- ❖ Depende de un solo cliente o proveedor.
- ❖ Es la única en el sector que muestra una mejora en las utilidades.
- ❖ Utiliza un estudio de auditores pequeño y desconocido.
- ❖ Los directores están vendiendo acciones.

...y combinaciones fatales

El hecho de identificar un número de factores desconcertantes en la memoria anual debe ser considerado como una señal de alerta. Una compañía puede:

- ❖ Estar ejecutando una política de depreciación que no está en línea con otras compañías con el fin de producir utilidades.
- ❖ Tener un flujo de caja operativo negativo.
- ❖ Haber realizado una sucesión de emisiones con derechos para los accionistas.
- ❖ Tener un endeudamiento en continuo crecimiento.
- ❖ Tener acuerdos de venta y arrendamiento-compra.

Combinar todo esto con:

- ❖ Un directorio de baja calidad con poca experiencia.

- ❖ Directores débiles no ejecutivos.
- ❖ Un socio ex auditor que presida la comisión de remuneraciones.
- ❖ Un director ejecutivo y un presidente con personalidad dominante.
- ❖ Un director financiero nombrado recientemente.

El resultado será fatal casi con seguridad.

La lista de Bill Mackey
Una base seria para un listado superficial de posibles indicadores de una desaparición corporativa fue proporcionada por Bill Mackey, un profesional con experiencia en insolvencia que trabajaba en el Reino Unido en el año 1970 y en la década de los años 80.

- ❖ Un Rolls-Royce con chapa patente personalizada.
- ❖ Una pecera o una fuente en el área de recepción.
- ❖ Una bandera con mástil.
- ❖ Un premio de la Reina a la Industria (solo en el Reino Unido).
- ❖ Un presidente condecorado por servicios a la industria.
- ❖ Un vendedor o ingeniero como CEO.
- ❖ Una mudanza reciente a nuevas oficinas.
- ❖ Un contador no calificado o mayor.
- ❖ Los productos son los líderes de mercado.
- ❖ Un socio auditor que creció con la compañía.
- ❖ Un presidente que es político o conocido por sus obras de caridad.
- ❖ Una orden astronómica en Afganistán recientemente anunciada (o su equivalente).
- ❖ Un personal satisfecho que no presenta registros de huelgas.
- ❖ Un descubrimiento importante recientemente anunciado.

Si la respuesta es sí a tres o más opciones, reúna a los acreedores, ¡está en la ruina!

3
PUNTOS DE REFERENCIA ÚTILES

12. Ejemplos prácticos del análisis de coeficiente

El propósito de este capítulo es proporcionar ejemplos útiles de la aplicación del análisis del coeficiente. En las páginas 246-250 y 251-267 se encuentran puntos de referencia razonablemente representativos para seis sectores y para seis países con los que pueden compararse las compañías en las que se esté interesado. Los coeficientes se calculan de los estados financieros de compañías ya establecidas, que coticen en bolsa y que presenten un registro de trayectoria de rentabilidad consistente en el sector.

En las páginas xxx, más de 35 comerciantes minoristas importantes en 12 países se toman como ejemplo para proporcionar una comparación detallada de desempeño y posición. Se puede utilizar Internet para tener acceso a la memoria anual de cualquiera de esas compañías, o cualquier compañía en la que se tenga interés, y continuar con el análisis para reforzar las habilidades desarrolladas al leer este libro.

	Bebidas	Construcción	Productores de alimentos	Hoteles	Laboratorios farmacéuticos
Utilidad operativa (%)					
Francia	14,9	11,9	7,5	10,7	8,5
Alemania	13,8	9,4	6,7	1,8	13,5
Italia	-	6,8	9,4	12,1	21,4
Países Bajos	10,8	3,7	11,1	17,0	6,6
Reino Unido	8,9	5,5	6,8	26,8	29,5
EE.UU.	13,7	9,0	12,5	20,6	24,5
Utilidad antes de impuestos (%)					
Francia	13,4	7,3	6,1	10,6	10,3
Alemania	12,8	6,9	8,1	1,5	15,9
Italia	-	1,5	7,7	3,2	21,3
Países Bajos	5,8	3,5	9,9	7,3	6,3
Reino Unido	8,3	4,4	5,6	15,5	27,7
EE.UU.	12,4	6,2	10,9	11,1	27,5
Ventas / total activos					
Francia	0,7	0,3	1,0	1,4	0,8
Alemania	1,3	0,9	1,1	2,7	2,1
Italia	-	0,6	1,1	1,3	1,1
Países Bajos	1,0	2,3	2,0	0,5	1,5
Reino Unido	1,0	1,8	1,5	0,2	0,9
EE.UU.	1,2	1,0	1,0	0,5	0,9
ROTA (% utilidad operativa)					
Francia	10,4	3,6	7,5	15,0	7,2
Alemania	17,9	8,5	7,4	4,7	28,3
Italia	-	4,2	10,8	15,7	23,5
Países Bajos	10,8	8,5	22,2	8,9	9,9
Reino Unido	8,9	9,9	10,2	5,1	26,5
EE.UU.	14,7	9,2	11,4	9,6	22,3
ROTA (utilidad antes de impuestos)					
Francia	9,0	2,3	6,1	14,8	8,7
Alemania	16,6	6,2	8,9	4,0	33,4
Italia	-	0,9	8,7	4,2	23,4
Países Bajos	5,8	8,0	19,8	3,9	9,4
Reino Unido	8,3	7,9	8,4	3,1	24,3
EE.UU.	13,5	6,3	10,0	5,1	25,0

Análisis estratégico de compañías

	Bebidas	Construcción	Productores de alimentos	Hoteles	Laboratorios farmacéuticos
RONDA (% utilidad operativa)					
Francia	11,5	4,6	8,5	20,2	10,4
Alemania	20,3	4,6	8,1	7,4	34,6
Italia	-	7,2	22,6	13,5	39,4
Países Bajos	11,1	13,9	16,7	9,2	12,7
Reino Unido	10,4	25,6	23,2	5,4	33,4
EE.UU.	17,7	11,0	22,2	10,3	31,0
RONDA (% utilidad antes de impuestos)					
Francia	10,4	4,0	6,7	20,1	10,6
Alemania	20,3	4,2	7,6	6,0	16,8
Italia	-	1,3	17,7	11,9	39,5
Países Bajos	6,5	13,0	14,9	4,0	12,2
Reino Unido	9,5	14,6	18,8	3,1	31,5
EE.UU.	16,3	7,6	19,7	5,5	34,7
ROE (% utilidad antes de impuestos)					
Francia	32,8	31,2	19,2	28,3	43,5
Alemania	24,6	23,8	20,8	12,4	27,7
Italia	-	5,1	25,8	60,4	43,2
Países Bajos	14,1	28,3	50,7	3,5	22,1
Reino Unido	12,3	15,3	20,3	4,0	77,0
EE.UU.	35,5	25,0	24,3	24,5	44,4
ROE (% utilidad después de impuestos)					
Francia	20,4	31,1	11,2	16,5	30,8
Alemania	8,0	22,5	8,6	4,4	16,9
Italia	-	2,0	15,0	24,4	22,6
Países Bajos	8,3	20,7	36,0	2,1	15,6
Reino Unido	8,4	10,6	14,1	3,2	54,9
EE.UU.	22,2	15,9	14,2	14,1	32,5
Coeficiente de liquidez					
Francia	0,7	0,9	0,5	0,8	1,3
Alemania	1,8	0,8	1,1	1,2	2,3
Italia	-	0,9	1,1	0,7	1,4
Países Bajos	0,4	1,0	0,7	0,5	1,0
Reino Unido	1,3	0,7	1,8	0,7	0,9
EE.UU.	0,8	0,2	0,7	1,0	1,1

	Bebidas	Construcción	Productores de alimentos	Hoteles	Laboratorios farmacéuticos
Caja / activos corrientes (%)					
Francia	4,5	8,7	5,5	8,9	0,2
Alemania	13,2	15,4	13,3	11,4	16,4
Italia	-	7,4	4,5	10,7	1,3
Países Bajos	7,6	10,1	4,8	4,1	12,5
Reino Unido	16,3	10,0	3,4	8,6	6,9
EE.UU.	10,3	1,1	4,0	5,6	15,7
Intervalo defensivo (días)					
Francia	17	152	16	15	1
Alemania	29	56	64	19	59
Italia	-	115	19	22	4
Países Bajos	13	19	12	4	153
Reino Unido	133	57	23	42	26
EE.UU.	50	8	9	19	78
Coeficiente de liquidez corriente (días)					
Francia	664	411	451	136	459
Alemania	-196	752	98	-319	-399
Italia	-	448	-80	82	198
Países Bajos	716	3	659	106	-55
Reino Unido	-181	231	-453	215	72
EE.UU.	-36	-307	-334	17	104
Ventas / caja					
Francia	265	17	28	57	69
Alemania	20	51	20	39	37
Italia	-	20	30	55	93
Países Bajos	52	54	28	402	58
Reino Unido	48	57	70	459	29
EE.UU.	45	97	56	49	12
Activos corrientes netos / ventas (%)					
Francia	-36	-68,8	3,9	-2,9	17,4
Alemania	11,5	10,7	15,5	5,5	26,6
Italia	-	25,3	12,9	-21,6	22,1
Países Bajos	-22,6	5,4	3,6	-5,3	14,0
Reino Unido	11,4	28,1	22,1	-16,2	7,4
EE.UU.	1,9	67,1	2,6	5,6	12,7

Análisis estratégico de compañías

	Bebidas	Construcción	Productores de alimentos	Hoteles	Laboratorios farmacéuticos
Días en *stock*					
Francia	38	13	130	23	120
Alemania	29	53	106	12	104
Italia	-	170	62	6	155
Países Bajos	57	75	73	20	283
Reino Unido	192	53	54	10	90
EE.UU.	31	121	98	20	161
Días de deudores					
Francia	63	112	42	28	109
Alemania	55	85	37	59	86
Italia	-	116	69	73	74
Países Bajos	49	49	60	28	53
Reino Unido	35	77	44	30	72
EE.UU.	17	74	41	27	66
Días de acreedores					
Francia	91	152	72	44	125
Alemania	37	54	53	43	45
Italia	-	159	122	128	85
Países Bajos	48	89	29	41	262
Reino Unido	179	37	80	21	35
EE.UU.	51	59	61	78	85
Ciclo de caja (días)					
Francia	11	-27	99	7	104
Alemania	45	84	89	28	145
Italia	-	127	10	-49	144
Países Bajos	57	35	104	7	74
Reino Unido	48	93	17	18	127
EE.UU.	-3	136	78	-30	142
Capital / total de activos (%)					
Francia	27	25	53	54	18
Alemania	47	20	38	33	51
Italia	-	14	33	16	47
Países Bajos	39	30	23	40	38
Reino Unido	63	40	63	73	31
EE.UU.	44	25	19	22	35

	Bebidas	Construcción	Productores de alimentos	Hoteles	Laboratorios farmacéuticos
Deuda / total de activos (%)					
Francia	27	18	16	11	33
Alemania	39	37	36	22	34
Italia	-	25	15	40	52
Países Bajos	13	19	25	54	56
Reino Unido	18	15	6	17	26
EE.UU.	38	58	45	71	28
Pasivos corrientes / total de activos (%)					
Francia	45	57	31	35	48
Alemania	14	43	26	46	14
Italia	-	62	50	44	37
Países Bajos	48	51	53	7	33
Reino Unido	19	45	31	9	43
EE.UU.	18	16	33	7	37
Cobertura de intereses					
Francia	5,5	3,5	5,9	35,4	4,9
Alemania	11,7	3,1	5,1	4,8	6,7
Italia	-	1,1	2,7	9,0	3,2
Países Bajos	4,1	6,0	3,0	1,9	5,5
Reino Unido	7,9	5,3	10,5	2,5	13,4
EE.UU.	7,2	4,0	6,8	1,8	31,4
Ventas / empleado (USD 000)					
Francia	351	249	414	86	315
Alemania	361	296	246	58	363
Italia	-	618	283	66	237
Países Bajos	185	208	496	72	311
Reino Unido	342	315	316	71	194
EE.UU.	465	437	226	64	261
Utilidad operativa / empleado (USD 000)					
Francia	52	146	53	9	26
Alemania	41	38	18	1	21
Italia	-	44	27	11	53
Países Bajos	15	8	33	12	19
Reino Unido	25	22	21	18	55
EE.UU.	29	39	23	13	59

	Bebidas	Construcción	Productores de alimentos	Hoteles	Laboratorios farmacéuticos
Activos fijos / empleado (USD 000)					
Francia	419	858	600	41	233
Alemania	167	800	386	15	95
Italia	-	256	87	148	81
Países Bajos	114	33	110	126	161
Reino Unido	179	14	63	337	116
EE.UU.	339	65	210	125	182
Flujo de caja / ventas (%)					
Francia	24,2	10,5	15,4	15,6	12,9
Alemania	20,2	14,0	11,3	5,2	17,9
Italia	-	13,9	13,7	18,5	25,5
Países Bajos	16,8	5,8	14,4	25,1	10,7
Reino Unido	13,8	6,6	10,0	32,1	33,7
EE.UU.	19,6	10,7	16,6	35,4	30,5

Minoristas comparados

			Volumen de negocios (USD millones)	
			1998	1999
Wal Mart	EE. UU.	Ene 2000	13.7634	165.013
Kroger	EE. UU.	Ene 2000	43.082	45.352
Sears Roebuck	EE. UU.	Ene 2000	41.575	41.071
Home Depot	EE. UU.	Ene 2000	30.219	38.434
Metro	Alemania	Dic 1999	39.715	37.104
K Mart	EE. UU.	Ene 2000	33.674	35.925
Carrefour	Francia	Dic 1999	23.224	31.660
Safeway	EE. UU.	Ene 2000	24.484	28.860
Tesco	RU	Feb 2000	24.174	26.482
Sainsbury	RU	Abr 2000	23.153	22.924
Pinault Printemps	Francia	Dic 1999	13.993	16.024
Kingfisher	RU	Ene 2000	10.507	15.336
Casino	Francia	Dic 1999	11.994	13.251
Ahold	P. Bajos	Ene 2000	10.183	12.904
Kardstadt	Alemania	Dic 1999	7.963	12.572
Delhaize Frères	Bélgica	Dic 1999	10.939	12.123
Marks & Spencer	RU	Mar 2000	11.587	11.547
Safeway	RU	Abr 2000	10.582	10.791
Boots	RU	Mar 2000	7.107	7.308
Castorama Dubois	Francia	Ene 2000	2.613	6.225
Spa Handels - AG	Alemania	Dic 1999	6.912	5.666
Galeries Lafayette	Francia	Dic 1999	4.557	4.704
GIB	Bélgica	Ene 2000	4.286	4.349
Rinascente	Italia	Dic 1999	3.360	3.995
Allgemeine Handels	Alemania	Dic 1999	3.804	3.810
Vendex Int	P. Bajos	Ene 2000	2.043	3.737
Borders	EE. UU.	Ene 2000	2.595	2.999
Jeronimo Martins	Portugal	Dic 1999	2.534	2.779
Laurus	P. Bajos	Dic 1999	1.643	2.149
Next	RU	Ene 2000	1.746	2.008
Colruyt	Bélgica	Mar 2000	1.731	1.911
Amazon	EE.UU.	Dic 1999	610	1.640
Valora	Suiza	Dic 1999	1.423	1.577
Kesko	Finlandia	Dic 1999	854	871
Cortefiel	España	Feb 2000	432	503
Jeimoli Holding	Suiza	Dic 1999	675	464
Hennes & Mauritz	Suecia	Nov 1999	208	258

Análisis estratégico de compañías

	Utilidad operativa (USD millones)			Total de activos (USD millones)	
	1998	1999		1998	1999
Wal Mart	6.546	8.309	Wal Mart	49.996	70.349
Home Depot	2.661	3.795	Sears	37.675	36.954
Sears	3.278	3.681	Carrefour	14.729	28.598
Safeway EE.UU.	1.602	1.998	Kroger	16.641	17.966
Kroger	1.516	1.781	Printemps	10.686	17.264
Tesco	1.316	1.451	Home Depot	13.465	17.081
K Mart	1.091	1.300	Metro	16.061	16.079
Carrefour	873	1.266	K Mart	14.166	15.104
Kingfisher	891	1.070	Safeway EE.UU.	11.390	14.900
Printemps	772	1.021	Sainsbury	14.160	14.867
Boots	687	777	Tesco	12.256	13.905
Sainsbury	1.241	758	M & S	10.996	11.293
Metro	707	718	Kingfisher	8.641	10.013
M & S	721	664	Casino	6.535	8.972
Delhaize	485	549	Karstadt	4.637	6.713
Ahold	391	544	Safeway EE.UU.	6.285	6.456
Castorama	160	514	Ahold	4.393	5.493
Casino	375	458	Boots	4.547	4.963
Safeway EE.UU.	594	447	Delhaize	3.847	4.852
Next	219	251	Rinascente	3.284	3.734
Vendex Int	119	203	Castorama	2.352	3.125
Borders	167	166	Gal, Lafayette	2.490	2.576
Jer, Martins	118	125	Amazon	649	2.472
Colruyt	94	117	Jer, Martins	1.901	2.293
Gal, Lafayette	96	111	Borders	1.767	1.915
Allg, Handles	43	91	Vendex Int	1.768	1.854
Rinascente	71	86	GIB	1.675	1.704
Valora	58	81	Spar	1.634	1.493
Karstadt	103	78	Next	1.202	1.334
Laurus	48	70	Allg, Handles	976	1.084
Cortefiel	48	57	Valora	1.029	952
Jeimoli	39	49	Colruyt	827	892
GIB	17	46	Jeimoli	768	798
H & M	31	42	Laurus	498	532
Kesko	19	17	Kesko	362	366
Spar	-103	-140	Cortefiel	313	360
Amazon	-109	-606	H & M	106	131

	Margen de utilidades[a]		Movimiento de los activos[b]		%ROTA	
	1998	1999			1998	1999
H & M	14,8	16,4	2,0	2,0	29,0	32,3
Home Depot	8,8	9,9	2,2	2,3	19,8	22,2
Next	12,6	12,5	1,5	1,5	18,2	18,8
Castorama	6,1	8,3	1,1	2,0	6,8	16,4
Cortefiel	11,0	11,3	1,4	1,4	15,2	15,8
Boots	9,7	10,6	1,6	1,5	15,1	15,6
Safeway EE.UU.	6,5	6,9	2,1	1,9	14,1	13,4
Laurus	2,9	3,3	3,3	4,0	9,6	13,2
Colruyt	5,5	6,1	2,1	2,1	11,4	13,1
Wal Mart	4,8	5,0	2,8	2,3	13,1	11,8
Dehaize	4,4	4,5	2,8	2,5	12,6	11,3
Vendex Int	5,8	5,4	1,2	2,0	6,7	11,0
Kingfisher	8,5	7,0	1,2	1,5	10,3	10,7
Tesco	5,4	5,5	2,0	1,9	10,7	10,4
Sears	7,9	9,0	1,1	1,1	8,7	10,0
Kroger	3,5	3,9	2,6	2,5	9,1	9,9
Ahold	3,8	4,2	2,3	2,3	8,9	9,9
Borders	6,4	5,5	1,5	1,6	9,5	8,7
K Mart	3,2	3,6	2,4	2,4	7,7	8,6
Valora	4,0	5,1	1,4	1,7	5,6	8,5
Allg, Handles	1,1	2,4	3,9	3,5	4,4	8,4
Safeway RU	5,6	4,1	1,7	1,7	9,5	6,9
Jeimoli	5,8	10,5	0,9	0,6	5,1	6,1
Printemps	5,5	6,4	1,3	0,9	7,2	5,9
M & S	6,2	5,7	1,1	1,0	6,6	5,9
Jer, Martins	4,7	4,5	1,3	1,2	6,2	5,4
Casino	3,1	3,5	1,8	1,5	5,7	5,1
Sainsbury	5,4	3,3	1,6	1,5	8,8	5,1
Kesko	2,2	1,9	2,4	2,4	5,3	4,6
Metro	1,8	1,9	2,5	2,3	4,4	4,5
Carrefour	3,8	4,0	1,6	1,1	5,9	4,4
Gal, Lafayette	2,1	2,4	1,8	1,8	3,9	4,3
GIB	0,4	1,1	2,6	2,6	1,0	2,7
Rinascente	2,1	2,1	1,0	1,1	2,2	2,3
Karstadt	1,3	0,6	1,7	1,9	2,2	1,2
Spar	-1,5	-2,5	4,2	3,8	-6,3	-9,4
Amazon	-17,9	-36,9	0,9	0,7	-16,8	-24,5

[a] Margen de las utilidades = utilidad operativa / ingreso por ventas (%)
[b] Movimientos de activos = ingreso por ventas / total de activos

Análisis estratégico de compañías

	Margen de utilidades[a]		%ROTA	
	1998	1999	1998	1999
H & M	15,4	17,1	30,3	33,5
Home Depot	8,8	9,9	19,7	22,3
Next	13,5	13,7	19,6	20,6
Colruyt	5,6	7,6	11,8	16,4
Boots	3,4	10,8	5,3	15,9
Cortefiel	9,1	10,7	12,5	15,0
Castorama	4,7	7,3	5,2	14,5
Wal Mart	5,3	5,5	14,6	12,9
Laurus	2,7	3,0	8,9	12,3
Safeway EE.UU.	5,7	5,8	12,3	11,2
Kingfisher	8,4	6,7	10,3	10,2
Vendex Int	5,6	4,9	6,5	10,0
Tesco	4,9	5,0	9,7	9,5
Delhaize	3,5	3,6	10,0	8,9
Valora	4,4	5,2	6,1	8,7
Allg, Handles	0,7	2,2	2,7	7,8
Borders	5,8	4,9	8,6	7,7
Ahold	2,9	3,1	6,8	7,3
Jeimoli	6,2	12,2	5,5	7,1
Sears	4,5	5,9	5,0	6,5
K Mart	2,2	2,7	5,3	6,4
Kroger	2,0	2,5	5,2	6,3
Printemps	5,1	5,9	6,6	5,5
M & S	6,6	5,1	7,0	5,2
Safeway RU	4,5	3,1	7,6	5,2
Sainsbury	5,4	3,1	8,8	4,8
Kesko	2,6	2,0	6,1	4,8
Casino	2,8	3,1	5,1	4,5
Carrefour	3,6	3,5	5,7	3,8
Gal, Lafayette	1,9	2,0	3,5	3,7
Metro	1,2	1,5	3,1	3,4
Jer, Martins	3,3	2,7	4,4	3,3
Karstadt	1,5	1,5	2,6	2,8
Rinascente	2,6	2,4	2,6	2,5
GIB	-1,3	0,7	-3,3	1,7
Spar	0,6	-1,4	2,6	-5,3
Amazon	-19,9	-39,2	-18,8	-26,0

[a] margen de utilidades = utilidad antes de impuestos / ingreso por ventas (%)

	Activos fijos tangibles (USD millones)		Stock (USD millones)		Deudores comerciales (USD millones)	
Sears	6.380	6.450	4.816	5.069	-	-
H & M	223	277	299	333	32	36
Colruyt	275	296	172	193	43	48
Metro	5.108	3.320	3.828	4.152	261	500
Printemps	1064	1.408	2.120	2.478	1.604	1.940
Laurus	229	244	125	136	49	56
Castorama	899	1.299	819	1.005	38	81
Cortefiel	86	111	118	139	46	48
Next	388	407	213	207	397	406
Safeway EE.UU.	5183	6.445	1.856	2.445	200	293
Home Depot	8.160	10.227	4.293	5.489	469	587
Casino	1912	2.490	1.065	1.178	274	295
Boots	2.520	2.535	1.017	971	379	398
Allg, Handles	217	209	463	520	6	6
Wal Mart	25.973	35.969	17.076	19.793	1.118	1.341
Carrefour	6.051	10.263	2.071	4.177	135	828
Kroger	7.220	8.275	3.493	3.938	587	622
Delhaize	1.925	2.343	1.161	1.392	266	330
Rinascente	1	1	-	-	-	-
Kingfisher	4.065	4.836	2.162	2.488	573	571
Gal Lafayette	706	723	602	624	201	238
Ahold	2.594	3.259	768	981	276	343
Borders	494	558	1.020	1.078	63	69
Vendex Int	970	993	508	574	58	66
Tesco	10.010	11.469	940	1.048	0	0
Valora	438	458	127	150	100	131
Jer, Martins	812	1.014	301	371	95	96
GIB	468	510	348	385	154	159
K Mart	5.914	6.410	6.536	7.101	-	-
M & S	6.182	5.977	725	668	64	63
Kesko	126	123	71	70	74	67
Safeway RU	5.312	5.351	461	555	6	14
Sainsbury	9.030	9.247	1.188	1.389	76	76
Jeimoli	447	472	93	89	52	69
Karstadt	1.835	2.338	1.380	2.083	523	1.170
Spar	300	255	514	498	122	139
Amazon	30	318	30	221	-	-

Acreedores comerciales (USD millones)		Activos operativos netos (USD millones)		Utilidad operativa (USD millones)		RONOA %	
1998	1999	1998	1999	1998	1999	1998	1999
6.732	6.992	4.464	4.527	3.278	3.681	73,4	81,3
55	82	499	563	307	423	61,6	75,1
227	248	263	289	94	117	36,0	40,5
5.365	6.014	3.832	1.958	707	718	18,4	36,7
2.363	2.864	2.425	2.962	772	1.021	31,8	34,5
194	224	209	211	48	70	22,8	33,1
706	812	1.050	1.574	160	514	15,2	32,6
85	106	165	191	48	57	28,9	29,7
94	102	904	918	219	251	24,2	27,4
1.596	1.878	5.643	7.304	1.602	1.998	28,4	27,4
1.586	1.993	11.336	14.310	2.661	3.795	23,5	26,5
1.643	2.100	1.608	1.862	375	458	23,3	24,6
507	501	3408	3.403	687	777	20,2	22,8
226	286	459	449	43	91	9,3	20,2
10.257	13.105	33.910	43.998	6.546	8.309	19,3	18,9
4.144	8.535	4.112	6.733	873	1.266	21,2	18,8
2.926	2.867	8.374	9.968	1.516	1.781	18,1	17,9
818	970	2.535	3.095	485	549	19,1	17,7
1	1	-	-	-	-	16,2	17,2
1.359	1.512	5.441	6.383	891	1.070	16,4	16,8
855	889	654	696	96	111	14,7	16,0
857	1.100	2.781	3.483	391	544	14,1	15,6
607	580	969	1.124	167	166	17,3	14,8
115	141	1.420	1.491	119	203	8,4	13,6
1.550	1.758	9.400	10.758	13.316	1.451	14,0	13,5
98	118	567	620	58	81	10,2	13,0
461	514	748	967	118	125	15,8	12,9
586	656	383	398	17	46	4,3	11,5
2.047	2.204	10.403	11.307	1.091	1.300	10,5	11,5
302	309	6.668	6.399	721	664	10,8	10,4
71	78	199	183	19	17	9,6	9,2
941	987	4.838	4.932	594	447	12,3	9,1
1.527	1.616	8.766	9.096	1.241	758	14,2	8,3
30	36	562	594	39	49	7,0	8,2
463	753	3.275	4.838	103	78	3,1	1,6
432	393	505	499	-103	-140	-20,3	-28,1
133	463	-74	75	-109	-606	147,4	-805,6

12. Ejemplos prácticos del análisis de coeficientes

	Utilidades operativas / capital (%)	
	1998	1999
Ahold	65,5	66,6
Kroger	79,1	66,4
Delhaize	62,9	59,7
Sears	54,0	53,8
Laurus	42,7	52,4
Safeway US	52,0	48,9
Vendex Int	35,1	45,0
H & M	39,6	44,5
Castorama	17,6	37,9
Jer. Martins	35,7	37,8
Printemps	29,5	32,4
Colruyt	33,6	32,4
Wal Mart	31,0	32,2
Valora	13,7	31,0
Home Depot	30,4	30,8
Boots	27,4	29,8
Next	28,7	29,4
Kingfisher	28,1	28,9
Cortefiel	26,5	26,9
Allg Handles	13,5	26,3
Carrefour	26,4	23,6
Metro	23,0	23,4
Casino	22,2	21,8
Tesco	21,3	21,6
Gal. Lafayette	21,2	21,3
Borders	23,4	20,7
K Mart	18,2	20,6
Jelmoli	14,5	17,7
GIB	5,7	15,5
Safeway UK	19,9	15,5
Sainsbury	19,0	11,3
M & S	10,5	9,6
Rinascente	10,5	8,6
Kesko	9,5	8,3
Karstadt	9,0	5,5
Spar	−35,2	−84,8
Amazon	−78,7	−227,5

	Utilidades después de impuestos / capital (%)	
	1998	1999
Ahold	37,0	45,4
Laurus	26,1	32,3
H & M	27,2	29,9
Delhaize	32,2	29,6
Colruyt	22,5	29,0
Vendex Int	25,8	27,3
Valora	12,2	26,4
Kroger	25,8	23,8
Safeway US	26,2	23,8
Next	22,8	23,1
Printemps	19,1	22,8
Wal Mart	21,7	22,2
Sears	18,4	22,2
Boots	1,3	21,6
Castorama	7,8	21,4
Kingfisher	19,8	19,9
Cortefiel	16,5	19,5
Home Depot	18,5	18,8
Jer. Martins	21,5	18,7
Jelmoli	13,6	17,3
Allg.Handles	4,2	14,2
Tesco	13,8	14,1
Karstadt	7,5	13,2
Carrefour	16,1	12,8
Casino	11,9	11,6
Borders	12,9	11,3
Gal. Lafayette	12,1	10,3
Metro	10,3	10,1
K Mart	8,7	10,0
Safeway UK	11,0	7,8
Sainsbury	12,8	7,3
GIB	−23,9	7,1
Kesko	8,1	5,9
M & S	7,6	5,3
Rinascente	7,2	5,0
Spar	7,1	−53,4
Amazon	−87,7	−241,5

Análisis estratégico de compañías

	Cobertura por intereses [a]			Cobertura por dividendos [b]	
	1998	1999		1998	1999
H & M	238,6	306,3	Gal. Lafayette	25,0	16,1
Next	312,2	298,2	Home Depot	9,6	9,1
Home Depot	72,9	136,5	Wal Mart	6,6	6,5
Castorama	20,3	59,5	Delhaize	5,0	5,0
Cortefiel	18,8	46,4	Colruyt	3,2	4,4
Colruyt	13,5	21,2	Sears	3,1	4,3
Boots	16,2	19,6	Rinascente	2,5	4,0
Laurus	10,8	11,7	Printemps	3,5	4,0
Kingfisher	15,0	11,2	Valora	3,2	3,7
Allg. Handles	3,3	10,9	Castorama	2,7	3,6
Kesko	6,5	10,6	Vendex Int.	3,6	3,4
Borders	11,3	10,3	Cortefiel	2,8	3,3
Gal Lafayette	7,7	9,8	Ahold	2,4	3,1
Wal Mart	9,2	9,1	Jelmoli	2,7	3,0
Tesco	10,0	8,0	Karstadt	2,2	3,0
Safeway US	7,8	6,5	Laurus	2,3	2,9
Valora	4,5	6,4	Casino	2,5	2,8
Vendex Int.	6,5	6,0	H & M	2,8	2,8
Sainsbury	9,8	6,0	Kingfisher	2,5	2,6
Delhaize	5,9	6,0	Allg. Handles	1,4	2,6
Printemps	5,9	5,5	Carrefour	3,3	2,6
M & S	7,7	5,4	Jer. Martins	3,0	2,5
Safeway UK	7,0	5,1	Tesco	2,2	2,2
K Mart	4,2	4,9	Kesko	1,9	1,9
Casino	5,2	4,7	Next	1,8	1,8
GIB	2,1	4,6	Boots	0,1	1,8
Ahold	4,2	4,4	Safeway UK	1,5	1,8
Jelmoli	3,5	4,2	Sainsbury	2,0	1,3
Sears	3,3	3,9	Metro	1,2	1,2
Carrefour	5,4	3,9	M & S	0,9	1,0
Kroger	3,4	3,7	GIB	-2,2	0,6
Metro	3,1	3,6	Amazon	na	na
Rinascente	2,7	3,3	Borders	na	na
Jer. Martins	3,4	3,0	K Mart	na	na
Karstadt	2,1	1,6	Kroger	na	na
Spar	-1,5	-3,3	Safeway US	na	na
Amazon	-3,1	-6,2	Spar	na	na

[a] Utilidades operativas + interés pagado / interés pagado
[b] Utilidades / dividendos después de impuestos

12. Ejemplos prácticos del análisis de coeficientes

	Capital / activos totales (%)		Deuda[b]/activos totales (%)		Pasivos corrientes/ activos totales (%)	
	1998	1999	1998	1999	1998	1999
Amazon	21	11	54	59	25	30
Borders	40	42	4	4	56	54
Home Depot	65	72	14	6	21	21
K Mart	42	42	32	31	26	27
Kroger	12	15	56	53	33	32
Safeway US	27	27	48	49	25	24
Sears	20	22	42	41	37	37
Wal Mart	46	39	21	25	34	37
Boots	55	53	8	15	37	33
Kingfisher	43	43	13	9	44	48
M & S	63	61	11	12	26	27
Next	64	64	2	2	34	34
Safeway UK	47	45	19	22	34	33
Sainsbury	47	45	8	10	45	45
Tesco	50	49	14	16	35	35
H & M	73	73	6	5	21	23
Kesko	56	56	8	6	36	38
Cortefiel	58	59	7	4	35	37
Jer. Martins	22	19	32	26	46	55
Rinascente	21	27	27	22	52	51
Colruyt	34	42	12	9	54	49
Delhaize	38	35	23	23	38	43
GIB	21	20	26	21	53	59
Ahold	16	17	44	40	40	43
Laurus	22	25	25	18	52	57
Vendex Int	22	25	51	45	27	31
Jelmoli	36	35	47	44	17	22
Valora	42	28	39	49	19	23
Allg. Handles	33	32	22	22	46	46
Karstadt	25	22	47	45	28	34
Metro	22	20	31	29	47	50
Spar	19	11	43	40	38	49
Carrefour	27	22	17	24	57	54
Casino	32	29	24	28	45	43
Castorama	39	44	13	8	48	48
Gal. Lafayette	25	27	17	16	58	57
Printemps	29	31	20	23	51	46

[a] Capital = Fondos de los accionistas / intereses minoritarios
[b] Deuda = Acreedores y endeudamientos a largo plazo / previsiones

Análisis estratégico de compañías

	Deuda total / capital(%)		Activos totales/ capital(%)	
	1998	1999	1998	1999
Amazon	367	828	468	928
Borders	147	139	247	239
Home Depot	54	38	154	138
K Mart	137	140	237	240
Kroger	768	570	868	670
Safeway US	270	265	370	365
Sears	396	351	496	451
Wal Mart	118	159	218	259
Boots	81	90	181	190
Kingfisher	134	130	234	230
M & S	59	63	159	163
Next	57	56	157	156
Safeway UK	111	125	211	225
Sainsbury	114	120	214	220
Tesco	99	106	199	206
H & M	36	38	136	138
Kesko	77	77	177	177
Cortefiel	72	69	172	169
Jer. Martins	357	427	457	527
Rinascente	383	273	483	373
Colruyt	194	140	294	240
Delhaize	161	188	261	288
GIB	373	398	473	498
Ahold	536	480	636	580
Laurus	347	299	447	399
Vendex Int	347	308	447	408
Jelmoli	179	189	279	288
Valora	138	260	238	360
Allg. Handles	207	212	307	312
Karstadt	306	364	406	464
Metro	355	396	455	496
Spar	437	780	537	880
Carrefour	276	348	376	448
Casino	213	244	313	344
Castorama	159	127	259	227
Gal. Lafayette	297	265	397	365
Printemps	240	221	340	321

	Coeficiente de liquidez[a]			Efectivo[b] / activos corrientes (%)	
	1998	1999		1998	1999
H & M	2,4	2,3	Amazon	88	70
Next	1,7	1,7	H & M	58	62
Home Depot	1,4	1,5	Printemps	13	38
Castorama	1,3	1,4	Colruyt	48	37
Cortefiel	2,3	1,4	GIB	39	36
Colruyt	2,4	1,1	Rinascente	19	33
Boots	1,0	1,0	Valora	51	29
Laurus	1,1	0,9	Boots	10	28
Kingfisher	0,6	0,9	Casino	19	27
Allg. Handles	0,8	0,9	Tesco	29	26
Kesko	0,8	0,8	Safeway UK	25	21
Borders	0,5	0,7	Next	12	21
Gal Lafayette	0,9	0,7	Carrefour	11	20
Wal Mart	0,9	0,7	Kesko	17	19
Tesco	0,6	0,7	Ahold	13	17
Safeway US	0,4	0,6	Gal. Lafayette	18	17
Valora	0,6	0,5	Kingfisher	19	16
Vendex Int.	0,6	0,5	Jelmoli	14	15
Sainsbury	0,5	0,5	Sainsbury	21	15
Delhaize	0,4	0,4	Delhaize	13	14
Printemps	0,4	0,4	M & S	14	13
M & S	0,5	0,4	Metr	21	12
Safeway UK	0,3	0,4	Jer. Masrtins	9	12
K Mart	0,3	0,4	Spar	32	10
Casino	0,5	0,4	Castorama	12	9
GIB	0,4	0,4	Wal Mart	9	8
Ahold	0,4	0,4	Allg. Handles	2	6
Jelmoli	0,5	0,4	Kroger	6	5
Sears	0,3	0,3	Karstadt	10	5
Carrefour	0,4	0,3	K Mart	9	4
Kroger	0,2	0,2	Cortefiel	5	4
Metro	0,3	0,2	Vendex Int	3	4
Rinascente	0,2	0,2	Safeway US	2	3
Jer. Martins	0,2	0,2	Borders	4	3
Karstadt	0,2	0,2	Laurus	6	3
Spar	0,2	0,2	Home Depot	1	3
Amazon	0,1	0,1	Sears	2	3

[a] (Activos corrientes − stock) / pasivos corrientes
[b] El efectivo incluye los equivalentes de efectivo

Análisis estratégico de compañías

	Intervalo defensivo (días)			Coeficiente de liquidez actual (días)	
	1998	1999		1998	1999
Amazon	286	191	Spar	2.586	-1.614
H & M	170	190	Sears	-919	-798
Printemps	27	128	M & S	-396	-538
Rinascente	39	65	H & M	-329	-305
Boots	17	55	Valora	-986	-290
Valora	127	54	Next	-190	-242
Jelmoli	26	52	Kesko	-52	21
Colruyt	67	52	Amazon	1.280	49
Next	28	47	Jelmoli	-63	53
GIB	51	45	Colruyt	243	121
M & S	33	33	Boots	376	168
Carrefour	10	31	Home Depot	267	236
Casino	17	29	Printemps	807	237
Kingfisher	41	26	Cortefiel	243	310
Gal. Lafayette	28	25	Safeway US	415	403
Kesko	17	19	Vendex Int	441	410
Metro	17	13	Karstad	300	426
Sainsbury	18	13	K Mart	497	532
Castorama	34	13	Kroger	576	550
Ahold	10	13	Ahold	557	559
Delhaize	9	12	Castorama	1.073	562
Jer. Martins	9	12	Delhaize	458	581
Cortefiel	16	12	Allg. Handles	844	652
Karstadt	20	10	Laurus	771	674
Sears	7	10	Wal Mart	551	694
Safeway UK	9	8	Tesco	710	723
Spar	23	8	GIB	406	745
Tesco	8	7	Metro	925	747
Borders	8	7	Kingfisher	635	754
Allg. Handles	1	5	Sainsbury	515	810
Wal Mart	6	5	Safeway UK	758	902
K Mart	10	4	Rinascente	1.153	962
Vendex Int	6	4	Casino	1.046	1.098
Kroger	3	3	Gal. Lafayette	1.473	1.332
Home Depot	1	2	Carrefour	1.441	1.494
Safeways US	1	2	Jer. Martins	1.119	1.519
Laurus	3	2	Borders	1.877	1.952

12. Ejemplos prácticos del análisis de coeficientes

	Stock[a] (días)		Deudores[b] (días)		Acreedores[c] (días)		Ciclo de efectivo (días)	
	1998	1999	1998	1999	1998	1999	1998	1999
Rinascente	55	52	7	5	150	147	-88	-90
Amazon	23	60	0	0	102	125	-80	-66
Carrefour	41	62	2	10	83	126	-39	-55
Sears	64	68	0	0	90	94	-25	-26
Casino	43	43	8	8	66	77	-15	-26
Metro	45	52	2	5	64	76	-16	-18
Gib	41	45	13	13	69	76	-15	-18
Safeway UK	20	24	0	0	41	42	-21	-18
Gal. Lafayette	73	73	16	18	104	105	-15	-13
Tesco	15	16	0	0	25	26	-10	-11
Jer. Martins	53	60	14	13	81	83	-14	-10
Laurus	33	27	11	9	50	45	-7	-8
Colruyt	46	47	9	9	61	61	-6	-4
Sainbury	20	24	1	1	26	28	-5	-3
Ahold	36	37	10	10	40	41	6	5
Safeway US	39	44	3	4	34	34	8	14
Kroger	40	43	5	5	33	31	11	17
Spar	34	39	6	9	29	30	12	17
M & S	34	32	2	2	14	15	22	19
Wal Mart	57	56	3	3	34	37	26	22
Castorama	172	94	5	5	148	76	29	23
Kesko	35	35	32	28	35	38	31	24
Delhaize	51	55	9	10	36	39	24	27
Printemps	84	88	42	44	94	102	32	30
Allg. Handles	60	69	1	1	29	38	31	31
Valora	55	61	26	30	43	48	38	43
Kingfisher	113	89	20	14	71	54	62	48
Home Depot	72	74	6	6	27	27	51	53
Boots	98	90	19	20	49	46	68	64
K Mart	91	92	0	0	28	29	62	24
Vendex Int	151	89	10	6	34	22	127	74
H & M	107	100	6	5	20	25	93	80
Cortefiel	204	201	39	35	147	154	96	82
Borders	200	183	9	8	119	99	90	93
Next	65	55	83	74	29	27	119	102
Karstadt	116	113	24	34	39	41	101	106
Jelmoli	76	120	28	54	25	49	79	126

[a] *Stock* / costo diario promedio
[b] Deudores / ventas diarias promedio
[c] Acreedores / costo diario promedio

Análisis estratégico de compañías   **265**

	Ventas/ efectivo[a]			Activos netos corrientes / ventas	
	1998	1999		1998	1999
Laurus	124	279	Sears	36	36
Safeway US	536	272	H & M	29	28
Home Depot	487	226	Next	20	20
Kroger	144	161	M & S	16	19
Vendex Int	104	131	Jelmoli	15	17
K Mart	47	104	Amazon	43	17
Allg. Handles	396	96	Valora	27	16
Wal Mart	73	89	Cortefiel	17	15
Borders	61	72	Karstadt	14	13
Karstadt	34	67	K Mart	12	11
Cortefiel	47	60	Printemps	0	10
Spar	20	57	Kesko	9	8
Sears	84	56	Colruyt	5	7
Safeway UK	49	55	Home Depot	7	7
Tesco	52	54	Boots	1	7
Castorama	16	44	Alg. Handles	4	6
Delhaize	51	39	Borders	6	6
Ahold	50	38	Vendex Int	14	6
Jer. Martins	52	36	Spar	7	5
Metro	27	35	GIB	5	2
Sainbury	22	30	Metro	-1	2
Kesko	24	23	Delhaize	2	1
Gal. Lafayette	19	22	Castorama	8	1
Kingfisher	19	21	Kroger	-1	0
M & S	17	17	Wal Mart	3	-1
Casino	28	17	Kingfisher	3	-2
Carrefour	48	15	Safeway US	-2	-2
Boots	39	12	Laurus	-2	-3
Jelmoli	21	12	Ahold	-2	-3
Valora	5	12	Gal. Lafayette	-4	-3
Next	19	11	Rinascente	-6	-4
GIB	10	11	Sainbury	-6	-7
Colruyt	7	9	Casino	-5	-7
Rinascente	12	7	Safeway UK	-12	-11
Printemps	20	4	Tesco	-11	-11
H & M	4	4	Carrefour	-17	-16
Amazon	2	2	Jer. Martins	-14	-22

[a] Efectivo incluye depositos a la vista

$ '000s	Ventas / Empleados		Activos fijos / empleados		Utilidades operativas / empleados	
	1998	1999	1998	1999	1998	1999
H & M	148	146	16	16	22	24
Jelmoli	245	209	163	212	14	22
Home Depot	193	191	52	51	17	19
Colruyt	217	217	34	34	12	13
Castorama	79	160	27	33	5	13
Printemps	198	202	15	18	11	13
Sears	128	126	20	20	10	11
Safeway US	144	150	30	33	9	10
Cortefiel	82	85	16	19	9	10
Boots	81	86	29	30	8	9
KIngfisher	120	130	46	41	10	9
Next	86	71	19	14	11	9
M & S	153	153	82	79	10	9
Wal Mart	151	145	29	32	7	7
Valora	140	142	43	41	6	7
Tesco	127	129	53	56	7	7
Carrefour	175	163	46	53	7	7
Sainsbury	212	196	83	79	11	6
Kroger	202	149	34	27	7	6
Safeway UK	139	134	70	66	8	6
Borders	166	100	32	19	11	6
Casino	169	159	27	30	5	6
KMart	121	133	21	24	4	5
Delhaize	92	97	16	19	4	4
Jer.Martins	97	87	31	32	5	4
Vendex Int	65	72	31	19	4	4
Gal. Lafayette	137	141	21	22	3	4
Rinascente	183	171	59	54	4	4
Allg. Handles	146	143	8	8	2	3
Metro	159	165	20	15	3	3
Ahold	63	62	16	16	2	3
Laurus	45	54	6	6	1	2
Kesko	76	79	11	11	2	2
GIB	139	133	15	16	1	1
Karstadt	89	111	21	21	1	1
Spar	212	157	9	7	-3	-4
Amazon	290	216	14	42	-52	-80

Análisis estratégico de compañías

	Activos fijos tangibles / depreciación[a]			Flujo de caja[b] ventas (%)	
	1998	1999		1998	1999
Amazon	1	1	H & M	16,3	18,1
Allg. Handles	2	3	Jelmoli	9,0	15,1
Spar	3	3	Next	14,6	15,0
Metro	5	3	Cortefiel	14,8	15,0
GIB	5	5	Boots	12,5	13,5
Colruyt	6	6	Home Depot	10,0	11,1
Cortefiel	5	6	Sears	9,9	11,0
Printemps	6	6	Castorama	8,1	10,1
H & M	7	7	Safeway US	8,7	9,3
Borders	7	7	M & S	9,1	8,9
Laurus	9	7	Colruyt	8,1	8,8
Gal. Lafayette	8	7	Kingfisher	10,4	8,7
Karstadt	7	7	Vendex Int	8,8	8,6
Sears	8	8	Jer. Martins	8,3	8,5
Kesko	9	8	Borders	9,0	8,4
Next	11	8	Printemps	6,8	7,8
Vendex Int	16	8	Tesco	7,8	7,8
K Mart	9	8	Valora	6,5	7,7
Rinascente	9	8	Carrefour	6,5	7,1
Delhaize	8	8	Delhaize	6,7	6,8
Kroger	8	9	Ahold	6,4	6,8
Jer. Martins	9	9	Safeway UK	7,9	6,6
Safeway US	10	9	Wal Mart	6,1	6,5
Ahold	10	10	Kroger	5,7	6,0
Casino	9	10	Rinascente	5,8	6,0
Carrefour	9	10	Sainsbury	7,7	5,9
Castorama	17	11	KMart	5,2	5,8
Valora	12	11	Casino	5,0	5,4
Boots	12	12	Laurus	4,5	4,9
Wal Mart	14	15	Metro	4,4	4,6
Sainsbury	17	16	Gal. Lafayette	4,2	4,5
M & S	19	16	Allg. Handles	3,6	4,4
Kingfisher	20	18	Kesko	3,9	3,7
Tesco	18	19	GIB	2,7	3,4
Safeway UK	22	20	Karstadt	4,5	3,1
Jelmoli	21	22	Spar	0,1	-0,9
Home Depot	22	22	Amazon	-9,0	-19,7

[a] La depreciación incluye la amortización
[b] Flujo de caja = utilidades operativas / depreciación

Glosario

Español	Inglés	Francés	Alemán	Italiano
activos	assets	actif	aktiva	attivitá
balance	balance sheet	bilan	bilanz	bilancio
saldos de caja y bancarios	cash and bank balances	trésorerie, disponibilités, caisse	kassenbestand und bankguthaben	cassa e banche
costo de las ventas	cost of sales	coût des ventes	kosten der verkaufen erzeugnisse	costo del venduto
activos corrientes	current assets	actif circulant	umlaufvermögen	attivitá correnti
pasivos corrientes	current liabilities	dettes à court terme	kurzfristige verbinlichkeiten	pasivita correnti
amortización, depreciación	depreciation	amortissement	abschreibung	ammortamenti
ganancias por acción	earnings per share	bénéfice par action	gewinn je anteil	utile per azione
activos fijos	fixed assets	immobilisations	anlagevermogen	immobilizzazioni
empresa en funcionamiento	going concern	continuité	unternehmensfortführung	continuitá operativa aziendale
llave del negocio	goodwill	écart d'acquisition,	geschäftswert	valore di avviamento
estado de resultados	income statement	survaleur compte de résultat	fewinn und verlustrechnung	conto economico, conto profitti e perdite
activos intangibles	intangible assets	actifs incorporels	immaterielles	attivitá immateriali
inventario	inventory	stocks	vorräte	inventario
pasivos	liabilities	passif, dettes	passiva	passivitá
utilidad	profit	bénéfice	gewinn, jahresüberschuss	utile
compañía que cotiza en una bolsa de valores	public company	société anonyme (SA)	aktiengesellschaft (AG)	societa per azione (SpA)
ingreso por ventas	sales revenue	ventes, produits, chiffre d'affaires	umsatzerlöse	vendite
patrimonio neto	shareholder's funds	capitaux propres	eigenkapital	patrimonio netto
acreedores comerciales	trade creditors	dettes fournisseurs	verbindlinchkeiten	altri debiti, fornitori
deudores comerciales	trade debtors	Créances	forderungen	crediti

Índice temático

A

AAG *véase* asamblea anual general
accesorios e instalaciones 48
   véase también activos fijos
acciones
   véase también dividendos; capital...
   acciones convertibles 45, 47, 136, 190-191, 211-212, 228
   beta 198-199, 212
   bolsa de comercio 14, 21, 28, 30, 45, 69, 110-111, 198-212, 222
   capital accionario emitido 43, 135, 198
   coeficiente de activos netos por acción 199-200
   coeficiente de cobertura de dividendos 16, 137-139, 146, 205-206, 259
   coeficiente Precios / ingresos P/E 202-205, 209-214, 234-235
   conceptos 43-45, 134-135, 189-214
   dividendos por acción 204-210, 213
   emisión de derechos 241
   EPS 33-34, 86, 130-131, 134-137, 146, 200, 202-210, 213, 234-235
   opciones sobre acciones 21, 32, 76-77, 154-156, 200
   precio 43-45, 139, 198-212, 230-231, 233-235
   prima 43-45, 58-60, 198-208, 209-212
   rescate 43
   tipos 43-45, 134-135, 189-190
   utilidades retenidas 205, 232-235, 239-240
   valor nominal 198
acciones a la par 198
acciones convertibles, conceptos 45
acciones ordinarias
   véase también acciones
   conceptos 44, 135, 189-214
acciones preferidas 44-45, 47, 86, 134, 189
acciones preferidas acumulativas, conceptos 44
acciones preferidas rescatables, conceptos 44-45
accionistas
   véase también accionistas institucionales
   accionistas mayoritarios 226-227
   activismo 16-17
   compañías de responsabilidad limitada 14-17, 44
   conceptos 8, 14-17, 29-30, 32, 57-60, 102-103, 125-127, 134-142, 154-156, 189-214, 260-261, 232-235
   derecho a voto 44, 135, 226-227
   directores 14, 16-17, 32, 138-139, 154-156, 226-227, 232-235
   estructuras de pirámide 15
   fuentes de financiación 91-92, 102-103, 189-214
   fusiones y adquisiciones 5, 57-60, 101-102
   intereses minoritarios 15, 58-60, 70, 135, 260
   memorias anuales 14-17, 82
   poderes 16-17, 32, 156, 226-227
   tipos 16-17, 189-190
   utilidades potenciales 125-127, 134-

142, 232-233
accionistas controlantes 226-227
accionistas institucionales 16-17, 26, 139, 156
   véase también bancos, compañías de seguro;
   poderes 16-17, 156, 226-227
   tipos 16-17
acreedores 17, 28, 46, 90-107, 119, 125, 167-188, 249, 257, 260, 264
   véase también deuda; acreedores; negocio...
   acciones convertibles 45, 47, 136, 190-191, 211, 228
   balances 38-63, 189-214, 229-231
   coeficiente de deudores / acreedores 178
   memorias anuales 17, 28, 98, 229-231
   perspectivas de las utilidades 125
   usos de financiación 181-182
   y costos diarios promedio 172
acreedores a largo plazo
   véase también deuda
   balance 38-63, 91-107, 189-214, 229-231
   conceptos 47, 91-92, 119, 189-214, 229-230, 260
acreedores comerciales 46, 170, 172, 175, 177, 178, 180, 181, 182, 257, 269
   véase también acreedores
   coeficiente de acreedores (días) 180-183, 249, 264
   comparaciones del sector minorista 257
   conceptos 46, 91-107, 167-188, 249, 257
actividades operativas
   estado de flujo de caja 98, 99-100, 103-104, 118
   estado de resultados 65-87
activo neto 18, 19, 42, 52, 58, 199
activos
   véase también corriente...; fijo...
   activos decrecientes 159-161
   activos intangibles 19, 52-56, 83, 133-134, 192, 231, 234
   activos netos utilizados 40-63, 65-66, 120-121, 131, 133, 154, 199-200
   activos operativos netos 69-70, 247, 132-134, 257
   balance 13, 20, 37-63, 131-133, 167-188
   cálculo de vida estimada 160-161
   comparaciones en el sector minorista 253-267
   conceptos 20-27, 9-70, 77-81, 131-133, 156-163, 202, 249-250, 253-267, 229-230
   deterioro 56
   flujo de fondos 91-107
   gasto de capital 82-85, 100-101, 103, 160-161, 229-230
   incentivos impositivos 81-82
   llave del negocio 55-56
   medidas de eficiencia 156-163
   promedios 131-132
   rendimiento de los activos 129-134, 140-142, 246, 247, 254-255, 257
   revaluación 46, 49, 109
   tasas de reemplazo 160-161

total 39
utilidades / pérdidas sobre ventas de 78
valuación 20-27, 39, 48-57, 60-62, 80-81, 91-92, 128, 191-192, 202, 224, 237-238
activos casi-efectivo 89-90, 167-172, 262
activos corrientes
   véase también activos; capital de trabajo
   activos corrientes netos 39-63, 67, 90-91, 133-134, 167-188, 239-240, 248
   balance 38-63, 90-91, 167-188
   coeficiente caja / activos corrientes 183-188, 248, 262
   conceptos 61-63, 90-91, 97-98, 100-101, 167-188 248, 262
   definición 61, 167-168, 171-172
   liquidez 102, 103, 167-188 247-248, 262-263
   tipos 61-63, 167-172
   y flujo de caja 97
activos corrientes netos 40-63, 67, 90-91, 133-134, 167-188, 248, 239-240
   véase también capital de trabajo
   conceptos 40-42, 67, 90-91, 133-134, 167-188, 248, 239-240
   definición 41-42, 90-91, 167-168, 177
   flujo de fondos, estado 94
activos corrientes netos operativos 133-134
activos en disminución, medidas de eficiencia 159-161
activos fijos

   véase también activos; amortización; tangible...
   activos en disminución 159-161
   activos intangibles 19, 52-56, 83, 133-134, 192, 231, 235
   amortización 49
   balance 38-63, 100-101, 133-134, 230
   conceptos 48-52, 78-81, 100-101, 133-134, 153-154, 251, 256, 266-267
   costo histórico 20, 26, 109-110
   estado de flujo de caja 100-101, 103-104
   definición 48
   gastos de capital 82-85, 100-101, 103-104, 160-161, 229-230
   incentivos impositivos 81-82
   inflación 19-20, 46, 49-50
   medidas de eficiencia 156-157
   reemplazo 49-50
   revaluación 46, 56, 91-92, 109
   subvaluación 49
   tangibles 44
   tipos 48
   valuación 20, 22, 23, 26-27, 39, 48-51, 56-57, 60, 80, 91-92, 109
   valor neto en libros 20, 48-49, 103-104, 233
   valores cancelados 48
   ventas 49, 78, 100-101, 109
activos fijos operativos 133
activos fijos tangibles
   véase también activos
   coeficiente de depreciación 267
   comparaciones del sector minorista 256

conceptos 48-52, 132-134, 153-154, 256, 267, 191-192
definición 48
retorno sobre 132-133
tasa de reemplazo 159-160
activos intangibles
apalancamiento 192
balance 52-56, 83, 133-134, 192, 231
conceptos 19, 52-56, 83, 133-134, 192, 231, 235
definición 53-54
dificultades para la cuantificación 19, 52, 192
tipos 52-54, 192
tratamiento 52-56, 83, 192, 231, 235
valuación 52-56, 192, 231
activos netos empleados 40, 200
por acción 200
por empleado 40
activos netos tangibles, conceptos 191
activos operativos 69, 78, 133, 134, 146, 154, 188, 257
activos operativos netos (NOA) 133
comparaciones con el sector minorista 265
conceptos 69-70, 132-134, 247, 257
definiciones 133
activos sobrevaluados 157
acuerdos de venta y cesión, arrendamiento 193, 241
ADC *véase* costo diario promedio
administración judicial 94
adopción por las compañías del Reino Unido
véase también estándares internacionales
compañías de responsabilidad limitada 21-22, 24-26
conceptos 24-30, 70-71
diferencias internacionales 24-27
IAS/ GAAP (EE.UU.) diferencias 27
proveedores 27-28
adquisiciones 225
de acciones 58-59
en el balance 57-60
en el estado de flujo de caja 101-102
en el estado de resultados 68, 78, 157-158
objetivos 183
ADS *véase* ventas diarias promedio
advertencia sobre las utilidades 198
AICPA *véase* Instituto Norteamericano de Contadores Públicos
Alemania 18, 26, 29, 39, 46, 74, 78, 219
alianzas estratégicas 61
amortización 20, 23, 26-27, 49-52, 55, 56, 72, 78-87, 93-94, 96, 99, 126, 200-201, 267, 224, 241
véase también activos fijos
balance 49-52, 79-81, 93-94, 126
coeficiente de activos fijos tangibles / amortización 267
conceptos 49-52, 78-82, 93-94, 96, 99, 126, 267, 200-201, 224, 241
estado de flujo de fondos 93-94, 96
estado de resultados 72, 78-82, 99, 126
flujo de caja 93-94, 96, 99
impuestos 80, 81-82

métodos 79-81, 200-201, 224, 241
utilidad afectada por 78-81
amortización acelerada 80-81
análisis contable
   véase también coeficientes
   bases de datos 123-124
   coeficiente de movimiento de activos 139-144, 157-158, 254
   coeficientes de la pirámide de Du Pont 139-145, 157-158
   coeficientes de eficiencia 16, 37, 129-134, 149-165
   conceptos 37, 115-165, 218-220
   estructura de capital 16, 91, 103, 119, 189-214
   presentación de tamaño habitual 118-121
   promedios 74, 116-117, 131-132, 178-179, 185
   puntos de referencia 8, 115, 116-117, 143, 145-146m 246-267, 246, 247, 254-255, 257
   tasas de crecimiento compuestas 137, 121-123
análisis de la variación 127, 150, 153, 154
análisis de porcentajes 118-123, 162
análisis del valor para el accionista (SVA) 234
análisis FODA (fortalezas, oportunidades, debilidades, amenazas) 215
análisis multivariado 239
análisis PEST (político, económico, social y tecnológico) 215
analistas financieros
   véase también análisis contable

perspectiva de las utilidades 125
anticipo del método de depreciación de dígitos 79-81
anuncios preliminares 28, 110, 111
apalancamiento 16-17, 37, 40, 53, 119, 190-214, 235-236
   véase también coeficiente de endeudamiento / capital propio
   activos intangibles 192
   alto 190, 194
   atracciones 195-196
   bajo 190
   conceptos 190-214, 235-236
   peligros 197, 235-236
   tasas de retorno 195-197
armonización 15, 26, 27
arrendamiento de capital por leasing 73, 84-85, 103,
arrendamientos 26, 49, 73, 84-85, 103, 161, 193-195, 235
   acuerdos de *sale and lease back* 193, 241
   coeficiente de propiedad de activos 161
   deuda 193-194
   estado de flujo de caja 103
   estado de resultados 84-85, 194
   Reino Unido 84-85, 194
   "sustancia sobre forma" 194
   tipos 84-85, 161
arrendamientos operativos 84-85, 161, 193-195, 235
   véase también arrendamientos
Arthur Andersen 30
asamblea anual general (AAG) 31-32
   auditores presentes en 28

dividendos propuestos en 46-47, 86, 137-138, 171
elección de los directores 31
informe de la comisión de auditoría 220
presentación de la memoria y de los estados contables 13, 15-16
ASB *véase* Junta de Estándares de Contabilidad
asesores financieros 222
asignaciones, costos 69-70
aspectos ambientales 19
auditores 13, 18-19, 21, 28-32, 34, 52, 75, 220-221, 240-241
    características requeridas 18
    conceptos 26, 27, 28-32, 220-221, 240-241
    críticas 29-30, 34, 240-241
    estándares 25-26, 27, 30-32, 220
    fraude 31
    funciones 28-30, 220-221
    gobierno corporativo 21, 220-221
    honorarios 29, 75
    independencia 29-30
    organismos profesionales 29
    seis premisas 18
    tamaño de la firma 29-30
Australia 26
Autoridad de Servicios Contables (FSA) 28, 87

B

balance 7, 13, 15, 18-20, 27-28, 31, 37-63, 90-107, 119-121, 125-126, 167-188, 189-214, 226-227, 230, 237-238
    acreedores a largo plazo 38-63, 91-107, 189-214, 229-231
    activos 20, 37-63, 131-133
    activos corrientes 39-63, 90-91, 167-188
    activos fijos 48-52, 100-101, 133-134, 230
    activos intangibles 48-52, 83, 133-134, 192, 231
    adquisiciones y Fusiones 54-56, 57-60, 172
    amortización 49-52, 79-81, 93-94, 126
    análisis contable 123, 163-164
    análisis sobre la base de 37, 187, 208
    bloques para armar 39-40
    compañías asociadas 61
    comparaciones internacionales 40-42, 123
    conceptos 13, 15, 20, 27-28, 37-63, 90-91, 98-99, 119-121, 125-126, 167-188, 189-214, 226-227, 230, 237-238
    contabilidad 37
    contenidos 37-63
    dividendos propuestos 46, 86, 137
    ecuación 37, 91-92
    estado de flujo de caja 104-105, 163-164
    estado de resultados 51-52, 104, 163-164
    estados contables consolidados 15, 51-53, 57-60, 194

estados de flujo de caja 90-91, 98-99, 105, 230
eventos posteriores al balance 226-227
fondos de los accionistas 38-63, 90-91, 134-142, 189-214
formato horizontal 38-42
formato vertical 38-42
formatos 38-42, 167-168
flujo de fondos 91-107
gasto de capital/ingresos 82-85
impuestos 47, 96-97
inflación 46, 49-50
joint ventures 61, 192-195
llave del negocio 54-56, 60, 78, 192
moneda extranjera 51-53, 104-105, 123, 163-164
pasivos 37-63, 167-188, 229-231
pasivos corrientes 39-63, 90-91, 133, 167-188, 189-190
posición al final de ejercicio 37-38, 48, 115-116, 125-126, 131-133, 167
presentación 37-42, 119-121, 167-168, 216
presentaciones de tamaño habitual 121-122
presentaciones estilo años 70 40-42
presentaciones estilo años 90 41-42
Reino Unido 37-38, 40-63, 133, 167
relación con el estado de resultados 39, 49, 51, 61, 167
reservas 39-63, 85
riesgo 228-229
rubros fuera del balance 192-195, 202

valuación de los activos en 20, 208, 231
y precio de la acción 43, 231
balances de caja 89-90, 183
cambios en 89, 104
y liquidez 167, 170
bancos 16-17, 89-90, 167-172, 183-188, 190-214
véase también accionistas institucionales
Barings Bank 31, 228
bases de datos
análisis contables 123-124
bases de datos comerciales 117, 216
datastream 124
bases de datos comerciales, fuentes de información 124, 202, 226
Bélgica 39, 70, 78, 83, 252
beneficios económicos 48, 49, 85, 228
beta, conceptos 198-199
BMW 53
Bolsa de valores 8, 13, 14, 16, 20, 25, 27-32, 43-45, 69, 102, 111, 198, 204, 208, 209, 211, 218, 220, 222, 269
Bolsa de Valores de Londres 28
Bolsa de Valores de Nueva York (NYSE) 28
bono cupón-cero 228
bonos 210-211, 228
véase también bonos del gobierno
bonos, gestión 17, 75, 154-156
bonos con alto descuento 228

C

caja 41-42, 63, 89-90, 94-95, 167-188, 248, 249-251, 261, 234-235, 236-237
- aspectos no productivos 89-90, 170-171, 183-188
- balances 89-90, 94-95, 104, 167, 170-172, 186-187
- coeficientes 174-185
- como un porcentaje de los activos 184
- conceptos 41-42, 63, 89-90, 167-188, 249-250, 262, 236-237
- contrastes de las utilidades 66, 89, 186-187, 234-235
- definición 60
- estado de flujo de fondos 94-95
- evaluación de la posición 183-188, 238
- importancia 89, 170-171, 183-188, 234-235
- movimiento 184-188
- requisitos preventivos 170-171
- requisitos de operaciones 170-171
- requisitos especulativos 170-171
- usos 170-171
- y el costo diario promedio 185

calidad de la información 32
calificaciones crediticias 17, 238-239
Canadá 26
capacitación 231
capital
- balance 39-63
- costo del capital utilizado 199, 211-212, 234-235
- ganancias 16-17, 199, 207-208, 232-233
- utilizado 39-63, 78-81, 126, 130-134, 135, 189-214, 234-235

capital accionario 61, 137, 189, 200
capital accionario emitido 61, 137, 189, 200
capital neto operativo empleado (NOCE) 133
capital operativo 65, 126, 133
capital social exigido 43
capital utilizado 39, 78, 130, 189
- tasa de retorno en 130-131

capitalización
- coeficiente de endeudamiento 239
- de gastos 52, 82-84, 96-97, 201, 224
- valuaciones de la compañía 208-212, 239-240

capitalizar
- arrendamientos por leasing 193
- intereses 115, 84
- R&D 161-163
- WorldCom 84

CAPM *véase* modelo de fijación de precios del activo capital
CCA *véase* contabilidad del costo corriente
CEO *véase* director ejecutivo
CFO *véase* director financiero
CFROA véase flujo de caja del retorno sobre activos
ciclo operativo 182
cierres de ejercicio
- ajustes 115-117
- balance 37-38, 48, 115-116, 125-

126, 167
    estado de resultados 68-69, 115-116, 131-133
    memorias anuales 37-38, 48, 68-69, 115-117, 131-133, 167
cifras bimodales 117
cifras "pro forma", memorias anuales 33, 86-87, 136
clientes, perspectivas de utilidades 125
CNCC *véase* Compañía Nacional de Comisarios de Cuentas
Coca-Cola 53
Código Combinado (1998), gobierno corporativo 20, 21, 75, 76, 218, 219
Código Cadbury (1992), gobierno corporativo 21
Código de Mejores Prácticas 21, 226
Código Greenbury (1996), gobierno corporativo 21
coeficiente activos fijos / empleados 153-154, 251, 266
    comparaciones con puntos de referencia 251, 266
    comparaciones en el sector minorista 266
coeficiente activos netos corrientes / ventas
    comparaciones con el sector minorista 265
    comparaciones con puntos de referencia 248, 265
    conceptos 177, 248, 265
coeficiente capital / total activos
    comparaciones con los puntos de referencia 249, 260
    comparaciones en el sector minorista 260
coeficiente corriente 172-174, 175, 176
coeficiente de acreedores (días) 180-183, 249, 264
coeficiente de activos netos por acciones 199-200
coeficiente de apalancamiento de los activos 196-197
coeficiente de beneficios pagados como dividendos 206
coeficiente de endeudamiento, conceptos 194, 235-236
coeficiente de liquidez 173-174, 176-177, 237-239, 247-248, 262
    comparaciones con el sector minorista 262
    comparaciones con los puntos de referencia 176-177, 247-248
    conceptos 173-174, 176-177, 237-239, 247-248, 262
coeficiente ciclo de caja (días)
    cifras negativas 182
    comparaciones en el sector minorista 264
    comparaciones con los puntos de referencia 249, 264
    conceptos 179-183, 249, 264, 237-238
coeficiente de cobertura del dividendo 16, 137-139, 146, 205-206, 259
    comparaciones en el sector minorista 259
    conceptos 137-139, 146, 205-206
    definición 137-138
coeficiente de cobertura de intereses

comparación con puntos de referencia 250
comparaciones del sector minorista 259
conceptos 163-164, 194-195, 250, 259
coeficiente de deuda / capital 119
véase también apalancamiento
coeficiente de deudores / acreedores 178
coeficiente de días de acreedores 180-183, 249, 264
coeficiente de días de deudores 180-183, 249, 264
coeficiente de días / inventario (stock) 179-183, 249, 264
coeficiente de endeudamiento / total de activos 250, 260
coeficiente de intervalo defensivo (días)
　comparaciones con puntos de referencia 248, 263
　comparaciones en el sector minorista 263
　conceptos 184-188, 248, 263
coeficiente de la tasa de reemplazo 160
coeficiente de liquidez corriente (días), conceptos 174-176, 188
coeficiente de pasivos corrientes / total de activos,
　comparaciones con los puntos referencia 250, 260
coeficiente de propiedad de los activos 161
coeficiente de rendimiento de las ganancias 206-207, 211-212
coeficiente de respaldo de los activos 199-200

coeficiente de rotación de activos
　comparaciones en el sector minorista 254
　conceptos 139-145, 157-158, 254, 240
　definición 139-140
　márgenes de las utilidades 139-145, 157-158
　tasas de retorno 139-142, 157-158, 254
coeficiente de stock (días) 179-183, 249, 264
coeficiente de ventas equivalente 143-144
coeficiente del dividendo bruto 206
coeficiente del movimiento del capital 139-140
　véase también movimiento de activos...
coeficiente del rendimiento del dividendo 207, 208, 212, 213
coeficiente caja / activos corrientes 248
coeficiente capital / deuda 238, 239
coeficiente capital de trabajo / ventas 177
coeficiente del nivel de servicios o egresos 159
coeficiente deuda total / capital 16, 119, 190-214, 261, 230
　véase también deuda...
coeficiente flujo de caja / endeudamiento 237
coeficiente flujo de caja / ventas 158, 251
coeficiente operativo utilidades / empleados 151-154, 266
coeficiente precio / contabilidad 234
coeficiente precio / ingresos (coefi-

ciente P/E) 202-204, 209-214
  alto o bajo 203
  limitaciones 204
  potencial 194
coeficiente R&D / ventas 162
coeficiente utilidad después de impuestos / capital, sector minorista
  comparaciones 258
coeficiente utilidades operativas / capital, sector minorista
  comparaciones 258
coeficiente utilidades operativas / empleados 152, 250
coeficiente ventas / efectivo, comparación con puntos de referencia 248, 265
coeficiente ventas / empleados 151-154, 250, 266
  comparación con puntos de referencia 250, 266
  comparaciones con el sector minorista 266
coeficiente ventas / total de los activos 246, 239-240
coeficientes 8, 33, 116-117, 115-124, 128-165, 235-241, 246-267
  véase también análisis financiero, coeficientes individuales
  comparaciones con puntos de referencia 115, 117, 131-132, 143, 145-146, 238-239, 246-267
  comparaciones con puntos de referencia del sector 8, 115, 117, 131-132, 143, 145-146, 246-251, 231-232
  comparaciones del país 115, 123, 246-267
  comparaciones internacionales 115, 123, 246-267
  ejemplos prácticos 245-267
  investigaciones de las variaciones 117
  lineamientos para la interpretación 139-144, 172-188, 235-241
  presentaciones gráficas 117-118, 141-142
  promedios 131-133
  registros históricos 115-117
coeficientes de caja 167-170
coeficientes de la pirámide Du Pont 139, 157, 158
  véase también movimiento de activos...; márgenes de utilidad; retorno sobre activos
Comisión Europea 218
comisión de auditoría 220
Comisión de Estándares de Contabilidad (ASC) 25
Comisión de Prácticas Internacionales de Auditoría (IAPC) 30
Comisión Hampel (1998), gobierno corporativo 21
Comisión Internacional de Contabilidad (IASC) 26
Comisión Nacional de Mercado de Valores (SEC) 14, 24, 28, 70, 87, 216, 220
Comisión Treadway 224
Comisiones de la Organización Internacional de Títulos (IOSCO) 26, 86
Companies House (Registro de Comercio) 216

Compañía Nacional de Comisarios de Cuentas (CNCC) 29
compañías *véase* compañías de responsabilidad limitada
compañías asociadas, conceptos 61, 68-69, 78, 98, 128-129
compañías controlantes 15, 58, 61, 76, 101, 104, 105, 183
    véase también estados contables consolidados
compañías de rápido crecimiento 167
compañías de responsabilidad limitada
    véase también que cotizan en bolsa...; privadas...; públicas...
    conceptos 14-17, 26, 44, 208-212, 222-224, 235-241
    distrito financiero 222
    estados contables publicados 13-15, 21, 24-26, 27-28
    estándares contables 21, 25-27
    tablas de la liga 127, 143, 150-151, 232
    tasas de crecimiento 115-116, 201-202, 222-224
    temas de propiedad 14, 16-17, 44
    valuación 208-212, 239-240
compañías de seguro 16
    véase también accionistas institucionales
compañías de software, ingresos por ventas 71
compañías que cotizan en Bolsa 198, 209
    véase también responsabilidad limitada...; públicas...
    auditores 29-30, 220-221
    conceptos 14, 15-16, 21, 24-26, 27-30, 32-33, 69, 110-111, 222
    distrito financiero 222
    Estados contables publicados 14, 15-16, 21, 24-26, 27-28, 32-33, 69, 110-111
    estados de negocios en marcha 20, 231
    gobierno corporativo 21, 28, 30, 217-224
    OFR 111
    valuación 208-212, 239-240
compañías que no cotizan en Bolsa 209
compañías unipersonales 208, 223
comparación con los puntos de referencia 143
competidores, perspectivas de utilidades 126
compras 46, 144-145
    véase también acreedores comerciales
    estados de valor agregado 144-145, 152-153, 232-235
conceptos de contabilidad, fundamentos 18-24
conceptos fundamentales de contabilidad 18-24
conciliación de los libros 82
conciliación de los movimientos de los fondos de los accionistas 109-110
condiciones crediticias 66, 67, 91, 95
    véase también sobreinversión
Consejo para la Presentación de los Estados Contables (FRC) 25
contabilidad creativa 71-72, 84, 96, 106, 115, 117, 124, 128, 135-137, 201-202, 224
    EPS 202-205
    estados de flujo de caja 96, 106

gastos capitalizados 84, 96-97, 201
práctica de nivelación de ganancias 201-202
utilidades 71-72, 84, 96, 106, 115, 117, 124, 128, 135-137, 201-202, 224
ventas 71-72, 106, 115, 201-202, 224
contabilidad de activos humanos 19
contabilidad de costos corrientes (CCA) 19
contabilidad de doble entrada 13, 37
contabilidad de fusiones, EE.UU. 59
contabilidad de las fusiones 57-60
contabilidad del poder adquisitivo corriente (CPP) 19, 51
contadores *véase* contadores financieros
contadores financieros
 economistas 125, 126
 habilidades 37
 organismos profesionales 29
 seis premisas 18
contratos de leasing 84-85, 103, 161, 193-195, 229
 véase también arrendamientos por leasing
 conceptos 84-85, 103, 161, 193-195
 deuda 193
 "sustancia sobre forma" 194
contratos de servicios, directores 75
controles de inventario oportunos 143
controles internos 220
cortoplacismo 125
costo de capital 199, 211-212, 234-235
costo de capital promedio ponderado (WACC) 212, 234
costo de las ventas, conceptos 70-71, 72-74, 178-179
costo del endeudamiento 211-212
costo diario promedio (ADC) 178-180, 185
costo histórico 20, 27, 49, 65, 109, 110
costos
 ADC 178-179, 185
 amortizaciones 20, 23, 26-27, 49-52, 72, 78-87, 94-95, 96, 99, 200-201, 126, 267
 asignaciones 69-70
 conceptos 69-87, 126-147, 178-179, 199, 211-212, 234-235
 costos directos 72-74
 costos indirectos 72-74
 costos comunes 69-70
 directorios 155-156
 directores 19, 155-156
 estados de resultados 69-87, 126-147
 informe segmentado 69-70
 memorias anuales 15-16
 valuaciones 20, 23, 27, 39, 62
costos administrativos, estados de resultados 71-87
costos comunes 69-70
costos de distribución 71
costos directos 72, 79, 96
costos indirectos 73-75
costos promedio, valuaciones del inventario 74
CPP *véase* contabilidad del poder adquisitivo corriente
créditos, contabilidad de doble entrada 13, 37
cuantificación del dinero 19

cuenta de ganancias y pérdidas véase estado de resultados
cuentas a cobrar, *véase* deudores comerciales
cuentas a pagar, *véase* acreedores comerciales

D

Daimler-Benz 28
DaimlerChrysler 59
debate y análisis de gestión (MD&A) 32, 33, 227
debentures, conceptos 47
débitos, contabilidad de doble entrada 13, 37
declaración de cumplimiento 28
declaración de la misión 225
Declaración de Prácticas Contables Recomendadas (SSAP) 25, 69, 94
Declaraciones de Prácticas Recomendadas (SORP) 25, 26
Deloitte Touche-Tohmatsu 29
depreciación directa, conceptos 79-81
derechos de autor 54
derechos de propiedad intelectual 54-55
derechos de voto, accionistas 227
derivados 103, 228
descuentos 66
desempeño corporativo *véase* temas de desempeño
deterioro, activos 56
    amortización 49, 73, 78-87, 99, 126
    arrendamiento 84-85, 193-194

balance 37, 49, 51-53, 61, 167
base de factor común 164-165
cierres de ejercicio 68-69, 115-116, 131-133, 167
cifras comparativas 70-71
compañías asociadas 68-69, 78, 128-129
comparaciones internacionales 70-71, 74
conceptos 13, 15, 27-28, 37-38, 49, 59-60, 65-87, 98-99, 109, 118-121, 126-147, 156-163, 167
costos 69-87, 126-147
costos administrativos 71-87
deudas incobrables 62, 169-170, 202
directores 75-77
distribución de costos 71-87
dividendos 86, 96-97
estado de flujo de caja 98-107
estado de resultados 7, 13, 15, 23, 25, 27-28, 39, 49, 51-53, 65-87, 98-99, 109, 118-121, 125-147, 156-163, 167
formatos 70-71
gastos de capital/ingresos 82-85
impuestos 68, 74, 80, 81-82, 96-97, 100, 127, 129-130
inflación 65-66, 121
inventarios 73-74
inversiones 78, 129
joint ventures 61, 68-69, 78, 128-129
moneda extranjera 51-53, 104-105, 163-164
operaciones continuas / discontinuas 68, 127

otras ganancias 78
pagos de intereses 84, 129
por función/formatos por naturaleza 70-71
presentación 70-71
presentación de informes segmentada 69-70
presentación de tamaño común 118-121
rubros excepcionales 85, 135-136
recursos humanos 75-77
Reino Unido 70-87, 101-102, 127
STRGL 109
ventas 65-87, 96, 18-121, 126-147
deuda con recursos limitados 228
deuda neta 103, 105, 191
deuda subordinada 228
deudas incobrables 22, 62, 170, 202, 223
deudores 46, 61, 67, 90-107, 167-188, 249, 256-257, 264
  véase también negocio...
  conceptos 46, 61, 67, 90-107, 167-168, 178, 249, 256-257, 264
  deudas incobrables 22, 61, 169-170, 202
  factoreo 61
  liquidez 169-172
  peligros de la sobre-inversión 46, 67, 167
deudores comerciales
  véase también deudores
  coeficiente de deudores (días) 180-183, 249, 264
  comparaciones del sector minorista 256
  conceptos 46, 61, 67, 91-107, 167-188, 249, 256-257
  convenio de factorización 62
  deudores incobrables 22, 61, 170, 202
  peligro de sobreinversión 46, 67, 167
deudores "diferidos" 62
devengamiento 23, 66, 71, 168, 170
Diageo 53
diarios comerciales 151
días del ciclo de efectivo 182
diferencias del momento de registro 66, 81, 97, 185-186
Dinamarca 19
directivas europeas 27-28
director ejecutivo (CEO) 21, 30, 216-218, 219-221, 222, 241
  declaraciones 30
  oportunidad para la foto del directorio 216-217
  vigencia 221-222
  y presidente 21, 217-218, 219-221, 241
director financiero (CFO) 221-222, 241
  el distrito financiero, Reino Unido 222
  listas de clientes 53
  método de la tasa al cierre 104
directores 13-16, 19, 21, 24, 31-32, 48, 75-76, 138-139, 150-151, 154-156, 200, 216-241
  véase también directorios; gerencia
  costos 19, 155-156
  edades 218
  gobierno corporativo 21, 31, 154-156, 217-224

memorias anuales 31-34, 154-156, 216-220, 225-237
pagos por compensación 75
previsiones "big bath" 48
responsabilidad 31
directores no-ejecutivos 21, 75, 218-220, 241
directorios
véase también directores
calidades 218-222, 265-266
cambios 221-222
costos 155-156
estrategia 225-226
gobierno corporativo 21, 155-156, 237-224
oportunidad para la foto del directorio 216-217
peligros del volumen 221-222, 265-266
roles 218-222
diversificación 217, 223, 225
dividendo en acciones 86
dividendos 16, 44, 46, 71-87, 96-97, 100, 102, 103, 125-126, 134-142, 155, 171-172, 189-214, 231, 232-235, 259
véase también acciones
conceptos 86, 96-97, 102, 103, 125-126, 134-142, 165, 171-172, 189-190, 194-195, 205-210, 259, 231, 232-235
dividendos propuestos 46, 86, , 137, 171-172
EPS 137-138, 205-210
estado de flujo de caja 96-97, 100, 102, 103

estado de resultados 86, 96-97
pagos provisorios 205
por acción 205-210, 213
Reino Unido 138-139
rendimiento 207, 211-212
sin utilidad 86, 96-97, 138-139, 205
valuación de la compañía 210-211
dividendos propuestos, balances 46, 86, 137, 171-172
divulgaciones 31-32, 75-76, 228-231

E

Ebbers, Bernard 222
EBIT *véase* ganancias antes de intereses e impuestos
EBITDA *véase* ganancias antes de intereses, impuestos, depreciación y amortización
economistas, medidas de utilidad 125, 126-127, 234-235
ecuación, balances 37, 91-92
EE.UU. 7, 21, 25-29, 30, 32, 46, 70, 74, 78, 87, 110-111, 198, 217-220, 224, 239-240
alquileres 84-85
comparaciones de coeficientes con puntos de referencia 246-267
comparaciones de coeficientes internacionales 246-267
conceptos 91-107
definición 92
estación de ferrocarril Penn Central 239

estado de flujo de caja 89, 95, 99-100
estados contables publicados 15, 21, 26, 30, 32, 110, 215-216
estándares contables 25-26, 27, 32
fusión de intereses 59
GAAP 27, 59, 72
gobierno corporativo 21, 28, 217-220
llave del negocio 55-56
métodos de depreciación 79-80
organismos profesionales 29
regla de importancia relativa 24
valuaciones de inventario 74
eficiencia
véase también resultados...
activos en disminución 159-161
coeficientes 16, 37, 129-134, 149-165, 246, 247, 254-255, 257
coeficientes de la pirámide Du Pont 139-145
conceptos 129-134, 149-165, 246, 247, 254-255, 257
definición 149
función de tesorería 163-164
medidas 16-17, 37, 129-134, 149-165, 246, 247, 254-255, 257
R&D, investigación y desarrollo 161-163, 231-232
recursos 149
recursos financieros163-165
recursos físicos 156-163
recursos humanos 149-156, 250-251, 266
tasas de retorno 16, 37, 129-147, 157,158, 211, 235-241

emisión de derechos 241
empleados *véase* recursos humanos
empresario 219, 222
empresas públicas, estados contables publicados 14
endeudamiento
  véase también acreedores; largo plazo...
  acciones convertibles 45, 47, 136, 190-191, 211-212, 228
  apalancamiento 16-17, 37, 40, 53, 119, 190-214, 261, 236
  arrendamientos 193
  balances 47, 189-214, 228-231
  coeficiente flujo de caja / endeudamiento 236-239
  conceptos 16, 47, 98-107, 119, 125-126, 189-214, 228-231, 235-237, 241, 250, 260
  costo de endeudamiento 211-212
  definiciones 102-103, 189, 190-191, 260
  deuda neta 102-103, 191-214
  fechas de amortización 47
  inflación 211
  instrumentos financieros 228
  notas a los estados contables 47, 211-213
  patrimonio 16, 119, 189-214, 261, 230, 235-237, 241
  recursos limitados 228
  subordinada 228
endeudamiento a corto plazo 46, 90, 92, 183-188, 189-190, 229-230
Enron 30, 61, 216, 218, 222, 224

EPS *véase* ganancias por acción
equivalentes de caja 63
equivalente de tiempo completo (FTE) 149
Ernst & Young 29
escisiones 217
estación ferroviaria Penn Central 239
estado de flujo de caja 8, 15, 17, 25, 32, 89-90, 94-107, 167-188, 251, 267, 230, 236-237
   véase también liquidez...
   actividades operativas 98, 99, 103, 118
   activos fijos 100-101, 103
   adquisiciones y ventas 101-102
   amortización 94-95, 96, 99
   análisis sobre la base de 118
   antecedentes históricos 89, 95
   cálculo de las entradas / salidas 95-107, 118, 230
   comparaciones internacionales 98
   conceptos 89, 95-107, 167-188, 251, 267, 236-237
   contabilidad creativa 96, 106
   contratos de leasing 103
   dividendos 96-97, 100, 102, 103
   EE.UU. 89, 95, 100
   ejemplos 103, 117-121
   el primero presentado 89, 95
   estados de flujo de fondos 94-95
   eventos excepcionales / extraordinarios 104, 202
   flujo de caja futuros 106-107, 209-211
   flujo de caja libre 98-99, 103-107, 234
   formatos 98-107, 117-121
   fusiones y adquisiciones 101-102
   gastos capitalizados 96-97
   gastos de capital 100-101, 103
   gestión de recursos líquidos 102, 103
   impuestos 96-97, 100, 103, 118
   inversiones 98, 100-101, 103, 118
   lineamientos de interpretación 105-107
   moneda extranjera 104-105, 163-164
   presentación 98-107, 117-121
   Reino Unido 89-90, 94-95, 98-107
   retornos sobre las inversiones y los intereses de financiación 98, 100, 103
   saldos de caja 104, 186-187
   sección de financiación 103, 118
   subsidiarias 101-102, 104-105, 163-164
   utilidades 96, 99-107, 185-188
   vínculos balance / estado de resultados 98-100, 105-106
estado de origen y aplicación de fondos 92-95, 230
   véase también flujo de fondos
estados contables consolidados 15
   balance 51-53, 57-60, 194
   llave del negocio 54-56
   conceptos 15, 26-28, 51-53, 57-60, 115-116, 194
   estados contables publicados 15, 26-28
   intereses minoritarios 15, 58-60, 70
estados contables de flujo de caja 103-104, 118
estados contables del grupos *véase* estados consolidados

estados contables publicados
véase también memorias anuales
fuentes 111, 215-217, 245
fuentes de Internet 111, 215-217, 245
impuestos 14, 18
informes sofisticados 216-217
proveedores 13-15, 21, 24-28, 109-111, 215-217
usuarios 15-18, 22, 24, 82, 99, 109-111, 125-127, 126-147, 215-217
estados de cuentas provisorios 15, 28, 110-111
estados de ganancias y pérdidas totales reconocidas (STRGL) 77, 109
estados de valor agregado 144-145
estándares de contabilidad 8-9, 13, 17, 24-31, 32, 48
estándares de contabilidad generalmente aceptados (GAAS) 30
estándares de auditoría 30-32
Estándares Internacionales de Auditoría (IAS) 30
Estándares Internacionales de Contabilidad (IAS) 8, 26-28, 34-35
    conceptos 8, 26-28, 34-35
    GAAP de los EE.UU. 27-28
    IAS 1 26-27, 34
    IAS 14 69
    IAS 18 72
    IAS 33 135
    IAS 36 56
    IAS 37 48
    IAS 38 54
    lista 34-35
Estándares Internacionales para la Presentación de los Estados Contables (IFRS) 26, 28
Estándares para la Presentación de los Estados Contables (FRS) 25-27, 47, 53
    FRS 1 95
    FRS 3 13, 109, 135, 136
    FRS 5 72
    FRS 9 61, 68
    FRS 10 53, 54-56
    FRS 11 56
    FRS 12 47-48, 85
    FRS 13 228
    FRS 14 135
    FRS 17 77
    FRS 18 26
    FRS 32 228
    FRS 133 228
estrategia 32-34, 61, 225-241
    conceptos 225-241
    declaración del presidente 30, 226-227
    descripción del riesgo 228-229
    informe de los directores 32-34, 226-227
    M&A, fusiones y adquisiciones 225
    memorias anuales 225-241
    misión y visión 225-226
    OFR 30, 32-34, 111, 227-231
    promoción de la diversificación 223, 225
    solución única 225
estrategia corporativa véase estrategia
estructura de capital 16, 91, 103, 119, 189-214
    véase también financiación de la

deuda; capital...
estructuras en pirámide, accionistas 139, 157
euro 19
EVA *véase* valor económico agregado
eventos extraordinarios 104, 135-136, 202, 224
eventos posteriores al balance 226-227
experiencia y conocimiento 54
eXtensible Business Reporting mark-up Language (XBRL) 215
eXtensible Mark-up Language (XML) 215

F

fabricantes, ciclos de caja 182
factor retrospectivo, memorias anuales 34
factoreo, deudores comerciales 62
factoreo de la deuda 62
FASB *véase* Junta de Estándares de Contabilidad
fechas de amortización, préstamos 47
fiabilidad, memorias anuales 24
FIFO *véase* primero en entrar, primero en salir
Financial Times 198, 209, 210, 215, 216
financiamiento patrimonial, conceptos 16, 102, 119, 189-214
fluctuaciones de tasa de cambio 51-53, 104-105, 123, 163-164
flujo de caja
    coeficiente de endeudamiento 238
    conceptos 96-97
    e impuestos 96-97
    ingreso por ventas 96, 267
    libre 98-99, 103, 234
    margen 185-188, 236-237
    medidas 185-187
    neto 99
    operativos 185, 186, 236-237
    retorno 185-186
    y capital de trabajo 90, 97-98, 158-159
    y utilidades 67, 89, 96-97, 99, 106-107, 185-186, 231, 236-237
flujo de caja del retorno sobre activos (CFROA) 186, 237
flujo de caja del retorno sobre inversiones (CFROI) 237
flujo de caja futuro 213
flujo de caja libre
    véase también valor de accionistas
    conceptos 98-99, 234
flujo de caja neto 99, 100, 103
flujo de caja operativo 95-107, 185-188, 241
    véase también efectivo
    activos intangibles 231
    capacitación y desarrollo 231-232
    conceptos 32-34, 111, 227-231
    conceptos 95-107, 181-188, 241
    contenidos 32-33, 227-231
    descripción del riesgo 228-229
    gastos de capital 229-230
    máximo endeudamiento 230
    métodos directos/indirectos 99-100
    retornos de los accionistas 230-231
flujo de fondos
    amortización 93-94, 96

cambios en el saldo de caja 94-95
conceptos 91-107
definiciones 91-92
estado de flujo de caja 95
estados 92-95
problemas 94-95
fondos de los accionistas
véase también capital...
balance 38-63, 91-92, 134-142, 189-214
conceptos 42-43, 49, 91-92, 109, 119-121, 134-142, 189-214, 249, 260-261
conciliación de movimientos en los fondos de los accionistas 109, 110-111
definición 134-135
STRGL 25, 77, 109
fondos de pensión 16, 25, 26, 202
véase también accionistas institucionales
fondos netos 103
formato horizontal, balance 42
formato vertical, balance 42
formatos por función, estados de resultados 70-71
formatos por naturaleza, estados de resultados 70-71
Fortune 216
Francia 26, 29, 39, 46, 70, 74, 78, 83, 219
Coeficiente de los puntos referencia 246-267
Coeficientes de los puntos de referencia internacionales 246-267
fraude 13, 21, 31, 33, 34, 84, 170, 217, 224, 237
FRC *véase* Consejo para la Presentación de los Estados Contables
FRED *véase* Informe Financiero Preliminar del Riesgo
FRRP *véase* Panel de Revisión de la Presentación de los Estados Contables
FRS *véase* Estándares para la Presentación de los Estados Contables
FRSB *véase* Junta de los Estándares para la Presentación de los Estados Contables
FSA véase Autoridad de Servicios Financieros
FTE véase equivalentes de tiempo completo
FTSE, Índice bursátil de los Actuarios 155, 198, 210
fuentes
información 111, 151, 158-159, 163, 215-217, 245
memorias anuales 111, 215-217, 245
fuentes de financiación
véase también deuda...; capital...
apalancamiento 16-17, 37, 40, 53, 119, 190-214, 261, 235-236
balance 37, 46, 91-107, 119-121
conceptos 37, 46, 91-107, 118-121, 189-214
definición 91
España 39
fuentes internas/externas 91, 119-121, 190-214
hojas de cálculo, bases de datos 124

necesidades de especulación, efectivo 170-171
tipos 91, 102-103, 189-214
Fuerza de Tareas para Temas Urgentes (UITF) 26
fusiones y adquisiciones (M&A) 26, 48, 52, 54-56, 57-60, 68, 101-102, 115-116, 131-132, 157-158, 172, 198, 217-218, 225
    balance 54-56, 57-60, 131-132, 172
    emisiones de acciones 58-60, 101-102
    estado de flujo de caja 101-102
    estado de resultados 68
    estrategia 225
    incumplimiento 225
    llave del negocio 54-56, 60-61, 78, 104-105
    rumores 198
    Separación de compañías 217-218
    valuación de activos 60
futuros 228

G

GAAP *véase* principios de contabilidad generalmente aceptados
GAAS *véase* estándares de contabilidad generalmente aceptados
ganancias 16-17, 25, 78, 109, 199, 207-208, 232-233
ganancias antes de los intereses, impuestos, depreciación y amortización (EBITDA) 33, 131, 146
ganancias antes de los intereses e impuestos (EBIT) 132, 164
ganancias por acción (EPS) 33, 85-86, 130-131, 135-137, 146, 200, 202, 204, 200-201, 202-210, 213, 234-235
    ajustes a largo plazo 136
    comparando usos 200
    conceptos 134-139, 146, 201-202, 202-210
    consistencia 135-136
    contabilidad creativa 202
    crítica 137, 201-202, 234-235
    dividendos 137-138, 205-210
    factor de dilución 136, 201-202
    medidas anti-maquillaje 135-136
    utilidad retenida 137, 205
    utilidades después de impuestos 209-210
ganancias por intereses 84, 90, 100, 210-211
garantías 45, 47, 54, 189, 237
gastos, capitalización 52, 82-84, 96-97, 201, 224
gastos de capital 82-85, 100-101, 103, 160-161, 229-230
    coeficiente del volumen de negocios 161, 229
    estado de flujo de caja 100-101, 103
    gastos por ingresos 82-85
    OFR 229-230
gastos por ingresos, gastos de capital 82-85
gerencia 14, 16-17, 235-241
    véase también directores
    análisis financiero 215-241
    bono 17, 75, 154-156

decisiones de inversión 100-101, 202-203, 229-230
estructuras 219-222
memoria anual 17, 21, 31-32, 154-156, 216-220
perspectivas de las utilidades 125, 232-233
recursos físicos 156-163
relaciones de pertenencia 14, 16-17, 31-32
remuneración 17, 21, 32, 75, 150-151, 154-156, 200, 220-221, 241
responsabilidades 21, 216-222
roles 17, 21, 100-101, 125, 216-222
gestión basada en el valor (VBM) 233
gestión de recursos de liquidez, flujo de caja
estados 102, 103-104
gestión de recursos humanos (HRM) 149-156
gobierno corporativo
véase también publicaciones
códigos 21, 75, 217-218, 226-227
Comisión Hampel (1998) 21, 76
comisiones de auditoría 21, 220-221
compañías que cotizan en bolsa de valores 21, 28, 30, 217-224
conceptos 21, 28, 75, 217-224
director ejecutivo / presidente 21, 217, 219-221, 241
directores no ejecutivos 21, 75, 218-220
Informe Higgs (2003) 21
mejores prácticas 21, 217-224
normas para cotizar en una bolsa de valores 21
remuneración de los directores 21, 75, 154-156, 220-221
gobiernos
bonos 199, 210-211
estándares de contabilidad 28-29
memorias anuales 18
Google 216
gráficos, análisis contables 117-118, 140-142, 145
gráficos circulares, estados de valor agregado 145
gráficos de barra, análisis contable 117

H

hágalo sencillo 115, 240-241
HRM *véase* gestión de recursos humanos

I

IAPC *véase* Comisión de Prácticas Internacionales de Contabilidad
IAS *véase* Estándares Internacionales de Contabilidad;
IASB *véase* Junta de Estándares Internacionales de Contabilidad
IASC *véase* Comisión de Estándares Internacionales de Contabilidad
ICAEW *véase* Instituto de Contadores Públicos de Inglaterra y Gales
IFRS *véase* Estándares para la Presentación de Informes Financieros

IIMR *véase* Instituto de Gestión de Inversiones e Investigación
imposición de impuestos 14, 18, 33, 47, 68, 71, 74, 80, 81-82, 96-97, 118, 127, 129-130, 131-132, 246, 264, 265, 267
 véase también después de impuestos...; antes de impuestos...
 balance 47, 96-97
 cuenta de compensación 81
 depreciación 79-80, 81-82
 estado de resultados 68, 74, 79-80, 81-82, 96-97, 100, 127, 129-130, 127, 129-130
 estados contables publicados 13, 18, 71
 estados de flujo de caja 96-97, 100, 103-104, 118
 impuestos diferidos 81-82
 VAT 127
impuesto al valor agregado (VAT) 127
impuestos diferidos 81, 85
impulsores del negocio 233-234
indicadores de éxito/ fracaso 235-241
indicadores del flujo de caja 236-237
industria de bebidas, punto de referencia de coeficientes
 comparaciones 246-251
industria de la construcción, punto de referencia de coeficientes
 comparaciones 246-251
industria farmacéutica, punto de referencia de coeficientes
 comparaciones 246-251
industria hotelera, punto de referencia de coeficientes
 comparaciones 246-251

industria manufacturera de alimentos, punto de referencia de coeficientes
 comparaciones 246-251
inflación 19-20, 23, 46, 49, 50, 65, 105, 121, 122, 211, 221, 227
información
 bases de datos comerciales 216
 fuentes 111, 151, 158-159, 163, 215-217, 245
 fuentes de Internet 111, 215-217, 245
 fuentes de los medios 216-217
información adicional
 en la memoria anual 151, 158-159, 215
 otras fuentes 151, 158, 163, 215-216
información por segmentos 69-70, 106, 120-121, 132-133, 138
informe de los directores 32-34
informe del auditor 25-26, 27, 30-32
 conceptos 25-26, 27, 30-32
 contenidos 30-31
 informes calificados 31
Informe Financiero Preliminar del Riesgo (FRED) 25
Informe Higgs (2003), gobierno corporativo 21
informes de auditoría calificados 31
informes muy sofisticados 216-217
ingresos/utilidades retenidas 39, 43, 45, 49, 71-87, 129-130, 137, 145, 205, 239-240
ingresos diferidos, reservas 202
ingresos principales 136
insolvencia *véase* quiebra
Instituto de Contadores Públicos de

Inglaterra y Gales (ICAEW) 29
Instituto de Gestión de Inversiones e Investigación (IIMR) 136
Instituto Norteamericano de Contadores Públicos (AICPA) 29
instrumentos de capital 138, 191
instrumentos financieros 228
　　véase también deuda...; capital...
interés preferencial 61
intereses minoritarios
　　conceptos 15, 58-60, 70, 135, 260
　　estados contables publicados 70
Internet 9, 71, 75, 76, 111, 215, 216, 223, 245
inventarios 22, 26-27, 62, 73-74, 90, 143-144, 167-188, 202, 237-238, 249, 256, 262, 264
　　véase también stock
　　balance 62, 90-91, 167-188, 237-238
　　coeficiente de días en stock 179, 183, 249, 264
　　comparaciones del sector minorista 256, 262, 264
　　controles oportunos de inventarios 143
　　estado de resultados 73-75
　　FIFO/LIFO/valuaciones de costo promedio 73-74
　　liquidez 42, 169-188, 237-238
　　valuación 22, 26-27, 62, 73-74, 131-132, 202, 224, 237-238
inversiones
　　activos corrientes 63, 78, 171
　　decisiones 100-101, 202
　　estado de flujo de caja 98, 100-101, 103-104, 118
　　estado de resultados 78, 129
　　inversiones a corto plazo 171, 229-230
　　OFR 229-230
　　período de amortización 202-203
　　perspectivas de los resultados 125
　　rol de la gerencia 100-101, 202-203, 229-230
inversiones a corto plazo 171
investigación y desarrollo (R&D) 26, 55, 72, 82-85, 161-163, 231-232, 235
　　capitalizar 82-85
　　coeficiente de ventas 162, 231-232
　　efectividad 161-162
　　medidas de eficiencia 161-163
　　tablas de la liga 231-232
　　tratamiento contable 161-163
IOSCO *véase* Comisiones de la Organización Internacional de Títulos
Italia 13, 29, 39, 46, 70, 74, 83

J

Japón 26, 74
joint ventures
　　conceptos 61, 68-69, 78, 98, 128-129, 191-195
　　definición 58, 61
　　estado de resultado 61, 68-69, 78, 128-129
Junta de Estándares de Contabilidad (ASB) 25-26, 31, 32, 53, 56, 71, 95
　　Fuerza de Tareas para Temas Urgentes (UITF) 26
　　metas 25

Junta de Estándares de Contabilidad Financieros (FASB) 25, 60
Junta de Estándares Internacionales de Contabilidad (IASB) 26
Junta de los Estándares para la Presentación de los Estados Contables (FRSB) 26
jurisprudencia 30

K

Keynes, John Maynard 170
KMPG International 29

L

L'Ordre des Experts Compatables (OEC) 29
Letras del Tesoro 199
Ley 88 Sarbanes-Oxley 87, 218, 220, 224
Ley de Reforma Pública Contable y de Protección al Inversor 218
Ley de Sociedades 28, 30, 38
Ley romana 27
LIFO *véase* último en entrar, primero en salir
libros, conciliación 82
liquidación 19, 42, 94, 228, 229
liquidez 17, 37, 42 ,89-107, 167-188, 247-248, 234-241, 263
    véase también flujo de caja...
    activos corrientes 102, 103, 167-188, 247-248, 262-263

    coeficientes 172-188, 247-248, 262-263, 234-241
    conceptos 42, 102, 103, 167-188, 247-248, 263, 234-241
    definición 167
    medidas 172-188, 247-248, 262-263, 234-234
    operaciones entre compañías del grupo 172
    pasivos corrientes 102, 103, 171-188, 262-263
listas confidenciales de clientes 54
llave del negocio 27, 28, 53-56, 60, 78, 101-102, 192, 235
    conceptos 54-56, 60, 78, 101-102, 192
    definición 54-55
    deterioro 56
    llave del negocio negativa 56
    tratamiento 56, 60, 78, 101-102, 192, 235
llave del negocio negativa 56

M

M&A *véase* fusiones y adquisiciones
Mackey, Bill 241
"manejo agresivo de los ingresos" 202
mantenimiento del capital 65-66, 78-81, 126-127, 138
    véase también amortización
mantenimiento del capital financiero 126
marcas 53-56, 83, 192-193, 235
    capitalización de 191-192, 201

marcas comerciales 53-55, 83, 117, 192, 201, 217, 231, 235
margen bruto 128, 129, 146
margen de utilidad después de impuestos 129
margen de utilidades
    coeficiente de movimiento de activos 139-144, 157-158
    coeficientes 127-134, 139-144, 157-158, 254-255
    comparaciones con el sector minorista 254-255
    conceptos 127-134, 139-144, 157, 254-255
    definiciones 127-130
    tasas de retorno 139-141, 157-158
Marks & Spencer 53, 219
materias primas 62, 90, 167, 168, 169, 182
    véase también inventarios
Maxwell, Robert 77, 219
MD&A *véase* debate y análisis de la gestión
medidas 149-165
medios
    fuentes de información 215-216
    títulos 53
    usos 115-117
mejores prácticas, gobierno corporativo 21, 217-224
memorias anuales 7, 13-35, 68-69, 82, 98-99, 109, 115-124, 149-165, 202, 215-221, 225-241
    véase también balances; flujo de caja... análisis contable; estado de resultados
    auditores 13, 18-19, 21, 28-32, 220-221
    conceptos 82, 98-99, 109, 115-124, 202, 215-221, 225-241
    conceptos fundamentales de contabilidad 18-24
    conciliación de movimientos en los fondos de los accionistas 109, 110-111
    costos 15-16
    declaración del presidente 30, 226
    descifrar complejidades 13
    directores 31-34, 154-156, 216-221, 225-237
    editores 13-15
    factores retrospectivos 34
    final del ejercicio 37-39, 48, 68-69, 115-116, 131-132, 167
    fuentes 111, 215-217, 245
    fuentes de Internet 111, 215-217, 245
    información adicional sobre los resultados 158-159, 163
    informe de los directores 31-34, 226
    informes muy sofisticados 216-217
    objetivos 15-16, 23-24, 30-31, 82, 98-99, 109-111, 218-220
    OFR 30, 32-34, 111, 227-231
    otros estados 109-111, 226-231
    perspectiva verdadera y justa 30-31, 194, 224
    presentación 14
    presentación 15-16, 23-24, 26-27, 31-32, 117-121, 216-220
    proveedores 13-15, 21, 24-26, 27-28, 31-32, 109-111, 215-220
    relaciones públicas 15-16

resumen de los estados contables 216
STRGL 27, 77, 111
usuarios 15-18, 22, 24, 82, 98-99, 109-111, 125-126, 127-147, 202, 215-220
mercado bajista 198
mercados alcistas 198
mercados de dinero 171
método patrimonial de contabilidad, joint ventures 193
modelo de fijación de precios del activo capital (CAPM) 199, 212
modo, usos 115-117
moneda extranjera 26, 51-53, 104-105, 123, 163-164, 228-229
    apalancamiento 16-17, 37, 40, 53, 119, 190-214, 261, 235-236
    capital de trabajo 90-91, 95, 167-188, 237-238
    coeficientes de liquidez 172-188, 247-248, 262-263, 234-241
    comparaciones internacionales 115, 123, 246-267
    declaraciones de valor agregado 144-145, 152-154, 232-235
    estrategia 32-33, 61, 225-241
    gestión 215-241
    habilidades 37
    lineamientos 115-124
    márgenes de utilidades 16-17, 127-134, 139-141, 254-255
    normas de porcentaje 118-123, 162
    números de los índices 120-123
    pautas simples 115, 240-241
    presentación gráfica 117-118, 141-142, 145
    puntaje Z 239-240
    R&D, investigación y desarrollo 26, 55, 73, 82-85, 161-163, 231-232
    registros históricos 115-116
    retorno de los accionistas 134-142, 195-196, 205, 207-208, 230-231, 233-235
    tablas de la liga 116-117, 127-128, 143, 150-151, 231-232
    tasas de retorno 37, 129-147, 157-158, 210-211, 234-241
    tendencias 121-123
    utilidades 125-147, 157-158, 254-255, 234-241
Morrison 223
motores de búsqueda 216
múltiplo de ganancias, valuaciones de la compañías 209-212
MVA véase valor de mercado agregado

N

NBV *véase* valor neto en libros
necesidades de transacciones, efectivo 171-172
necesidades preventivas, efectivo 170-171
negocio electrónico 223
negocios discontinuados, ganancia
    estados 68, 127
negocios permanentes, estados de resultados 69, 127

NOA *véase* activos netos operativos
NOCE *véase* capital neto operativo empleado
norma de la comparación 23-24, 36, 70-71, 115-117
norma de la consistencia 23-24, 70-71, 115-117, 237-238
norma de la importancia relativa 24, 68, 69
norma de la realización 22-23
norma de la relevancia 24
norma del calce 230
notas a los costos históricos de pérdidas y ganancias 109-110
notas a los estados contables 15-16, 23-24, 26, 43, 47-49, 62, 78, 115, 129, 211-213
    activos fijos 48-49
    acuerdos de factorización 62
    costo de ventas 72-73
    deuda 47, 211-213
    informe segmentado 69-70
    pagos de intereses 84
    políticas contables 23-24, 26
números índice, análisis financiero 120-123
NYSE *véase* Bolsa de Valores de Nueva York

O

obligación negociable 46
OEC *véase* L'Ordre des Experts Compatables
Oficina de Industria y Comercio 231
OFR *véase* revisión operativa y financiera
opción de compra de acciones véase opción sobre acciones
opciones 227-228
opciones sobre acciones 155, 200
operaciones dentro del grupo 15, 172
    véase también subsidiarias
oportunidades para la foto, directorios 216-217
organizaciones de beneficencia
    estados contables publicados 13
Organization for Economic Co-operation and Development (OECD) 218
otras ganancias 78

P

P/E coeficiente precios/ingresos 202-204, 207, 209-210, 212-214, 234, 236
Pacioli 13
pagos, dividendos provisorios 204-205
pagos adelantados 168
pagos compensatorios, directores 75
pagos de intereses 17, 45, 47, 70, 98-99, 100, 129, 163-164, 190-214, 250, 259
    capitalización 84, 98, 115, 201
    conceptos 84, 98-99, 129, 163-164, 190-214, 250, 259
    estado de resultados 84, 129
Países Bajos 219, 246-251
Panel de Revisión de la Presentación de los Estados Contables (FRRP) 25
"paquete de retiro", directores 75

paquetes de remuneración "enormes", directores 75
pasivos
   véase también corriente...
   balance 37-63, 167-188, 229-231
   flujo de fondos 91-107
   pasivos contingentes 85
   valuación 22
pasivos contingentes, conceptos 85
patentes 53, 54, 55
patrimonio 16, 61, 102, 103, 119, 135, 189-214, 249, 260, 235-237, 238-239
   véase también dividendos; fondos de los accionistas
   apalancamiento 16, 37, 40, 53, 119, 190-214, 235-236
   coeficiente deuda / capital 16, 119, 190-214, 261, 231, 235-237, 238-239
   conceptos 16, 102, 119, 189-214 235-237
   costo patrimonial 199, 211-212
   decisiones de financiación 102, 119, 189-214
   definición 189-190, 190-191
   deuda 16, 119, 189-214, 261, 231, 235-237, 238-239
   prima de riesgo 211
   ROE 135, 247, 196-197
PBIT *véase* utilidades antes de intereses e impuestos
pensiones 16, 21, 25, 47, 75-77, 202
pequeñas y medianas empresas 27, 209, 211-212
pérdidas 39, 77-78, 96-97, 109-110, 125

período de información, duración 67-68, 116
período del crédito 179-181
Perrier 53
personalidad jurídica corporativa 18-19
perspectivas de los participantes, utilidades 125-126, 134-142, 232-233
planes corporativos 33-34
planificación 17, 34
planta y maquinaria 48, 78, 81-82
   véase también activos fijos
plazo de amortización 202, 203
PLC *véase* sociedades anónimas
poderes, accionistas 16-17, 32, 156, 226-227
políticas de contabilidad
   cambios 23-24, 26-27, 33-34, 224
   conceptos 23-24, 26-27, 33-34, 220, 241
   declaración de 26-27, 33
   regla de la consistencia 23-24, 70, 115-117, 237-238
Portugal 39, 252
posición de caja 167
prácticas de nivelación de ingresos, directores 201-202
precios
   véase también valuaciones
   acciones 43-45, 139, 198-212, 231, 233-235
   coeficiente P/E 202-204, 209-214, 234-235
predicciones del fracaso 221-222, 225, 235-241
   activos y pasivos 37, 53, 57, 60, 229

combinaciones fatales 240-241
definición 229
instrumentos financieros 229
lista de Bill Mackey 241
puntaje Z 240-241
signos reveladores 240
Premio de la Reina al Sector 241
presentación
    balance 37-42, 119-121, 167-168, 216-220
    estado de flujo de caja 117-121
    estado de resultados 70-71
    memoria anual 15-16, 23-24, 25-26, 31-32, 98-107, 117-121, 216-220
presentación con el tamaño habitual, contable
    análisis 118-121
presentación gráfica, análisis contable 117-118, 141-142, 145
presidente
    declaración 30, 226
    roles 32, 217-218
    y director ejecutivo 21, 217-218, 219-221, 241
presiones por el pago de dividendos 138-139
    "paquete de retiro" 154
    accionistas 14, 16-17, 31-32, 138-139, 154-156, 226-227, 240-241
    calidades 218-221, 241
    contratos de servicios 76
    declaración de empresa en funcionamiento 20-21, 231
    directores no ejecutivos 20-21, 75, 218-220, 241

estado de resultados 75-77
estrategia 225-241
opciones de compra de acciones 21, 32, 75, 76-77, 154-156, 200
oportunidad para la foto del directorio 216-217
paquetes de remuneraciones "enormes" 154-156
peligros por volumen 221-222, 241
pensiones 75
prácticas de nivelación de las ganancias 201-202
remuneraciones 17, 21, 32, 75, 150-151, 154-156, 200-201, 220-221, 241
responsabilidades 20-21, 24, 31-32, 218-222, 226-227
roles 14, 20-21, 24, 31-32, 216-222, 225-227
tipos 20-21
préstamos a mediano plazo 47, 91-92
préstamos bancarios 84, 129, 168, 172, 173
presunciones de empresa en funcionamiento 20-21, 254
presupuestos 17
previsión por deudas incobrables 223
previsiones 22, 47-48, 62, 85
previsiones "big bath" 48
Price Waterhouse Coopers (PwC) 29
prima de emisión 43, 45, 58-60, 198
primas
    acción 43, 45, 58-60, 198-206, 209-211
    riesgo 209-211
primero en entrar, primero en salir (FIFO) 73-74

principio de valuación por separado 22
principios de contabilidad generalmente aceptados (GAAP) 27-30, 33, 59, 72, 81, 86, 87, 146, 223
problemas de gestión deficiente 13, 15, 21, 30, 34, 77
productividad 150-151
   véase también eficiencia
productos terminados 62, 168, 169, 174, 182
   véase también inventarios
promedios 106-107, 150
   activos 131-133
   análisis contable 74, 116-117, 131-133, 178-179, 185
protección cambiaria 52, 227-229
prueba de fuego 173
   véase también coeficiente de liquidez
publicaciones 13, 15-16, 20-21, 24, 28, 31-32, 75-76, 95, 228-231
   véase también gobierno corporativo
   riesgo 228-229
puntaje Z 239
puntos de referencia, coeficientes 7, 115, 116-117, 143, 145-146, 246-267, 238-239
puntos de referencia del sector, coeficientes 115, 116-117, 143, 145-146, 246-251, 232
puntos de referencia internacionales, coeficiente
   comparaciones 115, 131-132, 246-267
PwC *véase* Price Waterhouse Coopers

Q

quick ratio 173, 187
   véase también coeficiente de liquidez
quiebra 20
   véase también problemas de liquidez y sobre-inversión

R

R&D *véase* investigación y desarrollo
recursos
   véase también financiero...; humano...; físico...
   conceptos 149-165
   definición de eficiencia 149
recursos financieros, medidas de eficiencia 163-165
recursos físicos
   véase también activos
   medidas de eficiencia 156-163
recursos humanos
   costo por unidad de ingreso 152-154
   medidas de eficiencia 149-156, 250-251, 266
   tendencias sobre la delegación de tareas a los empleados 216-218
   coeficiente activos fijos / empleado 153-154, 251, 266
   FTE 149
   Problemas con la plantilla de personal 149
   estado de resultados 75-77
   activos netos por empleados 154

coeficiente utilidad operativa / empleado 152-154, 266
pensiones 75, 77
utilidades 125-126, 152-154, 250, 266
coeficientes de punto de referencia 250-251, 266
remuneración 150-151, 154-156, 200, 220-221, 241
ventas por empleados 151-154, 250, 266
coeficiente ventas / empleados 151-154, 250, 266
coeficiente utilidad operativa / empleado 152, 250
capacitación 254
estados de valor agregado 144-145, 152-154, 232-235
memorias anuales 17, 18, 75
conceptos 17, 18, 21, 32, 75-77, 125-126, 149-156, 216-218
opciones de compra de acciones 21, 32, 76-77, 154-156, 200
reducción de la depreciación del saldo 79-81
reemplazo
    costo 46
    tasas de reemplazo de activos 160-161
registros contables 30-32
regla conservadora *véase* prudencia...
regla de la prudencia 46, 51
reglamentaciones para cotizar en la bolsa de valores 20, 28, 69
Reino Unido 7, 13-15, 19-21, 24-32, 37-38, 40-43, 45-46, 51-56, 59, 61-62, 65, 68, 70, 74, 77, 78, 80, 83, 85-86, 89, 94-95, 98, 100-101, 110, 123, 125, 127, 132, 133, 138, 154, 163, 167, 172, 176, 192, 194, 198, 201, 209, 211, 216-219, 221-223, 225, 227, 231-232, 239, 241, 246-251
    alquileres 84-85, 194
    balance 37-38, 40-63, 133, 167, 194
    compañías que cotizan en bolsa 21, 28, 30, 32, 110-111, 217-220
    comparaciones de coeficientes de puntos de referencia 246-267
    comparaciones de coeficientes internacionales 246-267
    declaración de empresa en marcha 20, 231
    distrito financiero 222
    dividendos 138-139
    estado de flujo de caja 89-90, 94-95, 98-107
    estado de fuentes y aplicaciones de fondos 94-95
    estado de resultados 70-87, 101-102, 127, 194
    estados contables publicados 15, 21, 24-30, 32, 110
    estándares contables 15, 21, 24-30, 32, 70
    gobierno corporativo 21, 28, 217-220
    índices FTSE 154, 198, 210
    llave del negocio 54-56, 78, 101-102
    métodos de depreciación 79-80
    R&D, investigación y desarrollo 231-232
    reserva de revaluación 46
    Rolls-Royce 53, 239

valuaciones de inventarios 73
relaciones públicas, memorias anuales 15-16
remuneración
  comisión 75, 220-221
  directores 17, 21, 32, 75, 150-151, 154-156, 200, 220-221, 241
  empleados 150-151, 154-156, 200, 220-221, 241
rendimiento de los intereses 210-211
requisitos de presentación véase estados contables publicados
rescate, acciones 110
reservas
  balance 38-63, 85
  conceptos 39, 43, 46, 85, 201-202
  creatividad 201-202
  ingresos diferidos 201-202
  tipos 46, 85
  WorldCom 202
reservas de capital, conceptos 46, 85
reservas por ingresos 96
resultados financieros de cinco años 150-151
resumen de estados financieros 215-216
retorno de los accionistas
  conceptos 134-142, 154-156, 195-197, 205, 207-208, 230-231, 233-235
  definición 233
retorno sobre el capital (ROC) 135
retorno sobre el capital (ROE) 135, 196, 197, 247
retorno sobre el capital empleado (ROCE) 135
retorno sobre el total de los activos (ROTA) 132-133, 142-143, 146, 246, 254-255, 234-235, 237, 238-239
  comparaciones con puntos de referencia 143, 146, 246, 254-255
  comparaciones del sector minorista 254-255
  conceptos 132-133, 142-143, 146, 246, 254-255, 232, 237, 238-239
  definición 132-133
retorno sobre la inversión (ROI) 135
retorno sobre los activos (ROA) 129-134, 141-142, 185-188, 246, 247, 254-255, 257
  véase también utilidades
  CFROA 185-188, 237
  coeficientes de la pirámide Du Pont 139-145, 157-158
  conceptos 129-134, 141-142, 185-188
conceptos 129-134, 141-142, 185-188
retorno sobre los activos netos (RONA) 135
retorno sobre los activos netos operativos (RONOA) 133, 257
  comparaciones con puntos de referencia 247, 257
  comparaciones del sector minorista 257
  conceptos 132-134, 247, 257
retorno sobre los activos operativos (ROOA) 133
retorno sobre los activos tangibles totales (ROTTA) 132
retorno sobre los fondos de los accionistas (ROSF) 135, 196
retorno total del accionista 55, 207-208

retornos
    véase también tasas de ...
    riesgos 209-211
retornos requeridos 209-211
retornos sobre las inversiones y pago por servicio de finanzas, estados de flujo de caja 98, 10, 103-104
revaluación 91-92
    activos fijos 46, 56, 109-110
    nota de costo histórico de pérdidas y ganancias 110
    reservas 46
revisión operativa y financiera (OFR) 30, 32-34, 111, 227, 229-231
riesgo de la tasa de interés 228-229
riesgo de mercado 199
riesgo de moneda 228-229
    véase también moneda extranjera
riesgo de precio de mercado 199
riesgo sistemático 199
riesgos
    "nuevas" medidas 229
    compañías más pequeñas 209
    conceptos 202-203, 209-210, 227-231
    descripción del riesgo 227-229
    OFR 227-231
    período de devolución 202
    prima 209-211
    retornos 209-211
    tipos 199, 227-231
ROA *véase* retorno sobre los activos
ROC *véase* retorno sobre el capital
ROCE *véase* retorno sobre el capital empleado
ROE *véase* retorno sobre el capital

ROI *véase* retorno sobre la inversión
Rolls-Royce 53, 239, 241
RONA *véase* retorno sobre los activos netos
RONOA *véase* retorno sobre los activos netos operativos
ROOA *véase* retorno sobre los activos operativos
ROSF *véase* retorno sobre los fondos de los accionistas
ROTA *véase* retorno sobre el total de los activos
ROTTA *véase* retorno sobre el total de los activos tangibles
rubros excepcionales 85, 104, 135-136, 202, 224
    estado de flujo de caja 104
    estado de resultados 85, 135-136
rubros fuera del balance 192-193

S

Sainsbury 219, 223, 252-267
SBU *véase* unidades de negocio estratégicas
SEC *véase* Comisión Nacional de Mercado de Valores
sector minorista
    véase también compañías individuales
    comparaciones de coeficientes de comparación 143, 158, 176-177, 252-267
sectores de la industria, punto de referencia de coeficientes

comparaciones 115, 116-117, 131-132, 143, 145-146, 246-251, 231-233
securitización, deudores comerciales 62
seis premisas, conceptos contables fundamentales 18-24
servicios
   coeficiente de producto o nivel de servicios 159
   estado de valor agregado 144-145
sindicatos, memoria anual 17
SME *véase* pequeñas y medianas empresas
sobregiros 89
sociedades anónimas (plc) 14, 21, 24-28, 110-111, 209
   véase también limitadas...; que cotizan en la bolsa de valores...
   anuncios preliminares 14, 28, 110-111
   estados contables publicados 14, 21, 24-28, 110-111
   valuación 208-212, 239-240
sociedades limitadas 14, 209
   véase también limitadas...
   estados contables publicados 14
   riesgo 209, 211
solvencia 167, 171-173, 176, 177, 188
Somerfield 223
SORP *véase* Declaración de Prácticas Recomendadas
SSAP *véase* Declaración de Prácticas Contables Estándar
stock *véase* inventarios
STRGL *véase* estados de ganancias y pérdidas totales reconocidas
subsidiarias
   véase también estados contables consolidados
   conceptos 15, 51-53, 57-60, 101-102, 131-132, 157-158, 163-164, 172
   estado de flujo de caja 101-102, 104-105, 163-164
   estados contables publicados 15, 172
   ventas 15, 78, 101-102, 131-132, 157-158
subvaloración, activos fijos 18
Suecia 19
"sustancia sobre forma" 24, 194
SVA *véase* análisis de valor para los accionistas
swaps 228

T

tablas de la liga, compañías 115-116, 127, 143, 150-151, 232
tasas de crecimiento, compañías 201-202, 222-224
tasas de crecimiento compuestas 122-123
tasas de retorno 16, 37, 130-147, 157-158, 210-211, 235-241
   véase también retorno sobre.. apalancamiento 195-197
   coeficiente de movimiento de activos 139-144, 157-158, 254
   conceptos 16, 37, 199, 130-137, 157-158, 210-211, 235-241
   Letras del Tesoro 210-211
   limitaciones 139
   margen de utilidades 139-141,

157-158
Pirámide Du Pont de coeficientes 139-145, 157-158
primas 209-211
promedios 131-133
riesgo 209-211
usos 139, 157-158
tasas sin riesgo 210-212
temas ambientales 217, 226
temas de cuantificación, conceptos contables 19-20
temas relacionados con resultados 7-8, 32-33, 127-165, 238
   véase también eficiencia...
OFR 32-34, 227-233
tendencias
   números índice 120-123
   tasas de crecimiento compuestas 121-123, 137
tendencias sobre la delegación de tareas a los empleados 216-217
tenencia de dinero en efectivo véase coeficiente efectivo/activos corrientes
Terreno y construcciones 48-49
   véase también activos fijos
Tesco 223, 252-267
Tesorería, función 163
tiendas de descuento minoristas 143
tipos de ganancia 78
   véase también ventas
toma de decisiones 15, 17, 24
toma de préstamos
   alcanzar el máximo 229-231
   corto plazo 172, 167-168, 229
   interés sobre 84, 187

largo plazo 39, 229
total de los activos 119-121, 131-133, 194-195, 235-236, 238-240, 246, 249-250, 253-267
   véase también activos
balance 38-40
coeficiente de endeudamiento 194, 235-236
coeficiente ventas / total de los activos 246, 239-240
comparaciones del sector minorista 253-267
ROTA 132, 142-143, 146, 246, 254-255, 234-235, 237, 238-239
trabajos en curso 61-63
   véase también inventarios
capital de trabajo 90-91, 94, 97-98, 99-100, 167-188, 248, 230, 237-238, 239-241, 265
ciclo 90-91, 167-172, 179-183, 237-238
coeficiente de liquidez 173-174, 176-177, 237-238, 247-248, 262
conceptos 90-91, 94-95, 167-188, 230, 237-238, 239-240
estado de flujo de caja 94-95, 97-98, 99-100, 167-188, 237-238
estados de flujo de caja 94-95, 97-98
   véase también corriente...; activos netos corrientes
Tratado de Roma 27

U

UE *véase* Unión Europea
UITF *véase* Fuerza de Tareas para Temas Urgentes
último en entrar, primero en salir (LIFO) 73, 74
utilidad bruta
   véase también utilidades
   conceptos 74-75, 128-130, 145
   estado de resultados 71-87
   márgenes 128-130, 145, 157-158
utilidades
   véase también ingresos...; ganancias...; retorno...
   activos subvaluados 49
   análisis financieros 125-147, 157-158, 254-255, 234-241
   cargos por depreciación 80, 96, 126, 201
   coeficientes 128-147, 157-158, 254-255, 234-241
   comparaciones del sector minorista 253-267
   conceptos 8, 22-23, 39, 49-50, 65-66, 69-87, 89-90, 96, 98-107, 116-124, 125-147, 200-202, 234-241, 253-267
   contabilidad creativa 71-72, 84, 96, 106, 115, 117, 124, 128, 135-136, 201-202, 223-224
   contraste de efectivo 66, 89, 185-186, 234-235
   definiciones 65, 69, 125-127
   dividendos 86, 96-97, 125-126, 134-142, 155, 171-172, 205, 232-235
   economistas 125, 126
   empleados 125, 250, 152-154, 266
   estado de flujo de caja 96, 98-107, 181-188
   estados de valor agregado 144-145, 152-154, 232-234
   inflación 65-66, 121
   medidas 125-147, 234-235
   norma de realización 22-23
   notas del costo histórico de pérdidas y ganancias 109-110
   perspectivas de los participantes 125-127, 134-142, 232-233
   prácticas de nivelación de ingresos 201-202
   STRGL 25, 77, 109
   tablas de la liga 127, 143
   tipos 65-66, 70, 74-75, 77, 127-130
   utilidades retenidas 39, 43, 49, 71-87, 129-130, 137, 145, 205, 232, 239-240
   valuaciones de inventario 73-75
utilidades antes de impuestos
   véase también utilidades
   comparaciones con puntos de referencia 246
   conceptos 129-130, 131, 132-133, 246
   margen 129-130
utilidades antes de intereses e impuestos (PITP) 132
utilidades antes de interés e impuestos (PBIT) 163, 195
utilidades comerciales, comparaciones con puntos de referencia 246, 250

utilidades después de impuestos 129, 130-131, 134-136, 146, 205-210, 258, 234-234
   véase también utilidades
   cálculo de la capitalización 208-209
   coeficiente de dividendos 137-138, 205
   por acción 85-86, 141, 200
   rendimiento sobre el total de activos 196-197
   y rendimiento para los accionistas 134-135
utilidades operativas
   véase también utilidades
   comparaciones del sector minorista 253, 257, 258
   conceptos 69-70, 78, 98-107, 120-121, 128-129, 130-131, 152-154, 157-158, 253, 258, 266
   estado de flujo de caja 96, 98-107
   estado de resultados 69-87
   informe segmentado 69-70
   margen 128-129, 157-159
unidades de negocio estratégicas (SBU) 126
Unión Europea (UE) 7-9, 15, 26, 27-28, 217-218
   véase también países individuales
   Cuarta Directiva (1978) 27, 30
   Directiva de la Modernización (2003) 28
   Directiva del Valor Justo (2001) 28
   estándares de contabilidad 15, 27-28
   Séptima Directiva sobre la Armonización Europea (1983) 15, 27

V

valor actual 19-20, 208, 210
valor amortizado (WDV) 48
valor de mercado agregado (MVA) 233, 234
valor económico agregado (EVA) 234-235
valor neto 20, 22, 48, 56, 62, 77, 103, 133, 174, 179, 233
valor neto en libros (NBV), activos fijos 48
valor neto realizable, valuaciones del inventario 174, 179
valor nominal, acciones 43-45, 57, 58, 198
valor para el accionista 8, 125-126, 217, 232-235
   véase también flujo de caja libre
   conceptos 232-235
   definición 232-234
valores de mercado
   acciones 43-45, 198-212, 231, 233-234, 239-240
   activos y pasivos 37, 60
   riesgo 228
valores netos contables 56
valores por cobrar a largo plazo 62
valuaciones
   véase también precios
   activos 20, 22, 23, 26-27, 39, 48-52, 60-62, 80, 91-92, 109, 128, 191-192, 202, 224, 237-238
   activos intangibles 52-56, 192, 230-231
   capitalización 208-212, 239-240
   compañías 208-214, 239-240
   costos 20, 23, 26, 60-62

disminución 56
efectos de la inflación 19, 46, 49-50
inventarios 22, 23, 26-27, 60-62, 73-75, 128, 202, 224, 237-238
M&A adquisiciones y fusiones 60
método de valuación a partir de los dividendos 209-212
múltiplo de ingresos 209-212
pasivos 22
principio de valuación separada 22
VAT *véase* impuesto al valor agregado
VBM *véase* gestión basada en el valor
vehículos 48, 79, 232
   véase también activos fijos
ventas 62, 65-87, 96-107, 118-124, 126-145, 156-158, 246, 248, 250-252, 264-267
   véase también deudores comerciales
   activos fijos 48-49, 78, 100-101, 109
   ADS 178-180
   coeficiente activos netos corrientes / ventas 248, 265
   coeficiente capital de trabajo / ventas 177, 248, 265
   coeficiente de flujo de caja / ventas 251, 267
   coeficiente de movimiento de activos 139-144
   coeficiente de movimiento de capital 139-144
   coeficiente de ventas similares 143-144
   coeficiente R&D / ventas 162, 231-232
   comparaciones del sector minorista 252, 264-267
   conceptos 69-87, 96, 128-145, 178-179, 246, 248, 250-252, 264-267
   contabilidad creativa 71-72, 106, 115, 116-117, 201-202, 224
   costo de empleados como porcentaje 152-154
   definición 71
   estado de resultados 65-87, 96, 118-121, 126-145
   estados de valor agregado 144-145, 152-154
   ganancias y pérdidas 78, 135-136
   información segmentada 69-70
   margen de utilidades 126-130, 163-164
   reconocimiento 71-72
   recursos humanos 151-154, 250, 266
   subsidiarias 15, 78, 101-102, 131-132, 158
   VAT (IVA) 127 negocios discontinuados 68, 127, 135-136
ventas diarias promedio (ADS) 178-180
ventas y costos diarios 178-179
visión 225
visión real y justa 27-29, 30-31, 194, 224
volatilidad 197
volumen *véase* ventas
volumen de caja 169

W

WACC *véase* costo del capital promedio ponderado
WDV *véase* valor amortizado
WorldCom 84, 218, 222

X

XBRL *véase eXtensible Business Reporting mark-up Language*
XML *véase eXtensible Mark-up Language*

Y

Yahoo 216